yh 2590

Paris
1872

Goethe, Johann Wolfgang von

Théâtre

Tome 1

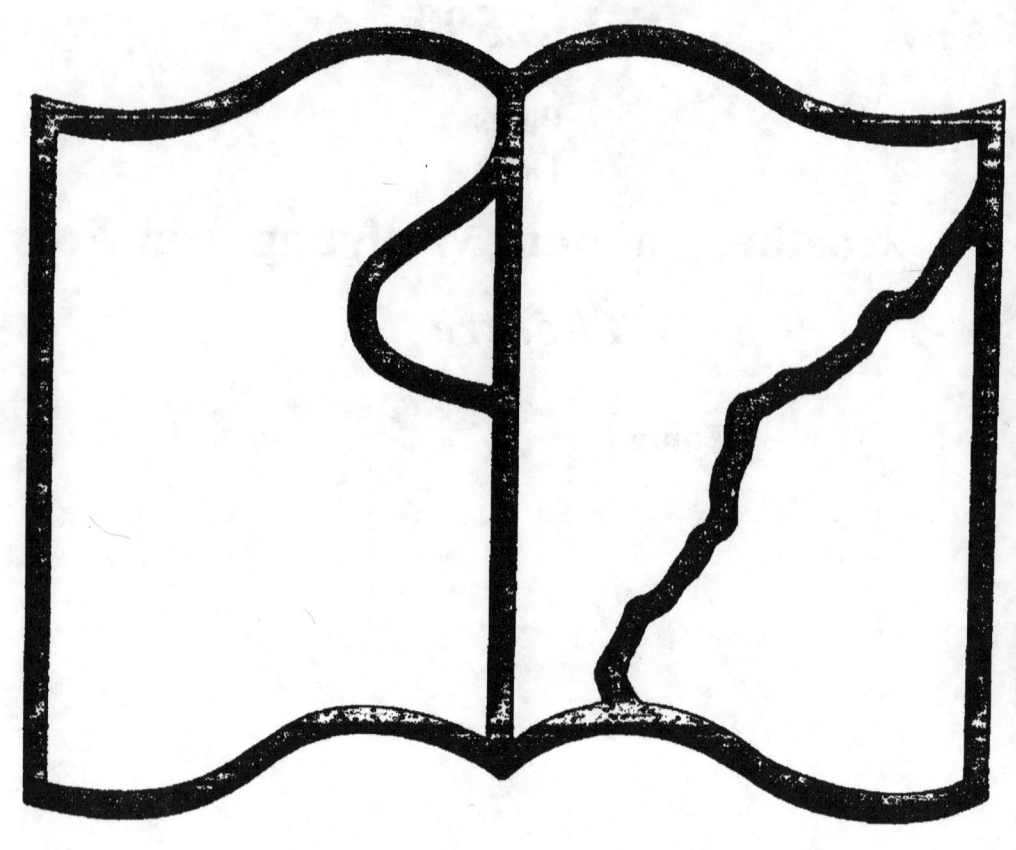

**Symbole applicable
pour tout, ou partie
des documents microfilmés**

Texte détérioré — reliure défectueuse

NF Z 43-120-11

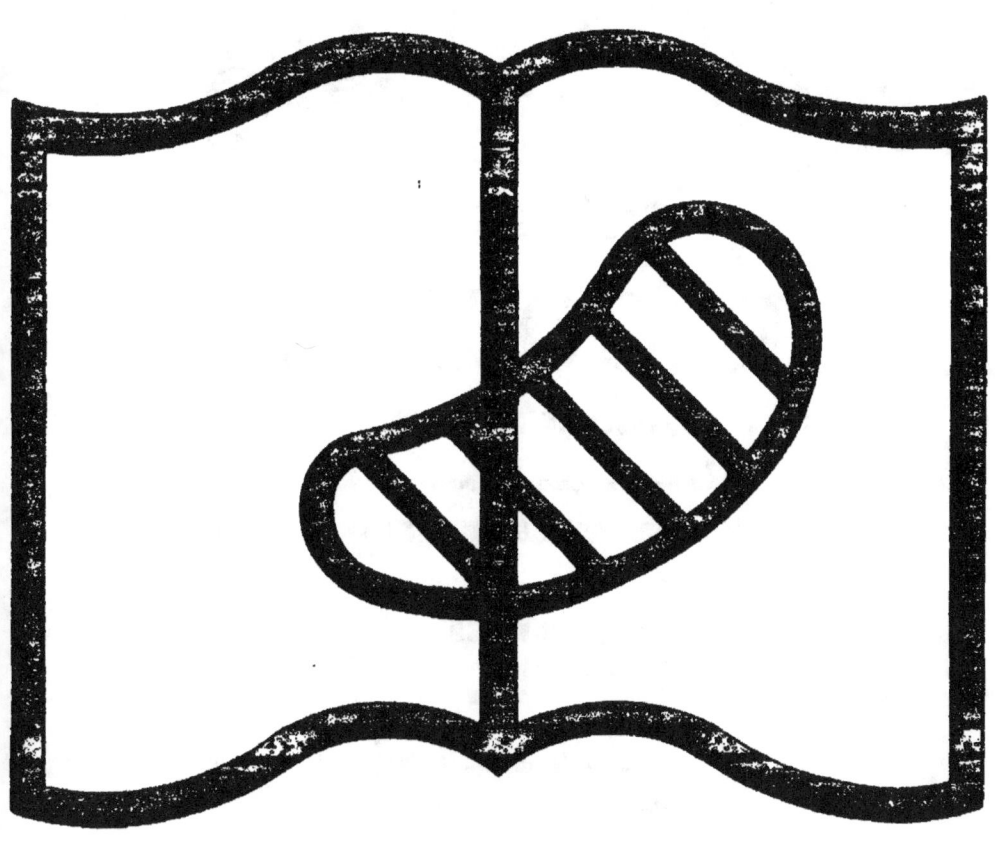

Symbole applicable
pour tout, ou partie
des documents microfilmés

Original illisible

NF Z 43-120-10

THÉATRE
DE GOETHE

TRADUCTION NOUVELLE

REVUE ET PRÉCÉDÉE D'UNE ÉTUDE

PAR THÉOPHILE GAUTIER FILS

TOME PREMIER

Goetz de Berlichingen
Clavijo — Stella — Les Complices
Le Frère et la Sœur
Le Triomphe de la Sensibilité
Jery et Bately

PARIS
CHARPENTIER ET Cⁱᵉ, LIBRAIRES-ÉDITEURS
28, QUAI DU LOUVRE

THÉATRE
DE GOETHE

ŒUVRES DE GŒTHE

PUBLIÉES DANS LA BIBLIOTHÈQUE-CHARPENTIER

A 3 FR. 50 LE VOLUME

THÉATRE (Gœtz de Berlichingen. — Egmont. — Clavijo. — Iphigénie en Tauride. — Le Tasse. — La fille naturelle. — Les complices. — Le frère et la sœur. — Le triomphe du sentiment. — Jery et Bœtely. — Stella. — Le grand Cophte. — Le général citoyen. — Les révoltés). Traduction revue et précédée d'une étude par M. THÉOPHILE GAUTIER fils... 2 vol.

POÉSIES, traduites par HENRI BLAZE......................... 1 vol.

FAUST, seule traduction complète par BLAZE.................... 1 vol.

WILHELM MEISTER, traduction nouvelle par M. THÉOPHILE GAUTIER fils.. 2 vol.

WERTHER, traduction de M. PIERRE LEROUX, suivi de HERMANN ET DOROTHÉE, traduction de X. MARMIER................................. 1 vol.

LES AFFINITÉS ÉLECTIVES, traduction nouvelle par CAMILLE SELDEN. 1 vol.

MÉMOIRES (Extrait de ma vie. — Poésie et réalité. — Voyages.) Traduction nouvelle par madame la baronne DE CARLOWITZ............. 2 vol.

CORRESPONDANCE ENTRE GŒTHE ET SCHILLER, traduction de madame CARLOWITZ, révisée et précédée d'une étude sur Gœthe et Schiller, par M. SAINT-RENÉ TAILLANDIER............................... 2 vol.

CONVERSATIONS DE GŒTHE pendant les dernières années de sa vie (1823-1832), recueillies par ECKERMANN, traduites en entier, pour la première fois, par ÉMILE DÉLEROT, et précédées d'une introduction par M. SAINTE-BEUVE de l'Académie française................................... 2 vol.

Paris. — Imp. Viéville et Capiomont, rue des Poitevins, 6.

THÉATRE
DE GOETHE

TRADUCTION
D'ALBERT STAPFER

RÉVISÉE ET PRÉCÉDÉE D'UNE ÉTUDE

PAR THÉOPHILE GAUTIER FILS

TOME PREMIER

GŒTZ DE BERLICHINGEN
CLAVIJO — STELLA — LES COMPLICES
LE FRÈRE ET LA SŒUR
LE TRIOMPHE DE LA SENSIBILITÉ
JERY ET BÆTELY

PARIS
CHARPENTIER ET Cie, LIBRAIRES-ÉDITEURS
28, QUAI DU LOUVRE
—
1872

ÉTUDE

SUR

LE THÉATRE DE GŒTHE

———

La grande figure de Gœthe a déjà été bien des fois décrite, surabondamment commentée, analysée jusque dans ses plus petits détails : combien de mains curieuses ont soulevé les plis majestueux du manteau dans lequel se drape le Jupiter de Weimar ! Des compatriotes ont, par des séries de rapprochements, d'inductions, de déductions et d'autres opérations de logique, basées sur des recherches patientes et infatigables, établi quelle avait dû être la marche de son esprit à travers la longue et éclatante carrière qu'il a parcourue, sans faiblesses, sans défaillances, toujours digne de lui-même. Dans des études plus générales, prises de plus haut, plus désintéressées pour ainsi dire, et où l'admiration pour le génie universel et impersonnel remplace l'adoration nationale que les Allemands ont vouée à Gœthe, de savants et fins critiques français ont élucidé l'œuvre si multiple du poëte, portant la clarté inexorable de notre langue et de notre esprit dans les gloses parfois obscures des commentateurs d'outre-Rhin. Bref, chacun a apporté sa part de matériaux, — celui-ci du marbre, celui-là du granit, l'un de la pierre, l'autre enfin de l'humble moellon, — et le temple s'est élevé autour du dieu, temple d'une architecture un peu disparate, sans doute, mais qui n'en est pas moins un temple.

Chargé de préparer, pour cette collection, une étude nouvelle du *Théâtre de Gœthe*, nous avons pensé qu'il ne serait point inutile de donner à notre tour quelques éclaircissements nécessaires pour quiconque désire lire avec fruit les œuvres dramatiques de Gœthe.

On a beaucoup discuté la question de savoir si le génie de Gœthe était bien apte au théâtre. Il est évident que le sublime indifférentisme auquel l'étude et l'amour de l'antiquité et de l'art l'avaient amené, lui rendait plus difficile qu'à tout autre l'exercice de cette faculté qui consiste à s'intéresser à des événements fictifs et à des passions imaginaires ; les sacrifices qu'exige la perspective scénique devaient coûter beaucoup au poëte de la perfection. Ses sensations sont toutes plastiques ; c'est pourquoi, dans ses pièces, les événements en tant qu'ils se rapportent à l'humanité en général sont négligemment traités, tandis que la figure même des personnages ressort avec une vigueur extrême : chacun d'eux se dessine en un type dont l'image vous reste invinciblement fixée dans la mémoire. Chose remarquable, ce n'est presque jamais sous un aspect héroïque que Gœthe nous montre ses personnages : il les fait, au contraire, profondément humains, soumis aux faiblesses, aux petitesses de la nature. C'est pour cela qu'ils nous touchent ; nous sympathisons avec eux, parce que nous avons souffert, plus ou moins, ce qu'ils souffrent.

Cette préoccupation de l'individu et la préférence qui lui est accordée au détriment de la masse domine tout le théâtre de Gœthe. Sur tous les autres points, le poëte a varié à l'infini ; il a sans cesse modifié sa forme et son style dramatiques : le besoin de s'incarner dans les natures et les genres qui l'ont successivement séduit, l'ont amené à s'inspirer de Shakspeare dans *Gœtz de Berlichingen* et dans *Egmont*, de Baumarchais dans *Clavijo*, de l'antique dans *Iphigénie*, etc. Aussi n'est-ce pas sans intention que nous avons classé les pièces contenues dans ces deux volumes, suivant l'ordre chronologique : si l'on a pris soin de parcourir les *Mémoires de Gœthe*, avant de lire son *Théâtre*, on trouvera dans ce dernier les traces de ses lectures, de ses voyages, des événements politiques auxquels il a pris part. La fréquentation de tel cercle intellectuel lui a fait produire tel drame ; la société d'une femme lui en a inspiré un autre : les désordres sociaux qui ont précédé la Révolution rançaise nous ont valu *le Grand Cophte*, et la Révolution même, *les Insurgés* et *le Citoyen-Général*, qui témoignent d'une terreur un peu puérile, bien excusable d'ailleurs chez le conseiller aulique de Weimar.

On y remarque aussi qu'à un certain moment Gœthe est obligé de modérer l'élan que lui-même avait donné à la littérature de son temps : *le Triomphe de la sensibilité* est une réaction contre les excès où l'on était tombé à la suite de *Werther* et de *Stella*; *Torquato Tasso* et *Iphigénie en Tauride* sont un avertissement du même genre aux imitateurs de *Gœtz de Berlichingen*.

Mais nous oublions que nous avons une étude sommaire à écrire et non une préface : arrivons donc à ce qui doit en faire l'objet. On sait que Gœthe, éclairé ou influencé par les critiques de ses amis, par des observations personnelles, fruits d'une longue expérience, a modifié la plupart de ses pièces, et parfois assez profondément. Nous allons faire connaître aux lecteurs les plus importants de ces remaniements.

Le désir d'arracher le théâtre allemand aux platitudes de la comédie et du drame bourgeois inspira à Gœthe l'idée première de *Gœtz de Berlichingen*. La lecture de Shakspeare, nouvellement traduit par Wieland, lui donna les moyens de mettre son idée à exécution. Le sujet, il le trouva dans les *Mémoires de Gœtz*, rédigés par lui-même. Sans se préoccuper des exigences scéniques et des lois toutes-puissantes alors en Allemagne des trois unités, Gœthe écrivit très-rapidement, avec l'enthousiasme d'un poëte de vingt-cinq ans, son premier *Gœtz*. Il en communiqua le manuscrit à Merck, qui l'approuva fort, puis à Herder, qui rudoya vigoureusement l'auteur. Malgré la sévérité de ce maître, Gœthe fit son profit de ces observations, et au bout de dix-huit mois reprit sa pièce, la remania et lui donna la forme sous laquelle nous la voyons aujourd'hui.

Mais avant d'entrer dans le détail des variantes, il est bon d'établir la part qui, dans ce drame, revient à la réalité et celle qui est de pure fiction. Gœtz, — abréviation de Gottfried, — né en 1498, mort en 1562, Jean de Selbitz, Franz de Sickingen, l'évêque de Bamberg, ont tous existé et pris part aux événements qui s'agitent dans la pièce. Adélaïde de Wallsdorf, Adalbert de Weislingen sont des types imaginaires que le génie de Gœthe a vivifiés à l'égal des autres. La seconde forme du drame a produit un nouveau personnage également imaginaire, celui de Franz, l'écuyer de Weislingen. Précédemment, Franz de

Sickingen, le compaguon de Gœtz, remplissait auprès d'Adélaïde le rôle attribué dans la version actuelle à l'écuyer Franz. C'était rendre inutilement odieux un personnage digne, au contraire, de toute estime, lui faire faire double emploi avec Weislingen, parjure à la parole donnée à Gœtz et à Marie.

Voici maintenant les principaux points dans lesquels la seconde version diffère du premier jet. Le début, dans l'auberge à Schwarzenberg, a été développé; il a gagné la dispute des cavaliers de Gœtz et de Bamberg. De nombreuses additions sont venues mouvementer les scènes suivantes, principalement celle où paraît le fils de Gœtz. Lorsque Weislingen arrive prisonnier, on se rappelle que Gœtz lui offre de lui prêter un de ses habits ; c'est là un trait de touchante hospitalité que Gœthe a ajouté lors de sa révision. Le monologue de Weislingen, qui suit, est au contraire resserré ; il est plus émouvant, plus rapide. L'auteur a ajouté mainte touche de tendresse à l'entretien entre Weislingen et Marie, et ainsi que le tableau fait par Gœtz du burg dont Marie sera la châtelaine.

Dans le second acte, nous arrivons jusqu'à la page 39 sans rencontrer de grands changements : les principales modifications portent sur le style. Mais à cet endroit nous trouvons que le récit de George dans la forêt du Spessart a pris la place de la conversation de Weislingen avec Adélaïde, qui a été reportée plus loin : une transposition a permis à Gœthe de satisfaire plus tôt l'intérêt du spectateur en l'édifiant sur les projets de Weislingen et de consacrer dans l'entrevue de ce dernier avec la belle veuve une plus grande place au développement de ses sentiments. Dans cette même scène de la forêt de Spessart, il était primitivement question de l'attaque du convoi de marchands nurembergeois : mais Gœthe ne trouvant pas cet incident suffisamment indiqué, l'a supprimé à cet endroit, et l'a mis à la fin de l'acte, en y joignant une histoire de procès entre paysans, qui a l'avantage de faire pressentir la révolte du quatrième acte.

Une scène entre Adélaïde et Weislingen ouvrait le troisième acte ; elle a été fondue dans celle du second. A la page 76, un court entretien entre Franz et Adélaïde où se déclare l'amour de ce dernier pour sa maîtresse, a remplacé un monologue d'Adélaïde. Tout ce qui a trait au siége du château n'a subi que des modifications peu importantes, mais heureuses au point de vue du mouvement scénique.

Au quatrième acte, nous trouvons Gœtz prisonnier sur parole, dans l'auberge de Heilbronn, assisté de sa femme : ce début a été fort abrégé dans le second travail de Gœthe ; le commencement de la scène entre Sickingen et Gœtz (page 110) est accru de quelques lignes.

Une entrevue d'Adélaïde et de Sickingen au milieu d'un camp de bohémiens ouvrait le cinquième acte ; mais ce personnage ayant été dédoublé, la scène n'avait plus de raison d'être ; elle se trouve supprimée : nous reverrons des bohémiens plus tard dans une autre situation. L'acte débute donc par le tableau désolant de la révolte des paysans. Les motifs qui ont fait supprimer la première scène de cet acte ont amené l'auteur à intercaler après l'apparition de Gœtz chez les bohémiens la scène d'Adélaïde et de Franz, qui se termine par ces mots : « Retire-toi, Franz, voici le matin ! » — La première version ne se contentait pas de nous faire assister à la séance de la Sainte-Vehme où l'on condamne Adélaïde, coupable d'adultère ; elle nous montrait la sentence du tribunal mise à exécution : Adélaïde empoisonnée s'endormait du sommeil éternel, en rêvant de Franz de Sickingen ; ce monologue contenait d'admirables passages : mais l'auteur a supprimé cette scène terrible, trouvant qu'elle n'ajoutait rien à l'action, et que le sens moral était suffisamment satisfait par l'assurance qu'Adélaïde, poursuivie par le vengeur de la Sainte-Vehme, n'échapperait point à la punition de son crime. Il a pensé que la mort affreuse de Weislingen suffirait pour établir le contraste avec la fin radieuse et claire de Gœtz.

Autant qu'on a pu en juger par les indications précédentes, *Gœtz* n'a fait que gagner au travail auquel Gœthe l'a soumis. Plût à Dieu qu'il s'en fût tenu là ! Sous cette forme il avait été représenté sur les principales scènes d'Allemagne, où il avait obtenu un immense succès, en dépit de la critique de Frédéric le Grand, maladroit élève de Voltaire, qui s'était écrié, après une violente sortie contre l'*abominable théâtre* de Shakspeare : « Voilà encore un *Gœtz de Berlichingen*, imitation de ces mau-« vaises pièces anglaises, et le parterre applaudit, et demande « avec enthousiasme la répétition de ces dégoûtantes platitudes. » Malgré Frédéric, *Gœtz de Berlichingen* faisait époque, et les femmes avaient mis à la mode le rouet et le fuseau, parce que Marie filait.

En 1815, Gœthe était loin des ardeurs shakspeariennes de sa première jeunesse : les éclats, le mouvement, le déplacement perpétuel des personnages amené par les changements à vue, choquaient son esprit, parvenu au plus haut degré de la sérénité : et puis il occupait des fonctions élevées dans la politique, et trouvait peut-être qu'un souffle un peu trop vigoureux de révolte et de liberté animait son premier drame. Bref, il résolut d'*arranger*, comme on dit aujourd'hui, *Gœtz de Berlichingen* pour en faciliter la représentation. Il voulait « diminuer le nombre « des changements à vue, donner par là plus de place aux ca- « ractères, condenser l'action en grandes masses, et, au moyen « de nombreux sacrifices, ramener la pièce aux conditions vrai- « ment théâtrales. »

La place nous manque pour relater ici le détail de ce grand remaniement : mais nous allons essayer d'en préciser l'esprit. On a remarqué qu'une double action circule dans le drame : la lutte de Gœtz contre le pouvoir impérial, usurpé par les nobles, et l'amour de Weislingen pour Adélaïde qui le trompe en faveur de Franz. Cet enchevêtrement, qui donne tant de mouvement à la pièce et qui cause la plupart des changements à vue, Gœthe le trouva contraire aux lois du théâtre, et s'efforça de séparer chacune de ces deux actions, de sorte que l'une occupât le commencement et l'autre la fin du drame. Par suite, beaucoup de scènes qui se trouvaient isolées et comme semées dans le cours de la pièce, sont fondues ensemble et rajustées tant bien que mal. Il donna au style une sobriété de bon goût, à l'expression, une modération qui lui permit de passer partout. Les vivat à la liberté furent supprimés, et les discours violents contre les princes s'adoucirent. Nous ne devons cependant pas omettre de citer un effet scénique extrêmement dramatique, et qui rappelle sans la copier l'apparition de Banco dans Hamlet. Adélaïde n'a encore commis ni le crime d'empoisonnement, ni celui d'adultère ; accoudée à sa fenêtre, elle regarde Franz qui s'éloigne à cheval, quand tout à coup elle voit à la place de l'écuyer se dessiner une forme, d'abord vague, qui peu à peu se précise. C'est un moine noir, tenant d'une main une corde, de l'autre un poignard : il s'avance toujours plus près du château, et au moment où, épouvantée, Adélaïde quitte la fenêtre et court se réfugier dans un coin de la chambre, elle retrouve en face d'elle la sombre apparition : elle s'évanouit, et lorsqu'elle reprend ses sens, l'ombre a disparu. Ce n'est qu'après cette scène que Gœthe nous montre le tribunal secret, mais pour quelques instants seulement, car la séance si terriblement renduc dans la version que nous avons donnée est supprimée. En résumé, presque tous les commentateurs sont unanimes pour considérer cet arrangement comme superflu, et quelques modifications insignifiantes suffiraient parfaitement pour rendre *Gœtz de Berlichingen* en état d'être représenté sur tous les théâtres régulièrement organisés.

Clavijo, exécuté très-rapidement, dont le sujet, ainsi qu'une partie du dialogue, est emprunté aux Mémoires de Beaumarchais, tandis que le dénoûment l'est à une ballade anglaise, ne donne lieu à aucune remarque spéciale.

On ne peut en dire autant de *Stella*. Cet ouvrage, dont l'idée première est tirée de l'histoire du comte de Gleichen, — histoire qui se trouve dans le courant de la pièce, — se terminait à sa première apparition d'une autre façon que dans l'édition définitive. Ce dénoûment, comme on le voit, avait l'avantage de concilier les choses et les personnages, au lieu de forcer Stella et Fernando à mourir. En effet, toute la fin de la pièce à partir de l'endroit (p. 261) où se termine le récit de Cécile, doit être remplacée par le dialogue suivant :

FERNANDO.

Dieu du ciel, qui nous envoies un ange au milieu de notre détresse, donne-nous la force de supporter cette violente épreuve!

Il retombe sur son siège.

CÉCILE, *ouvrant la porte du cabinet en criant.*

Stella!

STELLA, *lui sautant au cou.*

Dieu! Dieu!

Fernando veut sortir.

CÉCILE, *le retenant.*

Stella! prends la moitié de ce qui t'appartient tout entier! — Tu l'as sauvé! sauvé de lui-même! Tu me le rends!

FERNANDO.

Stella!

Il tombe à genoux.

STELLA.

Je ne comprends pas...

CÉCILE.

Tu le sens!

STELLA, *se jetant au cou de Fernando.*

Je l'ose.

CÉCILE.

Ne remercieras-tu d'avoir retenu le fugitif?

> STELLA, *toujours suspendue au cou de Fernando.*

O toi !

> FERNANDO, *les embrassant toutes les deux.*

O vous ! et moi !

> STELLA, *lui étreignant les mains.*

Je suis à toi !

> CÉCILE, *de même.*

Nous sommes à toi !

Ce dénoûment justifiait le sous-titre originaire de l'ouvrage (*Pièce pour les amants. — Ein Schauspiel für die Liebenden*), et s'il ne satisfaisait pas en tout point la morale, il épargnait au moins la sensibilité des âmes tendres.

Le Triomphe de la sensibilité a été plusieurs fois modifié avant de recevoir sa forme définitive ; mais la plupart de ces corrections portent sur des remaniements dans la coupe des vers et dans le dialogue, qui ne sont pas assez importants pour que nous les notions ici. La pièce portait originairement le titre singulier de : *la Fiancée cousue.* C'est sous cette désignation qu'elle fut jouée au théâtre particulier de la cour de Weimar. Gœthe y substitua ensuite le nom de : *les Sensibles* (*die Empfindsamen*), qui fut enfin remplacé par le titre actuel. Le monologue, ou, comme on le dit dans la pièce, le monodrame de Proserpine, n'était pas, dans la première édition de la pièce, entièrement versifié, quoiqu'il eût déjà paru sous forme de vers dans une gazette littéraire, en 1778, avec la date de 1776. Les paroles d'Andrason, qui forment la morale de la pièce, ont été ajoutées après coup. Des commentateurs ont prétendu retrouver dans des membres de la cour de Weimar les principaux personnages de cette œuvre fantaisiste, mais Gœthe lui-même a pris soin d'affirmer que cette pensée ne lui était pas venue un seul instant. Il est cependant prouvé qu'il a fait çà et là allusion à quelques anecdotes circulant alors à la cour : entre autres à l'histoire du vieux Seckendorf, qui aimait à raconter comme quoi un jour, s'étant endormi sur le gazon, il avait trouvé en se réveillant certaine partie de son vêtement envahie par les fourmis. C'est ce même Seckendorf qui a fourni la musique de la pièce : elle était primitivement destinée à un opéra italien et fut appropriée au *Triomphe de la sensibilité.*

La ravissante idylle de *Jery et Bætely* est en quelque sorte l'appoint de *Guillaume Tell* : en recueillant sur les bords du lac des Quatre-Cantons la légende et les détails qu'il fournit plus tard à Schiller et dont ce dernier composa son immortel ouvrage, Gœthe, charmé par les mœurs et les paysages de cette contrée, y cueillit cette fleur alpestre. La musique de ce petit opéra est de Kaiser, ami de Gœthe et compositeur renommé à cette époque.

Sur *Iphigénie* nous n'avons rien de particulier à dire, non plus que sur *Torquato Tasso*. Les *Mémoires* de Gœthe contiennent à l'égard de ces deux pièces les détails les plus circonstanciés.

Egmont est peut-être le drame auquel Gœthe a travaillé le plus longtemps ; il l'a poursuivi pendant ses nombreux voyages, le prenant, le laissant, s'en fatiguant au point de n'en pas vouloir entendre parler, puis le reprenant : on en trouve dans ses *Mémoires* la trace à chaque pas. Cependant *Egmont* n'a pas subi le sort de *Gœtz*, du moins du fait de Gœthe, et il n'en existe qu'une seule version de la main de l'auteur.

Si parfait et si dramatique que puisse paraître *Egmont*, il ne satisfaisait pas complétement Schiller, qui a cru pouvoir se permettre de remanier suivant ses idées un des chefs-d'œuvre de Gœthe. On ne peut s'expliquer que par l'indifférence à laquelle s'abandonna de bonne heure ce dernier, la tolérance avec laquelle il laissa Schiller tailler et trancher dans sa pièce. Donc, Schiller trouvant qu'*Egmont* n'était point suffisamment scénique, en fit, vers 1796, une rédaction que l'on a avec raison qualifiée de *cruelle* (*grausame Redaction*).

L'auteur des *Brigands* commence par supprimer le personnage de la régente Marguerite, comme superflu et nuisant à l'action. Il réunit à la scène du tir à l'arbalète, du premier acte, celle qui ouvre le second acte et qui représente les bourgeois s'agitant sur la place publique de Bruxelles, ce qui prolonge considérablement le début, et ne laisse au second acte que deux scènes très-froides, l'une entre Egmont et son secrétaire, et l'autre entre Egmont et Orange. Au troisième acte, l'entretien de Claire avec sa mère se trouve remplacé par un monologue de la jeune fille, que Gœthe avait eu soin de faire paraître dès le premier acte, et que Schiller ne montre qu'au troisième. Tout le commencement du cinquième acte, où l'on voit Claire s'efforçant de soulever le peuple pour sauver Egmont, est reporté à la fin du quatrième acte. Ce malheureux cinquième acte, outre cette suppression, perd encore tout le premier monologue d'Egmont dans la prison (tome II, page 151). Le *cruel* arrangeur trouvait également inutile l'apparition de Claire pendant le rêve de son amant : mais le public de Weimar, devant lequel fut donnée la première représentation de l'œuvre ainsi modifiée, réclama cette scène avec tant d'insistance, qu'elle fut maintenue.

Quelque peu en harmonie avec la pensée de Gœthe que nous semble la rédaction de Schiller, c'est elle qu'on donne encore aujourd'hui sur les théâtres allemands : il est heureux, du moins, qu'elle n'ait point remplacé l'œuvre dans l'édition imprimée comme elle l'a fait à la scène.

Le compositeur Reichardt a écrit la musique destinée à accompagner la rédaction de Schiller : mais cette musique ne tarda pas à être remplacée par l'œuvre magistrale qu'inspira à Beethoven le drame de Gœthe ; le grand symphoniste travailla d'après la version originale ; il écrivit une ouverture et quatre morceaux d'entr'acte : le premier exprime les lamentations de Brackenbourg et l'impatience que cause aux bourgeois de Bruxelles le joug des Espagnols ; le deuxième fait allusion à l'entretien d'Egmont et d'Orange ; le troisième prépare l'entrevue avec Claire, puis l'entrée du duc d'Albe, et rend la terreur que ce dernier inspire aux Bruxellois. Dans le quatrième entr'acte Beethoven a voulu indiquer l'arrestation d'Egmont par le duc d'Albe, puis les efforts de Claire pour amener le peuple à une démonstration en faveur de son amant. En dehors de ces cinq morceaux on compte encore la musique des deux romances chantées par Claire, dont, dans notre traduction, nous avons conservé le rhythme ; un *mélodrame* descriptif de la mort de Claire et un autre de son apparition sous les traits de la liberté ; puis enfin l'éclat final, indiqué par Gœthe sous le nom de symphonie triomphale. En tout neuf morceaux, qui se placent à côté des plus sublimes œuvres du maître, et peuvent être considérés comme le meilleur modèle de la musique de scène. Bien que cette amplification musicale ne se trouve plus concorder avec le drame tel qu'on le donne aujourd'hui, on n'en continue pas moins de la jouer avec la rédaction de Schiller, pour laquelle elle n'avait pas été composée.

La scandaleuse affaire du Collier avait singulièrement frappé Gœthe. C'est elle qui, jointe à la curiosité qu'il éprouvait à l'égard de la bizarre carrière de Cagliostro, lui inspira sa pièce du *Grand Cophte*. La clef des personnages est facile à trouver :

le chanoine, c'est le cardinal de Rohan, la marquise et le marquis représentent la comtesse de La Motte et son mari, ancien officier de gendarmerie ; la nièce, dont Gœthe a fait une créature intéressante, existe dans l'affaire véritable, mais elle n'y est qu'un instrument vulgaire et tout à fait secondaire. Le comte de Rostro n'est autre que Cagliostro.

Les dernières pièces de Gœthe, y compris *le Grand Cophte*, appartiennent, pour ainsi dire, à sa manière politique. Dans cette comédie, comme dans les deux suivantes : *le Citoyen-Général* et *les Révoltés*, même dans *la Fille naturelle*, où cependant il affecte une allure des plus abstraites, on voit clairement l'effet produit sur son esprit calme et bien ordonné par les secousses sociales de la Révolution française. Le sujet de *la Fille naturelle* est emprunté aux Mémoires de Stéphanie-Louise de Bourbon-Conti. Dans l'idée de Gœthe, le drame actuel n'était que la première partie d'une trilogie, où les événements qui traversèrent cette étrange existence devaient se développer. Malheureusement, ce projet ne fut point mis à exécution.

Telles sont les observations qu'il nous a semblé utile de placer en tête de cette nouvelle édition du *Théâtre de Gœthe*. Nous nous sommes, autant que possible, abstenu de commentaires parce que, à notre avis, le meilleur commentateur de Gœthe, surtout en ce qui touche son œuvre dramatique, c'est Gœthe lui-même. En lisant ses *Mémoires*, ses conversations avec Eckermann, sa correspondance avec Schiller, ouvrages dont la *Bibliothèque Charpentier* publie des traductions, on retrouve la plupart des personnages qui, idéalisés par son génie, peuplent son Théâtre, et la trace des sentiments qu'il leur fait exprimer.

THÉOPHILE GAUTIER FILS

THÉATRE DE GŒTHE

GOETZ DE BERLICHINGEN
A LA MAIN DE FER

DRAME EN CINQ ACTES
— EN PROSE —

—— 1773 ——

PERSONNAGES

L'EMPEREUR MAXIMILIEN.
GŒTZ DE BERLICHINGEN.
ELISABETH, sa femme.
MARIE, sa sœur.
CHARLES, son fils.
GEORGE, écuyer de Gœtz.
L'ÉVÊQUE de Bamberg.
WEISLINGEN,
ADÉLAIDE DE WALLDORF, } vivant à la cour de l'évêque.
LIEBETRAUT,
L'ABBÉ DE FULDA.
OLEARIUS, docteur en droit.
FRÈRE MARTIN.
JEAN DE SELBITZ.
FRANZ DE SICKINGEN.
LERSE.
FRANZ, écuyer de Weislingen.
FILLE D'HONNEUR d'Adélaïde.

METZLER,
SIEVERS,
LINK,
KOHL,
WILD,
} chefs des paysans insurgés.

DAMES et SEIGNEURS de la cour.
CONSEILLERS IMPÉRIAUX.
SÉNATEURS de Heilbronn.
JUGES du tribunal secret.
DEUX MARCHANDS nurembergeois.
MAX STUMF, au service du Cte palat.
Un INCONNU.
Un BEAU PÈRE, } paysans.
Un GENDRE,
CAVALIERS de Berlichingen, de Weislingen, de Bamberg.
CAPITAINES OFFICIERS, SOLDATS de l'armée de l'Empire.

AUBERGISTE, HUISSIER DE JUSTICE, BOURGEOIS de Heilbronn, GARDE de la ville, GEÔLIER, PAYSANS, CHEF de Bohémiens, BOHÉMIENS, BOHÉMIENNES.

ACTE PREMIER

SCHWARZENBERG EN FRANCONIE. — UNE AUBERGE.

METZLER, SIEVERS, à table; DEUX CAVALIERS au coin du feu; L'AUBERGISTE.

SIEVERS.

Allons, Jean, encore un verre d'eau-de-vie; et mesure chrétiennement.

L'AUBERGISTE.

Tu es buveur insatiable.

METZLER, bas à Sievers.

Voyons, raconte encore ce que tu disais tout à l'heure de Berlichingen; que ces Bambergeois-là en soient si offensés qu'ils en deviennent cramoisis!

SIEVERS.

Des Bambergeois? Qu'est-ce qu'ils font ici?

METZLER.

Weislingen est depuis deux jours là-haut, chez notre seigneur le comte, au château; ils l'ont escorté. Je ne sais trop d'où il vient, il retourne à Bamberg.

SIEVERS.

Qui est ce Weislingen?

METZLER.

Le bras droit de l'évêque, un puissant seigneur, qui est aussi des ennemis de Gœtz.

SIEVERS.

Qu'il prenne garde à lui!

METZLER, bas.

Allons, dis un peu, pour voir. (Haut.) Depuis quand donc Gœtz a-t-il recommencé ses disputes avec l'évêque de Bamberg? On disait que tout était fini entre eux, et qu'ils étaient raccommodés.

SIEVERS.

Oui, fini! est-ce qu'on peut en finir avec les prêtres? Quand l'évêque vit qu'en prenant la route la plus courte il n'avançait à rien, il usa de détours; et ce loyal Berlichingen a donné là dedans avec une générosité inouïe, comme il fait toujours lorsqu'il est le plus fort.

METZLER.

Dieu le conserve! C'est un bien digne seigneur!

SIEVERS.

Eh bien! n'est-ce pas honteux? ils viennent de lui enlever un de ses vassaux, au moment où il s'y attendait le moins. Mais sois tranquille, ils pourront bien s'en mordre les doigts!

ACTE I.

METZLER.

C'est pourtant dommage que son dernier coup ait manqué. Il a dû en être terriblement vexé.

SIEVERS.

Oh! oui. Il y a longtemps, je crois, qu'il n'avait eu un pareil chagrin. Vois donc, il savait au plus juste l'époque où l'évêque reviendrait des eaux, le nombre de ses cavaliers, le chemin qu'il devait prendre; et si ce n'avait été la trahison de ces lâches coquins, il vous l'aurait frotté de la belle manière au sortir de son bain.

PREMIER CAVALIER.

Quels propos tenez-vous là sur le compte de notre évêque? Vous cherchez dispute, je crois?

SIEVERS.

Mêlez-vous de vos affaires! notre table ne vous regarde pas!

SECOND CAVALIER.

Qui se permet de parler de notre évêque dans des termes si peu respectueux?

SIEVERS.

Et vous donc, de quel droit m'interrogez-vous? ai-je des comptes à vous rendre? Voyez un peu l'impertinent!

Le premier cavalier lui donne un soufflet.

METZLER.

Assomme-moi ce chien-là.
Ils se battent.

SECOND CAVALIER.

Approche, si tu as du cœur!

L'AUBERGISTE, les séparant.

Voulez-vous bien vous tenir en repos? De par tous les diables! si vous voulez vous battre, battez-vous dehors tant qu'il vous plaira. Chez moi, tout doit se passer dans l'ordre et avec bienséance, (Il met les deux cavaliers à la porte.) Et vous, ânes que vous êtes, pourquoi avez-vous commencé?

METZLER.

Allons, point d'injures, Jean, ou nous te tombons sur la casaque. Viens, camarade, et rossons-les ferme.

Entrent deux cavaliers de Berlichingen.

PREMIER CAVALIER.

Qu'est-ce qu'il y a?

SIEVERS.

Eh! bonjour, Pierre! Hugues, bonjour! D'où venez-vous?

SECOND CAVALIER.

Ne va pas dire au moins qui nous servons.

SIEVERS, bas.

Il n'est sûrement pas loin, votre maître Gœtz.

PREMIER CAVALIER.

Tiens ta langue, te dit-on! — Vous vous querelliez?

SIEVERS.

Oui, avec ces drôles que vous avez rencontrés à la porte, deux Bambergeois.

PREMIER CAVALIER.

Que font-ils ici?

METZLER.

Weislingen est là-haut, au château, chez notre gracieux seigneur; ils l'ont escorté.

PREMIER CAVALIER.

Weislingen?

SECOND CAVALIER, bas.

Pierre! c'est une bonne trouvaille. — Depuis quand est-il là?

METZLER.

Depuis deux jours; mais il part aujourd'hui, à ce que j'ai entendu dire à l'un de ces drôles.

PREMIER CAVALIER, bas.

Eh bien, quand je te disais qu'il était de ce côté-là! Nous aurions pu stationner longtemps dans notre embuscade. Viens, Hugues, partons.

SIEVERS.

Ah! aidez-nous d'abord à bien rosser ces Bambergeois.

SECOND CAVALIER.

Vous êtes deux; la partie est égale. Nous sommes pressés. Adieu.

Ils sortent.

ACTE I.

SIEVERS.

Ces gueux de cavaliers! Si on ne leur met pas l'argent dans la main, pour un diable ils ne la lèveraient à votre service.

METZLER.

Tiens, je parierais, moi, qu'ils ont quelque projet en tête. Qui servent-ils?

SIEVERS.

Ils m'ont défendu de le dire. Ils servent Gœtz.

METZLER.

Bah! vraiment? Courons donc après nos coquins. Viens, avec mon bâton je ne crains pas leurs broches.

SIEVERS.

Oh! si un jour nous en pouvions faire autant à ces princes qui nous écorchent tout vifs!

UNE AUBERGE AU MILIEU DES BOIS.

GŒTZ, GEORGE, Frère MARTIN.

GŒTZ, seul devant la porte sous un tilleul.

Où sont donc mes cavaliers? Il faut que je me promène un peu : le sommeil me gagne. Voilà pourtant cinq jours et cinq nuits que je guette. On se donne bien du mal pour le peu qu'on a de vie et de liberté. Mais aussi, quand je te tiendrai, Weislingen, je compte bien me donner du repos. (Il se verse à boire.) Encore vide! (Il appelle.) George! Tant que je ne manquerai pas de cela, et qu'il me restera quelque courage, je me ris de l'ambition des princes et de leurs trames! (Il appelle encore.) George! Envoyez le complaisant Weislingen à vos parents; envoyez-le à tous vos amis. Qu'il me peigne à leurs yeux sous des couleurs bien noires! Ne vous relâchez point. Je veille. Tu m'as échappé, maudit évêque! Eh bien! ton cher Weislingen va payer pour toi. — George! Il n'entend pas. George! George!

George arrive affublé de l'armure d'un homme fait.

GEORGE.

Monseigneur !

GŒTZ.

Où étais-tu donc? as-tu dormi? Que diable signifie cette mascarade? Mais sais-tu bien que tu as fort bonne façon? Approche, mon enfant : ne rougis donc pas; ce n'est pas la bravoure qui te manque, c'est plutôt un peu de taille... Cela viendra. C'est la cuirasse de Jean?

GEORGE.

Oui, monseigneur. Il l'a ôtée pour dormir un instant.

GŒTZ.

Il est plus délicat que son maître.

GEORGE.

Ne vous fâchez point; je la lui ai prise sans bruit; j'ai décroché du mur la vieille épée de mon père, j'ai couru dans la prairie, et là, je l'ai tirée hors du fourreau.

GŒTZ.

Et tu as frappé d'estoc et de taille tout ce qui était autour de toi, n'est-ce pas? Tu as dû bien arranger les buissons! Jean dort-il?

GEORGE.

Vous l'avez réveillé en m'appelant, et c'est lui qui m'a crié que vous me demandiez. Je voulais d'abord me débarrasser de cette armure; mais vous m'avez appelé deux ou trois fois de suite, et je suis vite accouru.

GŒTZ.

Va reporter la cuirasse à Jean; dis-lui aussi qu'il se tienne prêt, et qu'il s'occupe des chevaux.

GEORGE.

Je leur ai donné moi-même le fourrage, et je les ai harnachés. Vous pouvez monter quand il vous plaira.

GŒTZ.

Apporte-moi en même temps une cruche de vin; donnes-en un verre à Jean, et dis-lui qu'il soit alerte. Il le faut : j'attends à toute minute mes éclaireurs.

GEORGE.

Ah! mon brave seigneur!

GŒTZ.

Que veux-tu?

GEORGE.

Ne me permettrez-vous pas de vous suivre?

GŒTZ.

Une autre fois, George; quand nous aurons quelques marchands à piller et quelques convois à intercepter.

GEORGE.

Une autre fois! Voilà déjà bien des fois que vous dites: une autre fois! Cette fois-ci! oh! cette fois-ci! Je ne demande qu'à suivre de loin. Que je puisse seulement vous voir! je vous rapporterai les flèches perdues.

GŒTZ.

Ce sera pour la prochaine fois, George. Il faut d'abord que tu aies un corselet et une lance.

GEORGE.

Prenez-moi avec vous. Tenez, si j'y avais été, vous n'auriez pas perdu votre arbalète.

GŒTZ.

Tu sais cela?

GEORGE.

Vous l'aviez lancée à la tête de l'ennemi; un fantassin se baissa pour la ramasser, et vous ne l'avez pas revue. Vous voyez que je le sais.

GŒTZ.

C'est donc de mes gens que tu tiens cela?

GEORGE.

Oui bien. C'est qu'aussi, quand nous étrillons les chevaux, je leur siffle toutes sortes d'airs, et je leur apprends des chansons joyeuses.

GŒTZ.

Tu es un brave garçon.

GEORGE.

Prenez-moi donc avec vous, que je puisse vous le prouver.

GŒTZ.

La première fois, sur ma parole! Sans armes, comme te voilà, tu ne peux combattre. D'ailleurs l'avenir aura aussi besoin d'hommes. Crois-moi, mon enfant, il viendra un temps où les princes offriront leurs trésors pour l'homme qu'ils haïssent maintenant. Allons, George, reporte à Jean sa cuirasse et donne-moi du vin. (George sort.) Où sont donc mes cavaliers? C'est une chose incroyable... Un moine! D'où vient-il à cette heure?

Entre frère Martin.

GŒTZ.

Bonsoir, mon révérend père. D'où venez-vous si tard? Homme du saint repos, vous faites honte à bien des chevaliers.

MARTIN.

Je vous remercie, noble seigneur! et ne suis, pour vous servir, qu'un humble frère, s'il s'agit de titres. Augustin est le nom que je porte au couvent; mais j'aime mieux qu'on m'appelle Martin, de mon nom de baptême.

GŒTZ.

Vous êtes fatigué, frère Martin, et sans doute altéré. (George revient.) Voici fort à propos du vin.

MARTIN.

Pour moi, un verre d'eau, s'il vous plaît. Je n'ose pas boire du vin.

GŒTZ.

Est-ce contre vos vœux?

MARTIN.

Non, monseigneur, boire du vin n'est pas contre mes vœux. Mais le vin pourrait nuire à leur exécution, et c'est pour cela que je m'abstiens d'en boire.

GŒTZ.

Qu'entendez-vous par là?

MARTIN.

Vous êtes bien heureux de ne pas me comprendre. Boire et manger, n'est-ce pas là ce qui fait la vie de l'homme?

GŒTZ.

Eh bien?

MARTIN.

Quand vous avez bu et mangé, vous sentez en vous un nouvel être : vous êtes plus fort, plus courageux, plus dispos au travail. Le vin réjouit le cœur de l'homme, et la joie est la mère de toutes les vertus. Quand vous avez bu du vin, vous valez le double de ce que vous étiez avant; vous êtes une fois plus ardent à concevoir, une fois plus hardi à entreprendre, une fois plus prompt à exécuter.

GOETZ.

Pour qui en use comme moi, c'est vrai.

MARTIN.

C'est aussi là ce que j'entends. Mais nous...

<small>George apporte de l'eau.</small>

GOETZ, <small>bas à George.</small>

Va sur le chemin de Dachsbach, couche-toi l'oreille contre terre, écoute si tu n'entends pas venir des chevaux, et reviens tout de suite.

MARTIN.

Mais nous, quand nous avons bu et mangé, nous sommes tout le contraire de ce que nous devons être. Une digestion pénible nous absorbe la tête au profit du ventre, et enfante, dans l'accablement d'un repos sensuel, des désirs souvent plus forts que nous!

GOETZ.

Un verre, frère Martin, ne troublera pas votre sommeil : vous avez beaucoup marché aujourd'hui. (Lui offrant à boire.) A tous ceux qui combattent!

MARTIN.

Au nom de Dieu! (Ils trinquent.) Je ne puis supporter les fainéants; et, de fait, je ne puis dire que tous les moines sont fainéants; ils font ce qu'ils peuvent. Moi, par exemple, j'arrive de Saint-Veit, où j'ai passé la nuit dernière. Le prieur m'a montré son jardin : c'est une corne d'abondance D'excellente salade! des choux qui font plaisir à voir, et surtout des choux-fleurs et des artichauts comme il n'y en a pas en Europe!

GOETZ.

Ainsi, cette vie ne vous convient pas?

<small>Il se lève, regarde s'il ne voit pas venir George et se rassied.</small>

MARTIN.

Ah! si Dieu m'avait fait jardinier ou laboureur, je pourrais être heureux. L'abbé de mon couvent, à Erfurt en Saxe, a de l'amitié pour moi; il sait que je ne puis rester en repos; aussi, quand il y a quelque commission, c'est toujours moi qu'il en charge. Je me rends chez l'évêque de Constance.

GŒTZ.

Encore un coup! au succès de votre affaire!

MARTIN.

Je vous rends le souhait.

GŒTZ.

Qu'avez-vous à me regarder comme cela, frère?

MARTIN.

C'est que je suis épris de votre armure.

GŒTZ.

Auriez-vous envie d'en avoir une? C'est lourd et pénible à porter!

MARTIN.

Eh! qui est-ce qui n'est pas pénible en ce monde? Pour moi, je n'imagine rien de plus pénible que de n'oser être homme. Pauvreté, chasteté, obéissance... trois vœux dont chacun, pris à part, semble ce qu'il y a de plus incompatible avec la nature, tant ils sont tous trois insupportables. Toute sa vie gémir découragé sous ce poids, ou sous le fardeau encore plus écrasant de sa conscience! Seigneur chevalier, que sont les fatigues de votre carrière auprès des misères d'un état qui, par un désir mal entendu de nous approcher de Dieu, condamne nos meilleurs penchants, ceux qui nous font vivre et nous ennoblissent?

GŒTZ.

Si vos vœux n'étaient pas aussi sacrés, je vous engagerais à endosser une armure; je vous donnerais un cheval et nous ferions route ensemble.

MARTIN.

Plût à Dieu que mes épaules se sentissent la vigueur de porter la cuirasse, et mon bras la force de désarçonner un ennemi! Pauvre faible main, accoutumée dès l'enfance à porter les paisibles bannières et la sainte croix, ou à balancer l'encensoir, comment voudrais-tu manier la lance et l'épée? Ma voix, qui n'entonna jamais que des *Ave* ou des *Alleluia*, proclamerait à l'ennemi ma faiblesse pendant que le son de la vôtre le frapperait d'épouvante. Ah! sans cela, il n'y aurait point de vœu qui pût m'empêcher de rentrer dans l'ordre établi par mon créateur!

GŒTZ.

A votre heureux retour.

MARTIN.

Dites au vôtre. Mon retour dans la cage est toujours malheureux. Vous, quand vous rentrez dans vos murs avec la conscience de votre courage et de votre force que rien ne peut abattre; quand, à l'abri des surprises de l'ennemi, après de longues veilles, vous vous couchez enfin sans armes sur votre lit, dans l'attente d'un sommeil plus délicieux que n'est pour moi l'eau quand j'ai bien soif, alors vous pouvez parler de bonheur.

GŒTZ.

Aussi ces moments-là viennent-ils rarement.

MARTIN, avec feu.

Mais lorsqu'ils viennent, c'est un avant-goût du ciel. — Quand vous revenez chargé des dépouilles de votre ennemi, et que vous vous dites à vous-même, en repassant la journée: J'ai désarçonné celui-ci avant qu'il ait pu tirer sur moi : j'ai renversé celui-là avec son cheval; et qu'au milieu de ces souvenirs vous entrez dans votre château, et...

GŒTZ.

Eh bien!

MARTIN.

Et vos femmes! (Il verse à boire.) À la santé de votre femme! (Il s'essuie les yeux.) Vous en avez une sans doute?

GŒTZ.

Une brave, excellente femme!

MARTIN.

Heureux celui qui possède une femme honnête! sa vie est est doublée. Je ne connais pas les femmes, et pourtant la femme est la couronne de la création.

GŒTZ, à part.

Il me fait pitié! Le sentiment de son état lui ronge le cœur.

GEORGE, arrivant précipitamment.

Seigneur, j'entends galoper des chevaux! Ce sont eux, j'en suis sûr!

GŒTZ.

Fais sortir mon cheval; que Jean monte le sien. — Adieu, cher frère. Que Dieu vous accompagne! Courage et patience : Dieu vous soutiendra.

MARTIN.

Votre nom, je vous prie.

GŒTZ.

Excusez-moi... Adieu.

Il lui tend la main gauche.

MARTIN.

Pourquoi me tendez-vous la main gauche? Ne suis-je pas digne de la droite d'un chevalier?

GŒTZ.

Et quand vous seriez l'empereur, il faudrait bien vous en contenter. Ma main droite, bien qu'à la guerre elle ne me soit pas inutile, est insensible aux serrements de l'amitié. Elle et son gant ne font qu'un : vous voyez, elle est de fer.

MARTIN.

Vous êtes donc Gœtz de Berlichingen! Je te remercie, mon Dieu, de ce que tu me l'as fait voir cet homme que tous les princes détestent, et vers qui se tournent tous les opprimés! (Il lui prend la main droite.) Donnez-moi cette main, que je la baise.

GŒTZ.

Non, non...

MARTIN.

Laissez-moi! O main plus précieuse que les plus saintes reliques, toi où circulait le sang le plus sacré, instrument mort vivifié par la confiance en Dieu qui remplit cette belle âme!

Gœtz met son casque et prend sa lance.

ACTE I.

MARTIN.

Il passa chez nous, il y a déjà longtemps, un moine qui vous avait vu après qu'un coup de feu vous eût enlevé cette main devant Landshut. Comme il nous parla de vos souffrances, de votre chagrin d'être mutilé pour la guerre, et de l'idée qui vous revint tout à coup d'avoir entendu conter l'histoire d'un homme qui n'avait qu'une main non plus, et qui, malgré cela, fit encore longtemps le service d'un brave guerrier! Je ne l'oublierai jamais...

Les deux cavaliers arrivent. — Gœtz va vers eux; ils l'entretiennent tout bas.

MARTIN, continuant pendant ce temps.

Je n'oublierai jamais le moment où, dans une noble et sainte confiance, il s'écria en s'adressant à Dieu : « Quand j'aurais douze mains, si tu me refusais ta grâce, de quoi me serviraient-elles? Je puis donc avec une seule... »

GŒTZ.

Ainsi, dans la forêt de Haslach? (Se tournant vers Martin.) Adieu, digne frère Martin.

Il l'embrasse.

MARTIN.

Ne m'oubliez pas plus que je ne vous oublierai.

Gœtz sort.

MARTIN.

Comme mon cœur était plein quand je le regardais! Il ne parlait pas : et cependant mon âme ne pouvait se détacher de la sienne. C'est une suprême jouissance que de voir un grand homme!

GEORGE.

Révérend père, vous couchez cette nuit chez nous, n'est-ce pas?

MARTIN.

Puis-je avoir un lit?

GEORGE.

Non, mon père; je ne connais les lits que par ouï-dire; dans notre auberge, il n'y a que de la paille.

MARTIN.

C'est tout aussi bon. Comment t'appelles-tu?

GEORGE.

George, mon révérend père.

MARTIN.

George ! Tu as là un brave patron.

GEORGE.

On dit qu'il a été cavalier ; moi, je veux l'être aussi.

MARTIN.

Attends ! (Il tire un livre de prières et donne à George l'image d'un saint.) Tiens, le voici. Imite-le ; sois brave et crains Dieu.

Il sort.

GEORGE.

Ah ! le beau cheval blanc ! Si je pouvais jamais en avoir un pareil ! Et cette armure d'or !... Ah ! quel vilain dragon ! — Je jette à présent ma poudre aux moineaux. Saint George, fais-moi grand et fort, donne-moi une lance, une armure et un cheval, et viennent les dragons, ils verront beau jeu !

JAXTHAUSEN, BURG DE GOETZ.

ÉLISABETH, MARIE, CHARLES.

CHARLES.

Je t'en prie, chère tante, dis-moi encore une fois le conte de *l'Enfant pieux* ; il est si joli !

MARIE.

Dis-le toi-même, petit drôle ; je verrai si tu as fait attention.

CHARLES.

Attends un peu, que je me le rappelle. « Il y avait une fois... Oui... Il y avait une fois un enfant, et sa mère était malade, alors l'enfant alla... »

MARIE.

Non. « Sa mère lui dit : Cher enfant...

CHARLES.

« Je suis malade...

MARIE.

« Et je ne peux pas sortir.

ACTE I.

CHARLES.

« Et puis elle lui donna de l'argent, et lui dit : Va-t'en acheter ton déjeuner. Alors vint un pauvre homme...

MARIE.

« L'enfant s'en alla, et rencontra en chemin un vieil homme qui était... » Eh bien, Charles !

CHARLES.

« Qui était... vieux. »

MARIE.

Cela va sans dire ! « Qui avait à peine la force de marcher, et qui lui dit : Cher enfant...

CHARLES.

« Donne-moi quelque chose : je n'ai pas mangé de pain hier ni aujourd'hui. Alors l'enfant lui donna l'argent...

MARIE.

« Qui devait lui servir à acheter son déjeuner.

CHARLES.

« Alors le vieillard dit...

MARIE.

« Alors le vieillard prit l'enfant...

CHARLES.

« Par la main, et lui dit... Et il devint tout d'un coup un beau saint tout brillant, et dit : Cher enfant...

MARIE.

« La mère de Dieu va te récompenser de ta bienfaisance par moi. Le malade que tu toucheras...

CHARLES.

« De la main... » C'était la main droite, je crois ?

MARIE.

Oui.

CHARLES.

« Sera guéri toute de suite.

MARIE.

« Là-dessus l'enfant courut à la maison, et la joie l'empêcha de parler.

CHARLES.

« Et puis il se jeta au cou de sa mère en pleurant de joie.

MARIE.

« Alors la mère s'écria : Qu'est-ce donc que je sens ! Et fut... » Eh bien, Charles ! et fut...

CHARLES.

« Et fut... et fut... »

MARIE.

Voilà déjà que tu ne fais plus attention ! — « Et fut guérie. Et l'enfant guérit le roi et l'empereur, et devint si riche qu'il fit bâtir un grand monastère. »

ÉLISABETH.

Je ne puis concevoir ce que fait monseigneur. Voilà déjà cinq jours et cinq nuits qu'il est dehors, et il espérait avoir fini en un tour de main.

MARIE.

Ce n'est pas seulement d'aujourd'hui que je suis inquiète. Si j'étais condamnée à avoir un mari qui s'exposât comme le tien à tous les dangers, j'en mourrais avant un an.

ÉLISABETH.

Je remercie Dieu de m'avoir donné plus de fermeté.

CHARLES.

Il est donc obligé de sortir, mon père, puisque c'est si dangereux ?

MARIE.

Oh ! c'est son bon plaisir qu'il consulte.

ÉLISABETH.

Tu as raison, mon bon Charles : il y est obligé.

CHARLES.

Pourquoi ?

ÉLISABETH.

Tu sais bien, la dernière fois qu'il est sorti, quand il t'a apporté un petit pain blanc ?

CHARLES.

M'en rapportera-t-il encore cette fois ?

ÉLISABETH.

Je crois bien ! Vois-tu, mon ami, il y avait à Stuttgard un tailleur très-habile à tirer de l'arc, qui avait gagné le prix à Cologne.

CHARLES.
Était-ce un prix considérable?

ÉLISABETH.
Cent thalers. Mais ensuite on refusa de le lui donner.

MARIE.
C'est bien vilain, n'est-ce pas, Charles?

CHARLES.
Les vilaines gens!

ÉLISABETH.
Là-dessus, le tailleur vint trouver ton père, pour le prier de vouloir bien l'aider à obtenir son argent. Ton père monte aussitôt à cheval, enlève aux gens de Cologne une couple de marchands et ne les relâche pas avant qu'ils aient donné l'argent. N'aurais-tu pas fait comme lui, dis-moi?

CHARLES.
Oh! non, ma foi. Il faut passer par une forêt noire, noire! toute pleine de bohémiens et de sorcières.

ÉLISABETH.
Voilà un fameux héros, qui a peur des sorcières!

MARIE.
Va, tu as bien raison, Charles; passe ta vie dans ton château, en pieux chevalier chrétien. On trouve assez d'occasions de faire le bien sans sortir de chez soi, et les plus honnêtes chevaliers commettent plus d'injustices dans leurs courses qu'ils ne redressent de torts.

ÉLISABETH.
En vérité, ma sœur, tu ne sais pas ce que tu dis. Veuille le ciel que notre fils prenne du courage avec le temps, et n'aille pas ressembler à ce Weislingen, qui a mis tant de perfidie dans sa conduite avec mon mari!

MARIE.
Ne te hâte pas de juger, Élisabeth. Mon frère est très-irrité, toi aussi; je suis plus de sang-froid dans cette affaire, et peux mieux apprécier des choses.

ÉLISABETH.
Il est sans excuse.

2.

MARIE.

Ce que j'en ai appris m'a inspiré de l'intérêt pour lui. Ton mari lui-même ne nous en a-t-il pas dit beaucoup de bien? Comme leur jeunesse fut heureuse, quand ils étaient ensemble pages du margrave!

ÉLISABETH.

Il se peut. Mais dis-moi, de quel bien peut être capable un homme qui persécute son meilleur ami, qui vend ses services aux ennemis de mon mari, et qui s'efforce, par des rapports mensongers, de nous noircir aux yeux de notre excellent empereur, qui nous fut toujours si favorable!

CHARLES.

Mon père, mon père! le guet de la tour sonne l'air : *Heysa! ah! ouvrez la grande porte.*

ÉLISABETH.

Il revient sans doute avec du butin.

Entre un cavalier.

LE CAVALIER.

Nous avons fait bonne chasse! Que Dieu vous salue, nobles dames.

ÉLISABETH.

Avez-vous Weislingen?

LE CAVALIER.

Lui et trois cavaliers.

ÉLISABETH.

Comment se fait-il que vous soyez restés si longtemps?

LE CAVALIER.

C'est que nous nous étions d'abord postés entre Nuremberg et Bamberg; il n'arrivait pas, et cependant nous savions qu'il était en route. Enfin nous eûmes de ses nouvelles; il s'était détourné de sa route, et se reposait tranquillement chez le comte de Schwarzenberg.

ÉLISABETH.

Ils voudraient faire encore de celui-là un ennemi de mon mari.

LE CAVALIER.

Je cours en avertir mon maître. A cheval! Nous nous enfonçons dans la forêt de Haslach. Rien de plus curieux que ce qui nous y est arrivé. Imaginez-vous que, pendant que nous marchions dans la nuit, un pâtre s'est trouvé là avec ses moutons; et voilà que cinq loups sont venus fondre tout à coup sur le troupeau, s'en donnant à cœur joie. Notre maître se prit à rire, et dit: « Bon succès, chers camarades ! bon succès pour tout le monde, et pour nous aussi ! » Comme nous nous réjouissions d'un si favorable augure, voilà Weislingen qui arrive avec quatre cavaliers.

MARIE.

Le cœur me bat !

LE CAVALIER.

Mon camarade et moi, suivant l'ordre de notre maître, nous le prenons par le milieu du corps, et nous nous y cramponnons si bien, que nous ne faisions plus qu'un avec lui : il ne pouvait plus bouger. Pendant ce temps-là, notre maître et Jean tombent sur les cavaliers et s'en rendent maîtres. L'un d'eux s'est échappé.

ÉLISABETH.

Je suis curieuse de le voir. Viendront-ils bientôt?

LE CAVALIER.

Ils enfilent la vallée ; dans un quart d'heure ils sont ici.

MARIE.

Il sera sans doute bien consterné?

LE CAVALIER.

Il a l'air assez sombre.

MARIE.

Son regard me fera mal.

ÉLISABETH.

Ah ! Je vais vite préparer le dîner. Vous devez avoir tous bien faim.

LE CAVALIER.

Je vous en réponds.

ÉLISABETH.

Marie, prends la clef de la cave et va tirer du meilleur vin. Ils l'ont bien mérité !

Elle sort.

CHARLES.

Je veux aller avec toi, ma tante.

MARIE.

Viens, mon petit.

Ils sortent.

LE CAVALIER.

Il ne ressemblera jamais à son père, sans quoi il viendrait avec moi à l'écurie.

GŒTZ, WEISLINGEN, CHARLES, Cavaliers.

GŒTZ, *posant sur la table son casque et son épée.*

Dégrafez ma cuirasse et donnez-moi ma veste. Il va me sembler bien doux d'être à mon aise; frère Martin, tu disais vrai ! — Vous nous avez tenus en haleine, Weislingen. (Weislingen ne répond rien, et marche à grands pas dans la chambre.) Prenez courage ! Allons, venez, désarmez-vous. Où sont vos habits ? J'espère qu'on ne vous a rien perdu. (A un des cavaliers.) Appelle ses gens : ouvrez les paquets, et voyez à ce que rien ne s'égare. — Je pourrais vous en prêter des miens.

WEISLINGEN.

Laissez-moi : tout cela m'est indifférent.

GŒTZ.

Je pourrais vous prêter un bel habit bien fait, qui n'est que de simple toile, il est vrai. Il m'est devenu trop étroit. Je le portais aux noces de mon gracieux seigneur le comte palatin, précisément lorsque votre évêque me prit si fort en grippe : quinze jours auparavant j'avais coulé bas deux de ses bateaux sur le Mein. J'étais, je m'en souviens, avec Franz de Sickingen, dans l'auberge du *Cerf* à Heidelberg; nous montions l'escalier. Pour arriver en haut il fallait traverser un palier entouré d'une petite rampe en fer, où se trouvait l'évêque. Il donna la main à Franz; et comme je suivais, il me la donna aussi. J'en ris à part moi, et m'approchant du landgrave de Hanau, prince que j'aimais de tout mon cœur, je lui dis: « L'évêque vient de me donner la main, je gage qu'il ne m'a pas reconnu. » Comme je parlais exprès assez haut, l'évêque m'entendit, et vint à nous fièrement : « Oui, dit-il, si je vous ai donné la main, c'est que je ne vous connais pas. — Monseigneur, répondis-je, je m'en suis bien douté; et moi, je vous la rends, votre main » Alors le cou du petit homme se gonfla, il devint rouge comme une écrevisse, et courut dans le salon se plaindre au comte palatin Louis et au prince de Nassau. Nous en avons souvent ri depuis.

WEISLINGEN.

Je voudrais que vous me laissiez seul.

GOETZ.

Pourquoi cela? Mettez-vous à votre aise, je vous prie. Vous êtes en mon pouvoir, et je n'aurai garde d'en abuser.

WEISLINGEN.

Ce n'est pas là ce qui m'inquiète, c'est votre devoir de chevalier.

GOETZ.

Et vous savez qu'il m'est sacré.

WEISLINGEN.

Je suis prisonnier; le reste m'est indifférent.

GOETZ.

Ne tenez pas ce langage. Si vous aviez affaire à un prince, et qu'il vous jetât au fond d'une tour, en donnant ordre à vos gardiens de sonner du cor pour vous empêcher de dormir!...

Les cavaliers apportent des vêtements; Weislingen ôte ses armes et s'habille. — Entre Charles.

CHARLES.

Bonjour, père.

GOETZ *l'embrasse.*

Bonjour, mon garçon. Comment avez-vous passé le temps ici?

CHARLES.

Très-bien, mon père. Ma tante dit que je suis bien savant.

GOETZ.

Oui?

CHARLES.

M'as-tu apporté quelque chose?

GŒTZ.

Non, pas cette fois-ci.

CHARLES.

C'est que j'ai bien travaillé.

GŒTZ.

Ah!

CHARLES.

Veux-tu savoir le conte de *l'Enfant pieux*?

GŒTZ.

Après dîner!

CHARLES.

Je sais encore autre chose.

GŒTZ.

Et quoi donc?

CHARLES.

Jaxthausen est un village avec un château sur la Jaxt, et appartient depuis deux cents ans, de père en fils, aux seigneurs de Berlichingen.

GŒTZ.

Et connais-tu le seigneur de Berlichingen? (Charles le regarde avec des yeux étonnés.) A part. Je crois, en vérité, qu'avec toute sa science, il ne connaît pas son père. — A qui appartient Jaxthausen?

CHARLES.

Jaxthausen est un village avec un château sur la Jaxt.

GŒTZ.

Ce n'est pas cela que je te demande. — Moi, je connaissais déjà tous les chemins, les sentiers, les gués, que je ne savais pas seulement le nom du château, de la rivière, ni du village. — Ta mère est à la cuisine?

CHARLES.

Oui, mon père; elle est à faire cuire des navets et à faire rôtir du mouton.

GŒTZ.

Tu sais tout cela, monsieur le cuisinier!

CHARLES.

Et pour mon dessert, ma tante me fait cuire une pomme.

ACTE I.

GŒTZ.

Ne peux-tu pas la manger crue?

CHARLES.

Elle est meilleure cuite.

GŒTZ.

Il te faut donc toujours quelque friandise! Weislingen, je suis à vous dans un instant. Il faut que j'aille embrasser ma femme. Viens avec moi, Charles.

CHARLES.

Quel est cet homme-là?

GŒTZ.

Salue-le, et prie-le d'être un peu plus gai.

CHARLES.

Tiens, voilà ma main. Réjouis-toi, le dîner va être prêt.

WEISLINGEN le prend dans ses bras et le baise.

Heureux enfant, qui ne connaît d'autre malheur que le retard de son dîner! Dieu vous comble de joie dans cet enfant, Berlichingen!

GŒTZ.

Il n'y a jamais beaucoup de lumière sans beaucoup d'ombre. Ce serait pourtant un si grand bonheur pour moi!... Nous verrons ce qu'il en adviendra.

Ils sortent.

WEISLINGEN resté seul.

Oh! si je m'éveillais, et que tout cela ne fût qu'un songe!... Au pouvoir de Berlichingen! lui dont je venais de secouer le joug, dont je craignais la pensée comme le feu! lui que j'espérais vaincre!... Et cet ancien ami, ce loyal Gœtz! Dieu! grand Dieu! quelle fin aura tout cela? — Adelbert, te voilà donc de retour dans cette salle, théâtre des jeux de notre enfance... où tu l'aimais... où ton âme se confondait avec la sienne!... Qui peut l'approcher et le haïr? Hélas! maintenant, je ne suis plus rien ici! Vous avez passé, jours de bonheur, où le vieux Berlichingen était aussi là, près de la cheminée, où nous jouions ensemble, où nous nous aimions comme des anges. — L'évêque va être bien en peine, ainsi que tous mes amis. Je ne doute pas que tout le pays ne prenne part à mon malheur. Mais que m'importe! Peuvent-ils me donner ce que je cherche?

GŒTZ, avec une bouteille de vin et des verres.

En attendant le dîner, il faut que nous buvions un coup. Allons, asseyez-vous : faites comme chez vous. Songez que vous voilà revenu dans la maison de Gœtz. Il y a bien longtemps qu'il ne nous est arrivé de manger à la même table et de vider ensemble une bouteille. (Il lui offre à boire.) Voyons, un peu de gaieté.

WEISLINGEN.

Les temps ont changé.

GŒTZ.

Ah! il est vrai que nous ne pouvons plus guère espérer de jours comme ceux que nous avons passés ensemble à la cour du margrave, alors que nous ne nous quittions pas d'un instant, ni jour ni nuit. Comme j'aime à me rappeler ma jeunesse! Vous souvient-il encore de la fureur de ce Polonais à qui je défrisai, par mégarde, avec ma manche, sa longue moustache empommadée?

WEISLINGEN.

Il était à table, et vous menaça de son couteau.

GŒTZ.

Je lui donnai une rude leçon, et cela vous fit une querelle avec son camarade. Nous nous soutenions toujours l'un l'autre comme de braves garçons, et on le savait bien! (Il verse à boire et lève son verre.) Castor et Pollux! mon cœur battait de joie quand le margrave nous donnait ce nom!

WEISLINGEN.

C'est l'évêque de Wurtzbourg qui nous avait baptisés ainsi.

GŒTZ.

C'était là un savant homme, et avec cela si affable! Je me rappellerai toute ma vie combien il nous aimait, combien il louait notre union, et le cas qu'il disait faire de l'homme qui est le frère jumeau de son ami.

WEISLINGEN.

Ne parlons plus de tout cela.

GŒTZ.

Pourquoi pas? Après le travail, je ne connais rien de plus doux dans la vie que les souvenirs. — En vérité, quand je repasse dans ma mémoire ces temps où nous partagions plaisirs et peines; quand je me souviens avec quel charme je nourrissais l'idée qu'il en serait de même toute notre vie! Ne fut-ce pas là toute ma consolation lorsque cette main me fut abattue devant Landshut? Et toi, tu me soignais alors! tu fus pour moi plus qu'un frère; j'espérais qu'à l'avenir Adelbert serait ma main droite. Et maintenant...

WEISLINGEN.

Oh!

GŒTZ.

Si tu m'avais suivi lorsque je voulus t'emmener en Brabant, tout serait aujourd'hui comme alors. Mais la vie de cour te retenait, les intrigues, le commerce des femmes! tu as oublié ton ami. Je te l'ai toujours dit: « Si tu t'abandonnes auprès de ces créatures frivoles et sans pudeur, à t'entretenir avec elles d'unions malheureuses, de filles séduites, à médire de la peau rude de celle-ci, et que sais-je, moi! de tout ce qui leur passait par la tête de te faire dire; Adelbert! te répétais-je toujours, tu seras un vaurien. »

WEISLINGEN.

A quoi tend tout cela?

GŒTZ.

Plût au ciel que je pusse l'oublier, ou qu'il en fût autrement! Dis-moi, n'es-tu pas né noble et libre autant que personne en Allemagne, soumis à l'empereur seul, indépendant de tous les autres? Et cependant tu sers sous des vassaux! Qu'y a-t-il entre toi et cet évêque? Est-ce parce qu'il est ton voisin et qu'il peut te nuire? Mais n'as-tu pas un bras et des amis pour le lui rendre? Non, tu ne sens pas la dignité du chevalier, qui ne dépend que de Dieu, de son empereur et de lui-même. Tu te fais le premier valet d'un prêtre bouffi d'orgueil et rongé d'envie!

WEISLINGEN.

Laissez-moi parler.

GŒTZ.
Qu'as-tu à me répondre?
WEISLINGEN.
Que tu vois les princes du même œil que le loup voit le berger. Et cependant, peux-tu les blâmer de ce qu'ils veillent au bonheur de leurs peuples? Sont-ils un seul instant à l'abri des atteintes de ces chevaliers injustes et sans foi, qui vont dévalisant leurs sujets sur les grands chemins, saccageant leurs villages et leurs châteaux? Si, d'une autre part, les possessions de notre bien-aimé empereur sont menacées par les infidèles, veux-tu qu'il ait recours aux États de l'Empire, qui ont peine eux-mêmes à disputer leur vie à ces brigands! N'est-ce pas un bon génie qui leur conseille de songer à pacifier l'Allemagne, à établir le règne du droit et de la justice, et de faire jouir grands et petits des avantages d'une paix durable? Tu nous reproches, Berlichingen, de chercher un appui dans nos voisins; mais vois la majesté impériale, elle est seule et ne peut se défendre.
GŒTZ.
Oui, oui, j'entends bien! Weislingen, si les princes étaient ce que vous dites, nous aurions tout ce que nous souhaitons, le repos et la paix! Je le crois bien : il n'y a pas de vautour qui ne la demande pour dévorer plus commodément sa proie! Le bonheur de chacun! qu'ils n'aient jamais d'autres soucis, et leurs cheveux ne blanchiront pas. Notre empereur, ils se jouent de lui avec la dernière indécence! Ses intentions sont excellentes, et c'est le bien seul qu'il a en vue. Mais tous les jours se présente un nouvel aventurier qui donne des avis; et lui, parce qu'il comprend vite, et qu'il n'a qu'à dire un mot pour mettre en mouvement mille bras, il s'imagine que tout s'exécute avec la même célérité. Arrivent alors ordonnances sur ordonnances : l'une fait oublier l'autre; les princes choisissent entre toutes celle qui sert le mieux leurs projets, et, cachés derrière ce rempart, ils écrasent à loisir les petits, tout en proclamant le repos et la sécurité de l'Empire. Je jurerais qu'il y en a plus d'un qui remercie Dieu dans son cœur de ce que le Turc tient l'empereur en haleine

WEISLINGEN.

C'est votre manière de voir.

GŒTZ.

Chacun la sienne. La question est de savoir de quel côté est la lumière et la justice; et vous avouerez au moins que vos menées craignent le grand jour.

WEISLINGEN.

Vous pouvez dire tout ce qu'il vous plaira, je suis prisonnier.

GŒTZ.

Non, si votre conscience est pure, vous êtes libre. Qu'entendez-vous par la paix publique? Je me souviens d'une diète où j'assistai avec le margrave, à l'âge de seize ans. Vos princes, il fallait les voir ouvrir de grandes bouches, les ecclésiastiques par-dessus tous. Votre évêque cornait aux oreilles de l'empereur, comme si la justice lui tenait merveilleusement au cœur; et tout à l'heure il m'enlève un de mes vassaux, lorsque tous nos différends sont apaisés et que je ne songeais seulement plus à lui. — Tout n'était-il pas fini entre nous? Qu'a-t-il à démêler avec ce prisonnier?

WEISLINGEN.

Cela s'est fait à son insu.

GŒTZ.

Pourquoi donc ne pas le relâcher?

WEISLINGEN.

Cet homme ne s'est pas conduit comme il le devait.

GŒTZ.

Comme il le devait!... Sur mon honneur, il a fait ce qu'il devait; aussi sûr que c'est de l'aveu de l'évêque et du vôtre qu'il a été enlevé! Me croyez-vous donc d'aujourd'hui dans le monde, pour ne pas voir où tout cela mène?

WEISLINGEN.

Vos soupçons sont injustes.

GŒTZ.

Weislingen, vous parlerai-je à cœur ouvert? Je vous suis une épine dans le pied, tout petit que je suis; et Sickingen et Selbitz vous gênent également. Pourquoi? parce qu'on sait que nous sommes résolus à mourir plutôt que de devoir l'air que nous respirons à d'autres qu'à Dieu, et de prêter foi et hommage à d'autres qu'à l'empereur. Aussi ne cesse-t-on de me tendre des pièges : on me peint sous les couleurs les plus noires aux yeux de Sa Majesté, aux yeux de mes amis, de mes voisins : on m'entoure de gens qui m'espionnent. Pourvu qu'on se débarrasse de moi, tous les moyens sont bons — Vous avez pris ce jeune homme, parce que je l'avais chargé d'un message; et il n'a pas fait ce qu'il devait, parce qu'il ne m'a pas trahi auprès de vous. Et toi, Weislingen, tu es leur instrument !

WEISLINGEN.

Berlichingen !...

GŒTZ.

En voilà assez sur ce sujet. Je suis ennemi des explications. On se trompe l'un ou l'autre, et le plus souvent tous les deux.

CHARLES.

A table, père!

GŒTZ.

Voilà une bonne nouvelle! Venez; j'espère que mes femmes vous remettront un peu de joie au cœur. Vous étiez autrefois un galant chevalier; les demoiselles ne parlaient que de vous. Venez.

Ils sortent.

LE PALAIS ÉPISCOPAL DE BAMBERG. — UNE SALLE A MANGER.

L'ÉVÊQUE DE BAMBERG, L'ABBÉ DE FULDA, OLEARIUS, LIEBETRAUT, Courtisans, à table.

On vient de desservir et d'apporter de grandes coupes.

L'ÉVÊQUE.

Y a-t-il dans ce moment-ci beaucoup d'Allemands de naissance à l'université de Bologne?

OLEARIUS.

Beaucoup de nobles et beaucoup de bourgeois; et, soit dit sans vanité, ce sont eux qui s'y distinguent le plus. On dit à l'Université, par manière de proverbe : Studieux comme un gentilhomme allemand. Car, si les bourgeois font de louables efforts pour racheter par des talents acquis l'obscurité de leur naissance, les autres ne mettent pas moins d'ardeur à relever l'illustration de la leur de tout l'éclat que donnent le mérite et la science.

L'ABBÉ.

Oh! oh!

LIEBETRAUT.

Qu'on vienne dire qu'il n'y a rien de nouveau sous le soleil! Studieux comme un gentilhomme allemand! De ma vie je ne l'avais entendu dire.

OLEARIUS.

Oui, ils font l'admiration de toute l'Université. Vous allez au premier jour en voir arriver quelques-uns des plus âgés et des plus habiles, avec le grade de docteur. L'empereur sera heureux d'avoir à leur confier les premières places.

L'ÉVÊQUE.

Ils ne peuvent manquer de les obtenir.

L'ABBÉ.

Connaissez-vous, par exemple, un jeune gentilhomme?... Il est de la Hesse.

OLEARIUS.

Il y a beaucoup de Hessois.

L'ABBÉ.

Il s'appelle... Il est.. Attendez. Comment! pas un de vous ne sait son nom? — Sa mère était une De... Ah! son père était borgne... et maréchal.

LIEBETRAUT.

De Wildenholz?

L'ABBÉ.

Justement! de Wildenholz.

OLEARIUS.

Je le connais bien; un jeune homme plein de moyens. On vante surtout sa force dans la discussion.

L'ABBÉ.

Il tient cela de sa mère.

LIEBETRAUT.

Et, à en croire son mari, ce n'était pas là le beau côté de madame.

L'ÉVÊQUE.

Comment disiez-vous que s'appelait l'empereur qui a écrit votre *Corpus Juris?*

OLEARIUS.

Justinien.

L'ÉVÊQUE.

Excellent homme! A sa santé!

OLEARIUS.

A sa mémoire!

L'ABBÉ.

Ce doit être un beau livre?

OLEARIUS.

C'est en quelque façon le livre des livres, une collection complète de toutes les lois, où l'on rencontre des décisions applicables à tous les cas, et de plus, pour remplir les lacunes et éclaircir les passages obscurs, il s'y trouve joint des gloses, dont les plus savants hommes ont enrichi le texte de cet admirable ouvrage.

L'ABBÉ.

Une collection de toutes les lois! Peste! on doit donc y trouver aussi les dix commandements?

OLEARIUS.

Implicitè oui, mais non *explicitè*.

L'ABBÉ.

C'est aussi ce que je voulais dire, purement et simplement, sans autre explication.

L'ÉVÊQUE.

Et ce qu'il y a de plus beau, c'est que, comme vous le remarquiez tout à l'heure, un empire où ces lois seraient en vigueur jouirait du repos le plus absolu.

OLEARIUS.

Sans aucun doute.

L'ÉVÊQUE.

A tous les docteurs en droit!

OLEARIUS.

J'en rendrai bon compte. (Ils boivent.) Plût à Dieu qu'on tînt ce langage dans ma patrie!

L'ABBÉ.

D'où êtes-vous, savant docteur?

OLEARIUS.

De Francfort-sur-le-Mein, pour servir Votre Grandeur.

L'ÉVÊQUE.

Y seriez-vous mal notés, vous autres, messieurs?

OLEARIUS.

C'est une chose assez bizarre. J'y allai pour recueillir l'héritage de mon père; le peuple a manqué me lapider quand il sut que j'étais homme de loi.

L'ABBÉ.

Ah! bon Dieu!

OLEARIUS.

Mais voici d'où cela vient : les échevins, qui sont en grand honneur dans le pays, sont tous des gens fort communs et absolument étrangers au droit romain. On croit qu'il suffit d'avoir acquis par l'âge et l'expérience une connaissance exacte de l'état intérieur et extérieur de la ville ; aussi la justice s'y rend-elle d'après de vieilles coutumes et un fort petit nombre de statuts.

L'ABBÉ.

Cela est bien vu.

OLEARIUS.

Mais ne suffit pas. La vie humaine est courte, et dans une génération tous les cas ne se présentent pas. Or, notre code de lois est un recueil des cas qui se sont présentés dans une suite de plusieurs siècles. Et puis la volonté et le jugement de l'homme sont sujets à varier : l'un approuve aujourd'hui ce que l'autre condamnait hier. Ainsi l'erreur et l'injustice sont inévitables ; au lieu que les lois précisent tout cela, et les lois sont invariables.

L'ABBÉ.

En effet, cela vaut mieux.

OLEARIUS.

Voilà ce qu'on ne peut faire entendre au peuple. Quelque avide qu'il soit de nouveautés, il a cependant horreur de tout ce qui tend à le tirer de son ornière, dût-il s'en trouver mieux. Un jurisconsulte, à leurs yeux, n'est autre chose qu'un perturbateur de l'État, un coupeur de bourses; et ils entrent en fureur s'il en vient un qui veuille s'établir chez eux.

LIEBETRAUT.

Vous êtes de Francfort! Je connais bien cette ville, moi : au couronnement de l'empereur Maximilien, nous en avons fait voir de belles à vos fiancés! Vous vous appelez Olearius! Je n'y sais personne de ce nom.

OLEARIUS.

Mon père s'appelait Lhuillier [1]; mais, pour éviter la dissonance que ce nom aurait causée en tête de mes œuvres latines, je l'ai quitté, d'après l'exemple et les conseils de célèbres professeurs, pour prendre celui d'Olearius.

LIEBETRAUT.

Vous avez bien fait de vous traduire. Nul n'est prophète en son pays. Vous auriez peut-être eu le même sort dans votre langue maternelle.

OLEARIUS.

Ce n'était pas là ma raison.

LIEBETRAUT.

On en a toujours plus d'une.

L'ABBÉ.

Nul n'est prophète en son pays.

LIEBETRAUT.

Savez-vous bien pourquoi, Monseigneur?

OLEARIUS.

Parce qu'il y est né et qu'il y a été élevé.

LIEBETRAUT.

Oui, peut-être est-ce là la première raison; voici la seconde : c'est que cette auréole de gloire et de sainteté qui, pour des spectateurs un peu éloignés, rayonne autour de ces

---

[1] Oehlmann.

messieurs, s'évapore à les voir de plus près; et ce ne sont plus alors que de mauvaises petites guenilles.

OLEARIUS.

Il semble que vous ayez mission de dire des vérités.

LIEBETRAUT.

Comme j'ai le courage de les dire, je ne manque pas de mots pour les exprimer.

OLEARIUS.

Mais vous manquez de tact pour les bien placer.

LIEBETRAUT.

Partout où les ventouses tirent elles sont bien placées.

OLEARIUS.

On reconnaît le garçon de bains à son tablier, et le métier à ses priviléges; vous devriez, par précaution, attacher des grelots à votre bonnet.

LIEBETRAUT.

Où avez-vous pris vos degrés? Je vous le demande, parce que, dans le cas où il me prendrait fantaisie d'arriver à celui de docteur, je voudrais connaître la vraie forge.

OLEARIUS.

Vous faites l'impertinent!

LIEBETRAUT.

Eh! vous faites bien l'homme d'importance!

L'évêque et l'abbé rient aux éclats.

L'ÉVÊQUE.

En voilà assez là-dessus!... pas tant de chaleur, messieurs : à table tout s'arrange. — Allons, Liebetraut, entame quelque autre sujet.

LIEBETRAUT.

Il y a près de Francfort un petit endroit qui s'appelle Sachsenhausen...

OLEARIUS, à l'évêque.

Monseigneur, que dit-on de l'expédition contre les Turcs?

L'ÉVÊQUE.

Que l'Empereur a bien d'autres affaires! Il faut d'abord qu'il s'applique à pacifier l'Empire, à détruire les coalitions, à relever la dignité des tribunaux. Ensuite il doit marcher, dit-on, en personne contre les ennemis de l'Empire et de la chrétienté ; mais d'ici là il trouvera assez d'occupation chez lui. L'Empire, malgré une paix de quarante ans, est encore à l'heure qu'il est un vrai coupe-gorge. La Franconie, la Souabe, le Haut-Rhin et les pays environnants sont à la merci de quelques chevaliers arrogants et audacieux. Sickingen, Selbitz le boiteux, Berlichingen à la main de fer, s'y moquent ouvertement de Sa Majesté Impériale.

L'ABBÉ.

Comment ! si Sa Majesté ne s'en mêle, ces drôles-là en viendront un beau jour jusqu'à nous mettre dans le sac.

LIEBETRAUT.

Ce serait un fier luron, celui qui mettrait en sac le tonneau de Fulda [1] !

L'ÉVÊQUE.

Berlichingen surtout est depuis bien des années mon irréconciliable ennemi. Je ne puis dire comme il me rend la vie pénible ; mais j'espère en être bientôt débarrassé ; l'Empereur tient actuellement sa cour à Augsbourg ; nos mesures sont prises, il ne peut échapper. — Monsieur le docteur, connaissez-vous Adelbert de Weislingen ?

OLEARIUS.

Non, monseigneur.

L'ÉVÊQUE.

Si vous avez le loisir d'attendre cet homme, vous aurez la satisfaction de voir en lui le plus noble, le plus habile et le plus aimable chevalier du monde.

OLEARIUS.

Ce doit être un homme bien supérieur, celui qui s'attire de telles louanges d'une telle bouche.

LIEBETRAUT.

Il n'a jamais été à l'Université.

L'ÉVÊQUE.

Nous le savons. (Les domestiques courent à la fenêtre.) Qu'y a-t-il ?

Jeu de mot sur *foudre* (en allemand *fulde*) et Fulda, nom de ville.

UN DOMESTIQUE.

Færber, un des hommes de Weislingen, est entré au château.

L'ÉVÊQUE.

Allez voir ce qu'il apporte ; sûrement la nouvelle de l'arrivée du chevalier.

<small>Liebetraut sort. Tout le monde se lève et boit encore un coup. Liebetraut rentre.</small>

L'ÉVÊQUE.

Quelles nouvelles?

LIEBETRAUT.

J'aimerais mieux qu'un autre vous les dit que moi. Weislingen est pris.

L'ÉVÊQUE.

Oh!

LIEBETRAUT.

Berlichingen l'a fait prisonnier, lui et trois de ses gens, près de Haslach. L'un d'eux s'est échappé pour vous apporter ce message.

L'ABBÉ.

Maudite nouvelle!

OLEARIUS.

J'en suis pénétré de douleur!

L'ÉVÊQUE.

Je veux voir cet homme; faites-le monter... non, qu'il entre dans mon cabinet; je veux lui parler moi-même.

<small>L'ABBÉ se remet à table.</small>

Encore un coup!

<small>Les domestiques versent à boire.</small>

OLEARIUS.

Votre Révérence serait-elle disposée à faire un petit tour de jardin? *Post cænam stabis, seu passus mille meabis.*

LIEBETRAUT.

Vraiment, je crois que le fauteuil ne vous vaut rien. Vous gagnerez encore une attaque. (L'abbé se lève. — A part.) Une fois que je te tiendrai dehors, je te ferai faire de l'exercice, je t'en réponds.

JAXTHAUSEN.

MARIE, WEISLINGEN.

MARIE.

Vous m'aimez, dites-vous? je veux bien le croire, et j'espère que vous ferez mon bonheur et que je ferai le vôtre.

WEISLINGEN.

Marie, je ne vois plus au monde que toi!

Il l'embrasse.

MARIE.

Laissez-moi, je vous prie. Déjà vous avez reçu le gage d'un baiser ; mais on dirait que vous voulez anticiper sur une possession que vous n'avez encore qu'à condition.

WEISLINGEN.

Vous êtes trop sévère, Marie. Un amour innocent, loin de déplaire à Dieu, lui est agréable.

MARIE.

Soit! mais vos paroles ne me convertiront pas. On m'a appris que les caresses, comme les anneaux d'une chaîne, se tiennent étroitement enlacées, et que les filles, quand elles aiment, sont plus faibles que Samson après la perte de ses cheveux.

WEISLINGEN.

Qui vous a appris cela?

MARIE.

L'abbesse de mon couvent. Je suis restée auprès d'elle jusqu'à ma seizième année, et ce n'est qu'avec vous que je retrouve le bonheur que je goûtais chez elle. Elle avait aimé, et pouvait en parler. Son cœur était si sensible! C'était une bien excellente femme.

WEISLINGEN.

Elle te ressemblait donc? (*Il lui prend la main.*) Que deviendrai-je s'il faut vous quitter?

MARIE, *retirant sa main.*

J'espère qu'il vous en coûtera un peu, car je sais ce qu'il m'en coûtera à moi; mais il faut bien que vous partiez.

WEISLINGEN.

Oui, ma douce amie, je le ferai, et je veux le faire : car je sens quelle béatitude me procurera ce sacrifice. Béni soit ton frère et le jour où il descendit à Haslach pour me faire prisonnier !

MARIE.

Ce jour-là, son cœur était plein d'espoir pour toi et pour lui. « Adieu, nous dit-il en partant, je veux voir si je retrouverai Weislingen. »

WEISLINGEN.

Il l'a retrouvé. Ah ! que je voudrais n'avoir jamais négligé, pour cette misérable vie des cours, l'administration et la sûreté de mes biens ! Tu serais à moi aujourd'hui même.

MARIE.

L'attente a aussi ses charmes.

WEISLINGEN.

Ne dis pas cela, Marie. Je craindrais que tu ne sentisses moins fortement que moi. Au reste, c'est un châtiment que j'ai mérité ; mais que de douces espérances vont m'accompagner jusqu'à mon retour ! Être tout à toi, ne vivre qu'en toi, éloigné, séparé du monde, jouir de toutes les félicités que se réservent l'un à l'autre deux cœurs comme les nôtres ! Que sont la faveur des princes et les suffrages du monde, auprès de ce simple, de cet unique bonheur ! J'ai beaucoup espéré, beaucoup désiré, et voilà que je vois toutes mes espérances, tous mes désirs dépassés aujourd'hui !

Entre Gœtz.

GŒTZ.

Votre écuyer est de retour. Épuisé de fatigue et de faim, c'est à peine s'il a pu dire une parole. Ma femme est allée le faire manger. Autant que j'ai pu comprendre, l'évêque refuse de relâcher l'homme qu'il m'a pris : on doit nommer des commissaires impériaux, qui prendront jour et décideront l'affaire. Au reste, qu'il soit libre ou non, vous l'êtes, Adelbert. Je ne demande que votre main et la promesse de ne plus servir mes ennemis, ni ouvertement ni en secret.

WEISLINGEN.

Voici ma main : et que ce soit désormais entre nous le gage d'une amitié, d'une fidélité aussi inaltérables qu'une des lois immuables de la nature! Mais donnez-moi en même temps cette main (il prend celle de Marie) avec la possession de la femme la plus vertueuse.

GŒTZ.

Puis-je dire oui pour vous, ma sœur?

MARIE.

Si vous le dites avec moi.

GŒTZ.

Il est heureux que cette fois nos intérêts soient les mêmes. Tu n'as pas besoin de rougir; tes regards en disent assez. Eh bien, oui, Weislingen, j'y consens ; donnez-vous la main, et je dirai : Amen ! — Mon ami! mon frère! — Je te remercie, ma sœur ; tu sais faire mieux que de filer du chanvre, car tu as tressé un fil pour attacher cet oiseau de paradis! Tu n'as pas l'air tout à fait libre, Adelbert. Que te manque-t-il? Moi... moi... je suis parfaitement heureux. Ce que je n'espérais qu'en rêve, je le vois et il me semble que je rêve encore. Ah! voilà mon songe expliqué! Cette nuit, il me sembla que je te tendais ma main de fer, et tu me la serras si fort, qu'elle se détacha du brassard, comme brisée. Là-dessus je poussai un cri et je m'éveillai. J'aurais dû continuer mon rêve, je t'aurais vu remplacer cette main de fer par une main vivante.— Maintenant pars, et va remettre en bon état ton château et tes domaines. Cette maudite cour t'a fait négliger l'un et l'autre. Je vais appeler ma femme. Elisabeth!

MARIE.

Mon frère est au comble de la joie.

WEISLINGEN.

Et pourtant je crois que la mienne l'emporte encore.

GŒTZ.

Tu vas avoir une habitation fort agréable.

MARIE.

La Franconie est un pays béni.

WEISLINGEN.

Et je puis dire que mon château se trouve dans la partie la plus fertile et la plus riante.

GOETZ.

Oui, vous pouvez le dire, et moi je vous soutiendrai. — C'est ici que coule le Mein ; c'est là tout auprès que commence à s'élever la colline, revêtue de champs de blé, de vignobles, et que couronne votre château ; le fleuve fait un coude, et va contourner les rochers sur lesquels posent vos tours. De la fenêtre de la grande salle, l'œil plonge immédiatement dans l'eau, et la vue s'étend à plusieurs lieues.

Entre Élisabeth.

ÉLISABETH.

Que voulez-vous?

GOETZ.

Viens aussi donner ton consentement, et dire : Dieu vous bénisse !... Vois ce couple...

ÉLISABETH.

Quoi ! sitôt !

GOETZ.

Ce n'est pourtant pas une surprise.

ÉLISABETH.

Puissiez-vous l'aimer toute votre vie comme au jour où vous avez demandé sa main, et trouver le bonheur dans votre constance !

WEISLINGEN.

Dieu m'est témoin que je ne veux du bonheur qu'à ce prix.

GOETZ.

Chère femme, le fiancé part pour un petit voyage ; car ce grand changement en amène plusieurs autres. Il commence par s'éloigner de la cour de l'évêque, afin de laisser peu à peu cette amitié se refroidir. Il court ensuite arracher ses biens aux mains d'avides fermiers, et... Mais viens, ma sœur ; viens, ma femme : laissons-le seul ; son écuyer a sans doute quelque commission secrète pour lui.

WEISLINGEN.

Rien que vous ne puissiez entendre.

GŒTZ.

Bon, je n'y tiens pas. Franconie et Souabe, vous voilà plus sœurs que jamais! Comme nous allons serrer de près ces princes!

Ils sortent tous trois.

WEISLINGEN.

Dieu du ciel! pouvais-tu me combler, moi indigne, de tant de félicités! C'en est trop pour mon cœur... Comme j'étais joué par ces misérables que je croyais conduire! Esclave du prince et mendiant le suffrage de vils complaisants! Gœtz! cher Gœtz! tu m'as rendu à moi-même; et toi, Marie, tu achèves de me donner une vie nouvelle. Je me sens plus libre, et comme transporté dans une pure atmosphère. Je ne veux plus revoir Bamberg; je veux briser tous ces liens honteux qui me ravalaient au-dessous de moi-même. Mon cœur s'élargit... Ah! ce n'est point là l'élan pénible d'une ambition déçue! Non, il n'y a d'heureux et de véritablement grand que l'homme qui n'a besoin, pour être quelque chose, ni de commander ni d'obéir.

Entre Franz.

FRANZ.

Dieu vous garde! estimable seigneur. J'ai pour vous tan de compliments, que je ne sais pas par où commencer. Bamberg et dix lieues à la ronde vous répètent mille fois: Dieu vous garde!

WEISLINGEN.

C'est bon, Franz, qu'apportes-tu de plus?

FRANZ.

Vous êtes dans une estime, à la cour et partout, que je ne saurais vous décrire.

WEISLINGEN.

Elle ne durera pas longtemps.

FRANZ.

Aussi longtemps que vous vivrez! et après votre mort elle restera plus brillante que les inscriptions de bronze attachées aux tombeaux. Comme ils ont pris à cœur votre mauvaise fortune!

WEISLINGEN.

Qu'a dit l'évêque?

FRANZ.

Il était si pressé d'apprendre quelque chose, qu'il m'accablait de questions sans attendre mes réponses. Il savait déjà la nouvelle par Færber, qui s'est échappé de Haslach, mais il voulait tout savoir en détail. Il m'a demandé avec tant d'anxiété si vous n'étiez pas blessé! « Il est intact, lui ai-je dit, de la pointe des cheveux à l'ongle du petit doigt. »

WEISLINGEN.

Quelle est sa réponse aux propositions?

FRANZ.

Il voulait d'abord tout donner, l'homme et de l'argent par-dessus, pour vous délivrer; mais, quand il a su que Gœtz vous relâcherait sans cela et sur votre simple parole de lui renvoyer son vassal, il s'est décidé à différer la restitution. Il m'a chargé en outre de mille choses pour vous... Je les ai oubliées. Mais c'était un long sermon sur ce texte : « Je ne puis pas me passer de Weislingen. »

WEISLINGEN.

Il faudra bien qu'il apprenne à le pouvoir.

FRANZ.

Que voulez-vous dire? — Il ajouta encore : « Qu'il se hâte! on n'attend que lui. »

WEISLINGEN.

On peut m'attendre. Je ne vais pas à la cour.

FRANZ.

Vous n'allez pas à la cour, seigneur! D'où vient cela?... Si vous saviez ce que je sais! si vous pouviez seulement rêver ce que j'ai vu!

WEISLINGEN.

Qu'as-tu donc vu?

FRANZ.

Le souvenir seul m'en fait perdre la tête. Bamberg n'est plus Bamberg; un ange, sous la figure d'une femme, en a fait l'antichambre du ciel.

WEISLINGEN.

Rien que cela?

FRANZ.

Que je me fasse moine, si, en la voyant, vous n'êtes pas hors de vous.

WEISLINGEN.

Qui est-ce donc?

FRANZ.

Adélaïde de Walldorf.

WEISLINGEN.

Elle? J'ai souvent entendu parler de sa beauté.

FRANZ.

Entendu!... C'est comme si vous disiez : J'ai vu de la musique. La langue est incapable d'exprimer ses perfections, puisque l'œil ne suffit pas à les saisir!

WEISLINGEN.

Tu n'es pas dans ton bon sens.

FRANZ.

C'est bien possible. La dernière fois que je l'ai vue, j'en étais comme ivre; ou bien plutôt j'éprouvais les extases dont doivent jouir les saints à la vue d'apparitions célestes. Tous mes sens plus forts, plus élevés, plus parfaits et en même temps paralysés!

WEISLINGEN.

Voilà qui est extraordinaire!

FRANZ.

Lorsque je pris congé de l'évêque, elle était assise en face de lui. Ils jouaient aux échecs. L'évêque fut très-gracieux, il me donna sa main à baiser, et me dit beaucoup de choses que je n'entendis pas; car je ne voyais que sa belle voisine. Elle avait les yeux fixés sur l'échiquier, comme si elle méditait un grand coup. Il y avait sur sa bouche et sur ses joues un trait de fine malice!... Que n'étais-je le roi d'ivoire! La noblesse et l'affabilité régnaient sur son front. Et l'éclat éblouissant de son visage et de son sein, comme il était rehaussé par sa longue chevelure sombre!

WEISLINGEN.

Mais tu en es vraiment devenu poëte.

FRANZ.

C'est qu'alors je sentis ce qui fait les poëtes, un cœur plein d'un sentiment unique. Quand l'évêque eut fini, et que je m'inclinai, elle leva les yeux sur moi et dit : « Bien qu'il ne me connaisse pas, salue-le aussi de ma part. Dis-lui qu'il vienne au plus vite. De nouveaux amis l'attendent, et il ne faut pas qu'il les méprise parce qu'il en a tant d'anciens. » Je voulais répondre, mais le passage du cœur à la langue était fermé. Je fis un salut. J'aurais donné tout ce que je possède au monde pour baiser le bout de son petit doigt. Comme j'en étais là, l'évêque laisse tomber un pion : je me baisse pour le ramasser, et en me relevant je touche le bord de sa robe; tout mon corps en a tremblé... enfin je ne sais comment j'ai pu gagner la porte.

WEISLINGEN.

Son mari est-il à la cour?

FRANZ.

Elle est veuve depuis quatre mois. C'est pour se distraire qu'elle est venue à Bamberg. Vous la verrez. Quand elle vous regarde, c'est comme si on sentait le soleil du printemps.

WEISLINGEN.

Ses yeux ne feraient pas sur moi tant d'impression.

FRANZ.

J'apprends que vous voilà presque marié.

WEISLINGEN.

Je voudrais l'être tout à fait. Ma tendre Marie fera le bonheur de ma vie. Sa douce âme se peint dans ses yeux bleus. Blanche comme un ange du ciel, formée d'innocence et d'amour, elle conduit mon cœur à la félicité et au repos. — Prépare tout au plus vite, et partons pour mon château ! Je ne reverrai pas Bamberg, quand saint Veit m'y attendrait en personne.

Il sort.

FRANZ.

A Dieu ne plaise! espérons mieux. — Marie est aimable

et belle. Qu'un prisonnier, un malade, en devienne amoureux, je le conçois; son œil est plein de consolation et de mélancolie partagée; — Mais auprès de toi, Adélaïde, c'est la vie, le feu, le courage! Je voudrais... je suis fou. — C'est pourtant l'ouvrage d'un de ses regards! Mon maître ira! moi aussi j'irai! et si je retrouve ma raison, je veux la perdre en la regardant!

ACTE DEUXIÈME

BAMBERG. — UN SALON.

L'ÉVÊQUE, ADÉLAÏDE, jouant aux échecs; LIEBETRAUT, une guitare en main; DAMES, COURTISANS autour de lui près de la cheminée.

LIEBETRAUT, s'accompagnant

Avec carquois et flèches
Cupidon est parti,
Avec sa torche enflammée;
Il veut combattre bravement
Et vaincre hardiment
De ses bras vaillants.

Allons! allons!
Aux armes! aux armes!

Les armes ont retenti;
Les petites ailes ont frémi,
Les yeux ont étincelé.
Il trouva naïntes filles,
Pauvres filles sans défense:
Elles le prirent gentiment
Toutes sur leur sein...
Il jeta flèches
Et carquois au feu:
Elles le caressèrent, l'embrassèrent
Et le bercèrent.
Hei ei o! po peyo.

ADÉLAÏDE.

Vous n'êtes pas à votre jeu. Échec au roi!

L'ÉVÊQUE.

Il y a encore de la ressource.

ACTE II.

ADÉLAÏDE.

Vous n'en avez pas pour longtemps. Échec au roi!

LIEBETRAUT.

Moi, si j'étais grand seigneur, je ne voudrais jamais jouer à ce jeu-là, et je le défendrais à ma cour et dans tout mon royaume.

ADÉLAÏDE.

Il est vrai que ce jeu est la pierre de touche de l'esprit.

LIEBETRAUT.

Ce n'est pas pour cela. Mais j'aimerais mieux entendre les lamentations de la cloche des morts, le cri lugubre des oiseaux de mauvais augure, les hurlements de la conscience, ce chien qui toujours aboie, et tout cela pendant mon premier sommeil, que de la part d'un fou, d'un cavalier ou de tel autre animal, cet éternel : Échec au roi !

L'ÉVÊQUE.

Eh ! quel homme aura jamais de pareilles idées?

LIEBETRAUT.

Un homme, par exemple, qui aurait la tête légère et la conscience lourde, qualités qui se trouvent généralement réunies. On appelle cela un jeu royal; on prétend qu'il fut inventé pour un roi, et que ce roi inonda l'inventeur d'une mer de générosité! Si ce n'est pas un conte, il me semble que je vois ce prince-là. Pauvre d'esprit... ou d'années, sous la tutelle de sa mère ou de sa femme, il avait un peu de duvet au menton, et quelques poils d'un blond fade autour des tempes, frêle comme un jeune saule, il jouait volontiers aux dames avec les dames, non par passion, Dieu l'en garde! mais par passe-temps. Son gouverneur, homme trop actif pour être un savant, trop roide pour être un courtisan, inventa *in usum Delphini*, ce jeu où Sa Majesté se trouvait si dignement représentée... et ainsi du reste.

ADÉLAÏDE.

Échec et mat ! — Liebetraut, vous devriez remplir les lacunes de nos chroniques.

Ils se lèvent.

LIEBETRAUT.

Les lacunes de nos généalogies, à la bonne heure! cela vaudrait la peine, depuis que nous faisons servir les vertus de nos ancêtres à tapisser nos caractères, comme leurs portraits nos murs. Il y aurait quelque chose à gagner...

L'ÉVÊQUE.

Il ne veut pas venir, disiez-vous?

ADÉLAÏDE.

Je vous en conjure, chassez donc cela de votre esprit.

L'ÉVÊQUE.

Que peut-il y avoir?

LIEBETRAUT.

Eh! les raisons s'enfilent comme les grains d'un chapelet; il sera tombé dans une sorte d'abattement... dont je parierais, moi, le guérir à peu de frais.

L'ÉVÊQUE.

Essayez-le : allez le trouver.

LIEBETRAUT.

Mes pouvoirs?

L'ÉVÊQUE.

Illimités. Ne recule devant rien, pourvu que tu le ramènes.

LIEBETRAUT.

Et vous, gracieuse dame, puis-je vous y faire entrer pour quelque chose?

ADÉLAÏDE.

Avec discrétion.

LIEBETRAUT.

Voilà une commission bien large.

ADÉLAÏDE.

Me connaîtriez-vous assez peu, ou seriez-vous assez jeune pour ne pas savoir sur quel ton vous devez parler de moi à Weislingen?

LIEBETRAUT.

Mais... je pense, sur le ton d'un oiseleur.

ADÉLAÏDE.

Vous ne deviendrez jamais sage.

ACTE II.

LIEBETRAUT.

Le devient-on, gracieuse dame?

L'ÉVÊQUE.

Allez, allez! prenez le meilleur cheval de mon écurie, choisissez vos gens, et ramenez-le-moi.

LIEBETRAUT.

Si mon charme ne réussit pas, dites alors qu'une vieille femme qui vend des remèdes contre les verrues et les taches de rousseur entend mieux la sympathie que moi.

L'ÉVÊQUE.

A quoi tout cela servira-t-il? Berlichingen l'a ensorcelé, et s'il revient, il voudra repartir.

LIEBETRAUT.

Il le voudra, nul doute; mais le pourra-t-il? Un serrement de main d'un prince et le sourire d'une jolie femme! Il n'y a pas de Weislingen qui ne se rende... Mais je pars, et me recommande à vos bonnes grâces.

L'ÉVÊQUE.

Bon voyage!

ADÉLAÏDE.

Adieu.

Il sort.

L'ÉVÊQUE.

Une fois qu'il sera ici, je compte sur vous.

ADÉLAÏDE.

Voulez-vous me faire servir de glu?

L'ÉVÊQUE.

Non pas.

ADÉLAÏDE.

Ou bien d'appeau?

L'ÉVÊQUE.

Non; ce sera Liebetraut. Pour vous, je vous en supplie, ne me refusez pas le service que vous seule pouvez me rendre.

ADÉLAÏDE.

Nous verrons.

JAXTHAUSEN.
JEAN DE SELBITZ, GŒTZ.

SELBITZ.

Tout le monde vous saura bon gré d'avoir dénoncé le pacte à ceux de Nuremberg.

GŒTZ.

Il me tardait de leur payer cette dette. Elle commençait à me peser sur le cœur ! On sait maintenant qu'ils ont livré mon vassal aux Bambergeois. Ils auront de mes nouvelles.

SELBITZ.

Ils ont une vieille rancune contre vous.

GŒTZ.

Je la leur rends bien, et suis charmé qu'ils aient commencé.

SELBITZ.

Les villes impériales et les prêtres se sont de tout temps soutenus mutuellement.

GŒTZ.

Ils ont leurs raisons pour cela.

SELBITZ.

Nous chaufferons le four pour eux !

GŒTZ.

Je comptais sur vous. Si Dieu voulait permettre que le bourgmestre de Nuremberg, avec sa chaîne d'or au cou, tombât dans nos filets, nous lui en ferions voir de belles, avec toute sa finesse !

SELBITZ.

J'apprends que Weislingen est rentré dans votre parti. Marche-t-il avec nous ?

GŒTZ.

Pas encore. Il a des raisons particulières pour différer de nous assister ouvertement. Mais, pour le moment, c'est assez qu'il ne soit pas contre nous. L'évêque, sans lui, c'est comme la chasuble sans le prêtre.

ACTE II.

SELBITZ.

Quand nous mettrons-nous en campagne?

GOETZ.

Demain ou après-demain. Les marchands de Bamberg et de Nuremberg passeront bientôt par ici en revenant de la foire de Francfort. Nous ferons là une bonne capture.

SELBITZ.

Dieu le veuille!

Ils sortent.

BAMBERG. — APPARTEMENT D'ADÉLAÏDE.

ADÉLAÏDE, UNE FILLE D'HONNEUR.

ADÉLAÏDE.

Il est là, dis-tu? J'ai peine à le croire.

LA FILLE D'HONNEUR.

Si je ne l'avais vu de mes yeux, j'en douterais comme vous.

ADÉLAÏDE.

L'évêque devrait le faire monter en or son Liebetraut; il a fait là un coup de maître.

LA FILLE D'HONNEUR.

Je l'ai vu comme il arrivait au château, monté sur un beau cheval blanc. A l'entrée du pont, le cheval eut peur et ne voulut pas aller plus loin. Le peuple accourait de tous côtés pour le voir, se félicitant de l'indocilité du cheval. Tout le monde le saluait, et il remerciait tout le monde avec aisance; sa tenue avait quelque chose de noble et de gracieux. Enfin, à force de caresses et de menaces, il est venu à bout de faire franchir la porte à son cheval, et il est entré suivi de Liebetraut et de plusieurs cavaliers.

ADÉLAÏDE.

Comment l'as-tu trouvé?

LA FILLE D'HONNEUR.

Bien mieux que tous les hommes que j'ai vus ici. Tenez (*lui montrant le portrait de Maximilien*), il ressemblait à l'empereur comme s'il était son fils : seulement le nez un peu plus petit; du reste, les mêmes yeux, d'un brun clair et d'une expression douce; comme lui, de beaux cheveux blonds et une taille faite au tour; et puis sur son visage une légère teinte de mélancolie..., je ne sais quoi... qui m'a ravie !

ADÉLAÏDE.

Je suis impatiente de le voir.

LA FILLE D'HONNEUR.

Ce serait un bon mari pour vous.

ADÉLAÏDE.

Folle !

LA FILLE D'HONNEUR.

Les enfants et les fous...

Entre Liebetraut.

LIEBETRAUT.

Eh bien, madame, qu'ai-je mérité ?

ADÉLAÏDE.

Des cornes de votre femme; car, à en juger sur ce que nous voyons, vous avez dû, par vos belles paroles, entraîner plus d'une fois loin du devoir la femme de votre voisin.

LIEBETRAUT.

Non, non, gracieuse dame! dites plutôt que je l'ai remise sur le chemin du devoir; car, en pareil cas, c'est toujours, je vous jure, du lit de son mari que je l'ai entretenue.

ADÉLAÏDE.

Comment vous y êtes-vous pris pour nous le ramener ?

LIEBETRAUT.

Vous savez trop bien comme on s'y prend pour attraper les alouettes. Dois-je encore vous enseigner toutes mes ruses?... D'abord, je fis comme si je ne savais rien, comme si je ne me doutais pas de son aventure, et le mis par là dans la fâcheuse nécessité de me conter son histoire d'un bout à l'autre. Envisageant les choses tout autrement que lui, je faisais semblant de ne pas comprendre, de ne pas saisir, et ainsi de suite. Bientôt j'en vins à lui parler de Bamberg : je réveillai de vieux souvenirs; et son imagination une fois montée, j'eus

bientôt renoué une foule de liens que j'avais trouvés rompus.
Sans trop se rendre compte des impressions qu'il venait de
recevoir, il se sentait une secrète envie de revoir Bamberg :
il voulait... sans vouloir. Tandis qu'il descendait dans son
cœur pour essayer de débrouiller ce chaos, je saisis le moment où il était trop absorbé en lui-même pour être sur ses
gardes, et lui jetai autour du cou une corde composée de trois
fils bien forts : faveur de prince, femmes et flatterie. C'est
ainsi que je l'ai traîné jusqu'ici.

ADÉLAÏDE.

Que lui avez-vous dit de moi?

LIEBETRAUT.

La pure vérité. Qu'ayant sur les bras de fâcheuses affaires
concernant vos biens, vous espériez beaucoup de son crédit
auprès de l'empereur pour en être débarrassée.

ADÉLAÏDE.

Bien.

LIEBETRAUT.

L'évêque vous le présentera.

ADÉLAÏDE.

Je les attends. (Liebetraut sort.) Je les attends avec un sentiment qui ne m'est pas ordinaire quand j'attends des visites.

FORÊT DU SPESSART.

GŒTZ, SELBITZ, GEORGE, en costume de cavalier

GŒTZ.

Tu ne l'as pas trouvé, George?

GEORGE.

Il était parti la veille pour Bamberg avec Liebetraut et deux
cavaliers.

GŒTZ.

Je ne conçois rien à cela.

SELBITZ.

Et moi je m'en doute. Votre réconciliation a été trop

prompte pour être durable. Liebetraut est un rusé matois qui l'aura débauché.

GOETZ.
Penses-tu qu'il puisse être parjure?

SELBITZ.
Le premier pas est fait.

GOETZ.
Je ne puis le croire. Qui sait ce qui l'aura forcé d'aller à la cour? On lui doit encore de l'argent. Espérons pour le mieux.

SELBITZ.
Dieu veuille qu'il mérite cette confiance et se conduise aussi pour le mieux!

GOETZ.
Il me vient une bonne idée! Que George endosse l'uniforme du cavalier bambergeois que nous avons pris; donnons lui son sauf-conduit, et qu'il aille à Bamberg voir ce qu'il en est.

GEORGE.
Il y a longtemps que je désire un pareil message.

GOETZ.
C'est ta première campagne. De la prudence, mon enfant; je serais bien fâché qu'il t'arrivât malheur.

GEORGE.
Laissez faire. Je ne suis pas embarrassé. Ils peuvent tourner autour de moi tant qu'ils voudront, j'en ferai autant de cas que si c'étaient des rats et des souris.

BAMBERG.

L'ÉVÊQUE, WEISLINGEN.

L'ÉVÊQUE.
Tu ne veux pas te laisser retenir plus longtemps?

WEISLINGEN.
Vous ne pouvez pas exiger que je viole mon serment.

L'ÉVÊQUE.

J'aurais pu exiger que tu n'en prêtasses pas. Mais qu'avais-tu donc en tête? Ne pouvais-je te délivrer sans cela? Mon crédit est-il si mince à la cour de l'empereur?

WEISLINGEN.

C'est une chose faite. Pardonnez-le-moi, si vous le pouvez.

L'ÉVÊQUE.

Je ne conçois pas ce qui pouvait le moins du monde t'obliger à cette démarche. Renoncer à moi! N'y avait-il pas cent autres conditions à lui proposer avant celle-là? N'avons-nous pas son vassal? Ne lui aurais-je pas donné assez d'argent pour l'apaiser? Nous aurions poursuivi nos menées contre lui et ses pareils... Ah! je ne songe pas que je parle à son ami, qui travaille à présent contre moi, et peut aisément éventer les mines qu'il a creusées lui-même.

WEISLINGEN.

Gracieux seigneur...

L'ÉVÊQUE.

Et pourtant... quand je revois ton visage, quand j'entends le son de ta voix... ce n'est pas possible, non, ce n'est pas possible...

WEISLINGEN.

Adieu, gracieux seigneur.

L'ÉVÊQUE.

Je te donne ma bénédiction. Autrefois, quand tu partais, je te disais : Au revoir! Maintenant... Dieu veuille que nous ne nous revoyions jamais!

WEISLINGEN.

Les choses peuvent changer.

L'ÉVÊQUE.

Peut-être te reverrai-je encore une fois devant nos murs, mais en ennemi, ravageant ces mêmes campagnes qui t'ont dû jusqu'ici leur prospérité.

WEISLINGEN.

Jamais, gracieux seigneur.

L'ÉVÊQUE.

Tu ne peux pas dire : Jamais. Les États séculiers qui m'avoisinent ont tous une dent contre moi. Aussi longtemps que je l'avais... Partez, Weislingen ! je n'ai plus rien à vous dire. Vous avez détruit toutes mes espérances... Partez !

WEISLINGEN.

Je ne sais que lui répondre.

L'évêque sort. — Entre Franz.

FRANZ.

Adélaïde vous attend. Elle est souffrante ; mais elle ne veut pas vous laisser partir sans vous dire adieu.

WEISLINGEN.

Viens.

FRANZ.

Est-il bien sûr que nous partions ?

WEISLINGEN.

Ce soir même.

FRANZ.

C'est pour moi comme s'il me fallait sortir de ce monde.

WEISLINGEN.

Pour moi aussi ; et, en outre, comme si je ne savais où aller.

LA CHAMBRE D'ADÉLAÏDE.

ADÉLAÏDE, LA FILLE D'HONNEUR.

LA FILLE D'HONNEUR.

Vous êtes pâle, gracieuse dame.

ADÉLAÏDE.

Je ne l'aime pas, et cependant je voudrais qu'il restât. Je pourrais, vois-tu bien... vivre avec lui ; mais je n'en voudrais pas pour mon mari.

LA FILLE D'HONNEUR.

Croyez-vous qu'il parte ?

ADÉLAÏDE.

Il est allé chez l'évêque pour lui faire ses adieux.

LA FILLE D'HONNEUR.

Il aura encore un combat plus rude à livrer.

ADÉLAÏDE.
Que veux-tu dire?
LA FILLE D'HONNEUR.
Vous le demandez, gracieuse dame? Le trait est dans so cœur : s'il veut l'arracher, la plaie saignera.

ADÉLAÏDE, WEISLINGEN.

WEISLINGEN.
Vous êtes malade, gracieuse dame?
ADÉLAÏDE.
Que vous importe? Vous nous quittez, vous nous quittez pour toujours... Qu'est-ce que cela vous fait, que l'on vive ou que l'on meure?
WEISLINGEN.
Vous me connaissez bien mal.
ADÉLAÏDE.
Je vous prends pour ce que vous vous donnez.
WEISLINGEN.
L'apparence est trompeuse.
ADÉLAÏDE.
Alors vous êtes un caméléon?
WEISLINGEN.
Si vous pouviez voir mon cœur !
ADÉLAÏDE.
J'y verrais de belles choses !
WEISLINGEN.
Ah ! sans doute, vous y trouveriez votre image.
ADÉLAÏDE.
Oui, dans quelque coin, avec de vieux portraits de famille. De grâce, Weislingen, songez que c'est à moi que vous parlez. Le mensonge est fort bon quand il sert de masque à nos actions; mais un masque connu joue un triste rôle. Vous ne désavouez pas ce que vous avez fait, et cependant vous dites tout le contraire. Que doit-on penser de vous?

WEISLINGEN.

Ce que vous voudrez. Je suis si las d'être ce que je suis, que je m'inquiète peu de ce que je parais.

ADÉLAÏDE.

Vous venez prendre congé?

WEISLINGEN.

Permettez-moi de vous baiser la main et de vous faire mes adieux. Vous m'y faites penser ! je n'y songeais plus... Je me rends importun.

ADÉLAÏDE.

Vous me comprenez mal : c'était pour vous aider à sortir, car vous voulez partir...

WEISLINGEN.

Dites que je le dois. Ah ! si mon devoir de chevalier, si le lien sacré du serment...

ADÉLAÏDE.

Allez donc ! allez conter cela à de jeunes filles qui lisent le manuel du preux chevalier, et qui soupirent après un pareil mari ! Devoirs de chevalier ! jeux d'enfants !

WEISLINGEN.

Vous ne pensez pas ainsi, madame.

ADÉLAÏDE.

Sur ma parole, vous vous méconnaissez ! Qu'avez-vous promis, je vous le demande? Et à qui? A un homme qui viole son devoir envers l'empereur et l'Empire. Et pour lui engager votre foi, vous avez choisi le moment où il a commis le crime de vous retenir prisonnier. Elle n'a d'autre valeur que celle d'un serment injuste et forcé. Nos lois ne vous en dégagent-elles pas? Faites ces contes-là aux enfants qui croient aux revenants. Il y a d'autres raisons là-dessous. Devenir l'ennemi de l'Empire ! l'ennemi du repos et de la prospérité publique! l'ennemi de l'empereur ! le complice d'un brigand ! Toi, Weislingen ! avec une âme si douce...

WEISLINGEN.

Si vous le connaissiez...

ADÉLAÏDE.

Je rendrais justice à ses qualités... Il a l'âme haute, inflexible; mais c'est pour cela que je te plains, Weislingen. Va, et berce-toi de l'idée que tu seras son compagnon. Va, laisse-toi mener par lui... Tu es d'humeur facile, complaisante...

WEISLINGEN.

Et lui aussi.

ADÉLAÏDE.

Mais tu cèdes, et lui ne cède jamais. Il te subjuguera à ton insu; et tu seras l'esclave d'un gentilhomme, quand tu pourrais commander à des princes... Mais c'est de la cruauté que de te dégoûter ainsi de ta condition future.

WEISLINGEN.

Si vous saviez avec quelle affabilité il m'a accueilli!

ADÉLAÏDE.

De l'affabilité! et tu lui en sais gré? il n'a fait que son devoir; et qu'aurais-tu perdu s'il t'avait traité durement? Je l'aurais préféré, à ta place; un homme orgueilleux comme lui...

WEISLINGEN.

Vous parlez de votre ennemi.

ADÉLAÏDE.

Ce que j'en disais là n'était que pour votre liberté; mais, en vérité, je ne sais pas quel intérêt je puis prendre à tout cela. Adieu.

WEISLINGEN.

Accordez-moi encore un instant.

Il lui prend la main et se tait.

ADÉLAÏDE.

Avez-vous encore quelque chose à me dire?

WEISLINGEN.

Je... dois partir...

ADÉLAÏDE.

Eh bien! partez.

WEISLINGEN.

Gracieuse dame... je ne puis.

ADÉLAÏDE.

Vous le devez.

WEISLINGEN.
Sera-ce là votre dernier regard?
ADÉLAÏDE.
Allez! je suis indisposée fort mal à propos.
WEISLINGEN.
Ne me regardez pas ainsi.
ADÉLAÏDE.
Veux-tu être notre ennemi et que nous te souriions? Pars!
WEISLINGEN.
Adélaïde!
ADÉLAÏDE.
Je vous déteste!
Entre Franz.
FRANZ.
Gracieux seigneur, l'évêque vous fait demander.
ADÉLAÏDE.
Allez! allez!
FRANZ.
Il vous prie de venir au plus tôt.
ADÉLAÏDE.
Allez, vous dis-je!
WEISLINGEN.
Je ne vous fais pas mes adieux, je vous reverrai.
Il sort.
ADÉLAÏDE.
Me revoir!... nous y mettrons ordre. Marguerite, s'il vient, tu le renverras. Dis-lui que je suis malade, que j'ai une migraine, que je dors... repousse-le. S'il est possible de le gagner, ce ne n'est que par ce moyen.
Elle sort.

WEISLINGEN, FRANZ.
WEISLINGEN.
Elle refuse de me voir!
FRANZ.
Voici la nuit : dois-je seller les chevaux?

ACTE II.

WEISLINGEN.

Elle refuse de me voir!

FRANZ.

Pour quand Votre Grâce veut-elle les chevaux?

WEISLINGEN.

Il est trop tard. Nous restons.

FRANZ.

Dieu soit loué!

Il sort.

WEISLINGEN.

Tu restes! sois sur tes gardes, la tentation est forte! Mon cheval s'est effrayé au moment d'entrer sous la porte du château. Sans doute mon bon génie lui fermait le passage : il savait quels périls m'attendaient ici. — Ce serait pourtant mal de laisser là les affaires dont j'étais chargé par l'évêque sans les avoir au moins réglées, pour que mon successeur puisse s'y reconnaître. Je puis le faire, d'ailleurs, sans manquer en rien aux engagements pris avec Berlichingen; car ils ne me retiendront pas ici... J'aurais mieux fait cependant de ne pas venir... Mais je partirai demain... ou après-demain!

Il sort.

FORÊT DU SPESSART.

GŒTZ, SELBITZ, GEORGE.

SELBITZ.

Eh bien, vous le voyez, tout s'est passé comme je l'avais prédit.

GŒTZ.

Non! non! non!

GEORGE.

Croyez que je ne vous dis que la vérité. J'ai fait comme vous me l'aviez ordonné : j'ai pris l'uniforme du Bambergeois et son sauf-conduit, et, pour gagner ma vie, j'ai accompagné à Bamberg des paysans de Reineck.

SELBITZ.

Sous ton déguisement?... Tu aurais pu t'en trouver mal.

GEORGE.

C'est à quoi je songe à présent; mais un homme de guerre qui voudrait songer d'avance au péril n'irait jamais loin. — J'arrive à Bamberg, et la première chose dont j'entends parler à l'auberge, c'est la réconciliation de Weislingen avec l'évêque; il était aussi très-fort question de son mariage avec la veuve du seigneur de Walldorf.

GOETZ.

Bavardage!

GEORGE.

Je le vis lui-même comme il donnait la main à cette dame pour la conduire à table. Elle est belle, sur ma foi! Elle est belle!... Nous saluâmes tous; elle nous rendit notre salut en passant; et lui nous fit un signe de tête. Il paraissait enchanté. Ils passaient et le peuple disait : Quel beau couple!

GOETZ.

Et quand cela serait...

GEORGE.

Attendez. Le jour suivant, comme il allait à la messe, je pris le moment où il était seul avec un page, et, me tenant au bas de l'escalier, je lui dis à demi-voix : « Deux mots de la part de Berlichingen. » Il parut saisi, et je lus dans ses yeux l'aveu de sa trahison : à peine s'il osait me regarder en face, moi! un méchant cavalier!

SELBITZ.

C'est que sa conscience était pire que ta condition.

GEORGE.

« N'es-tu pas Bambergeois? me dit-il. — Je suis venu vous saluer de la part du chevalier de Berlichingen, lui dis-je, et vous demander... — Sois demain matin chez moi, me dit-il, nous en parlerons. »

GOETZ.

Et tu y es allé?

GEORGE.

Certainement, j'y suis allé... et il m'a fallu attendre bien longtemps dans l'antichambre. Les pages, en pourpoint de soie, me considéraient de la tête aux pieds, et je disais en moi-même : «Allez, regardez-moi bien...» Enfin on me fit entrer. Il avait l'air de mauvaise humeur; mais ce m'était tout un. Je m'avançai donc et fit ma commission. Il le prit mal et se mit en colère, comme un homme qui a peur et qui ne veut pas qu'on s'en aperçoive. Il s'est plaint de ce que vous aviez choisi un simple cavalier pour lui faire demander raison. Cela me blessa, et je lui dis qu'il n'y avait que deux espèces d'hommes, des braves et des lâches, et que moi je servais Gœtz de Berlichingen. A cela il répondit par un tas de grands mots vides de sens qui reviennent à dire que vous l'aviez surpris, qu'il ne vous devait rien et ne voulait rien avoir de commun avec vous.

GŒTZ.

Et tu tiens cela de sa propre bouche?

GEORGE.

Cela et bien d'autres choses encore. — Il m'a menacé.

GŒTZ.

C'est assez. Encore un de perdu! Confiance et loyauté, vous m'avez encore trompé cette fois! Pauvre Marie, comment ferai-je pour te l'annoncer?

SELBITZ.

J'aimerais mieux perdre mon autre jambe que d'être dans la peau d'un gueux pareil!

Ils sortent.

BAMBERG.

ADÉLAÏDE, WEISLINGEN.

ADÉLAÏDE.

Le temps commence à me devenir insupportablement long, je ne puis parler; j'aurais honte de jouer avec vous. Ennui, tu es plus dévorant que la fièvre!

WEISLINGEN.

Êtes-vous déjà lasse de moi?

ADÉLAÏDE.

De vous moins que de votre société. Je voudrais vous savoir là où vous vouliez aller, et ne pas vous avoir retenu.

WEISLINGEN.

Voilà bien les caprices des femmes! Couver d'abord d'une tendresse de mère nos plus chères espérances; puis, comme une poule inconstante, quitter son nid et livrer à la mort et à la corruption ses petits déjà près d'éclore.

ADÉLAÏDE.

Oui, dites du mal des femmes! Le joueur maladroit déchire et foule aux pieds les cartes qui ont été la cause innocente de son malheur. Mais permettez qu'à mon tour je parle un peu des hommes. Qui êtes-vous donc pour déclamer sur l'inconstance, vous qui êtes si rarement ce que vous voulez être, jamais ce que vous devriez être? Des rois de parade, enviés de la multitude! Que ne donnerait pas une pauvre ravaudeuse pour avoir autour de son cou une seule rangée de perles cousues au bord de votre manteau, et que vos talons repoussent dédaigneusement!

WEISLINGEN.

Vous êtes amère.

ADÉLAÏDE.

C'est l'antistrophe de votre chant. — Avant de vous connaître, Weislingen, j'étais comme la pauvre ravaudeuse. La Renommée aux cent bouches (soit dit sans métaphore), hâbleuse comme un arracheur de dents, avait porté si haut votre mérite, que je finis par souhaiter ardemment de me trouver en face de cette quintessence de l'espèce humaine, de ce phénix, de ce Weislingen : mon souhait fut exaucé.

WEISLINGEN.

Et le phénix s'est réduit à un coq vulgaire!

ADÉLAÏDE.

Non, Weislingen, vous m'inspirâtes de l'intérêt.

WEISLINGEN.

C'est ce que je crus voir...

ADÉLAÏDE.

Et c'était vrai, car je dois dire que vous surpassez votre

renommée. La foule ne prise que l'apparence du mérite. Moi, comme j'ai l'habitude de ne jamais approfondir les gens à qui je veux du bien, je vécus quelque temps près de vous sentant qu'il me manquait quelque chose et ne sachant pas quoi. Enfin mes yeux s'ouvrirent. Au lieu de cet homme actif qui menait les affaires d'une principauté sans négliger pour cela ses intérêts ni sa gloire, et qui, entassant entreprises sur entreprises, s'en servait comme de montagnes superposées pour s'élever jusqu'aux nues, je ne vis plus qu'un être gémissant ainsi qu'un poëte malade, mélancolique comme une jeune fille en bonne santé, et plus oisif qu'un vieux fat. J'attribuai d'abord tout cela au souvenir trop récent d'un malheur qui vous tenait à cœur; je fis de mon mieux pour vous excuser. Mais à présent que cet état semble empirer de jour en jour, vous m'excuserez à votre tour si je vous retire toute ma faveur. Vous n'y avez aucun droit : c'est à un autre que je l'avais accordée pour la vie; il ne peut vous la transmettre.

WEISLINGEN.

Ainsi vous m'abandonnez...

ADÉLAÏDE.

Non pas, tant qu'il restera quelque espoir : l'isolement est dangereux en pareilles circonstances. — Pauvre Weislingen, vous êtes découragé comme un amant trompé par sa première maîtresse! C'est pour cela même que je ne désespère pas de vous. Allons, donnez-moi la main, et pardonnez-moi ce qui ne m'est échappé que par amour pour vous.

WEISLINGEN.

Si tu pouvais m'aimer! si tu pouvais verser à ma passion brûlante une goutte de consolation..... Adélaïde, tes reproches sont injustes! Si tu avais pu soupçonner la millième partie des combats que je me livre depuis si longtemps, tu ne te serais pas fait, je m'assure, un plaisir barbare de retourner si impitoyablement dans ma plaie le fer de ton mépris et de ton indifférence!... Tu souris!... — Après le pas que tu m'as fait franchir, crois-tu que pour m'habituer à me retrouver seul avec moi-même il suffise d'un jour? Travailler à la ruine d'un homme dont l'image est toujours là, et pour lequel j'ai senti renaître en moi une nouvelle affection...

ADÉLAÏDE.

Homme étrange, tu peux aimer celui dont tu es jaloux ! C'est comme si j'allais porter des munitions à mon ennemi.

WEISLINGEN.

Je le sens bien, il n'y a plus à délibérer. Il est averti que je suis redevenu Weislingen, et ne tardera pas à se prévaloir de ses avantages. Aussi je ne m'endors pas, comme vous le croyez, Adélaïde. Nos cavaliers ont reçu un renfort et se tiennent prêts; les négociations se poussent avec ardeur, et la diète d'Augsbourg verra, j'espère, éclater nos projets.

ADÉLAÏDE.

Vous y allez?

WEISLINGEN.

Si je pouvais y emporter un peu d'espoir?
Il lui baise la main.

ADÉLAÏDE.

O incrédule, il vous faut toujours des preuves, des miracles! Va, Weislingen, achève ton ouvrage. L'intérêt de l'évêque, le tien, le mien, sont tellement les mêmes, que, fût-ce par politique...

WEISLINGEN.

Tu railles peut-être?

ADÉLAÏDE.

Je ne raille pas. Mes possessions sont entre les mains de ce duc orgueilleux. Gœtz ne manquera pas de tomber sur les tiennes; et si nous ne restons pas unis, à l'exemple de nos adversaires; si nous ne mettons pas l'empereur de notre côté, nous sommes perdus.

WEISLINGEN.

Je n'ai aucune inquiétude à cet égard. Nous avons pour nous la plus grande partie des princes. L'empereur a besoin de secours contre les Turcs, il est évident qu'il nous soutiendra. Quel bonheur ce sera pour moi de pouvoir arracher tes biens aux mains avides de tes ennemis, de faire rentrer dans le devoir ces esprits turbulents qui agitent la Souabe, d'assurer le repos de l'évêché, celui de nous tous! Et alors...

ADÉLAÏDE.

Un jour en amène un autre, et c'est du destin que dépend l'avenir.

WEISLINGEN.

Mais il faut vouloir.

ADÉLAÏDE.

Eh bien! puisque nous le voulons!

WEISLINGEN.

Sérieusement?

ADÉLAÏDE.

Eh oui! Partez toujours.

WEISLINGEN.

Enchanteresse!

AUBERGE. — NOCE DE PAYSANS. — DANSE ET MUSIQUE AU DEHORS.

LE BEAU-PÈRE, GŒTZ, SELBITZ, à table; LE GENDRE vient à eux.

GŒTZ.

C'est ce que vous aviez de mieux à faire, que de terminer ce procès par un joyeux mariage.

LE BEAU-PÈRE.

Oui, c'est en effet bien plus heureux que je ne l'aurais imaginé : la paix avec mon voisin, et une fille bien établie!

LE GENDRE.

Et moi, propriétaire du bien en litige, et par-dessus le marché en possession du plus joli minois de tout le village. Plût à Dieu que vous y eussiez consenti plus tôt!

SELBITZ.

Depuis quand plaidiez-vous?

LE BEAU-PÈRE.

Il y aura bientôt huit ans; mais j'aimerais mieux avoir huit ans la fièvre que de recommencer. C'est une galère... Que mal il faut se donner pour arracher une sentence à ces perruques! et encore quelle sentence! Le diable emporte l'assesseur Sapupi! C'est un vilain Italien plus noir que l'enfer!

LE GENDRE.

Oui, c'est un enragé drôle! J'allai le voir deux fois.

LE BEAU-PÈRE.

Et moi trois fois. Et voyez un peu, messieurs, nous obtenons à la fin une sentence qui me donne autant raison qu'à lui et à lui qu'à moi : nous étions fort penauds, lorsque le bon Dieu m'a inspiré de lui céder mes prétentions avec ma fille.

GŒTZ, buvant.

Cela promet pour l'avenir!

LE BEAU-PÈRE.

Dieu nous protége! mais arrive ce qu'il voudra, je ne plaide plus de ma vie. Que d'argent il en coûte! Les procureurs se font payer tant par révérence.

SELBITZ.

Mais n'avez-vous pas tous les ans les inspections impériales?

LE BEAU-PÈRE.

Nous ne nous en sommes, ma foi, pas aperçus. Les écus ont toujours été leur train. C'est un enfer!...

GŒTZ.

Comment cela?

LE BEAU-PÈRE.

Eh! toutes les mains sont crochues; l'assesseur, à lui seul, Dieu lui pardonne! m'a coûté dix-huit florins d'or.

LE GENDRE.

Qui donc?

LE BEAU-PÈRE.

Et quel autre que ce Sapupi!

GŒTZ.

C'est honteux!

LE BEAU-PÈRE.

Je devais, s'il vous plaît, lui en compter vingt. Quand j'allai les lui remettre à sa maison de campagne, dans sa grande, magnifique salle... le cœur me saignait; car, voyez-vous, une maison solide et une basse-cour, c'est bien, mais il faut aussi de l'argent comptant; et où en prendre?... J'étais donc là... Dieu sait ce que je souffrais! Il ne me restait pas un liard dans ma bourse pour le retour. Enfin je me risquai à le lui dire; alors, comme il me vit les yeux gros de larmes, il m'en rejeta deux et me renvoya.

LE GENDRE.

Est-il possible! Sapupi?

LE BEAU-PÈRE.

Cela t'étonne!... Sans doute, lui, et pas un autre!

LE GENDRE.

Que le diable l'enlève! Il m'a aussi attrapé quinze florins d'or.

LE BEAU-PÈRE.

L'infâme!

SELBITZ.

Gœtz! et l'on dit que nous sommes des brigands!

LE BEAU-PÈRE.

C'est donc pour cela que la sentence était si louche.. le chien!

GŒTZ.

Il ne faut pas laisser ignorer tout cela.

LE BEAU-PÈRE.

Que pouvons-nous faire?

GŒTZ.

Allez à Spire... c'est justement le moment des inspections. Sur votre déclaration, il faudra bien qu'on fasse enquête et qu'on vous rende votre argent.

LE BEAU-PÈRE.

Croyez-vous que nous en venions à bout?

GŒTZ.

Si je pouvais lui donner sur les oreilles, j'en ferais mon affaire.

SELBITZ.

La somme vaut bien que vous tentiez l'entreprise.

GŒTZ.

Je suis souvent monté à cheval pour le quart de cela.

LE BEAU-PÈRE.

Qu'en penses-tu?

LE GENDRE.

Essayons... coûte que coûte!
Entre George.

GEORGE.

Les Nurembergeois sont en marche.

GŒTZ.

Où?

GEORGE.

Si nous partons tout de suite, sans trop nous presser, nous pouvons les joindre entre Beerheim et Mulbach, dans la forêt.

SELBITZ.

Parfait!

GŒTZ.

Venez. Adieu, mes amis. Que Dieu nous assiste tous.

UN PAYSAN.

Grand merci. Vous ne voulez pas rester à souper ce soir?

GŒTZ.

Nous ne le pouvons pas. Adieu.

ACTE TROISIÈME.

AUGSBOURG. — UN JARDIN.

DEUX MARCHANDS NUREMBERGEOIS.

PREMIER MARCHAND.

Tenons-nous ici; l'empereur doit passer par là... Il traverse justement la grande allée.

SECOND MARCHAND.

Qui est avec lui?

PREMIER MARCHAND.

Adelbert de Weislingen.

SECOND MARCHAND.

L'allié de Bamberg! Tant mieux.

PREMIER MARCHAND.

Nous nous jetterons à ses pieds, et je porterai la parole.

SECOND MARCHAND.

Bon, les voici.

PREMIER MARCHAND.

Il a l'air soucieux.

L'EMPEREUR, à Weislingen.

Je suis navré, Weislingen ; et quand il m'arrive de jeter un coup d'œil sur ma vie passée, je ne puis me défendre d'un mortel découragement. Tant d'entreprises avortées!... et cela, parce qu'il n'est pas dans l'Empire si petit prince qui ne fasse plus de cas de ses fantaisies que de mes projets.

Les marchands se jettent à ses pieds.

LE MARCHAND.

Illustrissime empereur! très-puissant souverain!

L'EMPEREUR.

Qu'y a-t-il? Qui êtes-vous?

LE MARCHAND.

De pauvres marchands de Nuremberg, humbles sujets de Votre Majesté, dont nous implorons l'assistance. Nous étions trente qui revenions de la foire de Francfort sous escorte de Bambergeois : Gœtz de Berlichingen et Jean de Selbitz sont tombés sur nous et nous ont pillés. Nous prions instamment Votre Majesté de vouloir bien nous prêter aide et secours, faute de quoi nous sommes tous gens ruinés et forcés de mendier notre pain.

L'EMPEREUR.

Eh! bon Dieu! qu'est cela? L'un n'a qu'une main, l'autre n'a qu'une jambe : et que serait-ce donc, s'ils avaient chacun deux mains et deux jambes?

LE MARCHAND.

Nous supplions humblement Votre Majesté de jeter un regard de pitié sur notre situation déplorable.

L'EMPEREUR.

Oui, je vous reconnais là : si un marchand vient à perdre

un cornet de poivre, il faut que tout l'Empire prenne les armes ; mais ne s'agit-il que de la majesté impériale et de l'Empire, de royaumes, de principautés et de duchés, on ne peut parvenir à rassembler deux hommes.

WEISLINGEN.

Vous avez mal pris votre temps : allez, restez ici quelques jours et repassez.

LES MARCHANDS.

Nous nous en remettons à votre gracieuse intercession.

Ils sortent.

L'EMPEREUR.

Encore de nouveaux désordres ! ils renaissent comme les têtes de l'hydre.

WEISLINGEN.

Et ne seront étouffés que par une mesure de vigueur, le fer et le feu.

L'EMPEREUR.

Croyez-vous ?

WEISLINGEN.

Je soutiens qu'il n'est rien de plus faisable, si Votre Majesté et les princes pouvaient s'entendre sur d'autres démêlés insignifiants. Il ne faut pas croire que toute l'Allemagne en soit à gémir de semblables troubles. Il n'y a plus que la Franconie et la Souabe où l'on voit encore se ranimer les feux mal éteints de ces déplorables guerres civiles. Et là même vous trouverez une foule de seigneurs et de nobles barons qui n'aspirent qu'au repos. Si nous étions délivrés de ce Sickingen, de ce Selbitz et de... Berlichingen, le reste tomberait de soi-même ; car ce sont eux dont l'esprit anime cette foule turbulente.

L'EMPEREUR.

Moi je tiendrais à ménager ces gens-là ; ils sont braves et nobles, et si je fais la guerre ils accourront sur le champ de bataille.

WEISLINGEN.

Sans doute, il vaudrait bien mieux qu'ils ne fussent jamais sortis de leur devoir ; mais, dans l'état des choses, il serait éminemment dangereux de récompenser par des postes d'hon-

ACTE III.

neur leurs attentats contre l'ordre public. C'est précisément de cette modération et de cette indulgence de Votre Majesté qu'ils ont mésusé d'une si odieuse façon, et leur parti, qui met en eux ses espérances et sa confiance, ne sera dompté que lorsque nous en aurons purgé la terre, et qu'il n'y aura plus pour eux aucun espoir de se relever jamais.

L'EMPEREUR.

Vous êtes donc d'avis d'employer la force ?

WEISLINGEN.

Je ne vois aucun autre moyen de mettre un terme à l'esprit de vertige qui s'est emparé de ces provinces. N'entendons-nous pas de tous côtés les plaintes les plus graves des nobles sur ce que leurs vassaux et leurs serfs se mutinent contre eux, leur refusent l'obéissance, et vont même jusqu'à les menacer de restreindre leurs droits de souveraineté ? Cela ne peut-il pas avoir les suites les plus funestes ?

L'EMPEREUR.

Nous avons là une belle occasion d'agir contre Berlichingen et Selbitz. Tenez, je ne voudrais pas qu'il leur fût fait de mal, mais seulement qu'on s'emparât d'eux et qu'on leur fît jurer de demeurer tranquilles dans leurs châteaux, et de ne pas agir hors de leur juridiction. Je proposerai cela à la première session.

WEISLINGEN.

Les acclamations enthousiastes de toute l'assemblée épargneront à Votre Majesté la peine de terminer son discours.

Ils sortent.

JAXTHAUSEN.

SICKINGEN, GŒTZ.

SICKINGEN.

Oui, je viens demander à votre noble sœur son cœur et sa main.

GŒTZ.

En ce cas, je regrette que vous ne soyez pas venu plus tôt, car je dois vous dire que Weislingen, pendant sa captivité, a gagné l'amour de ma sœur, l'a demandée en mariage et a obtenu mon consentement. A présent que j'ai lâché cet oiseau, il méprise la main qui l'a nourri dans le besoin. Il voltige çà et là, et cherche sa pâture, Dieu sait sur quel buisson !

SICKINGEN.

Est-il possible !

GOETZ.

Comme je vous le dis.

SICKINGEN.

Il a donc été doublement traître ! Bien vous prend de ne pas l'avoir pour beau-frère.

GOETZ.

La pauvre fille ! elle est là, toujours assise dans sa chambre, elle ne fait que prier et gémir.

SICKINGEN.

Nous la ferons chanter.

GOETZ.

Comment ? auriez-vous l'intention d'épouser une fille délaissée ?

SICKINGEN.

Ce n'est qu'un honneur de plus pour vous deux, de vous être laissé tromper par lui. Faut-il donc que cette pauvre fille aille s'enfermer dans un couvent, parce que le premier homme qu'elle a connu était un misérable ? Non, non, je persiste : elle sera reine de mes châteaux.

GOETZ.

Je vous dis qu'elle ne le voyait pas d'un œil indifférent.

SICKINGEN.

Tu ne crois donc pas que je puisse dissiper l'ombre d'un misérable ? Passons chez elle.

Ils sortent.

CAMP DES TROUPES IMPÉRIALES.
UN CAPITAINE, DES OFFICIERS.

LE CAPITAINE.

Avançons prudemment, et ménageons nos gens le plus possible. Nous avons l'ordre exprès de le traquer et de le prendre vivant. Ce ne sera pas si facile.. Qui osera s'attaquer à lui?

PREMIER OFFICIER.

Vous avez raison : il se défendra comme un sanglier. Et puis il ne nous a jamais fait le moindre mal, et on y regarde à deux fois avant de se faire casser la tête pour le bon plaisir de l'Empire et de Sa Majesté.

SECOND OFFICIER.

Ce serait une honte si nous ne le prenions pas. Que je l'attrape au collet, et nous verrons s'il en réchappera !

PREMIER OFFICIER.

Prenez garde seulement de ne pas l'attraper avec les dents, parce qu'il pourrait vous en coûter votre mâchoire. Mon bon jeune homme, des gens de son calibre ne se laissent pas emballer comme un timide voleur.

SECOND OFFICIER.

Nous verrons.

LE CAPITAINE.

Il doit actuellement avoir reçu notre lettre. Ne perdons pas de temps, et envoyons un détachement pour l'observer.

SECOND OFFICIER.

Donnez-m'en le commandement.

LE CAPITAINE.

Vous ne connaissez pas le pays !

SECOND OFFICIER.

J'ai parmi mes gens un homme qui est né et a été élevé ici.

LE CAPITAINE.

Allons, soit, j'y consens.

Ils sortent.

JAXTHAUSEN.

SICKINGEN, seul.

SICKINGEN.

Tout marche à souhait. Elle paraissait d'abord un peu

étourdie de ma demande, et m'examinait de la tête aux pieds en me comparant, je gage, à son freluquet ; mais, Dieu merci, je ne crains pas la comparaison. Sa réponse a été courte et assez ambiguë. Tant mieux ! il faut donner à cela le temps de mûrir : le cœur d'une jeune fille est amolli par un amour malheureux ; proposition de mariage doit y germer bientôt.

Entre Gœtz.

SICKINGEN.

Quelle nouvelle apportes-tu, beau-frère ?

GŒTZ.

Mis au ban de l'Empire.

SICKINGEN.

Quoi !...

GŒTZ.

Tenez, lisez cette lettre édifiante... L'empereur a ordonné contre moi une expédition qui ne tend à rien moins qu'à donner ma chair à manger aux oiseaux du ciel et aux bêtes des forêts.

SICKINGEN.

Ils goûteront d'abord de la leur !... Je suis ici on ne peut plus à propos.

GŒTZ.

Non, Sickingen ; il faut que vous partiez. Devenir à présent l'ennemi de l'Empire, ce serait faire échouer vos grands desseins. Et d'ailleurs vous ne pouvez mieux me servir qu'en affectant la neutralité. L'empereur a de l'amitié pour vous ; et ce qui peut m'arriver de pis, à moi, c'est d'être fait prisonnier. Alors vous emploierez votre crédit à me retirer de cette situation fâcheuse où un secours prématuré de votre part nous mettrait infailliblement l'un et l'autre. En effet, qu'arriverait-il ? Les troupes sont en marche contre moi : l'on apprend que vous êtes ici, on en fera marcher davantage, et nous ne nous en trouverons pas mieux. L'empereur est à la source, et je serais irrémédiablement perdu si l'on pouvait inspirer du courage aussi vite qu'on rassemble des soldats.

SICKINGEN.

Mais vous me permettrez au moins de vous envoyer sous main une vingtaine de cavaliers.

ACTE III.

GŒTZ.

A la bonne heure! J'ai déjà dépêché George à Selbitz, et d'autres de mes gens sont allés recruter aux environs. Cher beau-frère, quand j'aurai tout mon monde autour de moi, ce sera une troupe dont peu de princes auront vu la pareille.

SICKINGEN.

Vous serez peu contre un grand nombre.

GŒTZ.

C'est trop d'un loup contre un troupeau de moutons.

SICKINGEN.

Mais s'ils ont un bon berger?

GŒTZ.

Bah! ce ne sont que des mercenaires; et que peut faire le meilleur cavalier quand il n'est pas maître de ses actions? Je sais ce qu'il en est; j'ai eu affaire à eux autrefois. Lorsque je promis au margrave de le servir contre Conrad Schott, il m'envoya un papier de la chancellerie, comme quoi je devais aller dans tel endroit et agir de telle et telle façon. Je jetai le papier au nez des conseillers, en leur disant qu'il manquait quelque chose à ces instructions, et que je n'en avais que faire, puisqu'elles ne portaient pas ce qui devait m'arriver; qu'au reste, je saurais bien ouvrir les yeux et voir mon chemin.

SICKINGEN.

Bonne chance! frère. Je vais partir, et t'envoyer tout ce que je pourrai réunir à la hâte.

GŒTZ.

Viens dire adieu à nos femmes. Je les ai laissées ensemble. Je voudrais bien que tu emportasses leur parole avant de partir. Envoie-moi ensuite les cavaliers, et reviens en secret chercher Marie; car je crains que sous peu mon château ne soit plus habitable pour des femmes.

SICKINGEN.

Ayons meilleure espérance!

Ils sortent.

BAMBERG. — LA CHAMBRE D'ADÉLAÏDE.

ADÉLAÏDE, FRANZ.

ADÉLAÏDE.

Ainsi les deux expéditions sont en marche?

FRANZ.

Oui, gracieuse dame, et mon maître a la joie de combattre vos ennemis. J'étais décidé à le suivre, quelque envie que j'eusse de vous voir. Aussi je vais repartir tout de suite, pour revenir bientôt avec de bonnes nouvelles. Mon maître me l'a permis.

ADÉLAÏDE.

Comment va-t-il, ton maître?

FRANZ.

A merveille. Il m'a chargé de vous baiser la main.

ADÉLAÏDE.

La voici. Tes lèvres brûlent.

FRANZ, à part et en mettant la main sur son cœur.

C'est ici que je brûle! (Haut.) Gracieuse dame, vos domestiques sont les plus heureux des hommes.

ADÉLAÏDE.

Qui commande contre Berlichingen?

FRANZ.

Le seigneur de Sirau. Adieu, excellente dame, il faut que je reparte. Ne m'oubliez pas.

ADÉLAÏDE.

Il faudrait que tu boives, que tu manges, que tu prennes un peu de repos.

FRANZ.

A quoi bon? Je vous ai vue; je ne sens ni faim ni fatigue.

ADÉLAÏDE.

Je connais ton zèle...

FRANZ.

Ah! gracieuse dame!...

ADÉLAÏDE.

Mais tu n'y tiendrais pas. Calme-toi, te dis-je, et prends quelque nourriture.

FRANZ.

Que de soins pour un pauvre jeune homme!
ADÉLAÏDE.

Il a les larmes aux yeux. Je l'aime de tout mon cœur: personne ne m'a jamais montré tant d'attachement.

JAXTHAUSEN.

GŒTZ, GEORGE.

GEORGE.

Il veut vous parler à vous-même. Je ne le connais pas; c'est un homme de haute taille avec des yeux noirs et flamboyants.
GŒTZ.

Fais-le entrer.
Entre Lerse.
GŒTZ.

Que Dieu vous garde! Que nous apportez-vous?
LERSE.

Ma personne. Ce n'est pas grand'chose; mais, telle qu'elle est, je vous l'offre.
GŒTZ.

Vous êtes le bienvenu, doublement le bienvenu. Un brave homme, au moment où au lieu de gagner de nouveaux amis je craignais de perdre les anciens! Dites-moi votre nom?
LERSE.

Franz Lerse.
GŒTZ.

Je vous remercie, Franz, de m'avoir fait connaître un brave.
LERSE.

Je me suis déjà fait connaître à vous. Mais cette-fois là vous ne m'en avez pas remercié.
GŒTZ.

Je ne vous remets pas.

LERSE.

J'en serais fâché. — Vous savez bien, lorsque vous vous mîtes du parti du margrave contre Conrad Schott, et que vous voulûtes aller à Hassfurt pour le carnaval?

GŒTZ.

Oui, je me le rappelle !

LERSE.

Ne vous souvient-il pas d'avoir rencontré près d'un village vingt-cinq cavaliers?

GŒTZ.

Parfaitement. Je crus d'abord qu'ils n'étaient que douze. Comme nous étions seize, je partageai ma petite troupe, et me tins caché près du village, derrière la grange, pour les laisser passer. Je comptais ensuite tomber sur eux à l'improviste, ainsi que j'en étais convenu avec le reste de ma troupe.

LERSE.

Mais nous qui vous avions aperçus, nous eûmes bientôt gravi une colline qui dominait le village ; vous vous étiez arrêtés au pied de cette colline ; voyant que vous ne vouliez pas monter vers nous, nous descendîmes à vous...

GŒTZ.

C'est alors que je vis que j'avais fourré ma main dans un guêpier. Vingt-cinq contre huit ! Ce n'était pas le cas de s'endormir. Ehrard Truchses me tua un homme, et moi je le jetai à bas de son cheval. S'ils s'étaient tous comportés comme lui et l'un de ses cavaliers, ç'aurait été une mauvaise journée pour moi et ma petite troupe.

LERSE.

Ce cavalier dont vous parlez...

GŒTZ.

C'était le plus brave que j'aie jamais rencontré. Il me mit tout en nage. Une fois que je croyais m'en être enfin délivré, et que je m'apprêtais à passer à un autre, il revint à la charge plus terrible qu'auparavant. Il me porta un coup qui traversa mon brassard et me fit même une légère blessure.

LERSE.

Le lui avez-vous pardonné?

GOETZ.

Il ne m'a plu que trop.

LERSE.

Eh bien, j'espère en ce cas que vous serez content de moi. C'est sur vous-même que j'ai fait mes preuves.

GOETZ.

Est-ce toi? O bienvenu, mille fois bienvenu! Dis, Maximilien, peux-tu te vanter d'avoir enrôlé dans tes troupes un seul homme qui vaille cet homme-là?

LERSE.

Je suis étonné que vous ne m'ayez pas deviné tout d'abord.

GOETZ.

Comment me serait-il venu à l'esprit que celui qui fi tant pour me vaincre fût le même qui vient m'offrir aujourd'hui ses services?

LERSE.

C'est pour cela même. Je sers depuis ma jeunesse en qualité d'homme d'armes, et me suis vu aux prises avec plus d'un chevalier. Aussi fus-je enchanté quand nous eûmes affaire à vous. Je connaissais votre nom; là je fis connaissance avec votre personne, et dès cet instant je résolus d'entrer à votre service.

GOETZ.

Pour combien de temps?

LERSE.

Pour une année sans solde.

GOETZ.

Non pas; vous serez sur le pied des autres, et de plus je vous traiterai en homme avec qui j'ai eu affaire à Remlin.

Entre George.

GEORGE.

Hans de Selbitz vous fait saluer. Il sera ici demain avec cinquante hommes.

GOETZ.

Bien.

GEORGE.

Une troupe de soldats de l'Empire s'avance le long du Kocher, sans doute pour vous observer.

GŒTZ.

Combien sont-ils?

GEORGE.

Une cinquantaine.

GŒTZ.

Pas davantage! Viens, Lerse, allons les écharper; que Selbitz trouve en arrivant quelque ouvrage de fait.

LERSE.

Ce seront de bonnes prémices.

GŒTZ.

A cheval!

Ils sortent.

BOIS LE LONG D'UN MARÉCAGE.

DEUX CAVALIERS IMPÉRIAUX se rencontrent.

PREMIER CAVALIER.

Que fais-tu là?

SECOND CAVALIER.

J'ai demandé la permission d'aller à mes besoins. Depuis la fausse alarme d'hier au soir, j'ai un mal d'entrailles qui m'oblige à tout moment de mettre pied à terre.

PREMIER CAVALIER.

La troupe est donc tout près d'ici?

SECOND CAVALIER.

Elle est au moins à une lieue au-dessus du bois.

PREMIER CAVALIER.

Et comment as-tu donc fait pour te trouver ici?

SECOND CAVALIER.

Ne me trahis pas, je t'en prie. Je veux gagner le prochain village, et voir à soulager mon mal avec des frictions chaudes. D'où viens-tu toi-même?

ACTE III.

PREMIER CAVALIER.

Du village voisin, où je suis allé chercher du pain et du vin pour notre officier.

SECOND CAVALIER.

Oui, il fait bombance à notre nez, et il faut que nous jeûnions, nous autres; bel exemple!

PREMIER CAVALIER.

Allons, maraud! reviens avec moi.

SECOND CAVALIER.

Ce serait trop sot! Il y en a bien dans la troupe qui jeûneraient de bon cœur s'ils étaient aussi loin que moi du champ de bataille.

PREMIER CAVALIER.

Entends-tu? des chevaux!

SECOND CAVALIER.

Miséricorde!

PREMIER CAVALIER.

Je grimpe sur l'arbre.

SECOND CAVALIER.

Je me cache dans les roseaux.

GŒTZ, LERSE, GEORGE, Soldats, tous à cheval.

GŒTZ.

Par ici, le long de l'étang, et à main gauche dans le bois; nous les atteindrons par derrière.

Il passe.

PREMIER CAVALIER, descendu de l'arbre.

Il ne fait pas bon ici. Michel! Il ne répond pas... Michel! ils sont partis... (Il s'approche du marais.) Michel! Ah! il est noyé! Michel! Il ne m'entend pas, il est mort. Te voilà pourtant crevé, poltron! — Nous sommes battus. Des ennemis! partout des ennemis!

GŒTZ, GEORGE, tous deux à cheval.

GŒTZ.

Halte-là, drôle, ou tu es mort!

LE CAVALIER.

Laissez-moi la vie.

GŒTZ.

Ton épée? George, mène-le avec les autres prisonniers que Lerse garde à l'entrée du bois. Il faut, moi, que je tâche de couper la retraite à leur officier.

LE CAVALIER.

Qu'est devenu le chevalier qui nous commandait?

GEORGE.

Mon maître l'a culbuté la tête la première de dessus son cheval, si bien que son panache s'est allé planter dans la boue. Ses soldats l'ont remis en selle, et ils ont tous décampé comme s'ils avaient le diable à leurs trousses.

Ils partent.

LE CAMP.

LE CAPITAINE, LE PREMIER CHEVALIER.

LE PREMIER CHEVALIER.

Je les vois de loin qui fuient vers le camp.

LE CAPITAINE.

Il les suivra de près. Faites avancer une cinquantaine d'hommes jusqu'au moulin : s'il s'aventure un peu trop, vous le prendrez peut-être. (Le premier chevalier sort. Le second chevalier arrive soutenu par les siens.) Eh bien, jeune homme! comment vont les affaires? Avez-vous démoli quelques créneaux?

LE CHEVALIER.

Que la peste l'étouffe! La tête la plus dure éclaterait comme verre... Diable d'homme! il s'est élancé sur moi... j'ai cru que le tonnerre m'avait fait entrer dans la terre.

LE CAPITAINE.

Remerciez Dieu d'en avoir rapporté vos os.

LE CHEVALIER.

Ma foi! il n'y a pas de quoi remercier : j'ai deux côtes rompues. Où est le chirurgien?...

Ils sortent.

JAXTHAUSEN.
GŒTZ, SELBITZ.

GŒTZ.
Que dis-tu du manifeste qui me met au ban de l'Empire ?
SELBITZ.
C'est un coup de Weislingen.
GŒTZ.
Crois-tu ?
SELBITZ.
Je ne crois point, je sais.
GŒTZ.
D'où ?
SELBITZ.
Il était à la diète, te dis-je ; il était auprès de l'empereur.
GŒTZ.
Bien ! ce sera encore un de ces projets que nous ferons échouer.
SELBITZ.
Il faut l'espérer.
GŒTZ.
Allons ! il est temps d'ouvrir la chasse aux lièvres.

LE CAMP.
LE CAPITAINE, CHEVALIERS.

LE CAPITAINE.
Messieurs, cela ne mène à rien : il nous bat ainsi un détachement après l'autre, et tout ce qui n'est pas tué ou pris irait plutôt en Turquie que de rentrer au camp ; de cette façon nous nous affaiblissons de jour en jour. Il faut, une fois pour toutes, en venir aux prises avec lui, et sérieusement. J'y veux être en personne : qu'il sache à qui il a affaire !
UN CHEVALIER.
C'est ce que nous demandons tous ; mais, familier comme il l'est avec tous les sentiers et tous les recoins de la montagne,

il nous sera aussi impossible de le prendre ici qu'une souris dans un grenier.

LE CAPITAINE.

Nous l'aurons, j'en réponds, courons à Jaxthausen. Qu'il le veuille ou non, il faudra bien qu'il vienne défendre son château.

LE CHEVALIER.

Toutes nos troupes donneront-elles?

LE CAPITAINE.

Assurément. Savez-vous bien que nous sommes déjà diminués de près d'une centaine?

LE CHEVALIER.

Dépêchons-nous donc, avant que le dégel s'achève. Il fait chaud par ici, et nous sommes là comme un morceau de beurre au soleil.

Ils sortent.

MONTAGNES ET BOIS.

GŒTZ, SELBITZ, Troupe de Cavaliers.

GŒTZ.

Les voici qui arrivent en masse. Il était grandement temps que les cavaliers de Sickingen nous joignissent.

SELBITZ.

Partageons-nous. Je vais, moi, tourner cette hauteur à main gauche.

GŒTZ.

Fort bien. Et toi, Franz, conduis-moi ces cinquante hommes à droite au-dessus du bois. Ils viennent par les bruyères; je les attends ici. George, tu restes auprès de moi. Quand vous me verrez aux prises avec eux, attaquez-les tout à coup sur les flancs; nous les étrillerons comme il faut. Ils ne pensent pas que nous soyons en état de leur résister de front.

Ils sortent.

BRUYÈRES. — D'UN CÔTÉ UNE COLLINE, DE L'AUTRE UNE FORÊT.

LE CAPITAINE, LES TROUPES IMPÉRIALES.

LE CAPITAINE.

Il tient la plaine. Voilà qui est impertinent... Il me le payera! Quoi! ne pas reculer, quand le torrent se précipite...

UN CHEVALIER.

Je ne voudrais pas vous voir à la tête de la colonne. Il a tout l'air de vouloir planter en terre la tête en bas le premier qui l'approchera. Retirez-vous derrière les rangs.

LE CAPITAINE.

C'est bien malgré moi!

LE CHEVALIER.

Je vous en supplie. Vous êtes le seul lien qui unisse entre eux ces faibles roseaux; s'il se rompt, ils vont se briser dans ses mains comme l'épi sous la faux.

LE CAPITAINE.

Sonne, trompette! Vous, sonnez sa défaite!

SELBITZ, arrivant au galop derrière la colline.

A moi, soldats! Qu'ils crient à leurs bras de se multiplier

LERSE, s'élançant hors du bois.

Au secours de Gœtz! Il est presque enveloppé. Brave Selbitz, tu lui as déjà donné un peu d'air. Allons! semons la plaine de ces têtes de chardons!

Ils passent. — Tumulte.

UNE HAUTEUR SURMONTÉE D'UNE TOUR.

SELBITZ, blessé; CAVALIERS.

SELBITZ.

Déposez-moi ici, et retournez vers Gœtz.

PREMIER CAVALIER.

Non, seigneur, permettez que nous restions : vous avez besoin de nous.

SELBITZ.

Que l'un de vous deux monte sur la tour et observe ce qui se passe.

PREMIER CAVALIER.

Comment faire pour arriver si haut?

SECOND CAVALIER.

Monte sur mes épaules. Tu pourras de là atteindre la meurtrière et ensuite grimper jusqu'en haut.

PREMIER CAVALIER, monté au haut de la tour.

Ah! seigneur!

SELBITZ.

Qu'est-ce que tu vois?

PREMIER CAVALIER.

Vos cavaliers s'enfuient vers les hauteurs.

SELBITZ.

Misérables! j'aimerais mieux avoir la tête fracassée par un boulet que de les voir lâcher pied. Qu'un de vous parte; qu'il les oblige de faire volte-face à force de malédictions. — Vois-tu Gœtz?

Plusieurs cavaliers sortent.

LE CAVALIER.

Les trois plumes noires? Oui, je les vois au milieu de la mêlée.

SELBITZ.

Nage, brave nageur; moi, je suis hors de service.

LE CAVALIER.

Un panache blanc. A qui est-ce?

SELBITZ.

Au capitaine.

LE CAVALIER.

Gœtz pousse à lui... Paf! il tombe.

SELBITZ.

Le capitaine?

LE CAVALIER.

Oui, seigneur.

SELBITZ.

Bien! bien!

LE CAVALIER.

O mon Dieu, mon Dieu! Je ne vois plus Gœtz.

SELBITZ.

Meurs donc, Selbitz!

LE CAVALIER.

Là où il était tout à l'heure, il y a une effroyable mêlée. La plume bleue de George disparaît aussi.

SELBITZ.

Redescends... Ne vois-tu pas Lerse?

LE CAVALIER.

Rien. Tout est sens dessus dessous.

SELBITZ.

C'est assez. Comment se comportent les cavaliers de Sickingen?

LE CAVALIER.

Bien. — En voici un qui s'enfuit vers le bois... encore un! tout un peloton!... Gœtz est perdu.

SELBITZ.

Descends.

LE CAVALIER.

Je ne puis... Bon! bon! je vois Gœtz!... je vois George!

SELBITZ.

A cheval?

LE CAVALIER.

Oui, à cheval!... Victoire! victoire! ils fuient.

SELBITZ.

Les soldats de l'Empire?

LE CAVALIER.

Le drapeau au milieu... Gœtz à leurs trousses... Ils se dispersent. Gœtz atteint le porte-drapeau... il a le drapeau... il le tient... Une poignée de gens autour de lui... Son camarade le rejoint... Ils montent vers nous.

GŒTZ, GEORGE, LERSE, Troupe de Cavaliers.

SELBITZ.

Quel bonheur! — Gœtz! victoire! victoire!

GŒTZ, descendant de cheval.

Chère, bien chère! Tu es blessé, Selbitz?

SELBITZ.

Tu vis et tu triomphes! J'y ai peu contribué. Et mes chiens de cavaliers!... Comment donc t'en es-tu tiré?

GŒTZ.

Cette fois l'affaire a été chaude! Je dois la vie à George, je la dois à Lerse. Je commençai par renverser leur capitaine de son cheval; mais bientôt après j'eus le mien tué sous moi; j'étais assailli de toutes parts. George se fait jour jusqu'à moi, saute à bas de son cheval, me fait monter à sa place, et, comme la foudre, reparaît sur un autre. Où as-tu donc trouvé ce cheval?

GEORGE.

En donnant de mon épée dans la poitrine d'un soldat, au défaut de sa cuirasse, comme il levait le bras pour vous frapper. Il tomba, et, moi, en vous délivrant d'un ennemi, je me procurai un cheval.

GŒTZ.

Mais jusqu'à ce que Franz fût venu à notre secours, nous étions dans un mauvais pas, obligés de frapper en cercle comme des faucheurs.

LERSE.

La canaille que je conduisais aurait dû le faire du dehors, jusqu'à ce que nos faux se fussent rencontrées; mais ils se sont enfuis comme soldats d'Empire.

GŒTZ.

Amis et ennemis, tout fuyait. Toi seule, petite troupe, tu as continué de me protéger par derrière : ceux que j'avais en tête me donnaient assez d'ouvrage; mais la chute de leur capitaine m'aida beaucoup à les ébranler, et à la fin ils ont tourné le dos. J'ai leur drapeau et quelques prisonniers.

SELBITZ.

Le capitaine vous a échappé?

GŒTZ.

Ils avaient eu le temps de le sauver. — Venez, enfants! venez, Selbitz! Mais tu ne peux monter à cheval. Faites une litière de branchages, et venez dans mon château. Ils sont dispersés, mais nous ne sommes qu'un petit nombre, et peut-être ont-ils une réserve. — Je veux vous régaler, mes amis. Après une telle fête, un verre de vin n'est pas de trop.

LE CAMP.

LE CAPITAINE.

Je vous égorgerais tous de ma propre main! Quoi! prendre la fuite! Il lui restait à peine quelques soldats. Fuir devant un homme seul! Personne ne voudra le croire, que ceux qui auront envie de se moquer de vous... Allons, qu'on fasse une ronde : vous, et vous aussi! Partout où vous rencontrerez de nos fuyards, ramenez-les, ou tuez-les. Il faut que nous réparions cet affront, dussions-nous y briser nos épées.

JAXTHAUSEN.

GŒTZ, LERSE, GEORGE.

GŒTZ.

Nous n'avons pas un moment à perdre. Pauvres garçons, je ne puis vous laisser prendre un instant de repos. Allez vite rôder aux environs, et tâchez de ramener quelques cavaliers de plus. Envoyez-les tous à Weiler; c'est là qu'ils seront le plus en sûreté. Si nous tardons, ils me viennent droit au château. (Ils sortent tous deux.) Il faut que j'envoie quelqu'un à la découverte. Cela commence à chauffer. Si c'était seulement de bons soldats... Mais le nombre! le nombre!

Il sort.

SICKINGEN, MARIE.

MARIE.

Je vous en supplie, cher Sickingen, ne quittez pas mon frère. Ses cavaliers, ceux de Selbitz, les vôtres, tout s'est dispersé ; il est seul. Selbitz a été rapporté blessé à son château : j'ai tout à craindre.

SICKINGEN.

Soyez tranquille, je ne partirai pas.

Entre Gœtz.

GŒTZ.

Viens à l'église : le prêtre attend. Il faut que dans un quart d'heure vous soyez unis.

SICKINGEN.

Permettez que je reste ici.

GŒTZ.

A présent c'est à l'église qu'il faut aller.

SICKINGEN.

Volontiers... mais après?

GŒTZ.

Après, vous reprendrez la route de votre château.

SICKINGEN.

Gœtz !...

GŒTZ.

Ne voulez-vous pas aller à l'église?

SICKINGEN.

Allons, allons.

LE CAMP.

LE CAPITAINE, UN CHEVALIER.

LE CHEVALIER.

Combien sont-ils en tout?

LE CAPITAINE.

Cent cinquante.

LE CHEVALIER.

De quatre cents qu'ils étaient! Voilà qui est grave. A présent, vite en marche sur Jaxthausen, avant qu'il reprenne haleine et vienne à notre rencontre une seconde fois.

ACTE III.

JAXTHAUSEN.

GŒTZ, ÉLISABETH, MARIE, SICKINGEN.

GŒTZ.

Dieu vous bénisse! qu'il vous donne d'heureux jours, et prolonge la vie de vos enfants de toutes les années qu'il vous ôtera.

ÉLISABETH.

Qu'ils soient ce que vous êtes, d'honnêtes gens, et alors qu'ils deviennent ce qu'ils voudront.

SICKINGEN.

Je vous remercie; et vous aussi, Marie, je vous remercie. Je vous ai conduite à l'autel, vous me conduirez au bonheur.

MARIE.

Oui, nous ferons ensemble un pèlerinage à cette terre promise et si peu connue.

GŒTZ.

Bon voyage !

MARIE.

Tu m'entends mal; nous ne vous quittons pas.

GŒTZ.

Il le faut, ma sœur.

MARIE.

Tu es bien cruel, mon frère.

GŒTZ.

Et toi, plus tendre que prévoyante.

Entre George.

GEORGE, bas à Gœtz.

Je n'ai pu enrôler personne. Un seul avait d'abord montré quelque envie de venir, mais ensuite il s'est rétracté et n'a pas voulu me suivre.

GŒTZ.

Bien, George. — La fortune commence à tourner contre moi. Au reste, je l'avais prévu. (Haut.) Sickingen, je vous en prie, partez dès ce soir. Parlez à Marie : elle est votre femme. Faites-le-lui sentir. Quand les femmes se mêlent de nos affaires, notre ennemi est plus en sûreté en pleine campagne qu'il ne le serait derrière ses tours.

Entre un cavalier.

LE CAVALIER.

Seigneur, l'enseigne impériale est déployée; elle s'avance vers le château à marche forcée.

GŒTZ.

Je leur ai fouetté le sang! Combien sont-ils?

LE CAVALIER.

A peu près deux cents. Ils ne peuvent guère être à présent à plus de deux lieues d'ici.

GŒTZ.

Sont-ils encore sur l'autre bord de la rivière?

LE CAVALIER.

Oui, seigneur.

GŒTZ.

Si j'avais seulement cinquante hommes, ils ne la passeraient pas. N'as-tu pas vu Lerse?

LE CAVALIER.

Non, seigneur.

GŒTZ.

Dis à tout le monde qu'on se tienne prêt. — Allons, mes chers amis, il faut nous séparer. Pleure, bonne Marie; un temps viendra où tu seras joyeuse. Tu pleures le jour de tes noces, mais cela vaut mieux encore qu'une joie excessive qui serait l'avant-coureur d'un avenir misérable. Adieu, Marie; adieu, mon frère.

MARIE.

Ma sœur, je ne puis vous quitter. Mon frère, mon cher frère, laisse-nous rester! Tu estimes donc bien peu mon mari, puisque tu dédaignes son secours dans cette extrémité?

GŒTZ.

Il est vrai que ma fortune est en mauvais chemin; peut-être suis-je près de ma chute; vous, vous qui commencez à vivre, séparez votre destinée de la mienne. Allez-vous-en; j'ai fait seller vos chevaux : partez, point de retard.

MARIE.

Frère! mon frère!

ÉLISABETH, à Sickingen.

Allons, ne lui résistez pas davantage, partez.

ACTE III.

SICKINGEN.

Chère Marie, partons.

MARIE.

Et toi aussi? mon cœur va se briser.

GŒTZ.

Eh bien! reste donc! Sous peu d'heures mon château sera cerné.

MARIE.

Mon Dieu! mon Dieu!

GŒTZ.

Mais nous nous défendrons tant que nous pourrons.

MARIE.

Mère de Dieu, ayez pitié de nous!

GŒTZ.

A la fin il nous faudra mourir ou nous rendre; et tes larmes auront entraîné dans ma ruine ton noble mari.

MARIE.

Tu me tortures!

GŒTZ.

Reste, reste! nous serons pris ensemble. Sickingen, tu tomberas avec moi dans la fosse; j'espérais que tu pourrais m'en tirer.

MARIE.

Il faut que nous partions, je le vois bien. Ma sœur! ma sœur!

GŒTZ.

Mettez-la en lieu de sûreté; puis, alors, souvenez-vous de moi.

SICKINGEN.

Je n'entrerai pas dans son lit que je ne vous sache hors de danger.

GŒTZ.

Ma sœur, ma chère sœur!

Il l'embrasse.

SICKINGEN.

Partons, partons.

GŒTZ.

Encore un moment! — Je vous reverrai; consolez-vous, nous nous reverrons. (Sickingen et Marie sortent.) Tout à l'heure je la pressais de s'éloigner; à présent qu'elle part, je voudrais la retenir. Élisabeth, tu restes près de moi?

ÉLISABETH.

Jusqu'à la mort!

GŒTZ.

Mon Dieu! donne une femme comme elle à ceux que tu aimes!

Elle sort. — Entre George.

GEORGE.

Ils sont près d'ici : je les ai vus du haut de la tour ; le soleil levant fait étinceler leurs piques. En les voyant, je n'étais pas plus en peine qu'un chat devant une armée de souris. Il est vrai que nous jouons les rats.

GŒTZ.

Voyez à verrouiller les portes, et barricadez-les en dedans avec des poutres et de grosses pierres. (George sort.) Mettons leur patience à bout, et que toute leur bravoure aboutisse à se mordre les doigts (Bruit de trompette au dehors.) Ah! ah! voici un coquin en habit rouge qui vient savoir si nous voulons être des lâches. (Il ouvre la fenêtre.) Qu'y a-t-il?

On entend parler dans le lointain.

GŒTZ, à lui-même.

Une cravate de chanvre autour du cou!

Le trompette continue de parler.

GŒTZ.

Coupable de lèse-majesté! C'est un moine qui a rédigé cette sommation.

Le trompette cesse de parler.

GŒTZ répond.

Me rendre! A discrétion! A qui parlez-vous? Suis-je un brigand? Dis à ton maître qu'à l'égard de Sa Majesté Impériale je n'ai jamais cessé et ne cesserai jamais de lui porter le respect que je lui dois; mais pour lui, dis-lui bien qu'il peut me...

Il ferme brusquement la fenêtre.

ACTE III.

SIÉGE DU CHATEAU. — LA CUISINE.

ÉLISABETH, GŒTZ s'approche d'elle.

GŒTZ.
Tu as bien de la besogne, pauvre femme.
ÉLISABETH.
Je voudrais en avoir longtemps; mais nous aurons de la peine à tenir.
GŒTZ.
Nous n'avons pas eu le temps de nous approvisionner.
ÉLISABETH.
Et cette quantité de monde que vous nourrissez depuis quelque temps! Le vin commence à tirer sur sa fin.
GŒTZ.
Si nous pouvions seulement tenir assez longtemps pour qu'ils en vinssent à proposer une capitulation! Nous leur tuons du monde et eux, ils tirent tout le jour, ils ne blessent que nos murailles et ne brisent que nos vitraux. Lerse est un brave garçon; il se glisse partout, son arquebuse à la main, et sitôt qu'un des leurs se hasarde un peu trop près, paff! il est à bas.
UN SOLDAT.
Du charbon, gracieuse dame.
GŒTZ.
Pourquoi faire?
LE SOLDAT.
Pour fondre des balles; nous n'en avons plus. Nos balles sont épuisées, il faut en fondre de nouvelles.
GŒTZ.
Où en sont les provisions de poudre?
LE SOLDAT.
Suffisantes encore; nous ménageons nos coups.

UNE SALLE.

LERSE, tenant un moule à balles; un SOLDAT apportant du charbon.

LERSE.

Pose ici ce charbon, et tâche de te procurer du plomb dans la maison. En attendant, je vais m'emparer de ceci (Il enlève une fenêtre et en casse les vitres.) Il faut que tout serve. Ainsi va le monde : personne ne sait ce qu'on pourra faire un jour des choses. L'ouvrier qui a posé ce vitrage ne pensait assurément pas que le plomb pourrait causer un violent mal de tête à l'un de ses neveux; et quand mon père m'engendra, au diable s'il se demanda qui, des oiseaux du ciel ou des vers de la terre, mangerait ma chair !

Entre George, une gouttière sur les bras.

GEORGE.

Voici du plomb. Si seulement la moitié porte, il n'en échappera pas un seul qui puisse aller dire à Sa Majesté : Sire, nous nous en sommes mal tirés.

LERSE en coupe une partie.

En voici un bon morceau.

GEORGE.

La pluie peut bien se frayer un autre chemin, je n'en suis pas en peine : un bon cavalier et une bonne pluie se font jour partout.

LERSE, versant du plomb dans le moule.

Tiens la cuiller. (Il met la tête à la fenêtre.) Voilà un de ces impériaux qui rôde autour des murs, son arquebuse sur l'épaule. Ils s'imaginent que nos munitions sont épuisées. Il va tâter de la balle toute chaude, au sortir du poêlon.

Il charge son fusil.

GEORGE pose à terre la cuiller.

Laisse-moi voir.

LERSE tire.

Il est à bas, le moineau.

GEORGE.

C'est le même qui vient de tirer sur moi tout à l'heure (Ils se remettent à fondre), comme je sortais par la lucarne pour détacher cette gouttière : il a atteint près de moi un pigeon qui est tout justement tombé dans ma gouttière. Je l'ai remercié du rôti, et je suis rentré chargé d'un double butin.

LERSE.

Maintenant que nous avons de quoi charger, parcourons le château pour gagner notre dîner.

Entre Goetz.

GOETZ.

Reste, Lerse, j'ai à te parler. Toi, George, je ne veux pas t'interrompre dans ta chasse. (George sort.) Ils m'offrent une composition.

LERSE.

Je vais les trouver pour savoir de quoi il s'agit.

GOETZ.

Je le sais d'avance : ce sera de me rendre, à conditions, dans une prison de chevalier.

LERSE.

S'ils nous accordaient la libre sortie, puisque vous n'attendez aucun secours de Sickingen? nous cacherions si bien l'or et l'argent, qu'il n'y aurait au monde baguette de magicien capable de les faire trouver. Nous leur laisserions le château, et nous en sortirions au moins avec honneur.

GOETZ.

Ils ne nous accorderont pas cela.

LERSE.

On peut essayer. Demandons un sauf-conduit, et je sortirai.

Ils sortent.

UNE SALLE.

GOETZ, ÉLISABETH, GEORGE; SOLDATS à table.

GOETZ.

Le danger nous rassemble! Régalez-vous, mes amis! n'oubliez pas surtout de boire... La bouteille est vide; encore une, ma chère femme. (Élisabeth hausse les épaules.) N'y en a-t-il plus?

ÉLISABETH, bas.

Plus qu'une ; je l'ai mise à part pour toi.

GŒTZ.

Non, non, ma chère ; tire-la pour eux : ils ont plus besoin de stimulant que moi ; c'est ma cause.

ÉLISABETH.

Allez la chercher dans le buffet.

GŒTZ.

C'est la dernière, et quelque chose me dit que nous n'avons plus besoin d'économiser. De longtemps je ne me suis senti plus gai. (Il verse à boire.) Vive l'empereur!

TOUS.

Vive l'empereur!

GŒTZ.

Que ce soit là notre avant-dernier cri quand nous mourrons! Je l'aime, car nous avons tous deux même sort, si ce n'est que je suis encore plus heureux que lui. Il faut qu'il s'amuse à prendre des souris pour les Etats de l'Empire, pendant que les rats dévorent ses possessions. Je sais que bien souvent il aimerait mieux mourir que d'être plus longtemps l'âme d'un corps ainsi mutilé. (Il verse à boire.) Il en reste encore justement pour un tour de table. — Et quand notre sang commencera à se ralentir dans nos veines, comme le vin de cette bouteille, qui coule d'abord faiblement et finit par tomber goutte à goutte (il verse le fond dans son verre), quel sera notre dernier cri?

GEORGE.

Vive la liberté!

GŒTZ.

Vive la liberté!

TOUS.

Vive la liberté!

GŒTZ.

Et si elle nous survit, nous pouvons mourir en paix; car nous voyons dans l'avenir tous nos descendants heureux et les empereurs de nos descendants heureux aussi. Si tous les vassaux servaient leurs princes noblement et librement comme

ACTE III.

vous me servez, et si les princes servaient l'empereur comme je voudrais pouvoir le faire...

GEORGE.

Les choses iraient autrement qu'elles ne vont.

GOETZ.

Pas tant qu'il te semble. N'ai-je pas connu parmi les princes d'excellents hommes? et la race en serait-elle éteinte? Hommes parfaits! qui trouvaient leur bonheur en eux-mêmes et dans celui de leurs vassaux; qui souffraient un voisin noble et généreux sans en concevoir ni ombrage ni envie; dont le cœur s'ouvrait quand ils voyaient réunis à leur table beaucoup de leurs égaux; qui n'avaient pas besoin pour vivre avec un chevalier d'en faire un courtisan.

GEORGE.

Avez-vous connu de tels seigneurs?

GOETZ.

Sans doute. Je me rappellerai toute ma vie la chasse que donna le landgrave de Hanau, et le festin auquel s'assirent en plein air les princes et les seigneurs qui en étaient, et le concours de peuple qui se fit pour les voir manger. Ce n'était point une mascarade arrangée par lui-même pour son divertissement; mais ces têtes rondes des jeunes garçons et des jeunes filles, toutes ces joues rouges de santé, et ces hommes de bonne mine, ces beaux vieillards, et la joie peinte sur tous les visages! comme ils prenaient part à la gloire de ce bon maître, qui se réjouissait au milieu d'eux sur la terre de Dieu!

GEORGE.

C'était là un seigneur parfait! comme vous.

GOETZ.

Ne devons-nous pas espérer d'en voir encore naître de semblables? de voir régner au sein des familles le respect pour l'empereur, la paix et l'amitié des voisins entre eux, l'amour des sujets pour leurs maîtres; précieux trésor que les neveux hériteront de leurs aïeux! Chacun garderait son bien et chercherait des ressources en lui-même, au lieu de croire, comme aujourd'hui, qu'on ne peut s'enrichir qu'en appauvrissant les autres.

GEORGE.

Mais alors ferions-nous la guerre?

GŒTZ.

Plût au ciel qu'il n'y eût plus en Allemagne d'esprits turbulents! il nous resterait encore assez d'ouvrage. Nous purgerions les montagnes de loups, et pendant que notre voisin labourerait tranquillement son champ, nous irions lui chercher un rôti dans la forêt; en retour de quoi il partagerait sa soupe avec nous; ou, si cela ne nous suffisait pas, nous irions, comme les chérubins armés d'épées flamboyantes, aux frontières de l'Empire, et nous en chasserions ces loups de Turcs, ces renards de Français, défendre les États de l'empereur et maintenir la paix de l'Empire. Ce serait là une vie, George! d'exposer notre peau pour le bonheur de tous! (George se lève brusquement.) Où veux-tu aller?

GEORGE.

Ah! j'oubliais que nous sommes assiégés... Et c'est l'empereur qui nous assiége..... et ce n'est que pour sauver notre peau que nous exposons notre peau!

GŒTZ.

Allons, prends courage!
Entre Lerse.

LERSE.

Liberté! liberté! ce ne sont pas des hommes; un tas d'ânes qui ne savent prendre leur parti. Vous pouvez vous retirer avec armes, chevaux et bagages, en laissant ici vos provisions.

GŒTZ.

Ils ne se feront pas mal aux dents avec ce qu'il leur restera.

LERSE, bas à Gœtz.

Avez-vous caché l'argenterie?

GŒTZ.

Non! Ma femme, va avec Lerse; il a quelque chose à te dire.
Ils sortent tous.

ACTE III.

LA COUR DU CHATEAU.

GEORGE, dans l'écurie, chante :

Un enfant prit un petit oiseau,
Hm! hm!
riait en le mettant en cage;
Hm! hm!
Oui! oui!
Hm! hm!
Il en riait si niaisement,
Hm! hm!
t le tint si gauchement,
Hm! hm!
Oui! oui!
Hm! hm!
Que l'oiseau s'envola sur le toit,
Hm! hm!
Et se moqua du maladroit.
Hm! hm!
Oui! oui!
Hm! hm!

GŒTZ.

Eh bien?

GEORGE fait sortir son cheval.

Ils sont sellés.

GŒTZ.

Tu es alerte!

GEORGE.

Comme l'oiseau qui sort de sa cage.

TOUS LES ASSIÉGÉS.

GŒTZ.

Vous avez vos arquebuses? Non! remontez à la salle d'armes et prenez les meilleures; aussi bien elles seraient perdues. Nous, à cheval et sortons les premiers.

GEORGE.

Hm! hm!
Oui! oui!
Hm! hm!

Ils sortent.

UNE SALLE D'ARMES.

DEUX CAVALIERS devant le râtelier d'armes.

PREMIER CAVALIER.

Je prends celle-ci.

SECOND CAVALIER.

Moi celle-là... mais, non, en voici une plus belle.

PREMIER CAVALIER.

Bah! dépêche-toi, que nous partions.

SECOND CAVALIER.

Écoute!

PREMIER CAVALIER, courant à la fenêtre.

Au secours, grand Dieu! ils assassinent monseigneur! Le voici à bas de son cheval; George tombe!

SECOND CAVALIER.

Où nous sauver? Par le mur; en montant sur le noyer, on peut gagner les champs.

Il sort.

PREMIER CAVALIER.

Franz tient encore bon, je veux l'aller joindre. — S'ils meurent, je ne peux plus vivre.

Il sort.

ACTE QUATRIÈME

AUBERGE A HEILBRONN.

GŒTZ.

Je ressemble à ce malin esprit que le capucin enferma dans un sac. Je travaille à m'en tirer, et cela n'aboutit à rien. Les parjures! (Entre Élisabeth.) Eh bien, Élisabeth, quelles nouvelles de mes fidèles amis?

ÉLISABETH.

Rien de positif. Quelques-uns sont tués, d'autres sont enfermés dans la tour. Personne n'a pu ou n'a voulu m'en dire davantage sur leur compte.

ACTE IV.

GŒTZ.

Est-ce là le prix de la fidélité, de l'obéissance filiale? *Afin que tu sois heureux et que tu vives longuement sur la terre!*

ÉLISABETH.

Cher époux, point de blasphèmes contre notre Père céleste! Ils ont leur récompense, elle est née avec eux, un cœur généreux et libre. Même au fond des cachots ils sont libres! — Prends garde à ces conseillers impériaux qu'on a envoyés ici : ces grandes chaînes d'or leur donnent un air.....

GŒTZ.

De pourceaux harnachés. — Je voudrais bien voir George et Franz emprisonnés!

ÉLISABETH.

Ce serait à faire pleurer les anges.

GŒTZ.

Moi, je ne pleurerais pas. Je grincerais les dents! je rugirais de fureur! Dans les fers! eux! la prunelle de mes yeux! Chers jeunes gens, si vous ne m'aviez pas tant aimé!... Je ne me rassasierais jamais de les voir... Se parjurer au nom de l'empereur!

ÉLISABETH.

Éloignez ces idées, songez que vous devez paraître devant les conseillers. Vous n'êtes pas de sang-froid, et je crains tout.

GŒTZ.

Que veulent-ils?

ÉLISABETH.

Voici l'officier de justice!

GŒTZ.

L'âne de la justice! qui porte leurs sacs au moulin et traîne aux champs leurs ordures. Qu'y a-t-il?

Entre l'huissier de justice.

L'HUISSIER.

Messieurs les commissaires sont assemblés en la maison de ville et vous mandent devant eux.

GŒTZ.

J'y vais.

L'HUISSIER.
Je vous accompagnerai.
GŒTZ.
C'est beaucoup d'honneur !
ÉLISABETH.
Modérez-vous.
GŒTZ.
Sois sans crainte.

Ils sortent

LA MAISON DE VILLE.
LES CONSEILLERS IMPÉRIAUX, UN CAPITAINE, LES SÉNATEURS DE HEILBRONN.

UN SÉNATEUR.
Nous avons rassemblé d'après vos ordres les bourgeois les plus robustes et les plus déterminés. Ils attendent ici près votre signal pour s'emparer de Berlichingen.

PREMIER CONSEILLER.
Nous nous ferons un plaisir d'instruire Sa Majesté Impériale de votre empressement à exécuter ses volontés suprêmes. Ce sont des ouvriers ?

LE SÉNATEUR.
Des forgerons, des tonneliers, des charpentiers : tous gens exercés aux coups de poing, et ici (*montrant sa poitrine*) bien cuirassés.

LE CONSEILLER.
Bon.

Entre l'officier de justice.

L'HUISSIER.
Gœtz de Berlichingen attend à la porte.

LE CONSEILLER.
Faites-le entrer.

Entre Gœtz.

GŒTZ.
Dieu vous garde ! messieurs : que voulez-vous de moi ?

LE CONSEILLER.
Que vous songiez d'abord où vous êtes, et devant qui.

ACTE IV.

GŒTZ.

Sur ma parole, je suis loin de vous méconnaître, messieurs.

LE CONSEILLER.

Vous ne faites que votre devoir.

GŒTZ.

Et c'est de grand cœur.

LE CONSEILLER.

Asseyez-vous.

GŒTZ.

Là-bas? Je puis me tenir debout! Ce tabouret sent le criminel, comme au reste toute la chambre.

LE CONSEILLER.

Eh bien, demeurez debout.

GŒTZ.

Au fait, s'il vous plaît.

LE CONSEILLER.

Nous procéderons dans l'ordre.

GŒTZ.

C'est tout ce que je demande, et je voudrais bien qu'on l'eût fait jusqu'ici.

LE CONSEILLER.

Vous savez comment vous êtes tombé dans nos mains à discrétion?

GŒTZ.

Que me donnez-vous, si je l'oublie?

LE CONSEILLER.

Si je pouvais vous donner de la modération, je rendrais votre cause bonne.

GŒTZ.

La rendre bonne! comme si vous le pouviez! Il y a plus à faire pour cela que pour la rendre mauvaise.

LE GREFFIER.

Dois-je insérer tout cela au procès-verbal?

LE CONSEILLER.

Tout ce qui appartient à l'affaire.

GŒTZ.

Pour mon compte, je vous permets de l'imprimer.

LE CONSEILLER.

Vous étiez en la puissance de l'empereur. Mais sa bonté paternelle a parlé plus haut que la sévérité de la loi, et il a bien voulu vous assigner pour demeure, à la place d'un cachot, Heilbronn, une de ses bonnes villes. Vous avez de votre côté fait serment de vous y présenter avec l'exactitude d'un chevalier, et d'y attendre avec soumission la suite de cette affaire.

GŒTZ.

Eh bien! me voici, j'attends.

LE CONSEILLER.

Et nous, nous sommes ici pour vous annoncer la grâce et la clémence de Sa Majesté Impériale. Elle vous pardonne vos fautes, vous relève du ban de l'Empire, et vous tient quitte du châtiment que vous n'avez que trop mérité: pourvu que vous receviez une telle faveur avec d'humbles remercîments, et prêtiez en retour le serment de paix dont lecture va vous être faite.

GŒTZ.

Je suis, comme j'ai toujours été, le fidèle sujet de Sa Majesté. Mais un mot, avant d'aller plus loin. Mes gens, où sont-ils? Que deviendront-ils?

LE CONSEILLER.

Cela ne vous regarde pas.

GŒTZ.

Que l'empereur détourne ainsi de vous sa protection quand vous êtes dans le malheur! Ils étaient mes compagnons, et le sont encore. Où les avez-vous conduits?

LE CONSEILLER.

Nous n'avons là-dessus aucun compte à vous rendre.

GŒTZ.

Ah! je ne songeais plus que vous n'êtes pas même obligés de tenir vos promesses. A plus forte raison...

LE CONSEILLER.

Notre commission se borne à vous faire prêter serment.

ACTE IV.

Soumettez-vous à l'empereur, et vous trouverez moyen d'obtenir pour vos compagnons la vie et la liberté.
GŒTZ.
Votre papier!
LE CONSEILLER.
Greffier, lisez.
LE GREFFIER.
« Moi, Gœtz de Berlichingen, je reconnais publiquement par cet écrit que, m'étant dernièrement rendu coupable de rébellion contre l'empereur et l'Empire... »
GŒTZ.
Ce n'est pas vrai! je ne suis pas un rebelle; je ne suis coupable de rien contre l'empereur. Et quant à l'Empire, je ne m'en mêle pas.
LE CONSEILLER.
Calmez-vous, et écoutez le reste.
GŒTZ.
Je n'écoute plus rien. Que quelqu'un se lève et m'accuse! Ai-je offensé l'empereur? Ai-je fait un seul pas contre la maison d'Autriche? N'ai-je pas, au contraire, prouvé jusqu'ici par toutes mes actions que je sens mieux que personne ce que doit l'Allemagne à ses souverains, et surtout ce que les petits, les chevaliers et les hommes libres doivent à leur empereur? Je serais un misérable si je me laissais persuader de signer cela.
LE CONSEILLER.
Et pourtant nos ordres sont positifs : employer les moyens de persuasion, et, en cas que nous ne réussissions pas, vous mettre à la tour!
GŒTZ.
A la tour! moi?
LE CONSEILLER.
Et là votre sort ne dépendra plus que de la stricte justice, puisque vous n'aurez pas voulu l'accepter des mains de la clémence.
GŒTZ.
A la tour! vous abusez de l'autorité impériale. A la tour!

Non, ce n'est pas là son ordre. Me faire cela à moi! les traîtres! Me tendre un piége, et y mettre pour appât leur serment, leur parole de chevalier! Puis me promettre prison de chevalier, et violer cette nouvelle promesse!

LE CONSEILLER.

Envers un brigand, nous ne sommes obligés à rien.

GŒTZ.

Si ce n'était l'image de l'empereur que tu représentes et que je respecte jusque dans la boue où elle est empreinte, je te ferais avaler le brigand, ou tu en étoufferais!... Je défends une noble cause, et tu aurais à rendre grâce à Dieu et à te vanter devant les hommes, si dans toute ta vie tu avais fait une action aussi noble que celle pour laquelle je suis ici prisonnier devant toi... (Le conseiller fait signe au sénateur, qui tire la sonnette.) Ce n'est pas pour un misérable profit, ce n'est pas pour arracher leurs terres et leurs serfs à de petits seigneurs sans défense que j'ai tiré l'épée. C'est pour délivrer l'homme qu'on m'a enlevé, et vendre cher ma peau! Voyez-vous de l'injustice là dedans! L'empereur et l'Empire n'auraient rien su de nos démêlés, et ils auraient continué de dormir en paix sur leurs deux oreilles.—Il me reste, grâce à Dieu, encore une main; et j'ai bien fait de m'en servir! (Des bourgeois entrent le bâton à la main, l'épée au côté.) Que signifie cela?

LE CONSEILLER.

Vous ne voulez rien entendre? qu'on le saisisse!

GŒTZ.

Ah! c'était là votre plan! Que celui qui n'est pas un bœuf de Hongrie n'approche pas! car il pourrait recevoir de cette main de fer un soufflet qui le guérirait sur la place de ses maux de tête, de ses maux de dents et de tous les maux de la terre. (Ils se jettent tous sur lui; il en renverse un, arrache à un autre son épée: ils reculent.) Venez! venez! je serais bien aise de connaître le plus brave d'entre vous.

LE CONSEILLER.

Rendez-vous!

GŒTZ, l'épée à la main.

Savez-vous bien qu'à présent il ne tiendrait qu'à moi de

ACTE IV.

passer à travers cette canaille, et de gagner le large? Mais je vais vous apprendre comme on tient sa parole. Promettez-moi prison de chevalier; je vous rends mon épée, et je reste votre prisonnier comme auparavant.

LE CONSEILLER.

Est-ce l'épée à la main que vous prétendez traiter avec l'empereur?

GŒTZ.

Dieu m'en préserve! ce n'est qu'avec vous et votre noble compagnie. — Vous pouvez rentrer chez vous, bonnes gens, le temps que vous perdez là ne vous sera pas payé : il n'y a ici à gagner que des bosses.

LE CONSEILLER.

Saisissez-le! — Où est le courage que vous donne votre amour pour votre empereur?

GŒTZ.

Il ne leur en donne pas plus qu'il ne leur donnera d'emplâtres pour guérir les plaies que leur courage leur aura values.

Entre l'huissier de justice.

L'HUISSIER.

Le guetteur de la tour vient de crier qu'une troupe de plus de deux cents hommes s'avançait vers la ville. Ils ont paru tout à coup dans les vignes, sur les hauteurs, et ils menacent nos murs.

UN SÉNATEUR.

Malheur à moi! Qu'est-ce que cela peut être?

Entre un des gardes.

LE GARDE.

Franz de Sickingen est aux portes et vous mande qu'il a appris qu'on avait abusé indignement de la bonne foi de son beau-frère, et que messieurs de Heilbronn avaient trempé dans le complot : il vient vous demander satisfaction, et s'il ne l'obtient pas d'ici à une heure, il mettra le feu aux quatre coins de la ville, et la livrera au pillage.

GŒTZ.

Brave frère!

LE CONSEILLER.

Gœtz, retirez-vous. — Que faut-il faire?

UN SÉNATEUR.

Ayez pitié de nous et de notre bourgeoisie! Sickingen est impitoyable dans sa colère : il est homme à le faire comme il le dit.

LE CONSEILLER.

Devons-nous compromettre nos droits et ceux de l'empereur?

LE CAPITAINE.

Si nous avions seulement quelques hommes pour leur tenir tête! Mais nous succomberions quand même, et l'affaire n'en serait que plus mauvaise. Nous gagnons à céder.

LE SÉNATEUR.

Parlons à Gœtz pour qu'il dise un mot en notre faveur. Il me semble déjà voir la ville en flammes.

LE CONSEILLER.

Faites entrer Gœtz.

GŒTZ.

Qu'avez-vous à me dire?

LE CONSEILLER.

Que tu ferais bien d'engager ton beau-frère à se désister de son entreprise séditieuse! Au lieu d'empêcher ta ruine, il la rend inévitable, et s'associe à ta chute.

GŒTZ, bas à Élisabeth, qu'il aperçoit à la porte.

Va le trouver. Dis-lui qu'il entre immédiatement dans la ville, mais sans lui faire aucun mal : si ces coquins-ci s'opposent à lui, qu'il emploie la force : peu m'importe ce qui m'arrivera, pourvu seulement que je le voie les pourfendre tous.

UNE GRANDE SALLE DE LA MAISON DE VILLE.

SICKINGEN, GŒTZ; la maison de ville est occupée par les cavaliers de Sickingen.

GŒTZ.

Ce secours me tombe du ciel. Comment t'y es-tu donc pris pour arriver si à propos et si inopinément, beau-frère?

ACTE IV.

SICKINGEN.

Sans aucune sorcellerie. J'avais dépêché deux ou trois hommes pour me donner de tes nouvelles. J'apprends leur trahison, je me mets en marche, et voilà!

GŒTZ.

Je ne demande que la prison de chevalier.

SICKINGEN.

Tu es trop loyal! ne pas te prévaloir des avantages que l'homme franc a sur des traîtres! Ils sont dans leur tort, n'allons-nous pas leur venir en aide? ils ont indignement abusé des ordres de l'empereur, et autant que je connais Sa Majesté, tu peux hardiment exiger mieux que cela ; c'est trop peu.

GŒTZ.

Jusqu'ici je me suis toujours contenté de bien peu.

SICKINGEN.

Et tu as toujours été dupe. Voici mon opinion : il faut qu'ils fassent sortir tes gens de prison, et te laissent rentrer avec eux dans ton château sur parole. Toi, promets de ne pas sortir de ta juridiction. Tu seras toujours mieux qu'ici.

GŒTZ.

Ils diront que mes biens sont dévolus à l'empereur.

SICKINGEN.

Eh bien! nous dirons que tu veux les prendre à bail, jusqu'à ce qu'il plaise à l'empereur de t'en rendre l'investiture. Ils auront beau se retourner comme l'anguille dans la nasse, ils ne nous échapperont pas. Ils ne vont pas manquer de parler de la majesté impériale, de leur mission ; cela ne nous regarde pas. Moi aussi, je connais l'empereur, et j'ai même quelque crédit auprès de lui. Il a toujours souhaité de t'avoir dans son armée : tu ne languiras pas longtemps dans ton château ; on saura bien t'y chercher.

GŒTZ.

Dieu veuille que ce soit bientôt, avant que j'aie désappris les armes!

SICKINGEN.

Le courage ne se désapprend pas plus qu'il ne s'apprend. Sois tranquille : aussitôt que tes affaires seront en ordre, je me rends à la cour, car mon projet commence à mûrir : je vois s'ouvrir devant moi une perspective brillante, et je sens qu'il faut éclater. Il ne me reste plus qu'à sonder les sentiments de l'empereur. Trèves et le Palatinat penseraient plutôt voir s'écrouler le ciel, que de s'imaginer que je vais fondre sur leur tête. Je leur tomberai des nues dru comme grêle ! Et si nous menons à bien nos espérances, tu seras dans peu beau-frère d'un électeur. Je compte sur ton bras pour cette entreprise.

GŒTZ, regardant sa main.

Ah ! voilà le sens du rêve que j'ai fait la veille du jour où j'ai promis Marie à Weislingen... En me donnant sa parole, il me serra si fort la main droite, qu'elle se détacha du brassard, comme si elle fût brisée. Ah ! je suis à présent plus désarmé que je ne l'étais quand elle me fut emportée... Weislingen ! Weislingen !

SICKINGEN.

Oublie ce traître : nous allons anéantir ses projets, ruiner ses espérances : la honte et le remords le dévoreront et le tueront. Je vois, je vois mes ennemis anéantis ! Gœtz, il ne faut que six mois.

GŒTZ.

Ton âme monte haut. Je ne sais, mais, depuis quelque temps, il ne s'ouvre plus pour la mienne de perspectives riantes. J'ai déjà été plus loin dans le malheur ; j'ai été déjà prisonnier, mais je n'ai jamais éprouvé ce que j'éprouve maintenant.

SICKINGEN.

Le courage vient avec le bonheur. Allons trouver ces perruques ! Ils ont eu la parole assez longtemps ; prenons-la à notre tour.

LE CHATEAU D'ADÉLAÏDE.

ADÉLAÏDE, WEISLINGEN.

ADÉLAÏDE.

C'est affreux !

ACTE IV.

WEISLINGEN.

J'en ai grincé des dents. Un si beau plan! si heureusement conduit!... Et au bout de tout cela, le laisser rentrer paisiblement dans son château! Maudit Sickingen!

ADÉLAÏDE.

Ils n'auraient pas dû y consentir.

WEISLINGEN.

Il l'a bien fallu. Que pouvaient-ils faire? Sickingen menaçait de tout mettre à feu et à sang. L'orgueilleux, l'impitoyable homme! je l'abhorre! son crédit grossit tous les jours comme un torrent qui a commencé à engloutir une couple de ruisseaux et où le reste vient se jeter de soi-même.

ADÉLAÏDE.

N'avaient-ils pas un empereur?

WEISLINGEN.

Ma chère femme, il n'en est plus que l'ombre : il se fait vieux et chagrin. Quand il a su ce qui venait de se passer, et que je lui en ai témoigné mon indignation, ainsi que les autres conseillers : « Laissez-les en repos, nous a-t-il dit; je puis bien laisser au vieux Gœtz la jouissance de ce petit coin de terre; et s'il y reste tranquille, qu'avez-vous à vous plaindre de lui? » Nous parlâmes du bien de l'État. « Oh! a-t-il dit, plût à Dieu que je n'aie jamais eu que des conseillers qui eussent dirigé mon esprit inquiet vers le bonheur individuel de mes sujets! »

ADÉLAÏDE.

Il perd tout à fait la dignité d'un souverain.

WEISLINGEN.

Nous nous rejetâmes alors sur Sickingen. « C'est mon fidèle serviteur, interrompit-il : s'il n'a pas agi par mes ordres, il a au moins mieux rempli mes intentions que n'ont fait mes fondés de pouvoirs, je puis l'avouer après comme avant. »

ADÉLAÏDE.

C'est à désespérer.

WEISLINGEN.

Cependant je n'ai point encore perdu tout espoir : on l'a laissé retourner dans son château, mais sous condition qu'il

10.

s'y tiendra tranquille; et ce lui est chose impossible. Nous ne tarderons pas à avoir un prétexte pour le reprendre.

ADÉLAÏDE.

D'autant mieux, d'ailleurs, que nous avons l'espoir de voir l'empereur sortir bientôt de ce monde; et Charles, son noble successeur, promet des sentiments plus dignes du trône.

WEISLINGEN.

Charles ! il n'est encore ni élu ni couronné.

ADÉLAÏDE.

Tout le monde le désire, et tout le monde l'espère.

WEISLINGEN.

Tu as une haute idée de ses qualités. On serait presque tenté de croire que tu le vois avec d'autres yeux...

ADÉLAÏDE.

Weislingen, tu m'offenses. Me crois-tu capable...?

WEISLINGEN.

Ce que j'en dit n'est pas pour t'offenser, mais je ne puis me taire là-dessus. L'empressement extraordinaire de Charles auprès de toi me trouble et m'inquiète.

ADÉLAÏDE.

Mais ma conduite...

WEISLINGEN.

Tu es femme, et vous ne haïssez point qui vous fait la cour.

ADÉLAÏDE.

Mais vous...

WEISLINGEN.

Cette horrible idée me ronge le cœur, Adélaïde !

ADÉLAÏDE.

Puis-je te guérir de tes folies ?

WEISLINGEN.

Si tu voulais; tu pourrais t'éloigner de la cour.

ADÉLAÏDE.

Par quels moyens? de quelle façon? N'es-tu pas toi-même à la cour? Dois-je te quitter, toi et mes amis, pour aller au fond de mon château m'entretenir avec les hibous? Non, Weislingen, cela ne se peut pas. Calme-toi, tu sais combien je t'aime.

ACTE IV.

WEISLINGEN.

Oui! C'est l'ancre de salut dans la tempête, aussi longtemps que le câble ne rompt pas.

Il sort.

ADÉLAÏDE.

Ah! tu le prends sur ce ton! Il ne manquait plus que cela. Les projets que je nourris dans mon sein sont trop vastes pour que tu puisses en arrêter le cours. Charles, homme excellent, grand homme, empereur par la suite, serait-il le seul que l'espoir de me posséder ne flatterait pas? — Weislingen, ne songe pas à me retenir, ou il faudra que tu succombes. Si tu te trouves dans mon chemin, je passerai sur ton corps.

Entre Franz avec une lettre.

FRANZ.

Voici pour vous, gracieuse dame.

ADÉLAÏDE.

Est-ce Charles lui-même qui te l'a remise?

FRANZ.

Oui.

ADÉLAÏDE.

Qu'as-tu donc? tu parais triste.

FRANZ.

Vous voulez me faire périr de langueur. Oui, à cause de vous je mourrai de désespoir dans l'âge de l'espérance.

ADÉLAÏDE.

Il me fait de la peine!... et il m'en coûterait si peu pour le rendre heureux! Prends courage, jeune homme. Je comprends ton amour et ta fidélité, et je ne serai point ingrate.

FRANZ, *oppressé.*

Si cela était possible... j'en mourrais... Mon Dieu! moi qui n'ai pas une goutte de sang qui ne soit à vous! moi qui n'ai de sens que pour vous aimer et pour faire tout ce que vous désirez!...

ADÉLAÏDE.

Cher enfant!

FRANZ.

Vous me flattez... (Fondant en larmes.) Et tout cela n'aboutit qu'à s'en voir préférer d'autres... qu'à voir toutes vos pensées tournées vers Charles.

ADÉLAÏDE.

Tu ne sais pas ce que tu veux et encore moins ce que tu dis.

FRANZ, trépignant de douleur et de rage.

Aussi je ne le veux plus; non, je ne veux plus servir d'entremetteur...

ADÉLAÏDE.

Franz, tu t'oublies!

FRANZ.

Me sacrifier! sacrifier mon maître..... mon cher maître!

ADÉLAÏDE.

Sortez de ma présence!

FRANZ.

Gracieuse dame!

ADÉLAÏDE.

Va, dénonce-moi à ton cher maître. J'étais bien folle de te prendre pour ce que tu n'es pas!

FRANZ.

Chère et gracieuse dame, vous savez que je vous aime.

ADÉLAÏDE.

Et tu étais mon ami, tu étais près de mon cœur... Va, trahis-moi!

FRANZ.

Je m'arracherais plutôt les entrailles! Pardonnez-moi, gracieuse dame... mon cœur déborde, mes sens ne peuvent plus le retenir.

ADÉLAÏDE.

Cher et ardent enfant!

Elle lui prend les mains, l'attire à elle; leurs bouches se rencontrent. Il se jette à son cou en pleurant.

ADÉLAÏDE.

Laisse-moi!

FRANZ, sanglotant à son cou.

Dieu! Dieu!

ADÉLAÏDE.

Laisse-moi! les murs ont des yeux : laisse-moi! (Elle se dégage.) Aime-moi toujours ainsi; sois toujours aussi fidèle : la plus belle récompense t'attend.

Elle sort.

FRANZ.

La plus belle récompense!... Dieu, laisse-moi vivre jusque-là! Si mon père me disputait cette place je l'assassinerais.

JAXTHAUSEN.

GŒTZ, devant une table; ÉLISABETH, auprès de lui à son ouvrage; sur la table, une lumière, de l'encre et du papier.

GŒTZ.

Jamais je ne pourrai me faire à l'oisiveté : ma prison de jour en jour se rétrécit. Je voudrais pouvoir dormir, ou au moins me figurer que le repos a quelque chose d'agréable.

ÉLISABETH.

Eh bien, achève d'écrire l'histoire de ta vie, que tu as déjà commencée. Ce sera entre les mains de tes amis un témoignage qui pourra leur servir un jour à confondre tes ennemis. Lègue à une noble postérité la jouissance de ne pas te méconnaître.

GŒTZ.

Écrire, ce n'est qu'une oisiveté affairée : ce métier me fatigue et m'ennuie. Pendant que j'écris ce que j'ai fait, j'enrage de perdre un temps que je pourrais employer à faire autre chose.

ÉLISABETH prend les papiers.

Allons, ne soit pas si singulier! Tiens, tu en es justement à ta première captivité à Heilbronn.

GŒTH.

Cette ville m'a été de tout temps fatale.

ÉLISABETH lit.

« Il y eut même là plusieurs des confédérés qui me dirent

que j'avais agi follement, de me présenter devant mes plus acharnés ennemis, lorsqu'il m'était aisé de prévoir qu'on ne me ménagerait guère. A quoi je répondis...» Eh bien, que répondis-tu? Continue d'écrire.

GŒTZ.

Je leur dis : « J'expose sans cesse ma vie pour le bien-être et pour la fortune des autres; ne dois-je pas l'exposer pour garder ma parole? »

ÉLISABETH.

On te connaît pour tel.

GŒTZ.

C'est ce qu'ils ne m'ôteront pas! Ils m'ont tout pris, biens, liberté!...

ÉLISABETH.

Justement, vers cette époque je rencontrai à l'auberge les seigneurs de Miltenberg et de Singlingen, qui ne me connaissaient pas. J'éprouvai là une joie qui me transporta, une joie égale à celle de la maternité! Ils te louaient à l'envi, et disaient entre eux : « C'est le modèle du chevalier, brave et généreux dans la liberté, fidèle et résigné dans le malheur. »

GŒTZ.

Qu'ils me montrent celui à qui j'ai manqué de parole! Dieu sait que j'ai plus sué pour le service d'autrui que pour le mien propre, et c'est pour acquérir le surnom de brave et loyal chevalier que j'ai travaillé jusqu'ici, non pour gagner des richesses et des titres. Et, grâce à Dieu! ce que j'ai ambitionné, je le possède.

Entrent Lerse et George avec du gibier.

Bonjour, braves chasseurs!

GEORGE.

Oui, à présent que nous ne sommes plus de braves cavaliers. D'une paire de bottes il n'est pas difficile de faire des pantoufles.

LERSE.

La chasse est toujours quelque chose : c'est une espèce de guerre.

GEORGE.

Oui, si au moins on n'avait pas toujours affaire dans le

pays à des soldats de l'Empire!... Vous savez, gracieux seigneur, ce que vous nous prédisiez, que lorsque le monde serait renversé nous nous ferions chasseurs : voici que nous le sommes déjà sans cela.

GŒTZ.

Après tout, c'est la même chose, puisque nous sommes jetés hors de notre carrière.

GEORGE.

Les temps sont durs. On a déjà vu depuis huit jours se lever dans le ciel une comète effrayante, et toute l'Allemagne tremble que ce ne soit un signe de la mort prochaine de l'empereur, qui est très-malade.

GŒTZ.

Très-malade! Notre carrière est à sa fin.

GEORGE.

Et ici dans le voisinage il se passe des choses encore bien plus terribles. Les paysans ont fait une révolte épouvantable.

GŒTZ.

Où?

LERSE.

Au cœur de la Souabe. Ils pillent, brûlent, égorgent. Je crains qu'ils ne dévastent tout le pays.

GEORGE.

C'est une guerre effroyable! Déjà plus de cent bourgades sont en révolte ouverte, et le nombre s'accroît tous les jours. Un orage a, dit-on, déraciné dernièrement des forêts entières, et, peu de temps après, on a vu, dans le pays où la révolte a commencé, deux épées de feu qui se croisaient en l'air.

GŒTZ.

Il y a sûrement plusieurs bons seigneurs de nos amis qui souffrent bien innocemment de cette persécution.

GEORGE.

Quel dommage que nous ne puissions pas monter à cheval!

ACTE CINQUIÈME

GUERRE DE PAYSANS. — UN BOURG AU PILLAGE.

DES FEMMES ET DES VIEILLARDS ; ils fuient avec des enfants et des paquets.

UN VIEILLARD.

Courons! courons! que nous échappions à ces brigands!

UNE FEMME.

Bon Dieu! comme le ciel est rouge comme du sang! Le soleil couchant est rouge comme du sang!

UNE VIEILLE.

Cela annonce du feu.

LA FEMME.

Mon mari! mon mari!

LE VIEILLARD.

Fuyons! fuyons! A la forêt!

Ils passent.

LINK.

Tout ce qui résiste, à bas! Le village est à nous. Qu'il n'y reste rien, et que rien ne se perde. Pillez vite et bien. Nous allons y mettre le feu.

METZLER, accourant du haut de la colline.

Eh bien, Link, comment vont les affaires de votre côté?

LINK.

Sens dessus dessous! comme tu vois : tu arrives pour le bouquet... D'où viens-tu?

METZLER.

De Weinsberg. C'était là une fête!

LINK.

Comment?

METZLER.

Nous les avons sabrés tous, que c'était un plaisir!...

LINK.

Qui donc?

METZLER.

C'est Dietrich de Weiler qui a commencé la danse. Le faquin! Nous étions un tas de furieux dans la rue, et voilà que du haut du rocher il s'avise de vouloir traiter avec nous. Paff! une balle dans la tête! nous montons comme l'éclair, et mon drôle fait le saut par la fenêtre.

LINK.

Ah!

METZLER, aux paysans.

Canaille! faut-il donc vous donner des jambes? Comme ils barguignent et traînent, les ânes!

LINK.

Allumez, qu'ils rôtissent! Allons, marauds, à l'ouvrage!

METZLER.

Ensuite nous avons fait sortir Helfenstein, Eltershofen, à peu près treize de la noblesse, en tout quatre-vingts, pour les conduire dans la plaine près de Heilbronn. C'était une jubilation et un tumulte chez les nôtres, pendant que cette longue procession de pauvres riches pécheurs défilaient en se regardant les uns les autres, et puis la terre, et puis le ciel... Puis, au moment où ils s'y attendaient le moins, ils ont été cernés, et nous les avons tous passés au fil de l'épée.

LINK.

Que n'étais-je là!

METZLER.

Non, de ma vie je n'ai eu une joie pareille.

LINK.

Allons, dehors! dehors!

UN PAYSAN.

Il n'y a plus rien.

LINK.

Mettez donc le feu à tous les coins.

METZLER.

Le joli petit feu que ça va faire! — Tiens, de voir ces drôles-là se culbuter les uns sur les autres, et crier comme des grenouilles, ça me réchauffait les entrailles comme un bon verre d'eau-de-vie. Il y avait là un certain Rixinger : quand le maroufle allait à la chasse autrefois, avec son panache et son nez au vent, et qu'il nous pourchassait devant lui avec sa meute, comme des chiens!... Il y avait longtemps que je l'avais vu ; mais je l'ai bien reconnu à sa face d'insolent. Crac ! ma lance entre ses côtes, et voilà mon homme étendu tout de son long sur ses camarades. Comme des lièvres traqués, ils sautaient les uns sur les autres.

LINK.

Cela commence à fumer proprement.

METZLER.

Et là-bas cela flambe ! — Allons rejoindre le gros de la troupe avec notre butin.

LINK.

Où se trouve-t-elle ?

METZLER.

Dans le chemin d'ici à Heilbronn. Ils sont en quête d'un chef qui en imposât au peuple : car, après tout, nous ne sommes que leurs égaux, nous autres. Ils le sentent bien, et deviennent rétifs.

LINK.

Qui ont-ils en vue ?

METZLER.

Max Stumpf, ou Gœtz de Berlichingen.

LINK.

Ce serait bien bon, et ça donnerait bon air à notre cause si Gœtz voulait s'en charger. Il a toujours passé pour un honnête chevalier. — Allons, allons ! en marche pour Heilbronn ! Appelez nos hommes.

METZLER.

Le feu nous éclairera encore un bon bout de chemin... As-tu vu la grande comète ?

LINK.

Oui, c'est un signe horrible, épouvantable ! Si nous marchons cette nuit, nous pourrons bien la voir : elle se lève vers une heure.

METZLER.

Et ne reste sur l'horizon que cinq quarts d'heure. A la voir, on dirait un bras levé qui tient une épée rouge de sang.

ACTE V.

LINK.

As-tu remarqué les trois étoiles à la pointe de l'épée et sur la lame?

METZLER.

Et cette large bande, couleur de nuage, avec mille et mille raies en forme de dards, et au milieu comme de petites épées nues?

LINK.

J'en ai eu le frisson... Tout ça est d'un rouge si pâle, entremêlé de flammes claires et ardentes! Et puis de figures terribles à grands cheveux et à longues barbes!

METZLER.

Tu les as vues aussi, ces figures? Et puis tout ça nage comme dans une mer de sang, et se remue pêle-mêle, que les cheveux s'en dressent sur la tête.

LINK.

Allons, en marche!

Ils sortent.

PLAINE.

On voit brûler dans le lointain deux villages et un couvent.

KOHL, WILD, MAX STUMPF, TROUPE.

MAX STUMPF.

Vous ne pouvez pas faire de moi votre chef. Ce ne serait avantageux ni pour vous ni pour moi. Je suis au service du comte palatin, comment pourrais-je vous mener contre mon maître? Vous me soupçonneriez toujours de ne pas y aller de bon cœur.

KOHL.

Nous savions bien que tu aurais une excuse toute prête.
Entrent Gœtz, George, Lerse.

GŒTZ.

Que voulez-vous de moi?

KOHL.

Soyez notre chef.

GŒTZ.

Dois-je manquer à ma parole de chevalier donnée à l'empereur, et rompre mon ban ?

WILD.

Ce n'est pas une excuse.

GŒTZ.

Et quand j'aurais toute ma liberté et que vous vouliez traiter encore les nobles et les seigneurs comme à Weinsberg, et continuer de mettre tout le pays à feu et à sang, et qu'il me faille tremper dans ces exécrables désordres, j'aimerais mieux être assommé comme un chien enragé, plutôt que de devenir votre chef.

KOHL.

Si ce n'était pas déjà fait, il ne se ferait rien de pareil maintenant.

MAX STUMPF.

Le mal est précisément venu de ce qu'ils n'avaient pas de chef qui pût se faire respecter et mettre un frein à leur rage. Prends le commandement, Gœtz, je t'en supplie. Les princes, l'Allemagne entière t'en sauront gré, tout ira bien mieux. Les hommes et la terre seront épargnés.

GŒTZ.

Que ne le prends-tu toi-même ?

MAX STUMPF.

Je l'ai déjà refusé.

KOHL.

Nous n'avons pas de temps de reste, pour le perdre en discours inutiles. Un mot suffit : Gœtz, sois notre chef, ou prends garde à ton château et à ta peau. Nous t'accordons deux heures de réflexion. — Gardez-le.

GŒTZ.

A quoi bon ? je suis décidé à présent comme tout à l'heure. Pourquoi avez-vous pris les armes ? pour ressaisir vos droits et vos franchises ? Pourquoi ruinez-vous et ravagez-vous le pays ? Voulez-vous vous abstenir de tout crime et agir en gens déterminés qui savent ce qu'ils veulent ? alors me voici

ACTE V.

prêt à soutenir vos prétentions, et je me fais votre chef pour huit jours.

WILD.

Ce qui s'est fait est arrivé dans la première chaleur, et nous n'avons pas besoin de toi pour nous en empêcher à l'avenir.

KOHL.

Il faut que tu t'engages à nous au moins pour trois mois.

MAX STUMPF.

Mettons quatre semaines, tout le monde sera content.

GŒTZ.

Quant à moi, j'y consens.

KOHL.

Votre main.

GŒTZ.

Mais vous promettez de mettre par écrit la condition que nous venons de stipuler et de l'envoyer aux différents corps, afin qu'elle soit exécutée sous des peines sévères?

WILD.

Oui, cela sera fait.

GŒTZ.

Je m'engage donc à vous pour un mois.

MAX STUMPF.

Voilà qui est bien! Surtout, quoi qu'il arrive, épargne le comte palatin notre maître.

KOHL, bas à ses hommes.

Ne le perdez pas de vue. Que personne ne lui parle hors de votre présence.

GŒTZ.

Lerse, retourne vers ma femme, reste auprès d'elle; elle aura bientôt de mes nouvelles.

Sortent Gœtz, Stumpf, George, Lerse et quelques paysans. — Entrent Metzler et Link.

METZLER.

J'entends parler de convention. Quelle convention?

LINK.

Oui, c'est une honte de faire une convention pareille.

KOHL.

Nous savons ce que nous voulons tout aussi bien que vous.

WILD.

On ne peut pas toujours brûler, piller et tuer; et puisque tôt ou tard il fallait en finir, nous y gagnons un brave capitaine.

METZLER.

Comment, en finir, traître! Pourquoi sommes-nous ici? pour nous venger de nos ennemis et pour nous élever sur leurs corps!... Quel est l'esclave des princes qui vous a donné ce conseil?

KOHL.

Viens, Wild; c'est une brute.

METZLER.

Allez, allez, pas un seul homme ne vous suivra. Les lâches! Link, courons exciter les autres à brûler là-bas Miltenberg. Si on nous cherche noise à cause de notre convention, nous casserons la tête à ceux qui l'ont faite.

LINK.

Nous avons toujours le plus grand nombre pour nous.

Ils sortent tous.

MONTAGNE ET VALLÉE. — UN MOULIN DANS LE FOND.

Une troupe de cavaliers; WEISLINGEN sortant du moulin avec FRANZ et un COURRIER.

WEISLINGEN.

Mon cheval! — Vous avez aussi averti les autres seigneurs?

LE COURRIER.

Sept guidons au moins se réuniront dans la forêt, derrière Miltenberg. Les paysans s'avancent par le bas. Des courriers sont sur toutes les routes : dans peu de jours toute la ligue sera sur pied; l'affaire est immanquable. On dit que la discorde est parmi eux.

WEISLINGEN.

Tant mieux. — Franz!

FRANZ.

Gracieux seigneur?

WEISLINGEN.

Exécute ponctuellement mes ordres ; tu m'en réponds sur ta vie. Remets-lui la lettre ; il faut qu'elle quitte la cour et se retire dans mon château, et cela immédiatement. Tu la verras partir, et aussitôt après tu reviendras me l'annoncer.

FRANZ.

Il sera fait ainsi que vous l'ordonnez.

WEISLINGEN.

Dis-lui qu'il faut qu'elle le veuille ! (Au courrier.) Conduisez-nous par le plus court et le meilleur chemin.

LE COURRIER.

Nous sommes forcés de faire un détour. Les grandes pluies ont fait déborder toutes les eaux.

JAXTHAUSEN.

ÉLISABETH, LERSE.

LERSE.

Consolez-vous, ma gracieuse dame.

ÉLISABETH.

Ah ! Lerse, en me disant adieu il avait les larmes aux yeux. C'est cruel, bien cruel !

LERSE.

Il reviendra.

ÉLISABETH.

Ce n'est pas là ce qui me chagrine. Jamais, lorsqu'il est parti pour une entreprise glorieuse, mon cœur ne s'en est attristé : j'attendais avec joie son retour, dont je tremble aujourd'hui.

LERSE.

Un homme si héroïque !

ÉLISABETH.

Oh ! n'en parle pas, c'est ce qui fera son malheur. Les misérables ! ils ont menacé de le tuer, de mettre le feu à son château !... Quand il reviendra... il me semble le voir entrer, l'air sombre, sombre!... Ses ennemis vont forger des accusations mensongères, et il ne pourra pas dire : Non!

LERSE.

Il pourra le dire, et il le dira.

ÉLISABETH.

Il a violé son ban; nie-le.

LERSE.

Je le nierai! Il y a été contraint; est-ce une raison pour le condamner?

ÉLISABETH.

La méchanceté n'a pas besoin de raison; un prétexte lui suffit. Il s'est associé à des rebelles, à des malfaiteurs, à des meurtriers; il s'est mis à leur tête. Nie-le!

LERSE.

Cessez de vous tourmenter, et moi avec vous. Ne lui ont-ils pas juré solennellement de ne plus faire aucune exécution comme celle de Weinsberg? Ne leur ai-je pas moi-même entendu dire : Si ce n'était pas déjà fait, il ne se ferait maintenant rien de pareil? Les princes et les seigneurs ne devraient-ils pas lui savoir gré de s'être fait volontairement le chef d'une populace indisciplinée pour contenir sa fureur, et pour arracher tant d'hommes et tant de biens au pillage et à la mort?

ÉLISABETH.

Tu es un parfait avocat... mais s'ils le faisaient prisonnier, s'ils le traitaient en rebelle, et que sa tête grise... Lerse, j'en perdrai la raison!

LERSE.

Envoie le repos à son cœur, Père des hommes, si tu ne veux accorder aucune consolation à son âme.

ÉLISABETH.

George m'a promis d'apporter des nouvelles... il l'a promis, mais pourra-t-il le faire? Ils sont plus surveillés que des prisonniers; je sais qu'on les garde comme des ennemis. Le bon George! il n'a pas voulu se séparer de son maître.

LERSE.

Le cœur m'a saigné quand il m'a renvoyé. Si ce n'avait

ACTE V.

été pour vous, qui aviez besoin de moi, j'aurais préféré courir les dangers de la mort la plus honteuse plutôt que de l'abandonner.

ÉLISABETH.

J'ignore où est Sickingen.— Si j'avais seulement un homme à envoyer à Marie !

LERSE.

Écrivez-lui, je me charge de lui faire parvenir la lettre.

PRÈS D'UN VILLAGE.
GŒTZ, GEORGE.

GŒTZ.

Vite à cheval, George ! je vois brûler Miltenberg. Voilà comme ils observent leurs conventions ! Va, cours : dis-leur tout ce que je pense.... Les incendiaires ! je les abandonne ; qu'ils prennent un bohémien pour chef, non pas moi. George, dépêche-toi. (George part.) Je voudrais être à cent lieues d'ici, au fond du cachot le plus noir de toute la Turquie... Si je pouvais me tirer de leurs mains avec honneur ! Je les contre-carre vingt fois le jour ; je leur dis en face les vérités les plus dures, pour qu'ils se lassent de moi et me quittent...

Entre un inconnu.

L'INCONNU.

Dieu vous bénisse, très-noble seigneur !

GŒTZ.

Dieu vous le rende ! Que m'annoncez-vous ? votre nom ?

L'INCONNU.

Mon nom ne fait rien à l'affaire. Je viens vous dire que votre vie est en danger : les chefs sont las de n'entendre de vous que des duretés ; ils ont résolu de se débarrasser de vous. Modérez donc vos propos, ou songez à leur échapper, et que Dieu vous assiste !

Il sort.

GŒTZ.

Laisser ta vie de cette manière, Gœtz, et finir ainsi !... Eh bien, soit ; ma mort me justifiera devant le monde, et témoignera hautement que je n'ai rien eu de commun avec cette canaille.

QUELQUES PAYSANS.

PREMIER PAYSAN.

Seigneur ! seigneur ! ils sont battus, ils sont pris !

GŒTZ.

Qui ?

SECOND PAYSAN.

Ceux qui ont mis le feu à Miltenberg. Ils ont été surpris par une troupe de la confédération qui s'était postée derrière la montagne.

GŒTZ.

Ils ont leur récompense... Et George, George ! ils l'ont pris avec ces brigands... Mon George ! mon cher George !

Arrivent les chefs.

LINK.

En avant, seigneur capitaine ! il n'y a pas un instant à à perdre ; l'ennemi est en force près d'ici.

GŒTZ.

Qui a brûlé Miltenberg ?

METZLER.

Si vous voulez faire des façons, on vous montrera que nous n'en faisons pas, nous !

KOHL.

Sauvez notre vie et la vôtre ; allons, marchons !

GŒTZ, à Metzler.

Tu me menaces, je crois, misérable vaurien ! Penses-tu que j'aie peur de toi, parce que le sang du comte de Helsenstein souille tes habits ?

METZLER.

Berlichingen !

GŒTZ.

Oui, tu peux dire mon nom ; mes enfants n'en rougiront pas.

ACTE V.

METZLER.

Toi! tu n'es qu'un lâche! un valet des princes!

<small>Gœtz lui décharge sur la tête un coup qui l'étend à terre. Les autres les séparent.</small>

KOHL.

Êtes-vous fous? L'ennemi débouche ici de tous côtés et vous vous querellez?

LINK.

En avant! en avant!

<small>Tumulte et combat.</small>

WEISLINGEN, CAVALIERS.

WEISLINGEN.

Poursuivez! poursuivez! ils fuient; que la pluie ni l'obscurité ne vous arrêtent. On dit que Gœtz est avec eux, tâchez de l'avoir; nos gens assurent qu'il est grièvement blessé. <small>(Les cavaliers partent.)</small> Ah! si je te tiens!... ce sera une grâce si nous exécutons en secret la sentence dans la prison. — Il sera alors effacé du souvenir des hommes, et tu respireras plus à l'aise, faible cœur!

<small>Il sort.</small>

<small>LA NUIT OBSCURE DANS UNE FORÊT SAUVAGE. — CAMP DE BOHÉMIENS.</small>

UNE VIEILLE BOHÉMIENNE, <small>auprès d'un feu.</small>

Rapetasse un peu la couverture de chaume sur le fossé, ma fille; il tombera encore bien de l'eau cette nuit.

<small>Entre un petit garçon.</small>

L'ENFANT.

Un mulot, mère! Tiens, deux souris.

LA VIEILLE.

Je vais les dépouiller et te les faire rôtir; tu auras la peau pour t'en faire un bonnet. — Tu saignes?

L'ENFANT.

Le mulot m'a mordu.

LA VIEILLE.

Cours me ramasser du bois sec, pour que le feu brûle bien quand ton père rentrera. Il sera trempé jusqu'aux os.

<small>Entre une autre Bohémienne, un enfant sur le dos.</small>

PREMIÈRE BOHÉMIENNE.

As-tu fait bonne recette?

SECONDE BOHÉMIENNE.

Assez mince. Le pays est tout en alarmes. La vie n'y est pas sûre du tout. Il y a là-bas deux villages qui flambent comme la paille.

PREMIÈRE BOHÉMIENNE.

C'est donc un incendie, cette lueur? Il y a longtemps que je la vois. Mais, dame! on est si accoutumé depuis quelque temps à voir des signes de feu dans le ciel!

Entrent le chef des Bohémiens et trois compagnons

LE CHEF.

Entendez-vous le féroce chasseur?

PREMIÈRE BOHÉMIENNE.

Il passe juste au-dessus de nos têtes.

LE CHEF.

Comme les chiens aboient! Ouau! ouau!

SECONDE BOHÉMIENNE.

Et les fouets qui claquent!

TROISIÈME BOHÉMIENNE.

Et les chasseurs qui crient : Holà! ho!

LA VIEILLE.

Quel paquet du diable apportez-vous là?

LE CHEF.

Nous avons pêché en eau trouble. Puisque les paysans se pillent entre eux, il nous est bien permis de le faire, à nous autres.

SECONDE BOHÉMIENNE.

Qu'as-tu, toi, Wolf?

WOLF.

Un lièvre, et puis un coq; une broche, un paquet de toile, trois cuillers à pot et une bride.

SCHRIKS.

Moi, j'ai une couverture de laine, une paire de bottes et de l'amadou avec du soufre.

ACTE V.

LA VIEILLE.

Tout cela est mouillé comme un chien qui sort de l'eau. Faisons-le sécher. Donnez, donnez.

LE CHEF.

Paix! un cheval! — Allez voir ce que c'est.

GOETZ, à cheval.

Dieu soit loué! j'aperçois du feu. Ce sont des Bohémiens. Mes blessures saignent; l'ennemi me poursuit. Grand Dieu! quelle horrible fin tu me donnes!

LE CHEF.

Est-ce la paix que tu nous apportes?

GOETZ.

Je vous demande en grâce de me secourir. Mes blessures m'épuisent. Aidez-moi à descendre de cheval!

LE CHEF.

Aidez-le. — Cet homme est de mine et de parole nobles.

WOLF, bas.

C'est Gœtz de Berlichingen.

LE CHEF.

Soyez le bienvenu! Tout ce que nous avons est à vous.

GOETZ.

Grand merci!

LE CHEF.

Venez dans ma tente.

LA TENTE DU CHEF.

LE CHEF, GOETZ.

LE CHEF.

Appelez la mère. Qu'elle apporte du vulnéraire et des emplâtres. (Gœtz ôte sa cuirasse.) Voici mon pourpoint des dimanches.

GOETZ.

Dieu vous récompense!

La vieille lui bande ses plaies.

LE CHEF.

J'ai bien de la joie de vous avoir chez moi.

GŒTZ.
Me connaissez-vous ?

LE CHEF.
Qui est-ce qui ne vous connaît pas, Gœtz ? Nous verserions pour vous jusqu'à la dernière goutte de notre sang.

Entre Schriks.

SCHRIKS.
Des cavaliers accourent dans la forêt. Ce sont des confédérés.

LE CHEF.
Ceux qui vous poursuivent ! — Ils n'arriveront pas jusqu'ici ! Allons, Schriks, appelle les autres ! Nous connaissons mieux qu'eux les sentiers. Nous les tuerons avant qu'ils nous aperçoivent.

GŒTZ, seul.
O empereur ! empereur ! des brigands protégent tes enfants. (On entend une vive fusillade.) Ces hommes sauvages sont solides et fidèles.

Entre une Bohémienne.

LA BOHÉMIENNE.
Sauvez-vous. L'ennemi a le dessus.

GŒTZ.
Où est mon cheval ?

LA BOHÉMIENNE.
Ici.

GŒTZ ceint son épée, et monte à cheval sans cuirasse.

Pour la dernière fois, ils vont sentir mon bras. Je ne suis pas encore si faible !

Il part.

LA BOHÉMIENNE.
Le voilà qui court joindre les nôtres.

WOLF, accourant.
Au large ! fuyons ! tout est perdu. Notre chef est tué ; Gœtz est pris.

Cris de femmes, fuite générale.

ACTE V.

CHAMBRE A COUCHER D'ADÉLAÏDE.

ADÉLAÏDE, avec une lettre.

Lui ou moi! L'insolent! me menacer! — Nous saurons te prévenir... Mais qui se glisse dans la salle? (On frappe.) Qui est là?

FRANZ, à demi-voix.

Ouvrez-moi, gracieuse dame.

ADÉLAÏDE.

Franz! il mérite bien que je lui ouvre.
Elle le fait entrer.

FRANZ se jette à son cou.

ADÉLAÏDE.

Écervelé! Si quelqu'un t'avait entendu!

FRANZ.

Oh! tout dort, tout le monde dort.

ADÉLAÏDE.

Que veux-tu?

FRANZ.

Je n'ai plus de sommeil. Les menaces de mon maître! votre sort!... mon cœur!

ADÉLAÏDE.

Il était bien en colère quand tu l'as quitté?

FRANZ.

Comme jamais je ne l'ai vu. Il faut qu'elle parte pour mon château, a-t-il dit. Il faut qu'elle le veuille!

ADÉLAÏDE.

Et nous obéissons?

FRANZ.

Je n'en sais rien, gracieuse dame.

ADÉLAÏDE.

Pauvre enfant! dupe de ta bonne foi, tu ne vois pas où cela mène. Il sait qu'ici je suis en sûreté. Ce n'est pas d'aujourd'hui qu'il en veut à mon indépendance. Il me fait aller dans ses domaines, parce que là il aura le pouvoir de me traiter au gré de sa haine.

FRANZ.

Il ne le fera pas!

ADÉLAÏDE.

Est-ce toi qui l'en empêcheras?

FRANZ.

Il ne le fera pas!

ADÉLAÏDE.

Je vois dans l'avenir toute ma misère. Il m'arrachera de son château pour m'enfermer dans un cloître.

FRANZ.

Enfer et mort!

ADÉLAÏDE.

Me sauveras-tu?

FRANZ.

Tout! tout, plutôt que cela!

ADÉLAÏDE, en pleurs, l'embrassant.

Franz! ah! Franz! pour nous sauver!

FRANZ.

Oui, il tombera... De mon pied je lui briserai les reins!

ADÉLAÏDE.

Point d'emportement. Tiens, remets-lui plutôt un billet plein de respect, où je lui dis que j'obéis, et cette fiole... vide-la dans sa boisson.

FRANZ.

Donnez. Vous serez libre!

ADÉLAÏDE.

Libre... oui, quand tu ne seras plus obligé de te glisser jusqu'à moi tremblant, sur la pointe du pied... que je ne te dirai plus avec anxiété : Retire-toi, Franz, voici le matin!

HEILBRONN. — DEVANT LA TOUR.

ÉLISABETH, LERSE.

LERSE.

Dieu prenne pitié de votre misère, gracieuse dame! Marie est ici.

ÉLISABETH.

Dieu soit loué! — Lerse, nous voici tombés dans un abîme

de douleurs. Tout est arrivé comme je l'avais prévu... Pris comme un émeutier, comme un malfaiteur !... jeté au fond d'une tour...

LERSE.

Je sais tout.

ÉLISABETH.

Rien, rien ! tu ne sais rien. Nos malheurs sont trop grands ! Son âge, ses blessures, une fièvre lente, et plus que tout cela l'abattement de son âme, le désespoir de se voir finir si misérablement.

LERSE.

On dit en outre que Weislingen est commissaire.

ÉLISABETH.

Weislingen !

LERSE.

On a procédé à des exécutions inouïes. Metzler a été brûlé vif. On les a roués, empalés, décapités, écartelés par centaines. Tout le pays aux environs ressemble à une boucherie, où la chair humaine s'étale à vil prix.

ÉLISABETH.

Weislingen commissaire ! O Dieu ! un rayon d'espoir ! Il faut que Marie l'aille trouver, il ne peut rien lui refuser. Son cœur a toujours été ouvert à la pitié, et quand il la verra, elle qu'il a tant aimée, elle qui est si malheureuse par lui... Où est-elle ?

LERSE.

Elle est encore à l'auberge.

ÉLISABETH.

Conduis-moi chez elle. Qu'elle parte à l'instant. Je crains tout.

LE CHATEAU DE WEISLINGEN.

WEISLINGEN.

Je suis si malade, si faible... Mes os sont brisés; une fièvre ardente en a consumé la moelle... Ni paix ni trêve le jour comme la nuit... Un mauvais sommeil agité de rêves empoisonnés... — La nuit passée, je rencontrai Gœtz dans un bois : il tira son épée et me défia; moi, je voulus tirer la mienne; ma main s'y refusa... Alors il remit son épée dans le fourreau, jeta sur moi un regard de mépris, et disparut. — Il est prisonnier, et je tremble devant lui... Ta sentence vient de le condamner à mort, et tu frissonnes devant son ombre comme un criminel ! — Mais doit-il mourir ?... Gœtz ! Gœtz !... Faibles créatures qui ne pouvons nous conduire nous-mêmes, nous sommes menés par de méchants esprits, dont la fantastique cruauté nous pousse à notre perte ! Tout tourne autour de moi... Si je pouvais dormir !... Ah ! (Entre Marie.) Jésus, Marie !... Laisse-moi ! laisse-moi !... Cette vision manquait à mes tourments !... Elle meurt... Marie meurt et se montre à moi... Laisse-moi, te dis-je... laisse-moi, esprit bienfaisant, je suis assez malheureux !

MARIE.

Weislingen ! je ne suis pas un esprit. C'est moi, c'est Marie.

WEISLINGEN.

C'est sa voix !

MARIE.

Je viens te supplier de m'accorder la vie de mon frère. Il est innocent, quoiqu'il paraisse coupable.

WEISLINGEN.

Silence ! Marie, tu es un ange du ciel, mais tu apportes avec toi les tourments de l'enfer... Cesse de parler.

MARIE.

Et mon frère doit périr, Weislingen ! Il est affreux que j'aie besoin de te dire qu'il est innocent, qu'il me faille venir pleurer devant toi pour prévenir un meurtre aussi atroce. Ton âme est donc livrée tout entière aux puissances infernales?... Et c'est là Adelbert !

WEISLINGEN.

Tu vois bien que j'ai respiré l'haleine empoisonnée de la mort. Mes forces penchent vers la tombe. J'allais mourir comme un misérable, tu viens ajouter le désespoir à mes misères... Si je pouvais parler, ta haine et ton exécration se changeraient en pitié et en gémissements! Ah! Marie! Marie!

MARIE.

Weislingen! mon frère est malade, en prison. Ses profondes blessures, son âge, sa tête grise... et, si tu étais capable... Weislingen, nous serions réduits au désespoir.

WEISLINGEN.

C'est assez.

Il sonne. — Entre Franz dans la plus grande agitation.

FRANZ.

Gracieux seigneur!

WEISLINGEN.

Ces papiers, Franz! (Franz les lui remet; Weislingen ouvre un paquet et montre un papier à Marie.) Voici la sentence de ton frère: elle est signée.

MARIE.

Dieu du ciel!

WEISLINGEN.

Je la déchire! qu'il vive! Mais puis-je reconstruire ce que j'ai détruit?... Ne pleure pas ainsi, Franz! Bon jeune homme, mon malheur te va au cœur.

Franz se jette à ses pieds et embrasse ses genoux.

MARIE, à part.

Il est très-malade. Sa vue me déchire le cœur. Comme je l'aimais! A présent que je suis près de lui, je sens combien vivement je l'aimais.

WEISLINGEN.

Franz, lève-toi, et ne pleure plus. Je puis en revenir. L'espérance ne finit qu'avec la vie.

FRANZ.

Non, vous n'en reviendrez pas. Il faut que vous mouriez.

WEISLINGEN.

Il le faut?

FRANZ, hors de lui.

Du poison... du poison... de votre femme... Moi! c'est moi!

Il s'enfuit.

WEISLINGEN.

Marie, suis-le, cours : il a le délire. (Marie sort.) Du poison de ma femme!... Malheur! malheur, je le sens... le martyre... et la mort!

MARIE, criant au dehors.

Au secours! au secours!

WEISLINGEN, voulant se lever.

Dieu! je ne puis plus!

MARIE, rentrant.

C'en est fait de lui. Il s'est jeté dans le Mein par la fenêtre du salon.

WEISLINGEN.

Il est bien, lui! Ton frère est hors de danger. Le reste des commissaires, particulièrement Seckendorf, est de ses amis. Ils lui accorderont prison de chevalier sur sa parole. Adieu, Marie, et va.

MARIE.

Je veux rester auprès de toi, pauvre abandonné!

WEISLINGEN.

Bien abandonné!... bien pauvre!... Tu es un terrible vengeur, ô Dieu!... Ma femme!...

MARIE.

Écarte cette idée, et tourne-toi vers le Miséricordieux.

WEISLINGEN.

Chère âme! va, laisse-moi à toute ma misère... C'est affreux! ta présence même, ô Marie, la dernière consolation qui me reste, est un tourment pour moi.

MARIE, à part.

Soutiens-moi, ô mon Dieu! mon âme succombe avec la sienne.

WEISLINGEN.

Malheur! malheur! du poison de ma femme!... et mon Franz séduit par l'infâme!... Comme elle attend, comme elle guette le messager qui doit venir lui dire : Il est mort! Et toi, Marie! Marie! pourquoi es-tu venue réveiller en moi le souvenir assoupi de mes fautes?... Laisse-moi, laisse-moi, que je meure!

MARIE.

Permets que je reste. Je suis la garde qui te veille. Oublie tout. Que Dieu oublie comme j'ai oublié.

WEISLINGEN.

Ame pleine d'amour! prie pour moi, prie pour moi, mon cœur est fermé.

MARIE.

Il aura pitié de toi... Tu es épuisé.

WEISLINGEN.

Je meurs! je meurs... et je ne puis cesser de vivre... et dans cet affreux combat de la vie avec la mort il y a les supplices de l'enfer!

MARIE.

Seigneur miséricordieux! étends sur lui ta miséricorde, laisse tomber dans son cœur un seul des regards de ton amour, afin qu'il s'ouvre aux consolations, et que son âme emporte au tombeau l'espérance de la vie.

UN SOUTERRAIN ÉTROIT ET SOMBRE.

LES JUGES DU TRIBUNAL SECRET, tous masqués.

L'ANCIEN.

Juges du tribunal secret, qui avez juré sur la corde et l'épée de vivre irréprochables, de jurer en secret, de punir en secret, comme Dieu! si vos cœurs sont purs, ainsi que vos mains, levez les bras, et prononcez sur les malfaiteurs : Malheur! malheur!

TOUS.

Malheur! malheur!

L'ANCIEN.

Crieur, commence le jugement.

LE CRIEUR.

Moi, crieur, je proclame l'accusation contre le malfaiteur. Que celui qui a le cœur assez pur et les mains assez pures pour jurer sur la corde et l'épée, que celui-là accuse par la corde et l'épée! Qu'il accuse! accuse!

L'ACCUSATEUR, *s'avançant*.

Mon cœur est pur de crimes, mes mains sont pures de sang innocent. Dieu! pardonne-moi les mauvaises pensées, et ne permets pas que ma volonté leur obéisse. Je lève la main, et j'accuse! j'accuse! j'accuse!

L'ANCIEN.

Qui accuses-tu?

L'ACCUSATEUR.

J'accuse sur la corde et l'épée Adélaïde de Weislingen : elle s'est rendue coupable d'adultère; elle a fait empoisonner son mari par son écuyer. — L'écuyer s'est fait justice à lui-même, le mari est mort.

L'ANCIEN.

Jures-tu devant le Dieu de vérité que ton accusation est selon la vérité.

L'ACCUSATEUR.

Je le jure!

L'ANCIEN.

Si ce que tu dis se trouve faux, offres-tu ta tête au châtiment du meurtre et de l'adultère?

L'ACCUSATEUR.

Je l'offre.

L'ANCIEN.

Vos voix.

Les juges parlent bas à l'ancien.

L'ACCUSATEUR.

Juges du tribunal secret, quelle est votre sentence touchant Adélaïde de Weislingen, convaincue de meurtre et d'adultère?

L'ANCIEN.

Elle doit mourir! mourir d'une mort doublement amère: par la corde et le poignard, expier doublement un double crime. Levez vos mains, et criez malheur sur elle! Malheur! malheur! qu'elle soit livrée aux mains du vengeur!

TOUS.

Malheur! malheur! malheur!

ACTE V.

L'ANCIEN.

Vengeur! vengeur! approche. (Le vengeur s'avance.) Voici la corde et l'épée : prends : qu'elle disparaisse de la face du ciel dans l'espace de huit jours. Quelque part que tu la trouves, couche-la dans la poussière! Juges qui jugez en secret et punissez en secret, comme Dieu, gardez vos cœurs exempts de crime et vos mains pures de sang innocent!

COUR D'AUBERGE.

MARIE, LERSE.

MARIE.

Les chevaux ont eu le temps de se rafraîchir; continuons notre route, Lerse.

LERSE.

Reposez-vous au moins jusqu'au jour. La nuit est trop mauvaise.

MARIE.

Lerse, je n'aurais point de repos que je n'aie vu mon frère. Partons, le temps s'éclaircit, nous aurons une belle journée.

LERSE.

Comme vous voudrez.

HEILBRONN. — DANS LA TOUR.

GŒTZ, ÉLISABETH.

ÉLISABETH.

Je t'en prie, cher mari, parle-moi un peu; ton silence m'inquiète; tu t'éteins en te concentrant ainsi. Viens, que nous pansions tes blessures; elles vont beaucoup mieux. Dans ce découragement, dans cette morne tristesse, je ne te reconnais plus.

GŒTZ.

Cherches-tu Gœtz? il y a longtemps qu'il n'est plus, ils m'ont mutilé pièce à pièce : ma main, ma liberté, mes biens et ma réputation. A présent, ma tête... A quoi sert-elle? — — Qu'a-t-on appris de George? Lerse est-il allé chercher George?

ÉLISABETH.

Oui, mon ami. Allons, relève-toi un peu ; tout peut encore changer.

GŒTZ.

Celui que Dieu abat ne se relève jamais. Je sais mieux que personne quel poids mes épaules ont à soutenir. Je suis fait au malheur! mais, maintenant, ce n'est pas Weislingen seul, ce n'est pas seulement les paysans, ni la mort de l'empereur, ni mes blessures... c'est tout ensemble! Mon heure est venue; j'espérais qu'elle serait telle que ma vie... Que sa volonté soit faite!

ÉLISABETH.

Ne veux-tu pas prendre quelque chose?

GŒTZ.

Non, ma femme, rien. — Vois comme le soleil brille dehors.

ÉLISABETH.

Une belle journée de printemps!

GŒTZ.

Mon amie, si tu pouvais persuader au gardien de me laisser dans son petit jardin une demi-heure, goûter ce beau soleil, le ciel serein, l'air pur!

ÉLISABETH.

J'y cours; il ne me refusera pas.

UN PETIT JARDIN AU PIED DE LA TOUR.

MARIE, LERSE.

MARIE.

Entre, et vois comment il va.

Lerse sort.

ÉLISABETH, LE GARDIEN.

ÉLISABETH.

Dieu vous rende tout le bien que vous faites à mon époux! (Le gardien sort.) Marie, qu'apportes-tu?

MARIE.

La vie de mon frère; mais, hélas! mon cœur est déchiré. Weislingen est mort, empoisonné par sa femme. Mon mari est en danger; les princes l'emportent sur lui : on le dit cerné et assiégé.

ÉLISABETH.

Ne crois pas à ce bruit, et n'en dis rien à Gœtz.

MARIE.

Comment va-t-il?

ÉLISABETH.

Je craignais qu'il ne pût vivre jusqu'à ton retour. La main du Seigneur s'est appesantie sur lui, et George est mort.

MARIE.

George! ce bon jeune homme!

ÉLISABETH.

Quand les misérables ont mis le feu à Miltenberg, son maître l'envoya pour les arrêter. Une troupe de confédérés tombe sur eux. George!... ah! pour se conduire comme lui, il leur eût fallu à tous une meilleure conscience! Beaucoup ont péri, et George dans le nombre : il est mort de la mort des braves!

MARIE.

Gœtz le sait-il?

ÉLISABETH.

Nous le lui cachons. Il me demande dix fois le jour, et dix fois le jour il m'envoie savoir ce que fait George. Je redoute de porter à son cœur ce dernier coup.

MARIE.

O mon Dieu! que sont les espérances de ce monde!

GŒTZ, LERSE, LE GARDIEN.

GŒTZ.

Dieu tout-puissant, qu'on est bien sous ton ciel! qu'on est libre! Les arbres poussent des bourgeons, et tout le monde espère... Adieu, chers amis! les racines de ma vie sont coupées; mes forces inclinent vers la tombe.

ÉLISABETH.

Dois-je envoyer Lerse au couvent pour chercher ton fils, que tu puisses le voir encore une fois et le bénir?

GŒTZ.

Laisse-le; il est plus saint que moi et n'a pas besoin de ma bénédiction. — Au jour de nos noces, Élisabeth, j'étais loin de penser que je mourrais ainsi. Mon vieux père me donna sa bénédiction; il nous souhaita dans sa prière une postérité d'hommes braves et généreux!... Tu ne l'as pas exaucé, et je suis le dernier. Lerse, ton visage me réjouit à l'heure de la mort plus encore que dans la plus ardente mêlée. Alors mon esprit animait le tien; maintenant c'est toi qui me soutiens. Hélas! si je pouvais voir George encore une fois, me réchauffer à son regard!... Vous baissez les yeux, vous pleurez!... il est mort!... George est mort!... Meurs, Gœtz... tu as survécu à toi-même, tu as survécu à ces braves amis! — Comment est-il mort?... Hélas! il aura été pris avec ces incendiaires... exécutés avec eux!

ÉLISABETH.

Non, il a été tué près de Miltenberg, en défendant sa vie comme un lion.

GŒTZ.

Dieu soit loué! — C'était l'enfant le meilleur de la terre et le plus brave! Envole-toi, mon âme! Pauvre femme! je te laisse dans un monde corrompu. Lerse, ne l'abandonne pas. Fermez vos cœurs avec plus de soin que vos portes : les temps de la perfidie approchent; la carrière leur est ouverte. Ils régneront par la ruse, les misérables! et les braves tomberont dans leurs filets. — Marie, que Dieu te rende ton époux!

puisse-t-il ne pas tomber aussi bas qu'il s'est élevé haut!...
Selbitz est mort, et le bon empereur, et mon George!...
Donnez-moi un verre d'eau... Air céleste... Liberté! liberté!...
Il meurt.

ÉLISABETH.

Elle n'est plus que là-haut, où tu es; le monde est un cachot.

MARIE.

Homme noble! homme noble! malheur au siècle qui t'a repoussé!

LERSE.

Malheur à la postérité qui te méconnaitra!

FIN DE GŒTZ DE BERLICHINGEN.

CLAVIJO

DRAME EN CINQ ACTES
— EN PROSE —

1774

PERSONNAGES

CLAVIJO, archiviste du roi.
CARLOS, ami de Clavijo.
BEAUMARCHAIS.
MARIE BEAUMARCHAIS.

SOPHIE GUILBERT, née BEAUMARCHAIS.
GUILBERT, son mari.
BUENCO.
SAINT-GEORGE.

L'action se passe à Madrid.

ACTE PREMIER
MAISON DE CLAVIJO.

CLAVIJO, CARLOS.

CLAVIJO, *se levant de son secrétaire.*

Cette feuille fera un bon effet ; elle tournera la tête à toutes les femmes. Dis-moi, Carlos, ne crois-tu pas que mon journal est maintenant un des premiers de l'Europe?

CARLOS.

Nous n'avons du moins en Espagne aucun auteur moderne capable de joindre à un style aussi brillant, aussi facile, une telle force de pensée, une telle richesse d'imagination.

CLAVIJO.

Laisse-moi faire! je deviendrai en ce pays le créateur du bon goût. Les hommes sont portés à recevoir toute espèce d'impressions; j'ai de la réputation, j'ai la confiance du public; et, soit dit entre nous, chaque jour mes connaissances s'étendent, je sens plus fortement, et mon style acquiert plus de vérité et d'énergie.

CARLOS.

Il est vrai! mais, tu ne m'en voudras pas de te le dire, les ouvrages me semblaient meilleurs quand tu les écrivais aux pieds de Marie, quand cette fille aimable et enjouée pouvait t'inspirer. Je ne sais, mais l'ensemble offrait quelque chose de plus fleuri, de plus juvénile.

CLAVIJO.

C'était le bon temps, cher Carlos! mais il est passé! Je t'avoue, en effet, que j'écrivais alors avec un cœur plus gai, et même il est vrai que Marie eut beaucoup de part à l'accueil flatteur que le public me fit à mon début. Mais à la longue, Carlos, on se lasse des femmes : et ne fus-tu pas le premier à m'approuver quand je résolus de l'abandonner?

CARLOS.

Tu te serais aigri. Elles sont trop uniformes, ces femmes! seulement il serait temps, je pense, de songer à quelque nouvelle intrigue; car on ne parvient à rien quand on reste ainsi dans l'inaction.

CLAVIJO.

Le champ de mes intrigues, c'est la cour; et là point de repos. Pour un étranger arrivé ici sans état, sans nom, sans fortune, ne suis-je pas assez avancé? A la cour! au milieu d'une foule d'hommes où il est si difficile de se faire remarquer? Avec quel plaisir je tourne mes regards sur le chemin que j'ai parcouru! Aimé des premiers du royaume, honoré pour mes connaissances et mon rang, archiviste du roi! Carlos, tout cela m'éperonne; je ne suis rien, si je reste ce que je suis! il faut s'élever, toujours s'élever! mais il en coûte de la peine et de l'intrigue! on a besoin de toute sa tête, et les femmes, les femmes! on perd trop de temps avec elles.

CARLOS.

Insensé que tu es, c'est ta faute. Moi, je ne saurais vivre sans les femmes, et jamais elles ne m'éloignent de mon but. Aussi ne leur dis-je pas tant de jolies choses, et ne m'amusé-je pas des mois entiers à leur parler de sentiment et de semblables bagatelles. D'ailleurs je n'aime pas du tout les femmes à grande vertu; on leur a bientôt dit ce qu'on veut leur dire, ensuite on se montre assidu pendant quelque temps, et à peine commencent-elles à s'enflammer que les diablesses d'idées de mariage leur viennent, et qu'elles vous font des propositions que je crains comme la peste!... Mais te voilà rêveur, Clavijo!

CLAVIJO.

Non, je ne puis oublier comme j'ai abandonné Marie, comme je l'ai trompée... Appelle cela comme tu voudras...

CARLOS.

Tu es admirable, en vérité! mais il me semble que l'on ne vit qu'une fois dans ce monde; que cette vigueur d'esprit, cette force de conception, on ne les a qu'une fois; que celui qui ne les met pas à profit, celui qui n'en tire pas tout ce qu'il peut, est un insensé. Et se marier! se marier précisément à l'âge où la vie prend un noble élan; se résigner à l'ennui d'une vie domestique; s'enfermer, lorsqu'on n'est pas encore à la moitié de sa course, que l'on n'a pas fait encore la moitié de ses conquêtes! Aimer cette jeune fille était une chose naturelle; lui promettre de l'épouser c'était une folie; mais lui tenir parole c'eût été le dernier degré du délire.

CLAVIJO.

Vraiment, je ne comprends pas les hommes! Je l'aimais sincèrement; elle m'attirait, me retenait près d'elle, et quand j'étais à ses pieds, je lui jurais, je me jurais de ne changer jamais, d'être son époux aussitôt que je pourrais obtenir une charge, une position; et à présent...

CARLOS.

Bon! lorsque tu seras un homme fait, que tu auras atteint le but de tes désirs, il sera temps alors de chercher à t'allier par un heureux mariage à une famille riche et considérée, pour couronner et affermir ton bonheur.

CLAVIJO.

Elle est disparue, entièrement disparue de mon cœur, et si son infortune ne la rappelait quelquefois à mon souvenir... que l'on est inconstant!

CARLOS.

Ce serait d'être constant qu'il faudrait s'étonner. Regarde

autour de toi, tout ne change-t-il pas dans le monde? Pourquoi nos idées ne changeraient-elles pas aussi? Sois tranquille, elle n'est pas la première fille abandonnée, ni la première qui s'en soit consolée. Si j'ai un conseil à te donner, il y a là vis-à-vis une jeune veuve...

CLAVIJO.

Tu sais le cas que je fais des propositions de ce genre; un roman qui ne s'engage pas de lui-même est incapable de m'intéresser...

CARLOS.

Quelle délicatesse!

CLAVIJO.

Laissons cela, et songe que pour le moment notre principal travail doit être de nous rendre nécessaires au nouveau ministre. Il est fâcheux pour nous que Whal ait abandonné le gouvernement des Indes. Au reste, cela ne m'effraye pas; il aura toujours du crédit, il est l'intime ami de Grimaldi, et nous autres nous savons parler et faire notre cour.

CARLOS.

Et de plus penser et agir à notre volonté.

CLAVIJO.

C'est là le point essentiel dans le monde. (Il sonne, un domestique entre.) Portez cette feuille à l'imprimerie.

CARLOS.

Vous verra-t-on ce soir?

CLAVIJO.

Je ne crois pas. Cependant si tu veux passer chez moi...

CARLOS.

Je voudrais bien faire ce soir quelque partie de plaisir pour m'égayer un peu. Toute cette après-dînée je serai encore occupé à écrire. Cela n'en finit point.

CLAVIJO.

Que veux-tu? si nous ne travaillions pas pour tant de monde, nous ne laisserions pas tant de monde derrière nous.

Ils sortent.

ACTE I.

MAISON DE GUILBERT.

SOPHIE GUILBERT, MARIE BEAUMARCHAIS, DON BUENCO.

BUENCO.

Vous avez mal passé la nuit?

SOPHIE.

Je le lui avais bien prédit hier au soir. Elle était d'une gaieté si folle, elle a tant parlé jusqu'à onze heures, qu'elle s'est échauffée, n'a pu dormir, et aujourd'hui sa respiration est très-difficile; elle n'a fait que pleurer toute la matinée.

MARIE.

Mon frère ne vient point, il y a deux jours qu'il devrait être arrivé.

SOPHIE.

Un peu de patience, il viendra certainement.

MARIE, se levant.

Que je désire le voir, ce frère, mon juge, mon sauveur! je me souviens à peine de lui.

SOPHIE.

Je me le rappelle très-bien, moi. Lorsque mon père nous envoya ici, c'était un brave garçon de treize ans, plein de feu, ouvert et franc.

MARIE.

Une noble et grande âme! Vous avez lu ce qu'il m'écrivit lorsqu'il apprit mon infortune. Chaque mot de sa lettre est gravé dans mon cœur : « Si tu es coupable, m'écrit-il, n'espère « point de pardon; pour combler ton malheur, n'attends que « le mépris d'un frère et la malédiction paternelle. Si tu es in- « nocente, oh! alors, vengeance! vengeance terrible pour le « traître! » Je tremble; il va venir. Je tremble, mais ce n'est pas pour moi : Dieu connaît mon innocence!... Mes amis, il faut que vous... Je ne sais ce que je veux! O Clavijo!

SOPHIE.

Eh quoi! tu ne nous écoutes point! tu veux donc te tuer?

MARIE.

Non, ma sœur, je serai plus tranquille... Je ne veux plus

pleurer! Je crois d'ailleurs que je n'ai plus de larmes... Et pourquoi des larmes? Je ne regrette qu'une chose, c'est de vous rendre la vie si pénible; car, au fond, pourquoi me plaindre? J'ai toujours été très-heureuse tant que notre vieil ami a vécu. L'amour de Clavijo m'a fait passer des moments bien doux que le mien ne lui a peut-être pas rendus. Et maintenant... que reste-t-il de tout cela? Mais qu'importe mon sort? qu'importe que le cœur d'une jeune fille soit déchiré, qu'elle se consume de chagrin, et que sa malheureuse jeunesse s'épuise dans les larmes?

BUENCO.

Mademoiselle, je vous conjure...

MARIE.

Cela lui est bien égal de ne plus m'aimer. Hélas! pourquoi ne suis-je plus aimable? Mais au moins il pourrait me plaindre! il pourrait plaindre une fille infortunée à laquelle il s'est rendu si nécessaire, que sans lui désormais elle ne peut plus traîner qu'une vie triste et languissante. — Me plaindre! Je ne veux pas de la pitié de cet homme-là.

SOPHIE.

Si je pouvais venir à bout de te le faire mépriser, l'indigne! l'infâme!

MARIE.

Non, ma sœur, il ne mérite pas le nom d'indigne; — et faut-il donc que je méprise celui que je hais? Oui, quelquefois je sens que je le puis haïr, quand l'esprit espagnol s'empare de moi. Dernièrement, quand nous le rencontrâmes, sa vue m'inspira le plus ardent amour; mais, de retour à la maison, quand je me rappelai toute sa conduite, quand je me souvins comme, en se promenant avec une femme pompeusement parée, il ne jetait sur moi qu'un regard froid et tranquille; c'est alors que je devins Espagnole dans le cœur, que je me travestis, que je me saisis d'un poignard, que je préparai le poison. Cela vous étonne, Buenco; tout cela ne s'est fait que dans mon esprit.

SOPHIE.

Jeune insensée!

ACTE I.

MARIE.

Mon imagination me conduisit près de lui; je le vis aux pieds de sa nouvelle amante, empressé à la séduire par cet air aimable et gracieux qui m'a perdue; ma main se leva pour percer le cœur du traître!..... Ah! Buenco! tout à coup je redevins la Française douce et généreuse, qui ne connaît ni philtre ni poignard pour se venger! Que nous sommes à plaindre! Des chansons pour entretenir nos amants, des coups d'éventail pour les punir; et quand ils sont infidèles... Dis-moi, ma sœur, que fait-on en France quand les amants sont infidèles?

SOPHIE.

On les maudit.

MARIE.

Et?...

SOPHIE.

On les quitte.

MARIE.

On les quitte? Eh bien! pourquoi ne quitterais-je pas aussi Clavijo? Puisque c'est la mode en France, pourquoi serait-ce autrement en Espagne?... Pourquoi une Française, en Espagne, ne serait-elle pas Française? Quittons-le et prenons-en un autre; car voilà, ce me semble, comme l'on fait chez nous.

BUENCO.

Ce n'est pas à un attachement d'un jour ni à des amours romanesques qu'il a manqué; il a violé une promesse solennelle! Mademoiselle, vous êtes offensée, cruellement offensée. Ah! je n'ai jamais plus vivement regretté de n'être qu'un simple bourgeois de Madrid, qu'en ce jour, où je me vois trop faible et trop pauvre pour vous faire obtenir justice et vous venger de ce vil courtisan!

MARIE.

Quand il n'était que Clavijo, qu'il n'était point encore archiviste du roi; lorsqu'il n'était que cet étranger nouvellement arrivé et reçu dans notre maison, qu'il était aimable! qu'il était bon! Toute son ambition, tous ses désirs ne paraissaient

naître que de son amour! C'était pour moi qu'il désirait un nom, un état, de la fortune... Il a tout obtenu, et moi...
Guilbert entre.

GUILBERT, bas à sa femme.

Voici notre frère!

MARIE.

Mon frère!... (Elle tombe sur un fauteuil près de s'évanouir.) Où est-il? où est-il? Amenez-le-moi! conduisez-moi à lui!
Beaumarchais entre.

BEAUMARCHAIS.

Ma sœur! (Il quitte Sophie, et s'élance vers Marie.) Chère sœur! mes amis! ma sœur!

MARIE.

C'est donc toi!..... Mon Dieu, que je vous remercie!... Te voilà donc!

BEAUMARCHAIS.

Laisse-moi reprendre un peu mes sens!

MARIE.

Oh! mon cœur! mon pauvre cœur!

SOPHIE.

Calme-toi, ma chère amie; et toi, mon frère..... Ah! j'espérais te voir plus tranquille!

BEAUMARCHAIS.

Plus tranquille! et vous, êtes-vous tranquilles? Les traits altérés de cette chère sœur, ton teint pâli par la douleur, tes yeux noyés de larmes, le silence morne de vos amis, tout ne m'annonce-t-il pas que vous êtes aussi malheureuses que je l'ai craint pendant le long voyage que je viens de faire, et plus malheureuses! car je vous vois, je vous serre dans mes bras, votre présence me fait sentir doublement mes douleurs; ô ma sœur!

SOPHIE.

Et notre père?

BEAUMARCHAIS.

Il vous bénit et me bénit moi-même si je puis vous sauver.

BUENCO.

Permettez, monsieur, qu'un étranger qui, dès le premier

abord, reconnaît en vous un homme généreux et brave, vous fasse connaître le vif intérêt qu'il prend à toute cette affaire. Monsieur, vous avez entrepris ce long voyage pour sauver, pour venger votre sœur. Soyez le bienvenu. Vous êtes pour nous un ange envoyé par le ciel, quoique votre arrivée nous fasse tous rougir.

BEAUMARCHAIS.

J'espérais, monsieur, trouver en Espagne des cœurs comme le vôtre; c'est ce qui m'a décidé à la démarche que je fais. Partout on rencontre des âmes compatissantes qui s'intéressent aux malheureux. Ce qui manque, c'est un homme dont rien ne gêne la liberté, et qui puisse s'abandonner à son courage. O mes amis, je suis pénétré d'un sentiment d'espérance! Il y a parmi les grands, en tout pays, des cœurs généreux, et l'oreille des rois est rarement sourde; seulement notre voix est trop faible pour arriver si haut.

SOPHIE.

Viens, ma sœur, viens un moment te reposer. Elle est tout hors d'elle.

On l'emmène.

MARIE.

Mon frère!

BEAUMARCHAIS.

Dieu veuille que tu sois innocente! et alors vengeance! vengeance sur le traître! (Marie et Sophie sortent.) Mon frère, mes amis, car je lis dans vos yeux que vous l'êtes, laissez-moi seul à moi-même. Plus tard, je vous demanderai le récit le plus vrai, le plus impartial de ce qui s'est passé : il servira de règle à ma conduite. La conviction d'une bonne cause affermira mon courage; et, croyez-moi, si le bon droit est pour nous, nous trouverons justice.

ACTE DEUXIÈME

MAISON DE CLAVIJO.

CLAVIJO.

Quels peuvent être ces Français qui se font annoncer chez moi? — Des Français!... Que j'aimais autrefois cette nation! — Et pourquoi n'y trouvé-je plus aujourd'hui le même plaisir? Il est singulier qu'un homme qui se met au-dessus de tout se laisse troubler par si peu de chose. — Loin de moi cette faiblesse! — Dois-je plus à Marie que je ne me dois à moi-même? et suis-je donc obligé de me rendre malheureux parce qu'une jeune fille est amoureuse de moi?

<small>Un domestique entre.</small>

LE DOMESTIQUE.

Les étrangers, monsieur.

CLAVIJO.

Fais entrer... Tu as dit à leur domestique que je les attendais à déjeuner?

LE DOMESTIQUE.

Oui, monsieur.

CLAVIJO.

Je reviens à l'instant.

<small>Il sort.</small>

BEAUMARCHAIS, SAINT-GEORGE.

<small>Le domestique leur donne des siéges et sort.</small>

BEAUMARCHAIS.

Ah!... que je me sens à mon aise! que je suis soulagé, mon ami! que je suis content d'être enfin ici!... Je le tiens, il ne m'échappera pas. Et vous, soyez calme; tâchez au moins de le paraître en sa présence. Ma sœur! ma sœur!... qui croirait qu'elle est aussi innocente que malheureuse! La

vérité sera connue, et tu seras vengée d'une manière terrible !
Et toi, grand Dieu ! conserve-moi toujours cette tranquillité
d'âme dont tu me fais jouir en ce moment ! Que malgré mon
affreuse douleur, je me conduise avec toute la modération et
toute la sagesse possibles !

SAINT-GEORGE.

Oui, je l'exige de vous : agissez avec toute la prudence et
la réflexion dont vous êtes capable. Promettez encore une fois
à votre ami que vous n'oublierez pas où vous êtes : dans une
cour étrangère, où tous vos protecteurs et tout votre argent
ne pourraient vous sauver des intrigues de vos lâches ennemis.

BEAUMARCHAIS.

Soyez tranquille : ayez soin seulement de bien jouer votre
rôle, et il ne saura point auquel de nous deux il aura affaire.
Je veux le martyriser; et je me sens d'assez bonne humeur
pour faire expirer le traître à petit feu.

Clavijo entre.

CLAVIJO.

Messieurs, je suis ravi de voir chez moi des hommes appartenant à une nation que j'ai toujours estimée.

BEAUMARCHAIS.

Nous souhaitons, monsieur, de mériter l'honneur que vous
daignez faire à nos compatriotes.

SAINT-GEORGE.

Le désir de vous connaître nous a fait oublier que nous
pourrions vous déranger peut-être.

CLAVIJO.

Tant de modestie ne sied point à des personnes qui ont
une physionomie aussi prévenante.

BEAUMARCHAIS.

Il doit souvent arriver, monsieur, que des inconnus viennent vous importuner. Vos excellents ouvrages vous ont fait
connaître autant dans les royaumes étrangers que les emplois
honorables dont votre souverain vous a jugé digne vous distinguent à la cour d'Espagne.

CLAVIJO.

Le roi m'a montré beaucoup de faveur pour mes légers services, et le public une grande indulgence pour les faibles essais de ma plume. Je désirerais seulement pouvoir contribuer en quelque chose à répandre dans ma patrie le bon goût et l'amour des lettres : ce sont elles qui nous lient avec les autres nations, qui font des amis des esprits les plus éloignés, et qui seules entretiennent l'union la plus douce, même entre ceux que séparent malheureusement les intérêts politiques.

BEAUMARCHAIS.

C'est un ravissement pour moi d'entendre parler ainsi un homme qui jouit d'un pareil crédit dans l'État et dans la république des lettres. Aussi vous avouerai-je que vous m'avez prévenu, et que vous m'avez précisément amené à vous exposer l'objet de mon voyage [1]. « Je suis chargé, par une société de gens de lettres, d'établir dans toutes les villes où je passerai une correspondance littéraire avec les hommes les plus savants du pays. Comme aucun Espagnol n'écrit mieux que l'auteur des feuilles appelées *le Penseur*, à qui j'ai l'honneur de parler (Clavijo s'incline avec politesse), que ses talents, unis à une grande habileté dans les affaires, ont rendu la gloire et l'ornement de la littérature, et qui ne peut manquer de parvenir aux dignités dont son caractère et ses connaissances le rendent digne, j'ai cru ne pouvoir mieux servir mes amis qu'en les liant avec un homme de votre mérite. »

CLAVIJO.

Vous ne pouviez, messieurs, me faire une proposition plus agréable : elle répond aux douces espérances dont mon cœur se flattait depuis longtemps sans aucun espoir de succès. Ce n'est pas que je prétende remplir par ma correspondance les vues de vos savants amis; ma présomption ne va pas si loin. Mais comme j'ai le bonheur d'être en rapport avec les esprits les plus distingués de l'Espagne, et que, dans ce vaste empire, rien ne peut m'échapper de ce que des individus, sou-

---

[1] Les passages qui sont entre guillemets sont extraits des *Mémoires de Beaumarchais*, vol. I.

vent ignorés, y font pour les sciences et les beaux-arts, je me regarde comme un colporteur qui a le très-petit mérite d'annoncer les inventions d'autrui, en servant le bien général; mais aujourd'hui, grâce à votre entremise, je vais avoir le bonheur de pouvoir étendre la gloire de ma patrie en faisant passer ses productions chez les étrangers, et de l'enrichir par cet heureux commerce des trésors de toutes les nations. Permettez-moi donc, monsieur, de ne pas traiter en étranger un homme qui avec autant de franchise m'apporte une nouvelle aussi flatteuse. Permettez-moi de vous demander quelles sont les affaires qui vous ont fait entreprendre ce grand voyage. Non pas que je veuille par cette question indiscrète satisfaire une vaine curiosité. Non, monsieur; croyez bien plutôt que je n'ai d'autre désir que celui d'employer pour vous tout le crédit et tous les moyens dont je dispose; car, je ne vous le cache pas, vous êtes dans un pays où des étrangers rencontrent d'innombrables obstacles pour terminer leurs affaires, surtout lorsqu'ils en ont à la cour.

BEAUMARCHAIS.

« J'accepte avec reconnaissance des offres aussi flatteuses, et je n'aurai point, monsieur, de secrets pour vous. Cet ami (en lui présentant Saint-George) n'est pas tout à fait étranger à ce que je vais vous dire, et ne sera pas de trop à notre conversation. (Clavijo regarde Saint-George avec attention et curiosité.) Un négociant français chargé de famille, et d'une fortune assez bornée, avait beaucoup de correspondants en Espagne. Un des plus riches, passant à Paris il y a neuf ou dix ans, lui fit cette proposition : —Donnez-moi deux de vos filles, que je les emmène à Madrid : elles s'établiront chez moi. Garçon âgé, sans famille, elles feront le bonheur de mes vieux jours, et succéderont au plus riche établissement de l'Espagne.—L'aînée, déjà mariée, et une de ses plus jeunes sœurs, lui furent confiées. En faveur de cet établissement, leur père se chargea d'entretenir cette nouvelle maison de Madrid de toutes les marchandises de France qu'on lui demanderait. Deux ans après, le correspondant mourut, et laissa les Françaises sans aucun bienfait, dans l'embarras de soutenir toutes seules une maison de

commerce. Malgré ce peu d'aisance, une bonne conduite et
les grâces de leur esprit leur conservèrent une foule d'amis
qui s'empressèrent d'augmenter leur crédit et leurs affaires.
(Clavijo redouble d'attention.) A peu près dans ce même temps, un
jeune homme, natif des îles Canaries, s'était fait présenter
dans la maison. (La gaieté de Clavijo s'évanouit à ces mots qui le dési-
gnent : il devient sérieux, et finit par ne plus pouvoir cacher son embarras.) Malgré son peu de fortune, ces dames, lui voyant une
grande ardeur pour l'étude de la langue française et des
sciences, lui avaient facilité les moyens d'y faire des progrès
rapides. Plein du désir de s'y faire connaître, il forme enfin
le projet de donner à la ville de Madrid le plaisir, tout nouveau pour la nation, de lire une feuille périodique dans le
genre du *Spectateur* anglais. Il reçoit de ses amies des encou-
ragements et des secours de toute nature. On ne doute point
qu'une pareille entreprise n'ait le plus grand succès : alors,
animé par l'espérance de réussir à se faire un nom, il ose se
proposer ouvertement pour épouser la plus jeune des Françaises. — Commencez, lui dit l'aînée, par réussir; et lorsque
quelque emploi, faveur de la cour, ou tel autre moyen de
subsister honorablement, vous aura donné droit de songer à
ma sœur, si elle vous préfère à d'autres prétendants, je ne
vous refuserai pas mon consentement. (Clavijo, embarrassé, s'agite
sur son siège.) La plus jeune, touchée du mérite de l'homme
qui la recherchait, refuse divers partis avantageux qui s'offraient pour elle et, préférant attendre que celui qui l'aimait
depuis quatre ans eût rempli les vues de fortune que tous ses
amis osaient espérer pour lui, l'encourage à donner sa première feuille périodique sous le titre imposant du *Penseur*.
(Clavijo est pris d'un trouble extrême. Beaumarchais continue froidement.)
L'ouvrage eut un succès prodigieux; le roi même, amusé de
cette charmante production, donna des marques publiques
de bienveillance à l'auteur; on lui promit le premier emploi
honorable qui vaquerait. Alors il écarta tous les prétendants à
sa maîtresse par une recherche absolument publique. Le mariage ne se retardait que par l'attente de l'emploi qu'on avait
promis à l'auteur des feuilles. Enfin, au bout de six ans d'at-

tente et d'amour d'une part, de soins et d'assiduités de l'autre, l'emploi parut, — et l'homme s'enfuit. (Clavijo laisse échapper un soupir qu'il s'efforce de dissimuler. — Il est tout hors de lui.) L'affaire avait trop éclaté pour qu'on pût en voir le dénoûment d'un œil indifférent. Les dames avaient pris une maison capable de contenir deux ménages; les bans étaient publiés. L'outrage indignait tous les amis communs, qui s'employaient efficacement à venger cette insulte. Mais lorsque ce misérable, déjà initié dans les cabales de la cour, apprit que les Françaises employaient des protections majeures contre lui, il parvint bientôt à rendre leurs démarches inutiles, et poussa l'insolence jusqu'à les défier tous de lui nuire, en ajoutant que si les Françaises cherchaient à le tourmenter, elles prissent garde à leur tour qu'il ne les perdît pour toujours dans un pays où elles étaient sans appui. A cette nouvelle, la jeune Française tomba dans un état de convulsions qui fit craindre pour sa vie. Au fort de leur désolation, l'aînée écrivit en France l'outrage qui leur avait été fait. Ce récit émut le cœur de leur frère, au point que, demandant aussitôt un congé pour venir éclaircir une affaire aussi embrouillée, il n'a fait qu'un saut de Paris à Madrid, et ce frère, *c'est moi!* qui ai tout quitté, patrie, devoirs, famille, état, plaisirs, pour venir venger en Espagne une sœur innocente et malheureuse. Je viens, armé du bon droit et de la fermeté, démasquer un traître, écrire en traits de sang son âme sur son visage; et ce traître, *c'est vous!* »

CLAVIJO.

Écoutez-moi, monsieur... je suis.. j'ai... je ne doute pas...

BEAUMARCHAIS.

« Ne m'interrompez pas, monsieur; vous n'avez rien à me dire, et beaucoup à entendre de moi. Pour commencer, ayez la bonté de déclarer devant monsieur, qui est exprès venu de France avec moi, si, par quelque manque de foi, légèreté, faiblesse, aigreur, ou quelque autre vice que ce soit, ma sœur a mérité le double outrage que vous avez eu la cruauté de lui faire publiquement. »

CLAVIJO.

Non, monsieur; doña Maria, votre sœur, est une demoiselle pleine d'esprit, de grâces et de vertus.

BEAUMARCHAIS.

« Vous a-t-elle donné quelque sujet de vous plaindre d'elle depuis que vous la connaissez? »

CLAVIJO.

Jamais! jamais!

BEAUMARCHAIS, se levant.

« Eh pourquoi donc, monstre que vous êtes! avez-vous eu la barbarie de la traîner à la mort, uniquement parce que son cœur vous préférait à dix autres plus honnêtes et plus riches que vous? »

CLAVIJO.

Ah! monsieur, ce sont des instigations, des conseils; si vous saviez...

BEAUMARCHAIS.

Cela suffit. (A Saint-George.) Vous avez entendu la justification de ma sœur, allez la publier. Ce qui me reste à dire à monsieur n'exige plus de témoins. »

Clavijo se lève. Saint-George sort.

BEAUMARCHAIS, à Clavijo.

« Restez! restez! (Tous deux se rasseyent.) A présent, monsieur, que nous sommes seuls, voici quel est mon projet, et j'espère que vous l'approuverez. Il convient également à vos arrangements et aux miens que vous n'épousiez pas ma sœur, et vous sentez bien que je ne viens pas ici faire le personnage d'un frère de comédie qui veut que sa sœur se marie. Vous avez outragé à plaisir une femme d'honneur, parce que vous l'avez crue sans soutien en pays étranger; ce procédé est celui d'un malhonnête homme et d'un lâche! Vous allez donc commencer par reconnaître de votre main, en pleine liberté, toutes vos portes ouvertes et vos gens dans cette salle, que vous êtes un homme abominable qui avez trompé, trahi, outragé ma sœur sans aucun sujet; et, votre déclaration dans mes mains, je pars pour Aranjuez, où est mon ambassadeur; je lui montre l'écrit; je le fais ensuite imprimer:

après-demain la cour et la ville en sont inondées ; j'ai des appuis considérables ici, du temps et de l'argent ; tout sera employé à vous poursuivre de toute manière et sans relâche, jusqu'à ce que, le ressentiment de ma sœur apaisé, elle m'arrête et me dise : Holà ! »

CLAVIJO.

Je ne ferai point une telle déclaration.

BEAUMARCHAIS.

« Je le crois, car peut-être à votre place ne la ferais-je pas non plus ; mais voici le revers de la médaille : écrivez ou n'écrivez pas, dès ce moment je reste avec vous, je ne vous quitte plus, je vais partout où vous irez, jusqu'à ce que, impatienté d'un pareil voisinage, vous veniez vous délivrer de moi derrière Buen-Retiro. Si je suis plus heureux que vous, monsieur, sans voir mon ambassadeur, sans parler à personne ici, je prends ma sœur mourante entre mes bras, je la mets dans ma voiture, et je m'en retourne en France avec elle. Si, au contraire, le sort vous favorise, tout est dit pour moi : permis à vous alors de rire à nos dépens. Faites monter le déjeuner. »

Beaumarchais sonne. Un domestique apporte le chocolat. Beaumarchais prend sa tasse et se promène dans la galerie voisine en examinant les tableaux.

CLAVIJO.

De l'air ! de l'air ! On t'a surpris, joué comme un enfant ! — Où es-tu, Clavijo ? Comment sortir de la terrible situation où t'a précipité ta folie, ta perfidie ! (Il saisit son épée qui est sur la table.) Allons, le sort en est jeté ! (Il la laisse retomber.) — Mais quoi ! ne te reste-t-il donc plus d'autre remède, d'autre moyen que la mort ou qu'un meurtre, un meurtre abominable ? Ravir à cette fille infortunée sa dernière consolation, son seul appui, son frère !... Répandre le sang d'un homme brave et généreux, et te charger de toute la malédiction d'une famille désespérée ! Oh ! ce n'était pas là les plans que tu avais formés lorsque, dès la première heure où tu la connus, cette adorable créature s'empara de ton cœur ! Quand tu la menais à sa perte, ne prévoyais-tu pas les suites terribles de ton infamie ! Quelle félicité m'attendait dans ses bras et dans l'affection d'un tel frère! Marie! Marie! ah! si tu pouvais encore me pardonner, je pourrais à tes pieds laver mon crime dans mes larmes! Eh! pourquoi ne me pardonnerait-elle pas? Je sens mon cœur se gonfler; mon âme s'élève à l'espérance. Monsieur!

BEAUMARCHAIS.

« Qu'avez-vous décidé?

CLAVIJO.

Écoutez-moi. Rien au monde ne peut excuser ma conduite envers mademoiselle votre sœur. L'ambition m'a perdu; mais si j'eusse prévu que doña Maria eût un frère comme vous, loin de la regarder comme une étrangère isolée, j'aurais conclu que les plus grands avantages devaient suivre notre union. Vous venez de me pénétrer de la plus haute estime, et je me mets à vos pieds pour vous supplier de travailler à réparer, s'il est possible, tous les maux que j'ai faits à votre sœur. Rendez-la-moi, monsieur, et je me croirai trop heureux de tenir de vous ma femme et le pardon de tous mes crimes.

BEAUMARCHAIS.

Il n'est plus temps; ma sœur ne vous aime plus, et je vous déteste! Faites seulement la déclaration, c'est tout ce que j'exige de vous, et trouvez bon après qu'en ennemi déclaré je venge ma sœur au gré de son ressentiment. »

CLAVIJO.

Votre opiniâtreté n'est ni juste ni sage. Je conviens avec vous qu'il n'est pas en mon pouvoir de réparer d'aussi grands torts. Les réparer! ah! le cœur de votre estimable sœur peut m'en donner le moyen, pour peu qu'elle daigne recevoir à ses pieds un malheureux indigne de voir le jour! Votre devoir, monsieur, est de m'accorder cette épreuve, et de vous y soumettre, si vous ne voulez pas que la démarche que vous allez faire ressemble à l'emportement inconsidéré d'un jeune homme. Si doña Maria est inflexible... oh! je revois son cœur, sa bonté, son âme divine!... oui, si elle est inflexible, alors, monsieur, il sera temps...

BEAUMARCHAIS.

« Il me faut votre déclaration. »

CLAVIJO, s'approchant de la table.

Et si je prends l'épée ?

BEAUMARCHAIS, le suivant.

« Volontiers, monsieur, très-volontiers. »

CLAVIJO, s'arrêtant.

Encore un mot, monsieur. Vous avez la bonne cause, souffrez que je mette en ceci de la prudence ; dans votre propre intérêt, songez à ce que vous faites. De toutes les façons nous sommes perdus sans ressource. Pour moi, ne mourrais-je pas de douleur et de désespoir si mon épée se teignait de votre sang ? si, après tous les malheurs que j'ai causés à Marie, j'allais encore lui ravir un frère ? Et, quant à vous... l'assassin de Clavijo ne repasserait jamais les Pyrénées.

BEAUMARCHAIS.

La déclaration, monsieur, la déclaration !

CLAVIJO.

Eh bien, soit ; je consens à tout pour vous persuader de la noble confiance que votre présence m'inspire. Je vais l'écrire cette déclaration, et l'écrire sous votre dictée ; mais promettez-moi de n'en faire aucun usage avant qu'il m'ait été possible de voir doña Maria, de la convaincre de mon retour sincère et du repentir qui remplit mon cœur ; avant que j'aie parlé à sa sœur, et que la généreuse Sophie n'ait intercédé pour moi auprès de mon amante. Vous me le promettez ?

BEAUMARCHAIS.

Je pars pour Aranjuez.

CLAVIJO.

Oui, mais la déclaration restera dans votre portefeuille jusqu'à votre retour, je l'exige ; et si alors je n'ai point obtenu mon pardon, vous donnerez un libre cours à votre vengeance. Ma proposition est juste et sage ; si vous refusez de l'accepter, que ce soit entre nous guerre à mort ; mais quelles seront les victimes de votre imprudente vivacité ? ce sera vous et votre propre sœur.

BEAUMARCHAIS.

Il vous sied bien encore de plaindre celle dont vous avez fait le malheur !

CLAVIJO, s'asseyant.

Ma proposition vous convient-elle?

BEAUMARCHAIS.

Eh bien, j'accepte! mais je vous préviens que je n'attends pas un moment de plus. Je reviens d'Aranjuez, je demande, j'écoute; si comme je l'espère et le désire, on ne vous a point encore pardonné, tout de suite votre déclaration chez l'imprimeur.

CLAVIJO prend du papier.

Comment la voulez-vous?

BEAUMARCHAIS.

En présence, monsieur, de vos domestiques.

CLAVIJO.

Mais à quoi bon?

BEAUMARCHAIS.

Ordonnez seulement qu'ils se tiennent dans la galerie voisine; je ne veux pas qu'on dise que je vous ai forcé.

CLAVIJO.

Quelles précautions !

BEAUMARCHAIS.

Je suis en Espagne, et j'ai affaire à Clavijo.

CLAVIJO.

Soit. (Il sonne, un domestique entre.) Faites monter mes gens, et tenez-vous tous dans la galerie. (Le domestique sort, et tous les autres viennent et restent dans la galerie.) Vous permettez que je fasse moi-même la déclaration?

BEAUMARCHAIS.

Non, monsieur; vous voudrez bien écrire ce que je vous dicterai. (Clavijo écrit.) « *Je soussigné, Joseph Clavijo, l'un des gardes des archives du roi...*

ACTE II.

CLAVIJO.

Du roi.

BEAUMARCHAIS.

« Reconnais qu'après avoir été reçu dans la maison de madame Guilbert avec bonté... »

CLAVIJO.

Avec bonté.

BEAUMARCHAIS.

« J'ai trompé mademoiselle de Beaumarchais, sa sœur, par des promesses de mariage mille fois répétées. » Avez-vous écrit?

CLAVIJO.

Monsieur!

BEAUMARCHAIS.

Avez-vous quelque autre terme?

CLAVIJO.

Je crois...

BEAUMARCHAIS.

J'ai trompé.... Eh! puisque vous l'avez fait, pourquoi ne voudriez-vous pas l'écrire?

« J'ai manqué à ma parole sans qu'aucune faute ou faiblesse de sa part ait pu servir de prétexte ou d'excuse à mon manque de foi. »

CLAVIJO.

Ensuite!

BEAUMARCHAIS.

« Qu'au contraire, la conduite de cette demoiselle a toujours été pure, sans tache et digne du plus profond respect. »

CLAVIJO.

Du plus profond respect.

BEAUMARCHAIS.

« Je reconnais que par ma conduite, la légèreté de mes discours, et par l'interprétation qu'on y a pu donner, j'ai ouvertement outragé cette vertueuse demoiselle, à laquelle je demande pardon par écrit, quoique je me reconnaisse tout à fait indigne de l'obtenir... (Clavijo s'arrête.) Écrivez,

écrivez... « *Lequel écrit j'ai fait librement et de ma pleine volonté, avec promesse spéciale de faire à l'offensée toute espèce de réparation qu'elle pourra désirer, si celle-ci ne lui convient pas. Madrid...* »

CLAVIJO se lève. (Il fait signe à ses domestiques de se retirer, et il donne sa déclaration à Beaumarchais.)

« Monsieur, je crois parler au plus offensé, mais au plus généreux des hommes. Vous allez me tenir parole et différer votre vengeance. C'est dans cette vue, dans cette unique espérance que j'ai écrit cette réparation, à laquelle, sans cela, rien n'aurait pu me décider ; mais avant de me présenter devant votre sœur j'ai résolu de charger quelqu'un de plaider ma cause auprès d'elle ; et ce quelqu'un, c'est vous.

BEAUMARCHAIS.

« Je n'en ferai rien.

CLAVIJO.

Au moins, vous lui direz le repentir amer que vous avez aperçu en moi. Je borne à cela toutes mes sollicitations, ne me refusez pas. Il me faudrait choisir quelque autre médiateur moins éloquent que vous. » D'ailleurs, vous lui devez un récit fidèle. Dites-lui dans quelles dispositions vous m'avez trouvé.

BEAUMARCHAIS.

Ami, cela je peux le faire, je vous le promets. Adieu.

CLAVIJO.

Adieu.

Il veut prendre sa main, Beaumarchais la refuse.

CLAVIJO seul.

Passer si inopinément d'un sort à un autre ! Est-ce un songe, une illusion ? — Et cette déclaration, je n'aurais pas dû la lui donner ; — mais tout cela s'est passé si brusquement ! comme un coup de foudre...

CARLOS entre.

Quelle visite as-tu donc reçue ce matin ? toute la maison est en mouvement ; qu'y a-t-il ?

CLAVIJO.

C'est le frère de Marie.

CARLOS.

Je m'en suis douté. Ce coquin de vieux domestique qui était jadis au service de Guilbert, et qui m'instruit maintenant de tout ce qui se passe dans cette maison, sait depuis hier qu'ils attendaient ce frère; mais il n'a pu me le dire que tout à l'heure. Il est venu ici?

CLAVIJO.

Le digne jeune homme!

CARLOS.

Nous en serons bientôt délivrés. J'ai déjà dressé mes batteries. Et que veut-il? Un duel? une réparation? Était-il emporté, ce petit monsieur?

CLAVIJO.

Il m'a demandé une déclaration qui prouvât que sa sœur n'avait jamais donné lieu à mon manque de foi.

CARLOS.

Et tu l'as donnée?

CLAVIJO.

C'était, je crois, ce que j'avais de mieux à faire.

CARLOS.

Bien, très-bien. Est-ce là tout?

CLAVIJO.

Il fallait me battre, ou lui donner cette déclaration.

CARLOS.

Le second parti était le plus sage. Et qui voudrait risquer sa vie contre un tel héros de roman? Cette déclaration, te l'a-t-il demandée d'un ton violent?

CLAVIJO.

Il me l'a dictée lui-même; et j'ai été obligé de faire monter tous mes domestiques dans cette galerie.

CARLOS.

J'entends! Ah! je vous tiens, mon petit; ceci vous perd. Dis que je ne suis qu'un sot si sous deux jours notre homme n'est pas enfermé, et s'il ne va pas visiter les Indes par le prochain transport.

CLAVIJO.

Non, Carlos. Les affaires ont pris une autre tournure bien différente de celle que tu penses.

CARLOS.

Comment?

CLAVIJO.

J'espère par son entremise, par mes soins et mon zèle obtenir mon pardon de l'infortunée.

CARLOS.

Clavijo!

CLAVIJO.

J'espère anéantir ce qui s'est passé, relever ce que j'ai détruit et redevenir un honnête homme à mes yeux et aux yeux du monde.

CARLOS.

Et de par tous les diables! es-tu tombé en enfance? On s'aperçoit toujours que tu es un savant. — Te laisser abuser de la sorte! Tu ne vois donc pas que tout ceci n'est qu'une ruse maladroitement imaginée pour te faire donner dans le panneau?

CLAVIJO.

Non, Carlos, ce n'est point au mariage qu'ils tendent; ils en sont même bien éloignés. Elle ne veut plus entendre parler de moi.

CARLOS.

C'est précisément en cela que consiste le piége! Mon bon ami, je t'en demande pardon; mais, ma foi, voilà comme dans nos comédies on trompe un gentilhomme de campagne.

CLAVIJO.

Tu me fâches, te dis-je. Oblige-moi de réserver ta belle humeur pour le jour de mes noces. J'ai résolu d'épouser Marie librement et poussé par mon cœur. Oui, j'ai fondé tous mes projets, toute ma félicité, sur l'espoir qu'elle me pardonnera. Ah! périsse l'ambition! près de cette adorable amie, je goûterai comme autrefois le bonheur céleste. La gloire que j'obtiendrai, les grandeurs auxquelles je vais m'élever, me rempliront d'une double jouissance, puisque je les partagerai avec celle dont l'amour doublera mon être. Adieu ! il faut que je la voie, que je parle au moins à sa sœur.

CARLOS.

Attends au moins l'après-dînée.

CLAVIJO.

J'y vais sur-le-champ.
Il part.

CARLOS le suit des yeux, et dit après un moment de silence.
En voilà encore un qui va faire une sottise.
Il sort.

ACTE TROISIÈME

MAISON DE GUILBERT.

SOPHIE, MARIE.

MARIE.

Tu l'as vu? je frissonne de tous mes membres! tu l'as vu? J'ai failli me trouver mal à la nouvelle de son arrivée; et toi, tu l'as vu? Non, je ne puis, je ne... non, je ne pourrai jamais le revoir.

SOPHIE.

Que j'étais émue lorsqu'il est entré ! car, hélas ! ne le chérissais-je pas, ainsi que toi, du plus pur, du plus profond, du plus fraternel amour? Combien son éloignement ne m'a-t-il pas aussi causé de peines et de douleur! Et tout à coup je le vois tomber à mes pieds, les arroser de ses larmes! Ma sœur, il y a des enchantements dans son regard, dans le son de sa voix !

MARIE.

Jamais! non, jamais !

SOPHIE.

Oui, c'est encore Clavijo; c'est toujours son âme douce, aimante et sensible. Toujours la même violence dans sa passion, le même besoin d'être aimé, le même désespoir lorsqu'on repousse sa tendresse. Et quand il parle de toi, Marie, c'est comme aux jours heureux de sa plus vive passion. Il semble que ton bon génie vous ait accordé ces tristes jours d'absence et d'infidélité pour détruire la monotonie et la langueur qui suivent toujours une longue habitude de se voir, et comme pour donner une nouvelle vivacité à vos sentiments.

MARIE.

Tu t'es chargée de prendre ses intérêts ?

SOPHIE.

Non, ma sœur, je n'ai rien voulu lui promettre ; mais, ma bonne amie, moi, je vois les choses comme elles sont, et ton frère et toi vous avez tous deux trop de romanesque dans la tête. Tu as cela de commun avec bien des femmes, que ton amant est devenu parjure et t'a quittée ; mais le retour de l'infidèle, le désir sincère qu'il a de réparer sa faute, de faire revivre nos anciennes espérances, c'est un bonheur que toute autre que toi ne refuserait point.

MARIE.

Mon cœur se déchirerait !

SOPHIE.

Je l'avoue, la première entrevue te sera bien pénible ; mais, ma chère amie, je t'en conjure, ne prends point pour un effet de la haine ou de la vengeance cette angoisse de l'âme, ce trouble qui s'empare de tous tes sens. Ton cœur parle pour Clavijo bien plus que tu ne penses, et si tu ne te sens pas assez de courage pour le revoir, c'est parce que tu désires ardemment son retour.

MARIE.

Ma sœur, aie pitié de moi !

SOPHIE.

Je veux te rendre heureuse. Si je ne te voyais pour lui que du mépris ou de l'indifférence, je ne dirais pas un mot en sa faveur ; jamais il ne me reverrait ; mais un jour viendra où tu me remercieras de t'avoir aidée à bannir cette angoisse mal définie qui te tourmente, et qui est une preuve du plus profond amour.

GUILBERT, BUENCO.

SOPHIE.

Buenco! Guilbert! venez, aidez-moi; venez encourager ma sœur, et qu'elle se décide, hélas! tandis qu'il en est temps encore!

BUENCO.

Je voudrais avoir le courage de dire : Ne le revoyez jamais!

SOPHIE.

Buenco!

BUENCO.

Lui! posséder cet ange, après l'avoir si cruellement outragée et traînée jusqu'au bord de la tombe! A cette idée seule, mon cœur indigné se révolte. La posséder! et pourquoi? et comment donc répare-t-il son crime? il revient, parce qu'il lui plaît de revenir et de dire : « Maintenant, je veux bien. » On traiterait donc cette âme si noble comme ces marchandises suspectes que l'on abandonne par lassitude à l'acheteur qui vous a déjà tourmenté par des offres trop faibles et une judaïque incertitude? Non, jamais il n'aura mon consentement, quand même le cœur de Marie parlerait pour lui. Il revient! et pourquoi donc revient-il aujourd'hui, précisément aujourd'hui? Devait-il attendre qu'un frère courageux vînt ici le menacer de la plus terrible vengeance, pour revenir comme un écolier demander humblement pardon? Ah! son cœur est aussi lâche qu'il est abominable!

GUILBERT.

Vous parlez comme un Espagnol qui ne connaîtrait pas les Espagnols. Tous tant que vous êtes, vous ne voyez pas le danger dans lequel nous sommes.

MARIE.

Cher Guilbert!

GUILBERT.

J'estime l'âme courageuse de notre frère ; j'ai observé en silence sa conduite héroïque, et je souhaite que tout se termine heureusement; je désire que Marie puisse se résoudre à donner sa main à Clavijo, car (en souriant) il possède encore tout son cœur.

MARIE.

Vous êtes cruel!

SOPHIE.

Écoute-le, je t'en conjure, écoute-le.

GUILBERT.

Ton frère lui a fait donner une déclaration qui doit te justifier aux yeux de tout le monde, et qui nous perdra.

BUENCO.

Comment?

MARIE.

O Dieu!

GUILBERT.

Il ne l'a faite que dans l'espoir de t'attendrir. S'il n'y réussit pas, il tentera tout pour anéantir cet écrit; il le peut et le fera. Ton frère a résolu de la faire imprimer et de la répandre aussitôt après son retour d'Aranjuez; mais, si tu persistes dans ta résolution, je crains bien que ton frère ne revienne jamais.

SOPHIE.

Mon cher Guilbert!

MARIE.

Je succombe!

GUILBERT.

Il est impossible que Clavijo laisse publier cette déclaration. Si tu rejettes ses propositions, en homme d'honneur il court au-devant de Beaumarchais : il faut que l'un des deux périsse, et vainqueur ou vaincu, ton frère est perdu. Étranger, et en Espagne encore! le meurtrier d'un courtisan en faveur! Il est beau, ma chère amie, de penser et de sentir noblement mais se perdre soi et sa famille entière...

MARIE.

Conseille-moi, Sophie, secours-moi!

GUILBERT.

Buenco, dites si j'ai tort.

BUENCO.

Il n'osera ; il aime trop la vie. Sans cela aurait-il donné cet écrit, offrirait-il sa main à Marie?

GUILBERT.

Tant pis, car il en trouvera cent qui lui prêteront leurs bras, cent misérables qui iront assassiner Beaumarchais sur la route. Ah! Buenco, as-tu donc si peu d'expérience? Un courtisan n'aurait pas d'assassin à ses gages!

BUENCO.

Le roi est grand et généreux.

GUILBERT.

Eh bien! percez donc tous ces murs dont il est environné, ces gardes qui l'entourent, ce cortége pompeux, cette magnificence, enfin tout ce que les courtisans ont inventé pour le séparer de son peuple; percez-les donc, et sauvez-nous! Qui vient?

Entre Clavijo.

CLAVIJO.

Je veux la voir! il le faut! il le faut!

Marie jette un cri et tombe dans les bras de Sophie.

SOPHIE.

Cruel, que faites-vous!

Guilbert et Buenco s'approchent de Marie.

CLAVIJO.

Oui, c'est elle! c'est elle! et je suis Clavijo! Écoutez-moi, Marie, si vous ne voulez plus me regarder. Dans le temps où Guilbert me reçut avec amitié dans sa maison, lorsque je n'étais encore qu'un jeune homme sans fortune, sans importance, lorsque mon cœur brûlait pour vous d'une passion indomptable, était-ce mon mérite, ou plutôt n'était-ce pas une intime sympathie, une inclination secrète de nos âmes, qui faisait que vous ne restiez point indifférente, et qui m'assura bientôt que je possédais entièrement votre cœur? Et maintenant ne suis-je pas le même? Pourquoi donc n'oserais-je plus espérer? pourquoi n'oserais-je plus vous conjurer encore? Ne voudriez-vous plus revoir un ami, un amant, que vous auriez cru perdu pour toujours, et qui, après une navigation aussi longue que malheureuse, reviendrait déposer à vos pieds une vie qu'il aurait conservée pour vous seule? Et n'étais-je donc pas à la merci de la mer orageuse de ce monde? Ces passions, contre lesquelles il nous faut lutter sans cesse, ne sont-elles pas mille fois plus terribles et plus à craindre que ces flots irrités qui jettent le malheureux loin de sa patrie? Marie! Marie! comment pouvez-vous me haïr, moi qui n'ai cessé de vous aimer? Au milieu de cette ivresse, de ces enchantements de l'orgueil et de la vanité, je me suis toujours rappelé ces heures célestes et délicieuses que j'ai passées à vos pieds, dans une obscurité si heureuse, en nous flattant des perspectives charmantes que nous offrait l'avenir. Et pourquoi donc aujourd'hui ne rempliriez-vous pas avec moi nos plus douces espérances? Est-ce parce qu'un destin cruel, en les retardant, a paru les anéantir, que vous refuseriez de jouir du bonheur de la vie? Non, chère Marie, croyez-moi, les plus grandes joies de ce monde ne sont jamais pures; la plus grande félicité est empoisonnée ou par notre passion ou par notre destin. Nous plaindrons-nous de ce qu'il nous arrive ce qui est arrivé aux autres? Pourquoi nous rendre coupables en repoussant cette occasion heureuse de faire revivre le passé, de réparer nos maux, de consoler une famille en pleurs, de récompenser la conduite d'un noble frère, et d'assurer à jamais notre propre bonheur? O vous, dont je n'ai pas mérité l'amitié, mais que j'ose appeler mes amis, puisque vous êtes ceux de la vertu à laquelle je reviens, unissez vos instances aux miennes! Marie (il tombe à genoux), tu ne connais donc plus ma voix? tu n'entends donc plus le langage de mon cœur? Marie! Marie!

MARIE.

O Clavijo!

CLAVIJO, se levant et baisant avec ardeur la main de Marie.

Elle me pardonne; elle m'aime! (Il embrasse Guilbert et Buenco.) Elle m'aime encore! O Marie! mon cœur me l'avait bien dit; il m'aurait suffi de me jeter à tes pieds, d'y verser les larmes de mon repentir, de ma douleur silencieuse, tu m'aurais entendu sans que je parlasse, comme j'ai obtenu ton pardon sans que ta bouche l'ait prononcé. Non, cette parenté de nos âmes n'a point encore cessé; elles s'entendent comme au temps où nous n'avions pas besoin de signes pour nous communiquer l'un à l'autre nos mouvements les plus secrets. Marie! Marie! Marie!

Beaumarchais entre.

BEAUMARCHAIS.

Ah!

CLAVIJO, volant à sa rencontre.

Mon frère!

BEAUMARCHAIS, à sa sœur.

Tu lui pardonnes?

MARIE, pâle et tremblante.

Laisse-moi! je me meurs!

On l'emmène

BEAUMARCHAIS.

Elle lui a pardonné?

BUENCO.

On le croirait.

BEAUMARCHAIS.

Tu ne mérites pas ton bonheur.

CLAVIJO.

Je le sens, au moins.

SOPHIE, revenant.

Elle lui pardonne. Un torrent de larmes a jailli de ses yeux. — « Qu'il s'éloigne un moment, a-t-elle dit en sanglotant, que je reprenne mes sens. Je lui pardonne! s'est-elle écriée en se jetant dans mes bras. Ah! comment sait-il donc que je l'aime tant? »

CLAVIJO baise avec transport la main de Sophie.

Je suis donc le plus heureux des hommes. Mon frère!

BEAUMARCHAIS, l'embrassant.

De tout mon cœur! Je vous avoue cependant que je ne puis encore vous aimer. Soyez de la famille, et que tout soit oublié. Cet écrit que vous m'avez donné, le voici :

Il tire un papier de son portefeuille, le déchire et le donne à Clavijo.

CLAVIJO.

Je suis à vous pour toujours! oui, pour toujours!

SOPHIE.

Clavijo, je vous prie, éloignez-vous; qu'elle ne vous entende plus, qu'elle puisse se calmer.

CLAVIJO, les embrassant tour à tour.

Adieu! adieu! mille baisers à cet ange! Adieu!

Il sort.

BEAUMARCHAIS.

Elle lui pardonne! C'est ainsi, soit! quoique j'eusse désiré que cela finît autrement. (En souriant.) Ce sont de bonnes petites personnes au moins que ces jeunes filles! Tenez, mes amis, je vous l'avouerai franchement, notre respectable ambassadeur était d'avis et désirait même que Marie lui pardonnât, et qu'une heureuse union pût terminer cette fâcheuse affaire.

GUILBERT.

Et moi aussi; me voilà donc rassuré.

BUENCO, avec humeur.

Le voilà votre beau-frère, n'est-ce pas? Adieu, vous ne me reverrez plus chez vous.

BEAUMARCHAIS.

Monsieur!

GUILBERT.

Buenco!

BUENCO.

Je le haïrai jusqu'au jugement dernier, et faites attention à quel homme vous avez affaire.

Il sort.

GUILBERT.

C'est un oiseau de mauvais augure, ce Buenco! Mais avec le temps il se laissera persuader lorsqu'il verra que tout va bien.

BEAUMARCHAIS.

Cependant je me suis un peu trop pressé de lui rendre l'écrit.

GUILBERT.

Allons donc, plus de ces idées noires.

Ils sortent.

ACTE QUATRIÈME

APPARTEMENT DE CLAVIJO.

CARLOS, seul.

C'est fort bien fait à la justice de nommer des curateurs à un homme qui, par ses dissipations ou d'autres extravagances, prouve que sa tête est dérangée; mais si le magistrat prend ce soin-là pour nous autres, dont il s'embarrasse fort peu, pourquoi ne rendrions-nous pas le même service à un ami? Clavijo, je te vois dans une situation bien fâcheuse! néanmoins j'ai encore de l'espérance, et pour peu que tu sois de moitié aussi docile que tu l'étais jadis, il est encore temps de te guérir d'une folie, qui, avec ton caractère violent et sensible, ferait le malheur de tes jours et finirait par te conduire au tombeau. Le voici qui vient.

Entre Clavijo, tout pensif.

CLAVIJO.

Bonjour, Carlos.

CARLOS.

Voilà un bonjour bien triste; il part d'un cœur oppressé! Viens-tu de prendre cette belle humeur chez ta fiancée?

CLAVIJO.

C'est un ange! ce sont tous d'excellentes gens!

CARLOS.

Ce mariage ne se fera pas si vite qu'on n'ait pas le temps de se faire broder un habit?

CLAVIJO.

Je ne sais si tu plaisantes ou si tu es sérieux : mais, je te l'assure, on ne verra point d'habits brodés parader à nos noces.

CARLOS.

Je le crois bien.

CLAVIJO.

Notre amour mutuel, la douce harmonie de nos âmes, feront seuls toute la pompe de ce jour solennel.

CARLOS.

Vous ferez à petit bruit un petit mariage.

CLAVIJO.

Comme des gens qui sentent que leur bonheur est tout entier en eux-mêmes.

CARLOS.

Dans les circonstances présentes, c'est assez bien vu.

CLAVIJO.

Les circonstances présentes? que veux-tu dire par là?

CARLOS.

J'entends les choses telles qu'elles sont, la tournure qu'elles prennent, et la manière dont tout cela s'arrange.

CLAVIJO.

Écoute, Carlos : je ne puis supporter le ton de la réserve dans un ami. Je sais bien que tu n'es pas pour ce mariage; cependant, si tu avais quelques objections, parle franchement. Que dis-tu de cette affaire? que penses-tu de la manière dont je la termine?

CARLOS.

Il arrive dans la vie des choses extraordinaires et inattendues, et il serait fâcheux que cela fût autrement. Sans cela aurait-on de quoi s'étonner, s'occuper, se chuchoter à l'oreille, dans les assemblées?

CLAVIJO.

Oui, on sera surpris.

CARLOS.

Le mariage de Clavijo! cela va sans dire. Combien de jeunes cœurs à Madrid pensent à toi, espèrent en toi! et quand tu leur joueras un pareil tour!

CLAVIJO.

Il n'en sera cependant pas autrement.

CARLOS.

C'est bien singulier! je connais peu d'hommes comme toi pour faire sur les femmes une impression aussi forte et aussi générale! Dans toutes les classes de la société il y a de charmantes petites personnes qui ont dressé leur plan pour t'attirer vers elles. L'une compte sur sa beauté, l'autre sur sa fortune, d'autres enfin sur leur rang, leur esprit, leur naissance. — Combien ne m'a-t-on pas confié de compliments à ton adresse! car ce n'est assurément pas à mon nez retroussé ni à mes cheveux crépus que je les dois, ni au mépris bien connu que je professe pour les femmes.

CLAVIJO.

Tu railles!

CARLOS.

Comme si je n'avais pas eu entre les mains de ces charmantes propositions griffonnées par de petits doigts mignons et délicats, et dans lesquelles on trouvait autant d'orthographe qu'il peut y en avoir dans le premier billet doux original d'une jeune fille; et combien de jolies duègnes ces messages n'ont-ils pas amenées dans mes filets!

CLAVIJO.

Et tu ne me disais rien de tout cela?

CARLOS.

C'est que je ne voulais pas t'occuper de ces fadaises et que je n'étais pas d'avis de te voir penser sérieusement à tout cela. O Clavijo, ton bonheur m'était aussi à cœur que le mien! Je n'ai pas d'autre ami que toi; tous les hommes me sont à charge, et toi-même aussi tu commences à me le devenir.

CLAVIJO.

Je t'en prie, modère-toi.

CARLOS.

Brûlez la maison d'un homme qui a passé dix ans de sa vie à la construire, et faites lui venir ensuite un confesseur pour l'exhorter à la patience. On est bien bon de s'intéresser à d'autres qu'à soi; les hommes ne méritent pas....

CLAVIJO.

Et ne voilà-t-il pas encore de la misanthropie?

CARLOS.

Si j'y retombe, la faute n'en est-elle pas à toi? Je me disais pourquoi Clavijo rechercherait-il actuellement un mariage, fût-il même très-avantageux? A la vérité, pour un homme ordinaire, il est parvenu assez haut; mais avec son esprit et ses talents il est impossible qu'il s'en tienne là; il est inexcusable. Je formais alors mes projets. Il y a peu d'hommes aussi entreprenants, aussi intelligents, aussi souples et aussi actifs. Il est capable de réussir en tout. En sa qualité d'archiviste il est à portée d'acquérir promptement les plus grandes connaissances; il se rendra nécessaire; et qu'il arrive quelque changement, le voilà ministre.

CLAVIJO.

Je te l'avoue, tels furent souvent aussi mes rêves.

CARLOS.

Des rêves! Aussi bien, je suis certain que j'arriverais au sommet d'une tour en y montant avec la ferme résolution d'y parvenir, aussi bien suis-je sûr que tu aurais vaincu toutes les difficultés; ensuite je n'aurais plus été inquiet du reste. Tu n'as pas de fortune, tant mieux! tu n'aurais eu que plus d'ardeur pour acquérir et plus de prudence pour conserver; car celui qui reçoit les deniers du roi sans s'enrichir est un maladroit; et puis, je ne vois pas pourquoi les sujets ne devraient pas aussi bien des impôts au ministre qu'au souverain. Celui-ci donne son nom et l'autre ses talents. Tout cela arrangé, alors je cherchais à te marier. Je voyais bien des fières familles qui auraient fermé les yeux sur l'infimité de ta naissance et des plus riches qui n'auraient pas demandé mieux que de fournir à tes dépenses, pour pouvoir prendre quelque part à la gloire du second roi; et à présent...

CLAVIJO.

Tu es injuste; tu rabaisses trop mon état actuel. Et crois-tu donc sérieusement que j'en resterai là, que je ne saurai plus avancer, et à grands pas?

CARLOS.

Mon cher ami, si tu enlèves la tête d'une plante, elle n'en produira pas moins une foule de rejetons; elle pourra même un jour former un vaste buisson; mais elle ne deviendra jamais cette tige orgueilleuse qu'elle promettait. Ne t'imagine pas qu'à la cour on verra ce mariage avec indifférence. As-tu donc oublié quels sont les hommes qui ont désapprouvé ta passion pour Marie? As-tu donc oublié quel est celui qui t'a donné le sage conseil de l'abandonner? faut-il que je te les nomme; que je te les compte tous sur mes doigts?

CLAVIJO.

Oui, peu de gens approuveront ce mariage; cette idée est déjà venue me tourmenter.

CARLOS.

L'approuver? personne! et tous tes hauts protecteurs ne seront-ils pas irrités de ce que, sans les prévenir, sans leur demander conseil, tu t'es allé sacrifier ainsi, comme un enfant étourdi qui s'en va sur la place échanger son argent contre des noix véreuses?

CLAVIJO.

Ce que tu dis, Carlos, est exagéré et déplacé.

CARLOS.

Pas le moins du monde. Je pardonnerais à un homme de faire une extravagance par amour, d'épouser une soubrette parce qu'elle est belle comme un ange; à la bonne heure! on blâme celui qui l'épouse, mais tout le monde n'en est pas moins jaloux de son sort.

CLAVIJO.

Le monde, toujours le monde!

CARLOS.

Tu sais que je m'embarrasse fort peu des suffrages d'autrui; mais encore est-il éternellement vrai que lorsqu'on ne fait rien pour les autres, on ne fait rien pour soi, et si les hommes ne vous admirent ou ne vous jalousent, vous n'êtes point heureux.

CLAVIJO.

Le monde ne nous juge que sur les apparences. Oh! qu'on doit envier celui qui possède le cœur de Marie!

CARLOS.

Les choses ne sont guère que ce qu'elles paraissent. Mais, sérieusement, je me suis toujours douté qu'il devait y avoir quelque charme secret qui rendait ton bonheur digne d'en vie; car ce qu'on en voit par ses yeux, ce que l'esprit peut en imaginer...

CLAVIJO.

Tu veux me désespérer!

CARLOS.

Et comment donc cela s'est-il fait? se demandera-t-on à la ville; et comment cela s'est-il fait? se demandera-t-on à la cour; de grâce, comment cela s'est-il fait? Elle est sans fortune, sans naissance, et si Clavijo n'avait pas eu quelques rapports avec elle, on ne saurait pas même si elle est au monde. Elle doit être gentille, aimable, spirituelle!... Est-ce qu'on prend une femme pour cela? toutes ces bagatelles passent bien vite dans les premières années du mariage.... Ah! mais, ajoute quelqu'un, on la dit belle, charmante, d'une beauté ravissante!... A la bonne heure! répond un autre.

CLAVIJO se trouble, et laisse échapper un profond soupir.

Ah!

CARLOS.

Belle? oh! dit l'une, pas trop belle! Il y a près de six ans que je ne l'ai vue; et quelquefois on change en six ans, répond une autre. Mais nous la verrons, ajoute une troisième; il nous la présentera bientôt. On se fait des questions, on regarde, on s'informe, on attend, on est impatient; on se représente le fier Clavijo qui ne se montrait jamais en public sans y mener, comme en triomphe, une belle, une superbe Espagnole, dont la taille parfaite, les joues animées, les yeux étincelants semblaient dire à tout le monde : Ne suis-je pas digne de mon cavalier? et qui, dans l'ivresse de son orgueil, par le frémissement de sa robe qu'elle laissait flotter au gré des vents, cherchait à se faire remarquer davantage et à se donner encore plus de majesté. Enfin paraît ce monsieur Clavijo! Mais tous restent muets d'étonnement : il arrive avec sa petite Française maigre, aux yeux caves, dont tous les membres accusent la consomption, malgré l'éclat funèbre que lui donnent le blanc et le rouge dont elle est peinte. Oui, mon ami, je suis furieux; je ne sais où fuir, où me cacher, lorsqu'on m'arrête, qu'on m'interroge, qu'on me questionne, et que personne ne saurait concevoir...

CLAVIJO, lui prenant la main.

Mon ami, mon frère, je suis dans une position terrible! je te le dis, je te l'avoue : j'ai été effrayé moi-même en revoyant Marie! comme elle est maigre et changée! quelle pâleur! Ah! c'est ma faute, c'est ma trahison qui en est cause!

CARLOS.

Fantômes, chimères que tout cela! elle était languissante avant que ton roman commençât avec elle; je te l'ai dit mille fois; mais vous autres amants vous ne voyez rien, vous ne sentez rien. Clavijo, c'est une action indigne! Oublier tout! l'oublier à ce point! tu veux prendre une femme malade, qui communiquera à ta postérité une infirmité perpétuelle : tu veux que tes enfants et petits-enfants, à peine entrés dans la vie, s'éteignent comme une veilleuse!—Un homme comme toi, fait pour devenir la souche d'une famille qui peut-être dans la suite... Je ne me connais plus, l'indignation m'égare!

CLAVIJO.

Carlos, que te dirai-je? quand je l'ai revue, dans la première ivresse, mon cœur vola au-devant d'elle. Hélas! bientôt la compassion, la pitié furent les seuls sentiments qu'elle m'inspira; mais de l'amour... c'était comme si la froide main de la mort s'était posée sur mon épaule au moment où j'étais à ses pieds. Je m'efforçais de paraître gai devant tous ceux qui m'environnaient, j'affectais d'être au comble du bonheur, mais le bonheur était bien loin! J'étais gêné, mal à mon aise, et s'ils n'avaient pas été si hors d'eux-mêmes, ils s'en seraient aisément aperçus.

CARLOS.

Enfer! mort et diable! et tu veux l'épouser? (Clavijo demeure pensif sans lui répondre.) C'en est fait, tu es perdu, perdu à jamais! Adieu donc, mon cher ami, tous mes projets, il faut les oublier, et je vais passer le reste de ma vie à maudire ton aveuglement. Se rendre méprisable aux yeux de tout un peuple, sans que ce soit au moins pour satisfaire une passion, un désir. Aller gagner de gaieté de cœur une maladie qui, minant peu à peu tes forces, te défigurera et te rendra affreux aux yeux de tout le monde.

CLAVIJO.

Carlos! Carlos!

CARLOS.

Et fallait-il monter si haut pour faire une si grande chute? Sais-tu bien de quel œil on verra tout cela? C'est le frère qui est arrivé, diront-ils; il a fait trembler Clavijo, qui ne s'est pas risqué à lui tenir tête. Ha! ha! diront nos petits courtisans railleurs, on voit bien que ce n'est pas un cavalier. Bah! s'écrie un autre en enfonçant son chapeau et se frappant le ventre, j'aurais bien voulu que ce Français se fût adressé à moi. Et l'insolent qui tient ces propos n'est pas seulement digne d'être ton valet.

CLAVIJO, en proie à la plus vive douleur, saute au cou de Carlos en répandant un torrent de larmes.

Sauve-moi, mon ami! mon cher Carlos, sauve-moi! sauve-moi de l'horreur d'un double parjure; sauve-moi de l'opprobre, sauve-moi de moi-même. Je succombe.

CARLOS.

Pauvre insensé! J'espérais que le temps était passé de ces folies de jeunesse, de ces larmes, de ces faiblesses honteuses; j'espérais que, devenu homme, tu ne te laisserais plus secouer et que tu ne t'abandonnerais plus à ces douleurs efféminées qui t'ont fait verser tant de pleurs dans mon sein. Allons, Clavijo, sois homme.

CLAVIJO.

Laisse-moi pleurer!

Il se jette dans un fauteuil.

CARLOS.

Malheur à toi, qui es entré dans une si belle carrière pour ne point la parcourir jusqu'au bout! A un cœur comme le tien, à des sentiments qui auraient fait le bonheur d'un citoyen paisible, fallait-il encore unir ces malheureux désirs de grandeur? Et qu'est-ce que la grandeur, Clavijo? S'élever au-dessus des autres par son rang et ses dignités?... N'en crois rien, mon ami! si ton cœur n'est pas plus grand que le cœur des autres, si tu n'es point capable de te mettre tranquillement au-dessus de ces accidents qui tourmenteraient une âme faible, toi-même, avec tous tes honneurs, tes cordons et tes croix, avec la couronne même, tu ne seras jamais qu'un homme ordinaire. Calme-toi, ranime-toi! (Clavijo se lève, regarde Carlos et lui tend une main que celui-ci saisit avec vivacité.) Allons, allons, mon ami! prends une résolution. J'écarte toute autre considération, et je dis : « Voici deux partis dans le plateau de la balance : ou tu épouses Marie, et tu trouves ton bonheur dans une vie bourgeoise et ignorée, dans le calme des plaisirs domestiques; ou bien tu continues à diriger ta course par la carrière des honneurs vers un but que tu es sûr d'atteindre. » — J'écarte toute autre considération; et je te dis : « La balance est immobile encore, c'est ta décision qui va la faire pencher. Soit; mais décide-toi. » — Rien n'est plus pitoyable au monde qu'un homme irrésolu, qui flotte entre deux sentiments, voudrait les concilier tous deux, et ne voit pas qu'ils ne peuvent être conciliés que par ce doute et cette inquiétude même, qui sont pour lui un supplice. Courage, donne ta main à Marie, agis comme un honnête homme qui sacrifie à sa parole le bonheur de sa vie entière, qui croit de son devoir de réparer le mal qu'il a fait, et qui n'a jamais étendu le cercle de ses volontés, de ses goûts, de ses actions, pour être toujours en état de pouvoir tout réparer. Jouis ainsi du bonheur d'une douce obscurité, du bon témoignage d'une conscience scrupuleuse, et de toutes ces félicités qui sont accordées aux hommes capables de faire leur propre bonheur et la joie de leur famille. — Décide-toi, et je te dirai alors : « Tu es un homme. »

CLAVIJO.

O Carlos! que n'ai-je une étincelle de ta force, de ton courage!

CARLOS.

Cette étincelle est dans ton cœur, et je soufflerai dessus jusqu'à ce qu'il en jaillisse des flammes. Vois d'un autre côté la fortune et la grandeur qui t'attendent. Je ne te les peindrai point, ces espérances, avec les couleurs éblouissantes d'un poêle; tu n'as qu'à te les représenter à toi-même avec cette clarté sous laquelle elles s'offraient sans cesse à ton cœur avant que ce petit Français, cette tête exaltée, eût troublé tous les sens. Mais ici encore, Clavijo, sois homme. Voilà ton chemin; suis-le hardiment sans regarder ni à droite ni à gauche. Puisse ton âme s'agrandir! Puisses-tu te pénétrer de cette grande vérité que les hommes extraordinaires ne sont réellement extraordinaires que parce que leurs devoirs s'écartent du devoir du commun des hommes. Sache que celui qui est chargé de surveiller un grand tout, de le gouverner et de le conserver, n'a jamais à se reprocher d'avoir brisé de faibles liens, et sacrifié quelques détails pour le bien de la masse. C'est ainsi que le Créateur agit dans la nature, le roi dans ses États; et pourquoi ne le ferions-nous pas pour leur ressembler?

CLAVIJO.

Ah! Carlos, je suis bien petit!

CARLOS.

Nous ne sommes pas petits parce que des circonstances malheureuses nous contrarient : nous le sommes quand nous y cédons. Un dernier effort, et tu es rendu à toi-même. Étouffe dans ton cœur les restes d'une pitoyable passion qui, aujourd'hui, te convient aussi peu que ce petit habit gris et cet air simple et modeste avec lequel tu es venu à Madrid. Cette jeune fille n'a-t-elle pas eu depuis longtemps sa récompense pour tout ce qu'elle a fait pour toi? Es-tu coupable envers elle d'un crime, parce qu'elle est la première personne qui t'ait reçu chez elle avec amitié? Oh! pour avoir le plaisir de ta société, une autre en aurait fait autant et même davantage, sans élever d'aussi grandes prétentions. — Et te serait-il venu dans l'idée de donner à ton maître d'école la moitié de ton bien, parce qu'il t'aura enseigné l'A B C il y a trente ans? Voyons, Clavijo?

CLAVIJO.

Tout cela est très-bien... Tu peux avoir raison, soit; mais comment nous tirer de l'embarras où nous sommes? Donne-moi des avis, des secours, et je t'écoute alors.

ACTE IV.

CARLOS.

Bon! tu le veux donc.

CLAVIJO.

Fais-moi pouvoir, et je voudrai. Je ne suis pas capable de réflexions, fais-en pour moi

CARLOS.

Eh bien! il faut donner d'abord un rendez-vous à ce Français dans un lieu tiers; ensuite, à la pointe de l'épée, lui redemander cette déclaration qu'il t'a arrachée et que tu as signée par inconséquence.

CLAVIJO.

Je l'ai déjà cette déclaration : il l'a déchirée et me l'a rendue.

CARLOS.

A merveille! à merveille! Comment! ce pas est déjà fait, et tu me laisses parler depuis si longtemps? Alors cela ne sera pas long! Tu lui écriras tout tranquillement : Que tu ne juges pas à propos d'épouser sa sœur; qu'il pourrait en apprendre les raisons s'il voulait avoir la bonté de se trouver cette nuit, accompagné d'un ami et pourvu d'armes de son choix, à tel ou tel endroit... puis tu signeras.

Allons, tout de suite, Clavijo, écris-moi cette lettre. Je serai ton second, et... il faut que le diable s'en mêle si... (Clavijo s'approche de son secrétaire). Écoute! un mot : en y faisant attention, nous serions bien fous de suivre ce projet. Est-ce que des gens comme nous sont faits pour aller risquer leur vie contre un aventurier qui veut se battre? et sa conduite, et son état, tout cela ne mérite pas que nous le regardions comme notre égal. Écoute-moi donc : qu'en penses-tu? si j'intentais secrètement une plainte au criminel contre lui; si je l'accusais d'être arrivé *incognito* à Madrid, de s'être fait annoncer chez toi sous un nom emprunté, et d'y être venu escorté d'un individu équivoque ; si je disais que d'abord il a su gagner ta confiance par des paroles flatteuses, et que tout à coup il t'a attaqué, qu'il t'a forcé de lui signer une déclaration, et qu'il est parti pour la rendre publique? Voilà ses projets rompus, et il apprendra ce qu'il en coûte pour venir troubler le repos d'un Espagnol.

CLAVIJO.

Tu as raison.

CARLOS.

Mais en attendant que cette affaire soit entamée, il pourrait fort bien nous jouer quelque tour de sa façon ; il ne serait pas mal de le prévenir, et, sans autre forme de procès, de le faire enlever.

CLAVIJO.

Je te connais, et je sais que tu serais homme à exécuter ce projet.

CARLOS.

Cela t'étonne? et que serait-ce donc si je n'étais pas capable de conduire une pareille misère, moi qui, depuis vingt-cinq ans, vis avec toi et qui ai tant de fois essuyé tes larmes? Donne-moi carte blanche, tu n'as rien à faire, rien à écrire. Celui qui fait enfermer le frère donne assez à entendre par cette pantomime expressive, qu'il ne se soucie point du tout de la sœur.

CLAVIJO.

Non, Carlos ; quoi qu'il en puisse arriver, non jamais, jamais je n'y consentirai. Beaumarchais est un homme honorable, et je ne voudrais pas qu'il pérît dans l'horreur des cachots, parce qu'il défend une cause juste. Une autre proposition, Carlos, une autre proposition !

CARLOS.

Bah ! bah ! quel enfantillage ! nous ne le dévorerons pas ; on en prendra soin ; et d'ailleurs ce n'est pas pour toujours. Quand il verra que c'est sérieux, sois sûr qu'il en rabattra bientôt de ses colères tragiques ; il s'en retourne fort calmé en France, et il te remercie encore si tu veux bien avoir la générosité de payer une pension à sa sœur... C'était peut-être même là le seul but de son voyage.

CLAVIJO.

Eh bien ! j'y consens ; mais ménage-le.

CARLOS.

Sois sans inquiétude, mais voici une autre précaution qu'il ne faut pas oublier de prendre : il est possible que nos projets s'éventent, qu'il en soit instruit et qu'il vienne encore te trouver et tout détruire. Il serait donc très-nécessaire de quitter ta maison, sans qu'aucun de tes gens sache où tu es allé. Fais un paquet de ce qui t'est le plus nécessaire, je t'enverrai mon domestique, et je te ferai conduire en un lieu où la Sainte Hermandad elle-même ne te déterrerait pas. J'ai toujours en réserve une couple de ces cachettes. Adieu.

CLAVIJO.

Au revoir.

CARLOS.

Courage! courage! quand tout cela sera fini, alors nous nous réjouirons.

MAISON DE GUILBERT.

SOPHIE GUILBERT, MARIE BEAUMARCHAIS, un ouvrage de femme à la main.

MARIE.

Quoi? Buenco est parti si brusquement?

SOPHIE.

Cela ne me surprend pas. Il t'aime ; comment aurait-il pu supporter la présence d'un homme qu'il doit doublement haïr?

MARIE.

C'est le meilleur et le plus vertueux des hommes. (Lui montrant son ouvrage.) Il me semble qu'il faut s'y prendre comme cela ; je la garnirai par ici, et je ferai repasser le bout par-dessus. Cela sera bien?

SOPHIE.

Très-bien. Et moi, je vais mettre sur ma coiffure un ruban paille ; c'est la couleur qui me sied le mieux. Eh bien! tu ris?

MARIE.

Je ris de moi-même. Singulier peuple que le peuple féminin ! A peine nous trouvons-nous un peu tranquilles, que nous nous occupons tout de suite de chiffons et de rubans.

SOPHIE.

Tu n'as point ce reproche à te faire. Du moment où Clavijo t'abandonna, rien ne fut plus capable de t'inspirer de la joie. (Marie regarde tout à coup la porte avec effroi.) Qu'as-tu donc ?

MARIE toute saisie.

J'ai cru entendre arriver quelqu'un. Ah ! mon pauvre cœur ! il me fera mourir. Sophie, mets ta main là ; sens comme il palpite pour une vaine frayeur !

SOPHIE.

Calme-toi, ma sœur ! tu es bien pâle ; je t'en prie, ma chère, calme-toi !

MARIE.

J'ai là (elle porte la main sur son cœur) une oppression, — un spasme ! Ah ! mon cœur me tuera !

SOPHIE.

Ne te tourmente pas ainsi.

MARIE.

Je suis trop sensible et trop malheureuse. Les chagrins et la joie ont épuisé ma vie infortunée. Je te l'avoue, ma joie est encore imparfaite ! je jouirai peu du bonheur qui m'attend dans les bras de Clavijo ; peut-être n'en jouirai-je jamais !

SOPHIE.

Ma sœur, ma seule amie. Tu fais ton propre tourment.

MARIE.

Pourquoi veux-tu que je me fasse illusion ?

SOPHIE.

Tu es jeune, dans l'âge du bonheur ; tu peux tout espérer.

MARIE.

L'espérance ! ah ! ce doux baume de la vie ranime souvent mon âme ! Dans mes tendres rêves, je revois les traits bien-aimés de cet incomparable amant qui revient à mes pieds. O Sophie ! qu'il est séduisant ! depuis que je ne l'ai vu, il a... je ne sais comment exprimer ma pensée,... il a développé toutes ces grandes qualités qui étaient autrefois cachées sous le voile de la modestie. Il est devenu homme, et il doit sentir au fond de son âme, quoiqu'il soit sans orgueil et sans vanité, qu'il est fait pour régner sur tous les cœurs. Et cet homme serait à moi ! non, ma sœur, je n'étais pas digne de lui, et aujourd'hui je le suis moins que jamais.

SOPHIE.

Donne-lui ta main et sois heureuse. — J'entends notre frère !

BEAUMARCHAIS entre.

Où est Gilbert ?

SOPHIE.

Il y a déjà quelque temps qu'il est sorti ; il ne peut tarder à rentrer.

MARIE.

Qu'as-tu, mon frère ? (Elle se lève avec précipitation et lui saute au cou.) Qu'as-tu, cher frère ?

BEAUMARCHAIS.

Rien ! laisse-moi, ma chère Marie !

MARIE.

Si je suis ta chère Marie, dis-moi ce que tu as sur le cœur.

SOPHIE.

Laisse-le. Les hommes ont souvent l'air triste sans avoir sujet de l'être.

MARIE.

Non, non. Ah ! mon frère, je te vois depuis peu de jours, mais je lis déjà sur ton visage tous les secrets de ton cœur ; je lis sur ton front tous les sentiments de ton âme pure, qui ne sait pas dissimuler. Quelque chose te tourmente. Parle, qu'est-ce ?

BEAUMARCHAIS.

Ce n'est rien, ma chère amie ; j'espère qu'au fond cela ne sera rien. Clavijo...

MARIE.

Comment ?

BEAUMARCHAIS.

Je viens de chez Clavijo. Il n'était pas chez lui.

SOPHIE.

Et cela t'inquiète?

BEAUMARCHAIS.

Son portier dit qu'il est parti, il ne sait pour quel endroit, ni combien de temps il sera absent. Me fait-il refuser sa porte? Est-il réellement parti? Que veut dire tout cela?

MARIE.

Il faut attendre.

BEAUMARCHAIS.

Ta bouche ment à ton cœur. Ah! la pâleur de ton visage, ton corps tremblant, tout nous dit que tu ne saurais attendre. Chère sœur! (il la serre contre son sein) j'en jure par ce cœur sensible que je sens palpiter contre le mien, par ce cœur déchiré... Écoute-moi, Dieu juste! Tu seras vengée, si... la seule idée m'en fait frémir!... S'il se rendait coupable d'un double parjure; s'il se faisait un jeu cruel de nos malheurs! Non, ce n'est pas, ce n'est pas possible... va! tu seras vengée!

SOPHIE.

Tu le condamnes trop précipitamment. Épargne Marie, je t'en prie, mon frère. (Marie s'assied.) Qu'as-tu, ma sœur? tu te trouves mal!

MARIE.

Non, non; tu t'alarmes d'un rien.

SOPHIE lui présente un verre d'eau.

Bois cela.

MARIE.

Laisse-moi donc; je n'en ai pas besoin. — Allons, donne-le-moi.

BEAUMARCHAIS.

Où est Guilbert? Où est Buenco? Envoie les chercher, je t'en prie. (Sophie sort.) Comment te trouves-tu, Marie?

MARIE.

Bien, très-bien! Tu penses donc, mon frère...

BEAUMARCHAIS.

Quoi? ma bonne amie!

ACTE IV.

MARIE.
Ah!

BEAUMARCHAIS.
Tu as de la peine à respirer?

MARIE.
Les palpitations de mon cœur sont si violentes, que je ne puis reprendre haleine.

BEAUMARCHAIS.
N'emploies-tu rien pour calmer cela?

MARIE.
Ah! je ne sais qu'un remède pour me guérir. Je le demande à Dieu depuis longtemps.

BEAUMARCHAIS.
Tu l'obtiendras, et de ma main, je l'espère!

MARIE d'une voix éteinte.
Oui? c'est bien!

Sophie entre.

SOPHIE.
Un courrier vient de me remettre cette lettre, il arrive d'Aranjuez.

BEAUMARCHAIS.
C'est le cachet et la main de notre ambassadeur.

SOPHIE.
Je l'ai prié d'entrer et de se rafraîchir; il n'a voulu rien accepter, parce qu'il avait encore plusieurs autres dépêches.

MARIE.
Oblige-moi, ma bonne amie, de faire appeler le médecin.

SOPHIE.
Tu te sens donc bien malade? Grand Dieu! qu'as-tu donc?

MARIE.
Tu me tourmenteras au point que je n'aurai pas le courage de te demander un verre d'eau. Sophie! mon frère! Que contient donc cette lettre? Vois comme il tremble! comme il semble abattu! Mon frère! mon frère!

Beaumarchais, sans proférer une parole, se jette dans un fauteuil, et laisse tomber la lettre à ses pieds.

SOPHIE.

Mon frère !

Elle ramasse la lettre et lit.

MARIE.

Laisse-moi la voir, il faut que je... (Elle veut se lever, mais elle n'en a pas la force.) Ah ! malheur ! je le sens, il a frappé le coup mortel. Ma sœur ! ah ! par pitié, parle, enfonce-moi le poignard dans le cœur... Il nous trahit ?

BEAUMARCHAIS, se levant hors de lui.

Il nous trahit ! (Il se frappe la tête et la poitrine.) Tout est mort, tout est anéanti pour mon âme, comme si un coup de foudre m'avait privé de tous mes sens. Marie ! Marie ! il t'a trahie, et je suis encore ici ! Où aller ? que faire ? Je ne vois rien, rien ! point de moyen, point de salut.

Il se rejette dans le fauteuil. — Guilbert entre.

SOPHIE.

Ah ! mon cher Guilbert, aide-nous, conseille-nous ! nous sommes perdus !

GUILBERT.

Sophie !

SOPHIE.

Prends ! lis cette lettre ! L'ambassadeur écrit d'Aranjuez que Clavijo a porté contre mon frère une plainte criminelle qui l'accuse de s'être introduit dans sa maison sous un nom emprunté; que Beaumarchais l'a surpris encore au lit; qu'en lui mettant le pistolet sur la gorge il l'a forcé de lui signer une déclaration ignominieuse; et que si mon frère ne s'éloigne sur-le-champ du royaume, on va le renfermer dans une prison, dont lui-même, tout ambassadeur qu'il est, ne pourra peut-être jamais le faire sortir.

BEAUMARCHAIS se lève.

Oui, je le veux ! qu'ils me traînent dans les cachots ! mais ils viendront m'arracher de dessus son cadavre, de la place où je nagerai dans son sang. Une effroyable soif de son sang me dévore. Dieu du ciel, sois béni de ce que tu envoies aux hommes quelques soulagements au milieu de leurs douleurs affreuses ! Je sens mon cœur altéré de vengeance. Ce sentiment délicieux me ranime, me sort de mon irrésolution stupide et muette, et m'élève au-dessus de moi-même. Vengeance! que je me sens soulagé! comme tous mes nerfs se tendent, se roidissent pour le saisir, le déchirer...

SOPHIE.

Tu me fais frémir, mon frère!

BEAUMARCHAIS.

Tant mieux! Point d'épée, point d'armes; c'est de ces mains que je veux le déchirer, afin que ma joie soit plus directe, que je puisse dire au fond de mon cœur : Je l'ai anéanti!

MARIE, très-oppressée.

Ah! mon cœur!

BEAUMARCHAIS.

Je n'ai pu te sauver, ma sœur; mais tu seras vengée. Mes dents sont avides de sa chair, mon gosier de son sang! Suis-je donc devenu une bête féroce? Je haïrais d'une haine éternelle celui qui, pour frustrer mon attente, voudrait l'empoisonner ou l'assassiner. Guilbert, aide-moi donc à le trouver! Où est Buenco? Vous tous, aidez-moi donc à le trouver!

GUILBERT.

Sauve-toi! sauve-toi, te dis-je! Mon frère, tu ne te connais plus!

MARIE.

Fuis promptement, mon frère!

SOPHIE.

Emmène-le. Il va faire mourir sa pauvre sœur!

* Buenco entre.

BUENCO.

Je l'avais bien prévu, monsieur; partez sur-le-champ, partez; j'ai observé toutes leurs démarches, on vous cherche, et vous êtes perdu si vous ne sortez à l'instant de la ville.

BEAUMARCHAIS.

Non, jamais! Où est Clavijo?

BUENCO.

Je l'ignore.

BEAUMARCHAIS.

Tu le sais, dis-le-moi. O Buenco! faut-il que je t'en conjure à genoux!

SOPHIE.

De grâce, Buenco.

MARIE.

Ah! de l'air, de l'air! (Elle tombe à la renverse.) Clavijo!
Elle glisse de son siége.

SOPHIE.

Au secours! elle se meurt!

MARIE.

Ne nous abandonne pas, grand Dieu! Sauve-toi, mon frère, sauve-toi!

BEAUMARCHAIS. (Il se précipite aux genoux de Marie et, malgré tous les secours qu'on lui prodigue, elle ne peut revenir à elle.)
Moi, t'abandonner! t'abandonner!

SOPHIE.

Eh bien! reste, et fais-nous mourir tous comme ma malheureuse sœur! Marie, tu n'es plus, et ton frère a causé ta mort!

BEAUMARCHAIS.

Arrête! Que dis-tu?

SOPHIE, avec un sourire amer.

Notre libérateur! notre vengeur! Qu'il s'aide donc lui-même!

BEAUMARCHAIS.

Dieu! ai-je mérité...

SOPHIE.

Rends-la-moi, et ensuite va te plonger dans un cachot, monte sur l'échafaud; vas-y répandre ton sang, mais rends-moi ma sœur!

BEAUMARCHAIS.

Sophie!

SOPHIE.

Hélas! puisqu'elle n'est plus, puisqu'elle est morte, au moins conserve-toi pour nous, mon frère! (Elle se jette à son cou.) Conserve-toi pour nous! pour notre père! Hâte-toi, hâte-toi de partir. C'était là sa destinée, elle l'a remplie; et, puisqu'il est un Dieu dans le ciel, remets-lui le soin de nous venger.

BUENCO.

Partons, partons, suivez-moi, et je vous déroberai à leurs poursuites, jusqu'à ce que nous trouvions un moyen de vous faire sortir du royaume.

BEAUMARCHAIS se jette sur le corps de Marie; il le couvre de baisers.
Ma sœur!

On l'arrache des bras de sa sœur. Il prend la main de Sophie; celle-ci se dégage. On enlève le corps de Marie. Buenco et Beaumarchais sortent.

GUILBERT, un Médecin.

SOPHIE, sortant de la chambre où l'on vient de porter Marie.
Trop tard! Elle n'est plus! elle n'est plus!

GUILBERT.

Venez, monsieur. Voyez-la, c'est impossible.

Ils sortent.

ACTE CINQUIÈME

UNE RUE DEVANT LA MAISON DE GUILBERT.

Il fait nuit. La porte de la maison est ouverte, et devant cette porte on voit trois hommes en manteau noir avec des flambeaux.

CLAVIJO arrive, enveloppé dans son manteau; il porte une épée sous son bras. Un Domestique marche devant lui, tenant un flambeau à la main.

CLAVIJO.

Je t'avais dit d'éviter cette rue.

LE DOMESTIQUE.

Il nous aurait fallu faire un grand détour, et vous êtes pressé. Don Carlos ne demeure pas loin d'ici.

CLAVIJO.

Que vois-je? des flambeaux?

LE DOMESTIQUE.
Et un cercueil. Venez par ici, monsieur.
CLAVIJO.
Dans la maison de Marie! un cercueil! Un frisson mortel a glacé tous mes sens. Va leur demander qui l'on enterre?

LE DOMESTIQUE s'approche des hommes qui attendent le cercueil.

Qui enterrez-vous là?
LES HOMMES.
Marie Beaumarchais.

Clavijo s'assied sur une pierre et s'enveloppe dans son manteau.
LE DOMESTIQUE revient.
Ils enterrent Marie Beaumarchais.
CLAVIJO se levant.
Devais-tu le répéter, traître! ce mot terrible qui fige ma moelle dans mes os?...
LE DOMESTIQUE.
Silence, monsieur! venez promptement; songez à quel danger vous vous exposez.
CLAVIJO.
Que l'enfer t'engloutisse! Je reste.
LE DOMESTIQUE.
O Carlos! que ne puis-je te trouver! Carlos! il est hors de lui!

Il sort. — On voit au fond les hommes qui doivent enterrer Marie.
CLAVIJO.
Morte! Marie, morte! Voilà les flambeaux! voilà son lugubre cortége! — C'est un songe, sans doute, un fantôme qui vient m'effrayer et m'offrir un miroir prophétique où se peint l'issue de mes trahisons. — Il en est temps encore! Encore?... je frémis, et mon cœur est glacé d'épouvante. Non, non! tu ne mourras point! Me voici! me voici! Disparaissez, spectres de la nuit! qui me barrez le chemin par vos images terribles. (Il s'élance vers eux.) Disparaissez! Ils restent immobiles, ils me regardent avec étonnement! Malheur! malheur à moi! ce sont des hommes comme moi! Il est donc vrai?... il est vrai!... Peux-tu le penser? Elle est morte! Cette idée affreuse se présente à mon âme égarée avec toutes les hor-

reurs de la nuit. Elle est morte! cette fleur, la voilà à tes pieds. — Et toi, Dieu du ciel, prends pitié de mon sort! Ce n'est pas moi qui l'ai tuée! Étoile, cachez-vous, ne jetez pas vos regards sur moi, le traître! Vous qui m'avez vu tant de fois quitter le seuil de cette maison dans l'enthousiasme du plus ardent amour, lorsque ma fantaisie dorée remplissait cette rue de chants et de bruits de guitare, et que j'étais là, tremblant et guettant la jeune fille cachée derrière sa jalousie! et c'est moi, c'est moi qui ai rempli cette maison de deuil et de gémissements, qui fais retentir les chants de mort dans ces lieux témoins de mon bonheur! Marie! Marie! emmène-moi! emmène-moi! (On entend dans la maison de Guilbert quelques sons d'une musique lugubre.) Ils vont la porter au tombeau. Arrêtez! arrêtez! ne fermez pas son cercueil; laissez-moi la revoir encore une fois! (Il s'approche de la maison de Guilbert.) Aux yeux de qui vais-je me présenter? la douleur les accable tous. Ses amis, son frère, dont le cœur est plein de regrets et de fureurs.. (La musique recommence.) Elle m'appelle! elle m'appelle! Je cours à toi! Quelle angoisse me saisit! quel tremblement retient mes pas!

La musique lugubre se fait entendre pour la troisième fois et continue. Les torches s'agitent devant la porte : trois autres hommes se joignent aux premiers, et se placent en rang pour entourer le cortége qui sort de la maison. Six autres portent les bâtons sur lesquels on voit le cercueil couvert.

GUILBERT et BUENCO, en grand deuil.

CLAVIJO, s'avançant.

Arrêtez!

GUILBERT.

Quelle est cette voix!

CLAVIJO.

Arrêtez!

Le cortége s'arrête.

BUENCO.

Qui ose arrêter ce cortége respectable?

CLAVIJO.

Déposez ce cercueil.

GUILBERT.

Ah!

BUENCO.

Misérable! il n'y aura donc point de terme à tes forfaits! Le cercueil ne met-il pas ta victime à l'abri de tes poursuites?

CLAVIJO, mettant l'épée à la main.

Laisse-moi, n'excite pas ma fureur! Les malheureux sont terribles. Il faut que je la voie!

Il ôte le drap mortuaire. On voit Marie couchée dans le cercueil, vêtue de blanc, les mains jointes. Clavijo recule effrayé et se cache le visage.

BUENCO.

Veux-tu la ranimer pour la tuer une seconde fois?

CLAVIJO.

Misérable railleur!... Marie!

Il tombe à genoux devant le cercueil.

BEAUMARCHAIS.

Buenco m'a quitté tout à coup. Elle n'est pas morte, disent-ils : il faut que je la voie; quand tout l'univers s'y opposerait, il faut que je la voie. Qu'aperçois-je? Des flambeaux! un cercueil!

Il accourt et se jette sur le cercueil; on le relève, il est prêt à s'évanouir. Guilbert le soutient dans ses bras.

CLAVIJO, qui est de l'autre côté du cercueil :

Marie! Marie!

BEAUMARCHAIS se ranime.

C'est sa voix. Qui appelle Marie? Au seul son de cette voix, la fureur a fait bouillonner mon sang dans mes veines.

CLAVIJO.

C'est moi.

Beaumarchais lui jette un regard terrible et met la main sur son épée. Guilbert le retient.

CLAVIJO.

Je ne crains ni tes regards furieux ni la pointe de ton épée. Vois ces yeux éteints et fermés pour jamais, vois ces mains jointes!

ACTE V.

BEAUMARCHAIS.

Et c'est toi qui oses me les montrer...

Il s'arrache des bras de Guilbert et fond sur Clavijo qui dégaine : ils se battent, et Beaumarchais plonge son épée dans le cœur de Clavijo.

CLAVIJO, en tombant.

Je te remercie, mon frère, tu nous unis.

Il tombe sur le cercueil.

BEAUMARCHAIS.

Damné, ne touche pas à cette sainte !

CLAVIJO.

Malheur !

Les porteurs le soutiennent.

BEAUMARCHAIS.

Du sang ! Ouvre les yeux, Marie, pour voir la pompe de tes noces, et ferme-les ensuite pour jamais ! Vois comme je l'ai consacré, le lieu de ton repos, en répandant sur ta tombe le sang de ton assassin. Je suis content de moi !

SOPHIE arrive.

Mon frère ! Dieu ! qu'y a-t-il ?

BEAUMARCHAIS.

Approche, ma sœur, et regarde. J'espérais semer de roses son lit nuptial ; vois les roses dont je la pare pour aller habiter dans les cieux.

SOPHIE.

Nous sommes perdus !

CLAVIJO, d'une voix languissante.

Sauve-toi donc, insensé, sauve-toi avant que le jour commence à paraître. Que Dieu, qui t'a envoyé pour punir le crime, t'accompagne ! Sophie, pardonne-moi. — Mon frère ! — mes amis, pardonnez-moi !

BEAUMARCHAIS.

Comme son sang qui coule apaise toute ma rage ! comme avec sa vie s'évanouit ma fureur. (Il s'approche de lui.) Meurs, je te pardonne.

CLAVIJO.

Donne-moi donc ta main ! Sophie, donne-moi la tienne ; et vous, les vôtres, mes amis !

Buenco hésite à lui donner sa main.

SOPHIE, avec douceur.

Donnez-lui votre main, Buenco.

CLAVIJO, à Buenco.

Je te remercie. (A Sophie.) Ton cœur est toujours le même ! Ame de mon amante, si tu planes encore sur ces lieux, jette du haut des cieux un regard sur nous, vois cette bonté divine. Donne-nous ta bénédiction et pardonne-moi. Je te rejoins, je vole vers toi. Mon frère, sauve-toi, je t'en conjure ! Dites-moi, m'a-t-elle pardonné ? comment est-elle morte ?

SOPHIE.

Son dernier mot a été ton malheureux nom, elle est morte sans nous dire adieu.

CLAVIJO.

Je la suis, je lui porterai vos adieux.

CARLOS, LE DOMESTIQUE.

CARLOS.

Clavijo ! des assassins !

CLAVIJO.

Écoute-moi, Carlos : tu vois ici les victimes de ta prudence et de ton habileté... Je t'en conjure par ce sang qui s'échappe avec ma vie, sauve mon frère...

CARLOS.

Clavijo ! Clavijo ! et vous restez là tranquilles, vous ! Courez donc chercher les chirurgiens !

Le domestique sort.

CLAVIJO.

C'est inutile. Sauve les jours de ce frère infortuné... Donne-moi ta main, mon ami, comme un gage de ta promesse. Ils m'ont pardonné et je te pardonne. — Tu l'accompagneras jusqu'à la frontière, et... — Ah !

CARLOS, frappant du pied.

Clavijo ! Clavijo !

CLAVIJO, se traînant jusqu'auprès du cercueil et s'y appuyant.

Marie ! ta main !

Il décroise ses mains, et lui prend la main droite.

ACTE V.

SOPHIE à Beaumarchais.

Sauve-toi donc, malheureux ! sauve-toi !

CLAVIJO.

Je la tiens, sa main, sa main glacée. Tu es à moi... Que je lui donne encore une fois un baiser d'époux... Ah !

SOPHIE.

Il meurt. Sauve-toi, mon frère !

Beaumarchais se jette dans les bras de sa sœur. Sophie l'embrasse et fait signe qu'on l'entraîne.

FIN DE CLAVIJO.

STELLA

DRAME EN CINQ ACTES
— EN PROSE —

———— 1775 ————

PERSONNAGES

STELLA.
CECILE, d'abord sous le nom de madame SOMMER.
FERNANDO.
LUCIE.
L'INTENDANT.

LA MAÎTRESSE DE POSTE.
ANNETTE.
CHARLES.
LE POSTILLON.
DOMESTIQUES.

ACTE PREMIER

UNE MAISON DE POSTE.

LA MAÎTRESSE DE POSTE, CHARLES.

On entend le cor d'un postillon.

LA MAÎTRESSE DE POSTE.

Charles, Charles !

CHARLES, *accordant.*

Qu'est-ce ?

LA MAÎTRESSE DE POSTE.

Où diable es-tu ? sors donc : voilà la diligence qui arrive. Fais entrer les voyageurs; prends leurs paquets; allons, remue-toi : vas-tu faire encore la mine ?

Charles sort.

LA MAÎTRESSE DE POSTE *criant après lui.*

Attends ! faut-il sans cesse te pousser, paresseux ? Un garçon d'auberge doit être toujours vif, toujours alerte. Quand un coquin comme cela devient le maître, tout est perdu. Si

je me remarie jamais, je n'aurai pas d'autre motif. Il est trop
difficile à une femme de mener ses affaires toute seule.

MADAME SOMMER, LUCIE, en habits de voyage.

LUCIE, portant une valise (à Charles).

Laisse-moi faire : elle n'est pas lourde, prends seulement
la cassette de ma mère.

LA MAÎTRESSE DE POSTE.

Votre servante, mesdames. Vous arrivez de bonne heure,
la diligence ne vient jamais sitôt.

LUCIE.

Nous avions un jeune postillon tout à fait gai et gentil; je
ferais volontiers avec lui le tour du monde, d'ailleurs nous
ne sommes que nous deux, et notre bagage n'est pas lourd.

LA MAÎTRESSE DE POSTE.

Si vous voulez manger, il faudra que vous ayez la bonté
d'attendre; je n'ai encore rien de prêt.

MADAME SOMMER.

Je vous demanderai seulement un peu de soupe.

LUCIE.

Pour moi, je ne suis pas pressée; occupez-vous de ma
mère.

LA MAÎTRESSE DE POSTE.

Sur-le-champ.

LUCIE.

Du bon bouillon!...

LA MAÎTRESSE DE POSTE.

Le meilleur que j'aie.

Elle sort.

MADAME SOMMER.

Tu ne saurais donc te déshabituer de ce ton de commandement? Le voyage aurait dû te rendre sage. Nous avons partout plus payé que consommé; et notre situation...

LUCIE.

Nous n'avons pas encore manqué...

MADAME SOMMER.
Mais nous en avons été bien près.

Le postillon entre.

LUCIE.
Eh bien, brave garçon! comment cela va-t-il? Tu viens, n'est-il pas vrai, demander ton pourboire?

LE POSTILLON.
Ne vous ai-je pas menées comme l'extrà-poste?

LUCIE.
Cela veut dire que tu mérites un pourboire extrà, n'est-ce pas? Tu serais mon cocher, si j'avais des chevaux.

LE POSTILLON.
Je n'en suis pas moins à votre service.

LUCIE.
Tiens!

LE POSTILLON.
Grand merci, mamselle! Vous n'allez pas plus loin?

LUCIE.
Nous restons ici aujourd'hui.

LE POSTILLON.
Adieu.

Il sort.

MADAME SOMMER.
Je vois à son air que tu lui as trop donné.

LUCIE.
Fallait-il qu'il nous quittât de mauvaise humeur? Il a été si obligeant. Vous dites toujours, maman, que je suis capricieuse; du moins je ne suis pas intéressée.

MADAME SOMMER.
Je t'en prie, ma chère Lucie, ne dénature pas ce que je te dis, j'estime ta franchise ainsi que ton bon cœur et ta générosité; mais ces vertus n'en sont que tant qu'elles viennent à leur place.

LUCIE.
Maman, ce petit endroit me plaît véritablement beaucoup. La maison que nous avons vue ici près, est donc celle de la dame à qui l'on m'attache?

MADAME SOMMER.
Je suis enchantée que le lieu de ta destination te plaise.
LUCIE.
Il doit être calme, je le vois. Cependant la grand'place est animée comme un dimanche.... La dame a un beau jardin ; c'est sûrement une bonne dame. Nous verrons comment nous serons reçues. Que regardez-vous, maman?
MADAME SOMMER.
Laisse-moi donc, Lucie!... Heureuse enfant, à qui nul objet ne retrace de souvenir! Ah! jadis mon sort fut bien différent de ce qu'il est aujourd'hui... Rien ne m'est douloureux comme l'aspect d'une maison de poste.
LUCIE.
Où ne trouvez-vous pas de prétextes à vos plaintes?
MADAME SOMMER.
Où n'en trouvai-je point de sujets? Ah! mon enfant, quelle différence, quand ton père voyageait encore avec moi! que sont-elles devenues ces premières années de notre mariage, ces temps les plus beaux et les plus heureux de notre vie? Tout avait alors pour moi le charme de la nouveauté. Et traverser à son bras tant de pays, voir tant d'objets nouveaux! ah! son esprit et son amour m'en rendaient les plus petits objets intéressants.
LUCIE.
J'aimerais bien à voyager aussi.
MADAME SOMMER.
Et lorsqu'après un jour brûlant, après avoir traversé de mauvais chemins en hiver, après avoir essuyé mille petits inconvénients de voyage, nous rencontrions quelque méchante auberge comme celle-ci, avec quel transport ne jouissions-nous pas des plus simples commodités, assis ensemble sur le banc de bois, mangeant notre omelette et nos pommes de terre bouillies! Ah! tout alors était bien différent.
LUCIE.
Il est temps enfin de l'oublier.
MADAME SOMMER.
Sais-tu ce que c'est qu'oublier?... Bonne petite! Dieu merci,

tu n'as encore rien perdu qui ne pût être remplacé... Du moment où je fus sûre qu'il m'avait abandonnée, toutes les joies de la vie disparurent pour moi : le désespoir s'empara de mon cœur ; je me manquai à moi-même : un Dieu me manqua, à peine puis-je maintenant me représenter cette situation.

LUCIE.

Je sais que j'étais assise sur votre lit, pleurant avec vous, parce que vous pleuriez : je n'en sais pas davantage. C'était dans la chambre verte, sur le petit lit. J'ai bien regretté la chambre, quand nous avons été obligées de vendre la maison.

MADAME SOMMER.

Tu n'avais que sept ans ; tu ne pouvais pas savoir ce que tu perdais.

ANNETTE, avec la soupe. LA MAITRESSE DE POSTE,
CHARLES, les précédant.

ANNETTE.

Voici la soupe de madame.

MADAME SOMMER.

Grand merci, ma chère ! (A la maîtresse de poste.) Est-ce votre fille ?

LA MAITRESSE DE POSTE.

C'est ma belle-fille, madame, mais elle est si gentille qu'elle me tient lieu des enfants que je n'ai pas.

MADAME SOMMER.

Vous êtes en deuil ?

LA MAITRESSE DE POSTE.

Oui, de mon mari que j'ai perdu il y a trois mois. Nous n'avons pas vécu trois ans pleins ensemble.

MADAME SOMMER.

Vous paraissez cependant assez consolée.

LA MAITRESSE DE POSTE.

Ah ! madame, nous avons malheureusement aussi peu le temps de pleurer que de prier Dieu. C'est le dimanche comme les jours ouvriers... A moins que le curé ne tombe sur quelques passages, ou qu'on n'entende quelque service de mort!... Charles, deux serviettes; allons, viens donc enfin mettre ce couvert.

MADAME SOMMER.

A qui appartient cette maison là-bas?

LA MAITRESSE DE POSTE.

A madame notre baronne, la plus aimable des femmes.

MADAME SOMMER.

Je suis ravie d'entendre confirmer par une voisine ce qu'on nous a déjà assuré en route. Ma fille vient pour rester auprès d'elle et lui tenir compagnie.

LA MAITRESSE DE POSTE.

Je vous souhaite bien du bonheur, mademoiselle.

LUCIE.

J'accepte votre souhait de tout cœur.

LA MAITRESSE DE POSTE.

Il faudrait que vous ayez un bien singulier caractère pour ne pas vous entendre avec cette excellente dame.

LUCIE.

Tant mieux; car lorsque je m'attache à quelqu'un il faut que le cœur y soit : sinon, cela ne va pas.

LA MAITRESSE DE POSTE.

Bon, bon! nous en reparlerons bientôt, et nous verrons si je vous ai dit vrai. Quand on vit auprès de notre gracieuse baronne, on est sûr d'être heureux : quand ma fille sera un peu plus grande je la mettrai en service au château pendant quelque temps : on y prend de ces bonnes habitudes qui vous restent toute la vie.

ANNETTE.

Si vous la voyiez! elle est si aimable! vous ne pouvez croire avec quelle impatience elle vous attend! Elle m'aime aussi beaucoup, moi. Ne voulez-vous pas aller la saluer? je vous accompagnerai.

LUCIE.

Il faut auparavant que je m'ajuste et que je mange quelque chose.

ANNETTE.

Puis-je y aller tout de suite, maman? J'irai dire à madame que la mademoiselle est arrivée.

LA MAITRESSE DE POSTE.

Eh bien! va.

MADAME SOMMER.

Et dis-lui, ma petite, qu'en sortant de table, nous nous rendrons auprès d'elle.

Annette sort.

LA MAITRESSE DE POSTE.

Ma fille lui est singulièrement attachée; aussi cette chère baronne est bien la meilleure âme du monde. Son plus grand plaisir est avec les enfants. Elle fait venir chez elle les filles des paysans, jusqu'à ce qu'elle leur ait donné quelque talent; et alors elle leur cherche une bonne condition. Voilà comme elle passe le temps depuis l'éloignement de son mari. Il est inconcevable qu'elle puisse être à la fois si malheureuse, et si bonne, si aimable.

MADAME SOMMER.

Elle n'est donc pas veuve?

LA MAITRESSE DE POSTE.

Dieu le sait. Monsieur est absent depuis trois ans, et l'on n'entend plus parler de lui. Elle l'a aimé plus que tout. Mon mari ne tarissait pas quand il parlait d'eux. Et moi-même je vous le dis, il n'y pas un autre cœur comme celui-là dans le monde. Tous les ans, à l'anniversaire du jour qu'elle le vit pour la dernière fois, elle ne reçoit personne, elle s'enferme : et d'ailleurs, toutes les fois qu'elle parle de lui, elle le fait de façon à vous pénétrer l'âme.

MADAME SOMMER.

L'infortunée!

LA MAITRESSE DE POSTE.

On dit bien des choses là-dessus!

MADAME SOMMER.

Et qu'en pensez-vous?

LA MAITRESSE DE POSTE.

Cela ne peut guère se dire.

MADAME SOMMER.

Je vous en prie.

LA MAITRESSE DE POSTE.

Si vous me promettez de ne pas me trahir, je vous le confierai. Il y a un peu plus de huit ans qu'ils vinrent ici. Ils achetèrent le fief. Personne ne les connaissait ; on les appelait le gracieux seigneur et la gracieuse dame ; lui, passait pour un officier enrichi au service étranger, qui voulait vivre à l'avenir en repos. Elle, elle était dans tout l'éclat de la jeunesse, belle comme un ange, et n'avait pas plus de seize ans.

MADAME SOMMER.

Elle n'en a donc que vingt-quatre ?

LA MAITRESSE DE POSTE.

Elle a pour son âge éprouvé assez de chagrins. Elle avait un enfant, il ne vécut pas bien longtemps. Son tombeau est dans le jardin ; ce n'est qu'un tertre de gazon. Depuis le départ de monsieur, elle s'y est fait construire un petit réduit solitaire, et son propre tombeau tout à côté. Mon pauvre mari était vieux, et ne s'émouvait pas facilement ; mais il ne racontait rien avec plus de plaisir que le bonheur de ce couple, tant qu'il était resté uni. L'on se sentait un autre homme rien qu'à voir comme ils s'aimaient

MADAME SOMMER.

Mon cœur est entraîné vers elle.

LA MAITRESSE DE POSTE.

Mais que voulez-vous ?... L'on disait que monsieur avait des principes singuliers : du moins il ne venait jamais à l'église ; et les gens qui n'ont point de religion, n'ont point de Dieu, et ne se soumettent à aucune règle. Un jour le bruit se répand que monsieur est parti. Il l'était en effet ; depuis lors, il n'est pas revenu.

MADAME SOMMER, à part.

C'est le tableau de ma propre destinée.

LA MAITRESSE DE POSTE.

Tout le monde ne parlait que de cela. C'est dans le même temps que je vins m'établir ici, nouvellement mariée ; à la

Saint-Michel, il y aura trois ans. Chacun savait quelque détail à ce sujet. On se disait à l'oreille qu'ils n'étaient pas mariés; mais ne me trahissez pas. C'était un homme de distinction; il l'avait séduite; et tout le reste. Quand une jeune fille fait un semblable pas, elle a à s'en repentir toute la vie.

ANNETTE, entrant.

Madame vous prie en grâce d'aller tout de suite chez elle; elle ne veut que vous parler un moment, que vous voir.

LUCIE.

Ainsi vêtue! cela n'est pas convenable.

LA MAITRESSE DE POSTE.

Allez, allez toujours. Je vous donne ma parole qu'elle n'y fait pas attention.

LUCIE.

Petite, veux-tu m'accompagner?

ANNETTE.

Avec grand plaisir.

MADAME SOMMER.

Lucie, un mot. (La maîtresse de poste s'éloigne.) Ne va pas trahir notre secret; rien de notre état, de notre sort... prends le ton du respect.

LUCIE.

Laissez-moi faire. Mon père était un marchand, il a passé en Amérique, il est mort. De là notre situation. Soyez tranquille, j'ai conté cette histoire assez souvent. (Haut.) Ne voulez-vous pas, maman, vous reposer un peu? notre hôtesse aura bien la complaisance de vous donner une petite chambre avec un lit.

LA MAITRESSE DE POSTE.

J'ai une jolie petite chambre qui donne sur le jardin : j'espère qu'elle conviendra à madame.

Lucie et Annette sortent.

MADAME SOMMER.

Ma fille le prend un peu trop haut.

LA MAITRESSE DE POSTE.

C'est l'effet de la jeunesse. Ces mouvements orgueilleux se calmeront bientôt.

MADAME SOMMER.

Tant pis.

LA MAITRESSE DE POSTE.

Venez, madame, venez, s'il vous plaît.

Elles sortent. — On entend un postillon.

FERNANDO, en habit d'officier; UN DOMESTIQUE.

LE DOMESTIQUE.

Faut-il atteler sur-le-champ et remballer vos affaires?

FERNANDO.

Je te dis de les entrer : ici donc... nous n'allons pas plus loin, entends-tu?

LE DOMESTIQUE.

Pas plus loin? Vous disiez pourtant...?

FERNANDO.

Je te dis de faire indiquer une chambre et d'y porter mes paquets.

Le domestique sort.

FERNANDO, s'approchant de la fenêtre.

Je te revois donc encore, ô céleste perspective! je te revois, théâtre de mon bonheur! Comme toute la maison paraît tranquille! pas une seule fenêtre ouverte! Déserte est la galerie où nous venions si souvent nous asseoir ensemble! Observe, Fernando, l'aspect de sa demeure; c'est celui d'un cloître; comme ton espoir en est flatté! Dans cette solitude, Fernando serait-il l'objet de ses souvenirs? Serait-il sa pensée et son occupation? Ah! l'a-t-il mérité? Je crois revenir d'un long, d'un mortel assoupissement, tant chaque objet me frappe et touche mon cœur. Les arbres, les fontaines, tout, oui, tout. Ce ruisseau, qui n'a point quitté son lit, combien de fois, accoudés rêveurs à la fenêtre, n'avons-nous pas suivi de l'œil ses capricieux circuits? Son frémissement, c'est pour moi une mélodie, une mélodie fertile en souvenirs. Et elle?

elle sera ce qu'elle était. Non, Stella, tu n'as point changé, mon cœur me le dit. Comme il s'élance vers toi!... Mais je ne puis, je n'ose. Il faut auparavant me remettre; il faut me bien convaincre que je suis véritablement ici, que je ne suis point trompé par un de ces songes qui, même pendant la veille, me transportaient en ces lieux des climats les plus lointains. Stella, Stella! je reviens; ne sens-tu point que je suis là? je viens tout oublier dans tes bras!... Et toi, qui planes sans cesse au-dessus de moi, chère ombre de mon épouse infortunée, ah! pardonne! ne me poursuis plus! La mort t'a frappée; permets que je t'oublie, que j'oublie tout dans les bras de cet ange, ma destinée, mes pertes, mes chagrins, mes remords. Je suis si près d'elle! et si loin de... Dans un instant... Ah! je n'en puis plus, je n'en puis plus!... il faut que je reprenne des forces, sinon je mourrais en tombant à ses pieds.

LA MAITRESSE DE POSTE entrant.

Votre Seigneurie désire-t-elle souper?

FERNANDO.

Avez-vous quelque chose à me donner?

LA MAITRESSE DE POSTE.

Oh! oui; et nous n'attendons qu'une jeune personne qui est allée chez madame.

FERNANDO.

Comment se porte votre dame?

LA MAITRESSE DE POSTE.

La connaissez-vous?

FERNANDO.

Il y a quelques années que j'allais de temps en temps chez elle. Que fait son mari?

LA MAITRESSE DE POSTE.

Dieu le sait; il court le monde.

FERNANDO.

Bien loin?

LA MAITRESSE DE POSTE.

Oh! bien loin! Il a abandonné cette pauvre âme! Dieu veuille lui pardonner!

FERNANDO.

Elle se consolera bientôt.

LA MAITRESSE DE POSTE.

Vous le croyez? Vous la connaissez donc bien peu? Elle vit retirée comme une religieuse depuis le temps que je la connais : presque pas un étranger, presque pas un voisin ne vient chez elle en visite. Elle vit avec ses gens, s'entoure de tous les enfants du lieu; et malgré son chagrin, elle est toujours bonne, toujours aimable.

FERNANDO.

Il faut pourtant que j'aille la voir.

LA MAITRESSE DE POSTE.

Vous le pouvez. Elle nous invite quelquefois, la femme du bailli, la femme du ministre et moi, et cause avec nous de choses et d'autres. Nous évitons toujours de lui rappeler monsieur. Cela n'est arrivé qu'une seule fois; Dieu sait ce qui se passa dans nos âmes quand elle commença de nous en parler, de le vanter, de pleurer. Monsieur, nous pleurâmes toutes comme des enfants; et rien ne pouvait nous calmer.

FERNANDO, bas.

Ah! l'as-tu mérité? (Haut.) Avez-vous indiqué une chambre à mon domestique?

LA MAITRESSE DE POSTE.

Oui, une chambre au premier étage. Charles, montre la chambre à monsieur.

Fernando sort avec Charles. — Lucie et Annette rentrent.

LA MAITRESSE DE POSTE.

Eh bien, comment l'avez-vous trouvée?

LUCIE.

Une charmante femme, dont je m'accommoderai bien. Vous n'en avez pas trop dit. Elle ne voulait pas me laisser partir : il m'a fallu jurer de revenir immédiatement après le dîner, avec ma mère, et d'apporter nos paquets.

LA MAITRESSE DE POSTE.

Je le savais bien. Voulez-vous vous mettre à table? il nous

est survenu un grand et bel officier : si vous n'en avez pas peur...

LUCIE.

Pas du tout! j'aime mieux un militaire que tout autre : ils ne se déguisent pas, du moins, ceux-là; on voit tout de suite ce qu'ils ont de bien ou de mal. Ma mère dort-elle?

LA MAITRESSE DE POSTE.

Je n'en sais rien.

LUCIE.

Je vais voir.

Elle sort.

LA MAITRESSE DE POSTE.

Charles, eh bien! Tu as encore oublié la salière. Cela s'appelle-t-il rincer? Vois ces verres : je te les casserais sur la tête, si tu valais ce qu'ils ont coûté.

Fernando entre.

LA MAITRESSE DE POSTE.

La jeune personne est revenue : on va servir.

FERNANDO.

Qui est-elle?

LA MAITRESSE DE POSTE.

Je ne la connais pas : elle paraît de bonne naissance, mais pauvre. Elle vient pour être dame de compagnie chez madame.

FERNANDO.

Est-elle jeune?

LA MAITRESSE DE POSTE.

Très-jeune, et un peu vive. Sa mère est aussi là-haut.

Entre Lucie.

LUCIE.

Votre servante!

FERNANDO.

Je suis heureux de trouver une aussi aimable compagne de table.

Lucie fait la révérence.

LA MAITRESSE DE POSTE.

Ici, mademoiselle; et vous ici, monsieur, si vous voulez bien.

FERNANDO.

Ne nous faites-vous pas l'honneur de dîner avec nous, madame la maîtresse de poste?

LA MAITRESSE DE POSTE.

Quand je m'arrête un moment, tout s'arrête.

Elle sort.

FERNANDO.

Alors c'est un *tête-à-tête!*

LUCIE.

Avec la table au milieu; il n'y a rien de mal à cela.

FERNANDO.

Vous êtes donc résolue à devenir la compagne de madame la baronne?

LUCIE.

C'est mon intention.

FERNANDO.

Il me semble que vous ne pouvez manquer de trouver quelque compagnon, dont l'entretien vaudra mieux encore que celui de cette dame.

LUCIE.

Je n'en ai que faire.

FERNANDO.

Est-ce la probité de ce visage qui nous le garantit?

LUCIE.

Je vois, monsieur, que vous êtes comme tous les hommes.

FERNANDO.

C'est-à-dire...?

LUCIE.

Fort présomptueux sur ce point. Vous autres, messieurs, vous croyez qu'on ne peut se passer de vous; cependant j'ai bien grandi sans ce secours.

FERNANDO.

Vous n'avez plus de père?

LUCIE.

Je me souviens à peine d'en avoir eu. J'étais très-jeune quand il nous abandonna pour aller en Amérique; son vaisseau fit naufrage, à ce que nous avons appris.

ACTE I.

FERNANDO.

Vous paraissez bien indifférente à cet égard?

LUCIE.

Pourquoi serais-je autrement? Il n'a jamais rien fait pour moi, et je lui pardonne de nous avoir abandonnées, car la liberté est au-dessus de tout pour l'homme. Ma mère n'est pas comme moi; elle meurt de chagrin.

FERNANDO.

Et vous êtes sans secours, sans appui?

LUCIE.

Nous nous en passons. Notre fortune a diminué tous les jours; et moi, par contre, j'ai grandi tous les jours. Il ne m'est point pénible de nourrir ma mère.

FERNANDO.

Votre courage m'étonne.

LUCIE.

Oh! monsieur, il vient de lui-même. Quand on se sent si souvent près de succomber, et qu'on se voit toujours sauvé, cela donne de la confiance.

FERNANDO.

Et vous ne pouvez point en donner sa part à votre mère?

LUCIE.

Elle est la plus malheureuse; c'est elle qui a fait des pertes et non pas moi. Je rends grâces à mon père de m'avoir mise au monde; car je vis volontiers et joyeuse; mais elle... qui avait placé sur lui toutes les espérances de sa vie, qui lui avait sacrifié sa jeunesse; être abandonnée, abandonnée tout à coup! cela doit être terrible de se sentir abandonnée! Je n'ai encore rien perdu; je ne puis bien en parler. — Vous paraissez pensif.

FERNANDO.

Oui, chère demoiselle. Vivre, c'est perdre! (il se lève) mais c'est gagner aussi! Que Dieu vous conserve votre courage! (Il lui prend la main.) Vous m'avez étonné. O mon enfant, quel bonheur!... Ah! moi aussi, je suis jeté au hasard dans ce monde... j'ai souvent été bien loin de mes joies, de mes espérances... mais il y a toujours... et...

LUCIE.

Que voulez-vous dire?

FERNANDO.

Bonne petite! je fais les vœux les plus sincères, les plus ardents, pour votre bonheur.

Il lui baise la main et sort.

LUCIE.

C'est un homme extraordinaire! il a pourtant l'air bon.

ACTE DEUXIÈME

MAISON DE STELLA.

STELLA, un Domestique.

STELLA.

Va vite, va donc! dis-lui que je l'attends.

LE DOMESTIQUE.

Elle a promis de venir sur-le-champ.

STELLA.

Tu vois pourtant qu'elle ne vient pas. La petite me plaît beaucoup. — Va. — Il faut que la mère vienne avec elle.

Le domestique sort.

STELLA.

A peine ai-je la patience de l'attendre. Tels sont nos désirs, telles sont nos espérances, quand il nous arrive un nouvel habit! Stella, tu es un enfant! Il faut beaucoup, ah! beaucoup, pour remplir le vide de ce cœur; beaucoup, pauvre Stella!... Autrefois, alors qu'il t'aimait encore, qu'il reposait sur ton sein, son regard remplissait ton âme tout entière; et lorsque... O Dieu du ciel! tes arrêts sont impénétrables!... lorsque je relevais vers toi mes paupières chaudes de ses baisers, lorsque mon cœur brûlait au contact du sien, que je buvais sa grande âme de mes lèvres frémissantes, et qu'alors je me tournais vers toi répandant des larmes de la joie et de l'ivresse, je m'écriais du fond du cœur : Père! laisse-nous notre bonheur : tu nous as rendus si heureux!... Ce n'était pas ta volonté! (Elle tombe un instant dans la rêverie, en sort promptement, et porte ses deux mains sur son cœur.) Non, Fernando, non, ce n'est point un reproche!

Madame Sommer et Lucie entrent.

STELLA.

Je te possède, aimable petite : tu es maintenant à moi. Madame, je vous remercie de la confiance avec laquelle vous remettez ce trésor entre mes mains. Petite tête décidée, âme bonne et franche : ma Lucie, voilà ce que j'ai déjà reconnu dans toi.

MADAME SOMMER.

Vous sentez le prix de ce que je vous amène, de ce que je vous laisse.

STELLA, après une pause, pendant laquelle elle a considéré madame Sommer.

Excusez-moi... l'on m'a raconté votre histoire. Je sais que j'ai devant moi des personnes d'une bonne famille; mais votre présence me surprend. Je ressens pour vous, au premier coup d'œil, et de la confiance et du respect.

MADAME SOMMER.

Madame...

STELLA.

Ne vous défendez point! Ce que mon cœur éprouve, ma bouche l'exprime volontiers. Mais vous n'êtes pas bien... qu'avez-vous donc? asseyez-vous.

MADAME SOMMER.

Ce n'est rien, madame. Ce voyage par les premiers beaux jours, le changement d'objets, cet air pur et vivifiant qui m'a tant de fois ranimée, tout cela réuni vient d'agir si doucement, si favorablement sur moi, que le souvenir de mon bonheur perdu me devient lui-même agréable; qu'il me semble qu'un reflet de cet âge d'or de la jeunesse et de l'amour vient illuminer mon âme.

STELLA.

Ah! oui, les jours, les premiers jours de l'amour! Non,

tu n'es point retourné pour jamais au ciel, âge d'or; ton souvenir environne encore le cœur même dans les moments où ton éclat pâlit.

MADAME SOMMER, lui prenant les mains.

Quelle âme! quel charme!

STELLA.

Votre visage resplendit comme celui d'un ange : vos joues se colorent.

MADAME SOMMER.

Et mon cœur! ah! comme il s'élève! comme il s'élance au-devant de vous!

STELLA.

Vous avez aimé? ô Dieu! je te remercie! Il est donc une créature qui peut m'entendre, qui peut avoir pitié de moi, qui ne regardera point froidement mes douleurs! Ce n'est pas notre faute, si nous sommes ainsi! Que n'ai-je pas fait? que n'ai-je pas tenté? et à quoi cela m'a-t-il servi? Mon cœur demandait une seule chose, précisément celle-là, et non point un monde, rien de plus dans le monde! ah! l'objet aimé est partout, et tout est fait pour lui.

MADAME SOMMER.

Vous portez le ciel dans le cœur.

STELLA.

Avant même que j'y songeasse, son image était là; elle me suivait partout, elle m'environnait sans cesse : il s'élançait à travers champs, et venait se jeter dans mes bras à la porte du jardin. Je le voyais partir, s'éloigner... s'éloigner... et bientôt il était de retour. Que je vinsse à porter mes pensées dans le tumulte du monde, je l'y trouvais. Quand j'étais assise dans ma loge, que je le visse ou non, je savais qu'il remarquait le moindre de mes mouvements, que tout lui plaisait en moi, ma manière de me lever, de m'asseoir; je savais que le balancement des plumes de ma coiffure le touchait plus que ces regards brillants qui l'entouraient... je savais que la musique ne faisait qu'accompagner cette éternelle mélodie de son cœur : « Stella, Stella, combien je t'aime! »

LUCIE.

Peut-on s'aimer de la sorte?

STELLA.

Que demandes-tu, ma petite?... je ne puis te répondre. Mais de quoi est-ce donc que je vous entretiens? ce sont des riens, de véritables riens!... En vérité, l'on n'est qu'un grand enfant; on en prend les manières... les enfants se cachent dans leur tablier, et crient : « Fait, » pour qu'on les cherche!... Comme cela remplit tout le cœur, lorsque désolées d'abandonner l'objet de notre amour, nous cherchons à l'enchaîner auprès de nous!... Avec quelle violence toutes les forces de notre âme se précipitent de nouveau vers sa présence! comme cette impulsion bouillonne et travaille dans notre sein! et comme le cœur déborde au premier coup d'œil, au premier serrement de main!

MADAME SOMMER.

Que vous êtes heureuse! Vous vivez encore entourée des sentiments les plus jeunes et les plus purs du cœur humain.

STELLA.

Un siècle de larmes et de chagrins ne peuvent effacer le bonheur du premier regard, de ce tremblement, de ces paroles balbutiantes, des premières rencontres, de l'abandon, de l'oubli de soi-même... du premier baiser ravi et brûlant, du premier embrassement où l'on respire enfin le repos! Ah! madame, ils s'évanouissent : ma chère! où sont-ils?

MADAME SOMMER.

Ah! les hommes! les hommes!

STELLA.

Ils font notre bonheur et nos peines! Ils mettent dans nos cœurs le pressentiment de la félicité! quelles sensations nouvelles, inconnues, quelles espérances enchanteresses enflent nos âmes, quand ils nous font partager leur impétueuse passion! Combien de fois n'ai-je pas senti frissonner et retentir tout mon être, quand ses larmes versaient dans mon sein les douleurs de sa vie! je le priais d'épargner et lui et moi... Vainement! le feu qui le consumait me pénétrait tout entière, de la tête aux pieds; en moi, tout était sensation, tout était cœur; et dans quel lieu du monde, pauvre créature, puis-je maintenant respirer? où trouver un aliment à cet insatiable besoin?

MADAME SOMMER.

Nous croyons les hommes! Dans le moment de la passion, ils se trompent eux-mêmes; comment ne serions-nous pas trompées par eux?

STELLA.

Madame, il me vient une idée : soyons l'une pour l'autre ce qu'ils auraient dû être pour nous; restons ensemble.... votre main : de ce moment je ne vous quitte plus.

LUCIE.

Cela ne se peut pas.

STELLA.

Pourquoi, Lucie?

MADAME SOMMER.

Ma fille sent que...

STELLA.

Ce n'est point un bienfait que je vous offre; c'est vous qui serez ma bienfaitrice si vous restez. Oh! non, je ne saurais être seule. Ma chère, j'ai tout fait : j'élève des chiens et des oiseaux; j'apprends aux petites filles à broder et à tricoter, uniquement pour n'être pas dans la solitude, pour voir en dehors de moi quelque chose de vivant et de sensible. Et quand cela me réussit, quand une divinité bienfaisante semble, par un beau matin de printemps, avoir enlevé le poids de douleur qui comprime mon âme; quand je m'éveille tranquille, que je vois le soleil luire sur nos arbres, que je me sens pleine d'activité pour les affaires du jour, alors je suis bien; je rôde longtemps çà et là, j'ordonne, je dirige mes gens, et d'un cœur reconnaissant et libre je remercie à haute voix le ciel de ces heures de bonheur.

MADAME SOMMER.

Ah! oui, madame, je le sens, l'activité et la bienfaisance sont des dons du ciel : c'est le dédommagement des cœurs malheureux par l'amour.

STELLA.

Le dédommagement !... dites le refuge; mais le dédommagement! ah! non. On peut mettre quelque chose à la place de ce qu'on a perdu; mais vous rendre ce qu'on a perdu !... Un amour perdu, qui peut vous en dédommager !... Quand mon imagination erre de pensée en pensée, que des songes amis me retracent le passé, que l'espérance me montre un avenir consolant, et que je parcours à grands pas mon jardin éclairé par la lumière incertaine de la lune; tout à coup un sentiment me saisit : « Je suis seule!... » En vain j'étends mes bras vers les quatre coins du monde; en vain j'appelle à mon aide ces charmes puissants de l'amour qui pourraient attirer la lune sur la terre : je suis seule; aucune voix ne me répond du sein des bosquets; les étoiles laissent tomber sur ma douleur leurs regards indifférents; et alors, alors, je me trouve au tombeau de mon enfant !

MADAME SOMMER.

Vous aviez un enfant?

STELLA.

Oui, ma chère... O Dieu! tu ne m'avais accordé ce bonheur que pour ajouter une amertume au calice de ma vie. L'enfant du paysan qui vient au-devant de moi, nu-pieds, et qui m'envoie de loin un baiser, avec de grands yeux pleins d'innocence, me perce jusqu'au fond du cœur, jusqu'à la moelle des os. Je me dis : « Ma Mina serait de cet âge. » Je le prends dans mes bras avec douleur, je le baise mille fois; mon cœur est déchiré; des larmes jaillissent de mes yeux, et je m'enfuis.

LUCIE.

Cette perte vous épargne beaucoup d'embarras.

STELLA sourit et lui frappe sur l'épaule.

Comment puis-je sentir encore? Comment cette scène lamentable ne m'a-t-elle pas anéantie? Il était couché devant moi, ce bouton de rose flétri; et moi! j'étais debout, pétrifiée jusque dans le fond des entrailles, sans douleur, sans connaissance. J'étais là; la garde prend l'enfant, le presse contre son cœur, et s'écrie tout à coup : *Il vit!* je saute à son cou, je me jette sur l'enfant en versant des flots de larmes. Elle s'était trompée! Il était mort et moi étendue à côté de lui en proie au plus terrible désespoir.

Elle se jette sur un siège.

MADAME SOMMER.

Détournez vos pensées de ces tristes scènes.

STELLA.

Non, cela me fait du bien de rouvrir mon cœur, de répandre ce qui l'oppresse. Oui, quand je commence à parler de lui, de lui qui m'était tout!... Vous verrez son portrait : son portrait! il me semble que la figure et l'extérieur des hommes est le véritable texte de ce qu'on peut sentir et dire sur eux.

LUCIE.

Je suis bien curieuse....

STELLA *ouvre le cabinet et les y conduit.*

Ici, mes chères, ici.

MADAME SOMMER.

O Dieu!

STELLA.

Le voilà, le voilà! et ce n'est pas la millième partie de ce qu'il était. Ce front, ces yeux noirs, ces cheveux bruns, cette noblesse. Mais, le peintre n'a pu exprimer l'amour, la tendresse avec laquelle il répandait son âme! ô mon cœur! toi seul tu peux sentir cela.

LUCIE.

Madame, je suis frappée d'étonnement.

STELLA.

C'est un homme....

LUCIE.

Je dois vous dire qu'aujourd'hui j'ai dîné à la poste avec un officier qui ressemble à ce portrait... C'est lui-même, je gagerais ma vie.

STELLA.

Aujourd'hui? tu te trompes! tu me trompes!

LUCIE.

Aujourd'hui. Il était seulement un peu plus âgé, plus brun et brûlé par le soleil. C'est lui! c'est lui!

ACTE II.

STELLA, sonnant.

Lucie! mon cœur éclate... je veux y aller.

LUCIE.

Cela ne sera pas convenable.

STELLA.

Convenable! ô mon cœur! (Un domestique entre.) Wilhelm, vite, à la poste; vite! il y a un officier; il faut... c'est... Lucie, dis-lui donc... il faut qu'il vienne.

LUCIE.

Connaissez-vous monsieur?

LE DOMESTIQUE.

Comme moi-même.

LUCIE.

Allez donc à la poste; il y a un officier qui lui ressemble extraordinairement : voyez si je me trompe; je vous jure que c'est lui.

STELLA.

Dis-lui de venir, de venir tout de suite, tout de suite! Si dans de pareilles circonstances, si dans ce moment je le... mais tu te trompes... cela est impossible... Laissez-moi, mes chères amies, laissez-moi seule.

Elle entre dans le cabinet en refermant la porte sur elle.

LUCIE.

Qu'avez-vous, ma mère? vous êtes pâle!

MADAME SOMMER.

C'est mon dernier jour. Mon cœur ne saurait le supporter. Tout à la fois!

LUCIE.

Grand Dieu!

MADAME SOMMER.

Cet époux, ce portrait, celui qu'elle attend, celui qu'elle aime... c'est mon époux, c'est ton père!

LUCIE.

Ma mère, mon excellente mère!

MADAME SOMMER.

Et il est ici; il va tomber dans ses bras!.... dans quelques minutes... et nous, Lucie!... il faut partir.

LUCIE.
Où vous voudrez.
MADAME SOMMER.
Sur-le-champ !
LUCIE.
Allez dans le jardin ; je vais à la poste... Pourvu que la diligence ne soit pas encore partie ! nous pouvons en secret, sans prendre congé... Tandis qu'enivrée de son bonheur...
MADAME SOMMER.
Elle le pressera de ses bras, dans tout l'enivrement du retour ! et moi, au moment où je le retrouve... le fuir ! pour jamais ! pour jamais !

Fernando et le domestique entrent.
LE DOMESTIQUE.
Par ici. Ne reconnaissez-vous plus votre cabinet? Elle est hors d'elle-même... ah ! vous, revenu ici !...
MADAME SOMMER.
C'est lui, c'est bien lui ! je suis perdue !

ACTE TROISIÈME

STELLA, rayonnante de joie, entre avec FERNANDO.

STELLA.
Il est de retour (regardant tout autour d'elle), le voici. Il est de retour ! (S'approchant d'un tableau qui représente Vénus.) Le voici, déesse ; il est de retour ! Combien de fois, dans ma douleur insensée n'ai-je point couru dans ce lieu pour pleurer devant toi, pour gémir ! Il est de retour. Je n'en crois pas mes sens. O déesse, je t'ai vue si souvent, et il n'était pas là. Maintenant tu y es ; il y est aussi ! ah cher ! trop cher ! quelle longue absence ! mais te voici (elle se jette à son cou), te voici ! je ne veux rien sentir, rien entendre, rien savoir, sinon que te voici.

ACTE III.

FERNANDO.

Stella, ma Stella! (L'embrassant.) O Dieu du ciel, tu me rends mes larmes.

STELLA.

O toi, le seul...

FERNANDO.

Stella, laisse-moi boire ton haleine chérie! ton haleine, auprès de laquelle l'air le plus pur est pour moi suffocant et sans vie.

STELLA.

Cher!

FERNANDO.

Souffle dans ce sein ravagé, fané, desséché, un nouvel amour; de la plénitude de ton cœur, répands un nouveau principe de vie.

Il reste collé sur ses lèvres.

STELLA.

Mon excellent!

FERNANDO.

Je revis, je revis! où tu respires tout nage dans une atmosphère vivifiante de jeunesse; l'amour et la constance vont y fixer ce vagabond flétri.

STELLA.

Exalté!

FERNANDO.

Tu ne sens pas ce qu'est la rosée du ciel pour le malheureux consumé par la soif, qui d'un monde désert et sablonneux revient se serrer contre ton sein!

STELLA.

Et la joie de ta pauvre amie, Fernando! presser de nouveau sur son cœur sa brebis unique, égarée, perdue!

FERNANDO, à ses pieds.

Ma Stella!

STELLA.

Lève-toi, mon bon ami, lève-toi; je ne puis te voir à genoux.

FERNANDO.

Laisse-moi : je devrais toujours y être, devant toi; mon cœur s'incline toujours devant toi, ô tendresse! ô bonté infinie!

STELLA.

Je te possède de nouveau : je ne me connais plus; je ne me comprends plus!... Au fond, qu'est-ce que cela fait ?

FERNANDO.

Il me semble être aux premiers moments de notre bonheur : je te tiens dans mes bras; je cueille sur tes lèvres l'assurance de ton amour; je balbutie, et je me demande avec étonnement si je veille ou si je rêve.

STELLA.

Fernando, je vois que tu n'es pas devenu sage!

FERNANDO.

Dieu le sait! mais cet instant de joie dans tes bras me fait redevenir bon et pieux ; je peux prier, Stella, car je suis heureux...

STELLA.

Que Dieu te pardonne d'être ainsi tout à la fois si libertin et si bon! qu'il te le pardonne, lui qui t'a fait ce que tu es, si volage et si confiant... Quand j'entends le son de ta voix, je crois encore que c'est le même Fernando qui n'aimait rien au monde que moi.

FERNANDO.

Et moi, quand je fixe ton œil si doux, et que je me perds à chercher ce qu'il y a dedans, il me semble que, pendant mon absence, aucune autre image que la mienne n'y a habité.

STELLA.

Tu ne te trompes pas.

FERNANDO.

Non? en vérité?

STELLA.

Ah! je t'avouerais tout. Ne te confessai-je pas, dans les premiers temps de mon amour, toutes les petites passions qui m'avaient effleuré le cœur, et ne t'en devins-je pas plus chère?

FERNANDO.

O mon ange!

STELLA.

Pourquoi me regardes-tu ainsi?... N'est-il pas vrai? le malheur a flétri l'incarnat de mes joues.

FERNANDO.

Rose, ma charmante fleur! Stella! mais qu'as-tu donc à secouer la tête?

STELLA.

Pourquoi vous aime-t-on à ce point? Pourquoi ne tient-on plus aucun compte des chagrins que vous avez causés?

FERNANDO, examinant les boucles de la coiffure de Stella.

Y aurais-tu gagné des cheveux gris?... C'est un bonheur que tu sois blonde... tu ne me parais pas en avoir perdu.

Il ôte le peigne et les cheveux roulent jusqu'aux pieds de Stella.

STELLA.

Espiègle!

FERNANDO, plongeant ses bras dans la chevelure de Stella.

C'est Renaud qui reprend ses vieilles chaînes.

UN DOMESTIQUE, entrant.

Madame!

STELLA.

Qu'as-tu donc? tu fais une froide, une triste figure! tu sais bien que je n'aime pas voir de pareilles mines quand je suis satisfaite.

LE DOMESTIQUE.

Mais, madame..., les deux étrangères veulent partir.

STELLA.

Partir! Comment donc?

LE DOMESTIQUE.

C'est comme je vous le dis. J'ai vu la fille aller à la poste, revenir, parler à sa mère. Je me suis informé de tout : on m'a dit qu'elles avaient commandé une extra-poste, parce que la diligence était déjà partie; je leur ai parlé. La mère m'a prié en pleurant de leur rapporter leurs habits sans rien dire, et de souhaiter toutes sortes de bénédictions à madame. Elles ne peuvent rester.

FERNANDO.

C'est la femme qui est arrivée aujourd'hui avec sa fille?

STELLA.

Je prenais la fille à mon service, et je voulais retenir la mère. Est-ce vous, Fernando, qui troublez cet arrangement?

FERNANDO.

Qu'a-t-il pu leur arriver?

STELLA.

Dieu le sait ; quant à moi, je l'ignore. C'est à regret que je les perds. Cependant tu me restes, Fernando, je puis tout oublier dans ce moment. Parle-leur, Fernando... sur-le-champ, sur-le-champ, Henri, arrange cela avec la mère : elle sera libre. Fernando, je vais dans le bosquet, tu viendras me rejoindre. (Le domestique sort.) O mes rossignols, vous allez le recevoir.

FERNANDO.

O tendre et chère Stella !

STELLA, à son cou.

Tu reviendras bientôt?

FERNANDO.

Dans l'instant.

Il sort.

FERNANDO seul.

Ange du ciel ! comme tout en sa présence devient plus serein, plus libre! Fernando, te reconnais-tu maintenant toi-même? Tout ce qui comprimait ce cœur est parti ; tous les soins, tous les pénibles souvenirs, ce qui fut, ce qui doit être : revenez-vous, pensées funestes ? ah! non; quand je te vois, quand je presse ta main, tout s'évanouit, toute autre image disparaît de mon âme.

L'intendant entre.

L'INTENDANT lui baisant la main.

Vous voilà donc de retour?

FERNANDO retirant sa main.

C'est moi-même.

ACTE III.

L'INTENDANT.

Ah! laissez-moi, laissez-moi. O gracieux seigneur!

FERNANDO.

Es-tu heureux?

L'INTENDANT.

Ma femme vit, j'ai deux enfants, et vous revenez!

FERNANDO.

Comment avez-vous mené la maison?

L'INTENDANT.

Je suis prêt à vous rendre mes comptes. Vous serez étonné des améliorations que nous avons faites dans le bien. Mais oserai-je vous demander?... Comment se fait-il que..?

FERNANDO.

Silence! je te dirai tout; tu le mérites, ancien complice de de mes folies.

L'INTENDANT.

Dieu merci, vous n'êtes pas devenu chef de bohémiens! j'avais, sur un mot de vous, détruit et brûlé....

FERNANDO.

Tu sauras tout.

L'INTENDANT.

Votre femme? votre fille?

FERNANDO.

Je ne les ai pas trouvées. Mais j'ai appris d'une source certaine qu'elle s'était laissé tromper par un marchand auquel elle avait confié ses capitaux dans l'espoir d'en tirer un intérêt élevé et qui l'a simplement escroqué. Sous prétexte d'aller à la campagne elle a quitté le pays et même sans doute aujourd'hui une existence misérable en essayant de vivre de son travail et de celui de sa fille. Tu sais qu'une pareille entreprise est assez dans son caractère.

L'INTENDANT.

Et vous voilà revenu? Croyez-vous que nous vous pardonnions d'être resté si longtemps en route?

FERNANDO.

C'est que je suis allé loin!

L'INTENDANT.

Si je ne me trouvais pas si bien chez moi avec ma femme et mes deux enfants, je vous envierais bien le chemin que vous avez fait. Nous resterez-vous maintenant?

FERNANDO.

Dieu le veuille !

L'INTENDANT.

Ce n'est cependant ni mieux ni pis qu'avant votre départ.

FERNANDO.

Ah ! si l'on pouvait oublier son passé !

L'INTENDANT.

Le passé qui nous apporte bien des peines à côté de bien des bonheurs : je me souviens encore parfaitement de tout cela : combien nous aimions notre Cécile, combien nous étions impatient de lui sacrifier l'indépendance de notre jeunesse !

FERNANDO.

C'était le beau temps.

L'INTENDANT.

Et la jolie petite fille qu'elle nous donna ! Et quel funeste effet cet événement produisit sur sa gaieté, sur ses charmes !

FERNANDO.

Épargne-moi ce récit !

L'INTENDANT.

Nous cherchâmes de tous côtés quelqu'un pour la remplacer et nous rencontrâmes enfin cet ange ; dès lors il s'agissait de se décider à faire le bonheur de l'une ou de l'autre ; comme nous fûmes heureux de trouver une occasion de vendre nos biens à perte, d'enlever l'ange, d'abandonner l'autre avec sa fille, aux hasards de la vie.

FERNANDO.

A ce qui me semble, tu es toujours aussi bavard et aussi raisonneur que par le passé.

L'INTENDANT.

Les occasions de m'instruire ne m'ont pas manqué. N'étais-je pas le confident de votre conscience ? Lorsque vous êtes

parti d'ici avec le désir plus ou moins sincère de retrouver votre femme et votre fille, et que je vous rendis plus d'un service...
FERNANDO.
Cette fois, c'en est assez !
L'INTENDANT.
Restez, restez seulement, et tout ira bien.
Il sort. — Un domestique entre.
LE DOMESTIQUE.
Madame Sommer.
FERNANDO.
Qu'elle entre.
Le domestique sort.
FERNANDO seul.
Cette femme m'attriste. Qu'il n'y ait rien d'entier, rien de pur dans le monde! Cette femme! Le courage de sa fille m'a troublé. Quel peut être le sujet de sa peine?
Madame Sommer entre.
FERNANDO à part.
O Dieu! sa taille me rappelle encore mes égarements. Ah! le cœur, ce cœur humain!... puisqu'il est en toi de sentir ainsi, d'agir ainsi, pourquoi n'as-tu pas au moins la force de te pardonner le passé... C'est tout l'extérieur de ma femme! Où ne vois-je pas son image? (*Haut.*) Madame!
MADAME SOMMER
Qu'ordonnez-vous, monsieur?
FERNANDO.
Je désirerais que vous restassiez auprès de ma Stella, auprès de moi. Asseyez-vous.
MADAME SOMMER.
L'aspect de l'infortune est un fardeau pour les cœurs heureux; hélas! et celui du bonheur encore plus pour les infortunés.
FERNANDO.
Je ne vous comprends pas : méconnaîtriez-vous l'âme de Stella, cette âme divine de tendresse?
MADAME SOMMER.
Monsieur, je voulais retourner chez moi. Permettez, il faut

que je parte : croyez que j'ai des motifs ; mais je vous en prie, laissez-moi partir.

FERNANDO à part.

Quelle voix ! quel air ! (Haut.) Madame... (Il détourne le visage.) Dieu ! c'est ma femme ! (Haut.) Pardonnez.

Il s'enfuit.

MADAME SOMMER seule.

Il me reconnaît ! Dieu bon, je te remercie d'avoir prêté dans ce moment tant de force à mon cœur. Suis-je bien la même? Moi, si brisée, si déchirée, et dans cette suprême circonstance si calme, si courageuse !... O bonté éternelle, ô Providence, tu ne prends rien à notre cœur que tu ne lui rendes au moment où il en a le plus besoin !

FERNANDO, revenant.

Me connaîtrait-elle? (Haut.) Je vous en prie, madame, je vous en conjure, ouvrez-moi votre cœur.

MADAME SOMMER.

Il faudrait raconter ma vie; et comment pourriez-vous écouter mes plaintes et mes lamentations dans un jour où les joies de la vie vous sont rendues ! où vous les rendez vous-même à la plus digne femme, à l'âme la plus belle et la plus tendre?... Non, monsieur, souffrez que je parte.

FERNANDO.

Je vous en prie.

MADAME SOMMER.

Ah ! que je voudrais l'épargner et à vous et à moi !... Le souvenir des premiers jours heureux de ma vie me cause une angoisse mortelle.

FERNANDO.

Vous n'avez pas toujours été malheureuse?

MADAME SOMMER.

Sans cela le serais-je maintenant à ce degré? (Après une pause, elle parle plus librement.) Les jours de ma jeunesse furent heureux et gais. J'ignore ce qui m'attachait les hommes; mais un grand nombre cherchaient à me plaire : quelques-uns m'inspiraient de l'amitié, de l'affection; aucun, l'idée que je pourrais passer ma vie avec lui. Ainsi s'écoula la saison heureuse et fleurie des distractions, où les jours se donnaient agréablement la main les uns aux autres. Et cependant il me manquait quelque chose. Quand je regardai plus profondément dans la vie, et que je pressentis toutes les douleurs et tous les biens qui attendent l'homme, je désirai un mari dont la main me guidât dans le monde, qui, en échange de l'amour que lui vouerait mon jeune cœur, deviendrait mon ami dans l'âge avancé, serait mon protecteur et me tiendrait lieu des parents que j'aurais abandonnés pour lui.

FERNANDO.

Eh bien !

MADAME SOMMER.

Je rencontrai cet homme! je le vis! Dès les premiers jours de notre liaison je plaçai sur lui toutes mes espérances. La vivacité de son esprit me parut unie à une si parfaite fidélité de cœur, que le mien s'ouvrit à lui sur-le-champ; que je lui accordai en même temps mon amitié, et trop tôt, hélas! tout mon amour. Dieu du ciel! quand sa tête reposait sur mon sein, comme il paraissait te remercier du destin que tu lui avais préparé dans mes bras! comme il fuyait le tourbillon des distractions et des affaires pour revenir à moi! et comme, dans les moments d'inquiétude, je m'appuyais contre son cœur!

FERNANDO.

Qui put troubler une si douce union?

MADAME SOMMER.

Tout passe... Ah! j'en suis sûre, il m'aimait comme je l'aimais. Il fut un temps où il ne connaissait rien, ne voulait rien que de me voir heureuse, que de me rendre heureuse! Ce fut le plus délicieux temps de ma vie, que ces premières années, où la moindre petite humeur, le moindre ennui était un événement entre nous, comme si cela eût été sérieux. Hélas! il m'accompagnait dans la route pénible de la vie pour me laisser seule dans un désert affreux.

FERNANDO, toujours plus troublé.

Comment cela?... mais ses sentiments, son cœur?

MADAME SOMMER.

Eh! pouvons-nous savoir ce qui bat dans le cœur des hommes? Je ne m'apercevais pas que par degrés tout lui devenait, comment dirai-je? non pas plus indifférent, ce n'est pas le mot; il m'aimait toujours, oui toujours; mais ma tendresse ne lui suffisait pas. Ses désirs étaient partagés entre moi et peut-être une rivale; je ne sus point taire mes griefs; et enfin...

FERNANDO.

Il put...

MADAME SOMMER.

Il m'abandonna. Le sentiment où me jeta mon malheur n'a point de nom. Toutes mes espérances renversées en un instant; dans l'instant où je devais recueillir le fruit de ma jeunesse que je lui avais sacrifiée! Abandonnée! abandonnée! Tous les appuis du cœur humain, l'amour, la confiance, l'estime, un état, une fortune qui croissait chaque jour, la perspective d'une famille bien pourvue : tout s'écroulait à la fois. Et moi, malheureux otage de notre tendresse! un sombre et froid désespoir succéda à mes premières et furieuses douleurs : mon cœur désolé ayant pleuré toutes ses larmes, tomba dans l'abattement. Les peines humiliantes d'une malheureuse délaissée et sans fortune, je ne m'en aperçus pas, je ne les sentis pas, jusqu'à ce qu'enfin...

FERNANDO.

Il est bien coupable!

MADAME SOMMER, avec une douleur contrainte.

Il ne l'est pas. Je plains l'homme qui s'attache à une fille....

FERNANDO.

Madame...

MADAME SOMMER, cherchant à couvrir son émotion sous une douce plaisanterie.

Non, certainement : je le considère comme un prisonnier qui s'échappe. Et ne le dites-vous pas tous les jours? Il est amené de son monde dans le nôtre, avec lequel il n'a dans le fond rien de commun. Il s'abuse lui-même un certain temps;

et malheur à nous quand ses yeux viennent à s'ouvrir ! Je ne pouvais plus être pour lui qu'une bonne ménagère attachée à lui plaire, à le soigner, m'y dévouant avec le plus grand zèle, consacrant toutes mes journées à la surveillance de sa maison, de ses enfants, et forcée, j'en conviens, à m'occuper de tant de petites choses, que souvent mon cœur et ma tête étaient un peu arides, que mon entretien devait lui paraître souvent monotone, et que la vivacité de son esprit pouvait trouver ma société languissante..... Non, il n'est pas coupable.

FERNANDO, se jetant à ses pieds.

Je le suis!

MADAME SOMMER, versant un torrent de larmes.

Mon...

FERNANDO.

Cécile ! ma femme !

CÉCILE se détournant.

Non, ne dis pas : « ma femme. » Tu m'as abandonnée! O mon cœur ! (Se jetant à son cou.) Fernando, qui que tu sois, laisse couler dans ton sein les larmes d'une infortunée... Soutiens-moi ce seul instant : et ensuite, abandonne-moi pour jamais. Ce n'est plus ta femme... ne me repousse pas.

FERNANDO.

O Dieu!... Cécile!... tes larmes sur mes joues! ton cœur palpitant contre le mien! épargne-moi! épargne-moi!

CÉCILE.

Je ne demande rien, Fernando!... que ce seul moment!... Accorde à mon cœur cet épanchement dont il a besoin pour se soulager, pour reprendre quelque force... tu seras délivré de moi.

FERNANDO.

T'abandonner ! ah ! plutôt perdre la vie !

CÉCILE.

Je te reverrai, mais non pas sur cette terre. Tu appartiens à une autre, à qui je ne t'enlèverai pas. Ouvre, ouvre-moi le ciel : un coup d'œil vers cet heureux lointain, vers ce séjour éternel... Voilà ma seule, mon unique consolation dans ce terrible moment.

FERNANDO, la prenant par la main, la regardant, l'embrassant.

Rien, rien dans le monde ne me séparera de toi. Je t'ai retrouvée.

CÉCILE.

Tu as retrouvé ce que tu ne cherchais pas.

FERNANDO.

Ah! finis, finis! Je t'ai cherchée, mon abandonnée, mon adorée! Ici même, dans les bras de cet ange, il n'était pour moi ni joie ni repos; tout me retraçait ton souvenir et celui de ta fille, de ma Lucie. Ciel propice! quel bonheur! cette aimable créature que j'ai vue serait-elle ma fille?... Je t'ai cherchée partout! depuis trois ans j'erre de toutes parts. Au lieu de notre demeure, j'ai trouvé... hélas! notre maison changée, passée dans d'autres mains... et le récit lamentable de la perte de ta fortune! Ta disparition me déchira le cœur! Je ne trouvais aucune trace de toi; et, fatigué de moi-même et de la vie, je pris cet habit, j'entrai au service étranger. Je me suis battu pour détruire la liberté mourante des généreux Corses. Et maintenant, après de longues et surprenantes aventures, tu me revois ici; je m'appuie contre ton sein, ma très-chère, mon excellente femme!

Entre Lucie.

FERNANDO.

Ma fille!...

LUCIE.

Le plus chéri, le meilleur des pères, si vous êtes encore mon père?

FERNANDO.

Ah! toujours, à jamais!

CÉCILE.

Et Stella?

FERNANDO.

Ne perdons pas un moment... L'infortunée!... Pourquoi, Lucie, ne nous sommes-nous pas reconnus ce matin?... Le cœur me battait. Tu sais avec quelle émotion je t'ai quittée.

Ah! pourquoi, pourquoi? nous nous serions épargné tant de chagrins! Stella! nous lui aurions épargné cette douleur. Mais partons. Je vais lui dire que vous tenez à votre idée, que vous êtes déterminées à vous éloigner, que vous ne voulez pas l'attrister de vos adieux... que vous partez. Et toi, Lucie, vite à la poste! fais atteler une chaise à trois places. Mon domestique empaquetera mon bagage avec le vôtre... Demeure encore, ma bonne, ma chère femme. Et toi, ma fille, quand tout sera prêt, reviens, va dans le salon du jardin et attends-moi. Je la quitterai, je lui dirai que je vous accompagne à la poste, pour veiller à votre départ, pour payer les chevaux... Pauvre âme! je me sers de ta bonté pour te tromper, mais partons!

CÉCILE.

Partir! un seul mot de raison.

FERNANDO.

Non, il le faut. Oui, ma chère, il faut partir.

Cécile et Lucie sortent.

FERNANDO, seul.

Quoi! je pars! et pour où? pour où! un coup de poignard terminerait toutes mes anxiétés, et me plongerait dans l'anéantissement pour lequel je voudrais tout donner aujourd'hui! En es-tu là, malheureux? Souviens-toi de ces jours pleins de bonheur où tu retins l'infortuné qui voulait rejeter le fardeau de la vie! Quels étaient tes sentiments dans ces jours heureux? et maintenant... jours heureux... bien heureux! que j'eusse fait cette découverte une heure plus tôt, et j'étais sauvé : je ne l'aurais pas revue; elle ne m'aurait pas revu; j'aurais pu me dire : « Depuis quatre ans elle a eu le temps de t'oublier; ses chagrins sont adoucis. » Mais maintenant, comment paraître devant elle? Que lui dire? O mes fautes, mes fautes... que vous pesez cruellement sur moi dans ce moment! Abandonner ces deux chères créatures! et moi, dans le moment où je les retrouve, renoncer à moi-même... O misère! ô mon cœur!

21.

ACTE QUATRIÈME

ERMITAGE DANS LE JARDIN DE STELLA.

STELLA, seule.

Tu brilles toujours avec éclat, avec plus d'éclat que jamais, cher séjour de ce repos éternel tant désiré; mais tu n'as plus d'attrait pour moi; je frissonne à ton aspect : froide terre, ton aspect me glace. Ah! combien de fois, dans les heures de la rêverie, l'imagination a-t-elle enveloppé ma tête et ma poitrine du sombre voile de la mort! Combien de fois me suis-je laissé entraîner sans résistance jusqu'en tes profondeurs, pour cacher dans ton sein mon cœur consumé de regrets! alors, ô destruction! ta main puissante, en desséchant ce cœur opprimé, ce cœur qui débordait de sentiments, en dissolvant toute mon existence dans un songe favorable, aurait accompli mes vœux les plus chers. Et maintenant, tu viens luire à mes yeux, si éclatant, si pur, m'apportant tant de joies, soleil du ciel! Il revient! et, tout d'un coup, c'est une nouvelle création qui m'environne; une nouvelle vie m'anime, et une nouvelle vie resplendissante et chaude que je veux boire de ses lèvres... pour lui, par lui, avec lui! toujours avec la même force! Fernando! Il vient... non... pas encore. C'est ici qu'il me trouvera, près de cet autel couvert de roses, au milieu de mes rosiers. Je vais cueillir pour lui ce bouton; je l'attends ici; je le conduirai sous ce berceau. En le faisant si étroit, n'ai-je pas bien fait cependant d'y ménager deux places? Voilà mon livre, voilà mon écritoire. Adieu, livre et écritoire! Mais pourquoi n'arrive-t-il pas? Me quitter ainsi tout de suite. L'ai-je de nouveau perdu? Est-il véritablement revenu? (Entre Fernando.) Où es-tu resté, mon ami? où es-tu? il y a longtemps, bien longtemps que je suis seule. (Avec inquiétude.) Mais qu'as-tu donc?

ACTE IV.

FERNANDO (entrant).

Ces femmes m'ont troublé. La mère est une bonne femme ; mais elle ne veut pas demeurer. Elle ne donne aucune raison et veut partir. Il faut la laisser libre, Stella.

STELLA.

S'il est impossible de la faire changer d'opinion, je ne veux pas la retenir contre son gré. Eh ! Fernando, j'aurais besoin de compagnie ; mais maintenant (se jetant à son cou), maintenant, Fernando, je t'ai, n'est-ce pas ?

FERNANDO.

Calme-toi.

STELLA.

Laisse-moi pleurer. Je voudrais que ce jour fût passé. Je frissonne encore de tous mes membres. O joie ! tout ! inopinément ! à la fois ! toi, Fernando ! et à peine, à peine ! je m'y perds !

FERNANDO, à part.

Ah ! malheureux ! l'abandonner. (Haut.) Laisse-moi, Stella.

STELLA.

C'est ta voix, ta voix chérie ! Stella ! Stella ! Tu sais avec quel plaisir je t'entendais dire ce nom : Stella ! Personne ne le prononce comme toi ; toute l'âme de l'amour est dans ce son. Combien il est présent le souvenir de ce jour où tu le prononças pour la première fois, où mon bonheur commença dans ton cœur !

FERNANDO.

Ton bonheur !

STELLA.

Je crois, en vérité, que tu veux faire un examen sérieux de notre vie ; que tu veux compter les heures de chagrin que je me suis données à ton sujet : laisse, laisse tout cela. Fernando, du moment où je te vis pour la première fois, comme tout fut changé dans mon âme ! Te rappelles-tu cette après-midi dans le jardin de mon oncle ? lorsque tu vins à nous ! nous étions assis sous les marronniers auprès du kiosque.

FERNANDO à part.

Elle va me déchirer le cœur. (Haut.) Je me le rappelle, ma Stella.

STELLA.

Lorsque tu vins à nous! J'ignore si tu remarquas qu'au premier coup d'œil tu avais enchaîné toute mon attention. Je remarquai du moins que tes yeux me cherchaient toujours. Ah! Fernando!... c'est alors que mon oncle commença la musique. Tu pris un violon; et, pendant que tu jouais, mes regards restèrent inconsidérément fixés sur toi : j'épiais chaque trait de ton visage : et, dans les pauses inattendues, tu jetais les yeux sur moi; ils rencontraient les miens. Comme je rougissais! comme je détournais la vue! Tout cela ne t'échappait point, Fernando. Mon ami je voyais bien que tu perdais souvent le cahier de vue; tu manquais souvent la mesure et la faisais manquer à mon oncle. Chacune de tes fausses notes, Fernando, me pénétrait jusqu'au fond du cœur. C'était la plus douce confusion que j'eusse éprouvée de ma vie. Pour tout l'or du monde, je ne t'aurais pas regardé en face : j'avais besoin d'air; je sortis.

FERNANDO.

Jusqu'à la plus petite circonstance! (Bas.) Malheureux souvenir!

STELLA.

Je m'étonne moi-même de voir comme je te chéris! comme toujours auprès de toi, je m'oublie entièrement! Tous les souvenirs de notre amour sont aussi vifs pour moi que si c'était aujourd'hui. Ah! oui! combien de fois me suis-je redit à moi-même ces détails si chers? Combien de fois, Fernando? Comme tu me cherchais, comme tu parcourais le bosquet, en tenant par le bras mon amie, que tu avais connue la première! Elle appelait Stella! et tu redisais après elle : Stella! Stella! Je t'avais à peine entendu parler, et je reconnaissais ta voix. Et lorsque vous m'eûtes rejointe tu me pris les mains! Qui était le plus confus de toi ou de moi! l'un aidait l'autre. Et dès ce moment ma bonne Sara me disait... elle me disait le soir même : « Tout est trouvé!... » Et dans tes bras, quelle félicité! Si ma Sara pouvait voir mon bonheur! c'était une excellente créature. Elle pleurait sur cet amour si profond, si incurable. Qu'il m'eût été doux de l'emmener, quand je quittai tout pour toi!

FERNANDO.

Quand tu quittas tout?

STELLA.

Tu parais surpris. Cela n'est-il pas vrai? ou penserais-tu que dans la bouche de Stella, ce mot pût être un reproche? Va, je n'ai rien fait pour toi.

FERNANDO.

O Dieu!... ton oncle qui t'aimait comme un père, qui te portait dans son cœur, qui n'avait d'autre volonté que la tienne! le quitter! ce n'était rien? et cette fortune, ces biens qui tous étaient à toi, qui devaient t'appartenir, ce n'était rien? et ces lieux où tu étais née, où tu avais passé ta jeunesse, où tu avais été heureuse; tes compagnes!

STELLA.

Et tout cela sans toi, Fernando, qu'était-ce, qu'était-ce auprès de ton amour? Lorsqu'il s'empara de mon âme, de ce jour seulement je pris possession de la vie. Je dois te l'avouer, dans les heures solitaires, je me suis dit souvent : Pourquoi ne pas jouir avec lui de tant de biens? pourquoi fuir? pourquoi ne pas rester en possession de tout cela? Mon oncle lui aurait-il refusé ma main? non: et pourquoi donc fuir? Mais non, je te trouvais assez d'excuses! pour toi, elles ne peuvent manquer. Et quand ce ne serait qu'une fantaisie, me disais-je; car vous en avez un bon nombre; quand ce ne serait que la fantaisie d'enlever ce qu'il aime, comme une proie; quand ce serait l'orgueil de la prendre seule, sans dot, sans rien! Tu peux penser que le mien était assez intéressé à croire ce qu'il y avait de mieux. Enfin, je voulais, et je fis ton bonheur.

FERNANDO.

Je n'y saurais tenir.
Annette entre.

ANNETTE.

Excusez, gracieuse dame. Que tardez-vous, monsieur le capitaine? tout est empaqueté, l'on n'attend plus que vous. Mademoiselle est accouru ; elle a donné l'ordre de partir aujourd'hui : c'était si pressé qu'on ne savait à qui entendre. Et maintenant, qu'attendez-vous?

STELLA.

Va, Fernando, va les mettre en route; paye la poste; mais reviens sur-le-champ.

ANNETTE.

Est-ce que vous ne partez pas avec elles? Mademoiselle a commandé une chaise à trois places; votre domestique a fait vos paquets.

STELLA.

Fernando, c'est une erreur?

FERNANDO.

Que veut dire cette enfant?

ANNETTE.

Ce que je veux dire? ah! vraiment, c'est assez curieux! que monsieur le capitaine quitte madame pour partir avec cette fille! la connaissance n'est pas vieille; elle s'est faite à dîner. Vous avez pris congé d'elle bien tendrement au dessert, quand vous lui baisiez la main.

STELLA embarrassée.

Fernando!

FERNANDO.

C'est une enfant.

ANNETTE.

Ne le croyez pas, madame : les paquets sont faits ; monsieur part avec elles.

FERNANDO.

Pour où? pour où?

STELLA.

Laisse-nous, Annette.

Annette sort.

STELLA.

Tire-moi du plus cruel embarras; je ne crains rien, et cependant le bavardage de cette enfant m'inquiète. Tu es ému, Fernando : je suis ta Stella!

ACTE IV.

FERNANDO, se détournant et lui prenant les mains.

Tu es ma Stella!

STELLA.

Tu m'effrayes, Fernando! tes yeux sont égarés!

FERNANDO.

Stella, je suis un scélérat et un lâche; je perds toute force en ta présence. Fuir! Penses-tu que j'eusse le cœur de t'enfoncer le poignard dans le sein? Comment aurais-je celui de t'assassiner en secret, de t'empoisonner? Stella!

STELLA.

Au nom de Dieu!

FERNANDO avec force, mais en frissonnant.

Et seulement pour ne pas voir son malheur, pour ne pas entendre son désespoir!... fuir!...

STELLA.

Je ne me tiens plus.

Elle s'appuie sur lui.

FERNANDO.

Stella! toi que je tiens dans mes bras; Stella! toi qui es tout pour moi; Stella! (Froidement:) Je t'abandonne.

STELLA, avec un rire forcé.

Moi!

FERNANDO, grinçant des dents.

Toi! pour cette femme, pour cette fille que tu as vues!

STELLA.

Quelle affreuse nuit!

FERNANDO.

Et cette femme, c'est la mienne! (Stella le regarde avec des yeux fixes; elle laisse tomber ses bras.) Et sa fille, c'est la mienne! (Il s'aperçoit qu'elle s'évanouit.) Stella! (Il la place sur un siége.) Stella! du secours! du secours!

Cécile et Lucie arrivent.

FERNANDO.

Voyez cet ange, elle se meurt: voyez! ah! du secours!

On s'empresse autour d'elle.

LUCIE.

Elle revient.

FERNANDO, la regardant avec stupeur.

Et c'est toi! c'est toi!

Il sort.

STELLA.

Qui! qui! (Elle se relève.) Où est-il? (Elle retombe, et regarde les deux femmes occupées autour d'elle.) Merci! Je vous remercie... Qui êtes-vous?

CÉCILE.

Soyez tranquille! c'est nous.

STELLA.

Vous! Vous n'êtes pas parties? Êtes-vous?... O Dieu, qui me l'eût dit! Qui es-tu? es-tu...? (Prenant Cécile par la main.) Non, cette idée est au-dessus de mes forces.

CÉCILE.

Bonne Stella! ange du ciel, je te presse contre mon cœur.

STELLA.

Mais, dis-moi? le coup a porté jusqu'au fond de mon âme: dis-moi? es-tu...?

CÉCILE.

Je suis... je suis sa femme.

STELLA, se levant tout à coup et se couvrant le visage de ses mains.

Et moi!

Elle court çà et là.

CÉCILE.

Venez dans votre chambre.

STELLA.

Pourquoi me rappelles-tu ce lieu? affreux! affreux! Ces arbres que j'ai plantés, que j'ai élevés; pourquoi tout cela me devient-il tout à coup si détestable? Écrasée! perdue! perdue à jamais! Fernando! Fernando!

CÉCILE.

Va, Lucie, va chercher ton père.

STELLA.

Ah! par pitié, arrête! arrête! qu'il ne vienne pas! Éloigne-toi!... père!... époux!...

CÉCILE.

Tendre et chère amie!

STELLA.

Tu m'aimes! tu me presses contre ton sein! Non, non, laisse-moi! repousse-moi. (à son cou.) Encore un instant: c'en sera bientôt fait de moi! Ah! mon cœur! mon cœur!

CÉCILE.

Reposez-vous.

STELLA.

Je ne puis soutenir votre présence. J'ai empoisonné votre vie? je vous ai tout ravi. Vous, si malheureuse! et moi, quelle félicité dans ses bras! (Elle se jette à genoux.) Pouvez-vous me pardonner?

Cécile et Lucie veulent la relever.

CÉCILE.

Ah! cessez, cessez donc.

STELLA.

Non, je veux rester prosternée ; je veux prier, gémir, demander pardon à Dieu, à vous! Pardon!... (Elle se relève.) Pardonnez-moi, consolez-moi : je ne suis pas coupable. Tu me l'as donné, Dieu du ciel! je l'ai conservé comme un précieux don de ta main. Abandonnez-moi : mon cœur est déchiré.

CÉCILE.

Innocente et chère créature!

STELLA à son cou.

Je lis dans tes yeux, sur tes lèvres, des paroles célestes. Soutiens-moi : aide-moi à me supporter! Je péris! Elle me me pardonne! Elle sent ma misère!

CÉCILE.

Ma sœur, ma chère sœur, remets-toi; reprends un moment tes sens. Crois que celui qui mit dans nos cœurs cette sensibilité, source de tant de peines, saura bien y préparer des consolations et des secours.

STELLA.

Laisse-moi mourir sur ton sein.

CÉCILE.

Venez.

STELLA marchant d'un air égaré.

Laissez-moi tous!... Voyez-vous, il s'élève dans mon âme,

un monde de pensées tumultueuses et pénibles, qui la remplissent d'angoisses inexprimables. C'est impossible! impossible! tant de choses à la fois! je ne puis les saisir, je ne puis les supporter.

Elle fixe les yeux à terre dans un profond silence, se recueille, les relève, regarde les deux femmes et s'enfuit en poussant un cri.

CÉCILE.

Suis-la, Lucie, et veille sur elle. (Lucie sort.) O Providence! abaisse un regard protecteur sur tes enfants. Vois leur trouble, leur misère. J'ai tant appris en souffrant! Fortifie-moi; et si ce nœud doit être délié, Dieu du ciel, ne permets pas qu'il soit rompu.

ACTE CINQUIÈME

LE CABINET DE STELLA

Clair de lune. Stella tient le portrait de Fernando et cherche à le détacher du cadre.

STELLA, seule.

Épaisse obscurité de la nuit, environne-moi, soutiens-moi, conduis-moi. J'ignore où je vais..... Je dois, je veux aller me perdre dans un monde éloigné, inconnu. Mais où donc? où? Bannie de ces lieux chéris, où ta lumière incertaine, ô lune! éclaire le sommet de mes arbres! ne pourrai-je plus errer là où tu jettes sur le tombeau de ma Mina une ombre pleine, pour moi, de charme et de douleur, là où sont conservés tous les trésors de ma vie, mes divins souvenirs!... Et toi, que j'ai si souvent arrosée de larmes religieuses, ô place de mon tombeau! toi que je consacrais à mon repos éternel; autour de qui se rassemblaient toutes mes joies et toutes mes peines; où dans mon délaissement j'espérais encore errer comme une ombre, et jouir languissamment du passé : être ainsi bannie loin de toi! bannie!... Tu deviens insensible, Stella! Dieu soit loué! ta tête est ravagée! tu ne peux plus saisir cette pensée : bannie!... Tu deviens insensée... Eh bien!... oh, la tête me tourne! adieu! adieu! je ne vous reverrai plus. Il y a dans ce sentiment quelque chose de mortel... Ne plus revoir... Pars, Stella! (Elle prend le portrait.) Et toi, dois-je aussi te laisser? (Elle prend un couteau et commence à défaire les clous.) Que ne suis-je vide de pensées! que ne suis-je ensevelie dans un stupide sommeil! que ne suis-je noyée dans des larmes éternelles! infortunée Stella!... Mais, ce qui est, ne peut être changé! (Tournant le portrait vers la lune.) Ah, Fernando, quand tu vins à moi, quand mon cœur s'élança au-devant du tien, ne sentais-tu pas ma confiance dans ta fidélité, dans ta bonté?... Ne sentais-tu point quel sanctuaire s'ouvrait pour te recevoir, quand je t'ouvris mon cœur? et tu ne frissonnas point à cet aspect! et tes forces ne t'abandonnèrent point! et tu ne pris pas la fuite! As-tu pu déchirer ainsi par passetemps mon bonheur, mon innocence, ma vie? Les déchirer et les rejeter au loin, sans en conserver de souvenir! Ame noble! Oui, âme noble! Ma jeunesse, mon âge d'or! Et tu portais dans le fond de ton cœur une pareille perfidie. Une femme! une fille! et moi! Mon âme était libre et pure comme un matin de printemps... tout, tout était espérance. Où es-tu, Stella? (Regardant le portrait.) Cet air si grand, si flatteur! Ah! c'est ce regard qui m'a perdue! Je te hais... Loin de moi... si brillant, si aimable! Non, non. Ah traître... Et c'est pour moi! pour moi! Toi, pour moi! (Elle porte le couteau contre le portrait.) Fernando. (Elle se détourne, le couteau tombe; elle se jette par terre en versant un torrent de larmes et en s'appuyant contre un fauteuil.) Ah! trop cher! trop cher! C'est en vain! c'est en vain!

Un domestique entre.

LE DOMESTIQUE.

Gracieuse dame, vos ordres sont exécutés : les chevaux sont à la petite porte du jardin : vos paquets sont faits. N'oubliez pas de prendre de l'argent.

STELLA.

Arrange ce portrait. (Le domestique prend le couteau; détache le portrait du cadre et le roule.) Voilà l'argent.

LE DOMESTIQUE.

Mais pourquoi?

STELLA reste un moment silencieuse et regarde autour d'elle.

Viens.

Elle sort.

———

LE SALON.

FERNANDO.

Laissez-moi, laissez-moi! Me voilà de nouveau en proie à ce terrible désespoir. Tout est si froid, si effrayant, que c'est comme si le monde n'existait plus pour moi! Ah! il n'existe pour moi que par mes fautes. Et elles!... Mais ne suis-je pas plus misérable encore? Que peuvent-elles me demander?... Quand est-ce donc qu'on cesse de sentir?... Je suis jeté d'une extrémité à l'autre! traversé dans un sens, traversé dans un autre, par des angoisses toujours plus affreuses. (Il se frappe le front.) Où cela se terminera-t-il enfin? Rien devant moi, rien derrière; nulle part je ne trouve ni secours ni conseil. Et ces deux, ces trois créatures, les meilleures de leur sexe? Malheureuses par moi! malheureuses sans moi! plus malheureuses encore avec moi! Si au moins je pouvais me plaindre, me désespérer, demander pardon! Si je pouvais passer une heure dans la plus obscure espérance, me jeter à leurs pieds, et soulager mes anxiétés cruelles en partageant les leurs... Où sont-elles? Stella, tu es prosternée à terre; ton regard mourant se tourne vers le ciel, et tu lui dis avec des sanglots: Ah! pauvre fleur, par quel crime ai-je mérité d'être écrasée ainsi du poids de ta colère? qu'avais-je fait pour que tu m'envoyasses ce misérable?... Cécile, ma femme! ô ma femme! Malheur! malheur profond!... Que de félicités se réunissent pour me mettre à la torture! époux, père, amant! Les meilleures, les plus sublimes créatures! Elles étaient à toi! à toi? Peux-tu le concevoir encore ce triple et indicible bonheur? et c'est là ce qui se saisit de ton être, ce qui le déchire! Chacune d'elles te demande tout entier. Et moi? Quel précipice! quel abîme! Elle sera malheureuse à jamais!

Stella, oui, sans doute, tu es malheureuse. Ah! que de biens je t'ai ravis! La conscience de toi-même, ta jeunesse, ta vie!... Stella!... Et je reste froid! (Il prend un pistolet sur la table.) En tout cas!...

Il charge le pistolet. — Cécile entre.

CÉCILE.

Mon ami, que devenons-nous? (Elle voit les pistolets.) Voilà des meubles de voyage. (Fernando remet les pistolets.) Fernando, tu me parais plus tranquille! Est-il possible de te dire un mot?

FERNANDO.

Que veux-tu, Cécile? que veux-tu, ma femme?

CÉCILE.

Ne m'appelle pas ainsi avant que je t'aie parlé. Nous sommes sans doute dans un terrible embarras : ne peut-on en sortir? J'ai trop souffert pour n'être pas capable d'une résolution forte : m'entends-tu, Fernando?

FERNANDO.

Je t'écoute.

CÉCILE.

Que ton cœur me comprenne! Je ne suis qu'une femme, une femme triste, plaintive; mais mon âme est pleine de fermeté. Fernando, mon parti est pris : je te quitte.

FERNANDO, du ton de la plaisanterie.

Voilà qui est net.

CÉCILE.

Penses-tu qu'il faille prendre congé de ce qu'on aime, derrière la porte?

FERNANDO.

Cécile!

CÉCILE.

Je ne te fais aucun reproche, et ne pense point que mon sacrifice soit si grand qu'il en a l'air. Jusqu'ici, j'ai déploré ta perte, je me suis consumée de chagrin pour ce que je ne pouvais changer. Je te retrouve : ta présence m'inspire une nouvelle vie, une nouvelle force. Fernando, je sens que mon amour pour toi n'est point intéressé; ce n'est point la passion d'une amante, qui donnerait tout pour posséder l'objet de ses désirs : Fernando, mon cœur est plein de toi; mais c'est le sentiment d'une épouse, qui, par la force de son amour même, est capable de renoncer à son amour.

FERNANDO.

Jamais, jamais!

CÉCILE.

Tu t'emportes?

FERNANDO.

Tu me martyrises!

CÉCILE.

Il faut que tu sois heureux. J'ai ma fille; j'aurai un ami dans toi. Nous nous séparerons; mais nous n'en serons pas moins unis. Je vivrai loin de toi; mais je serai témoin de ton bonheur. Je veux être ta confidente; tu verseras dans mon sein tes joies et tes peines. Tes lettres seront ma vie, et les miennes seront pour toi comme une visite aimable. Ainsi tu restes toujours à moi; tu n'es plus exilé avec Stella, dans un coin du monde : nous nous aimons; nous partageons nos joies. Allons, Fernando, donne-moi ta main pour gage de cet accord.

FERNANDO.

Si c'est une plaisanterie, elle est trop cruelle; si c'est sérieux, c'est incompréhensible.... Quoi qu'il en soit, ma chère, le froid bon sens ne dénoue point la difficulté. Ce que tu dis est beau, est grand; mais qui ne sent pas qu'il y a là-dessous quelque chose de caché, que tu ne te trompes pas toi-même, quand tu fais taire des sentiments cruels, par des consolations imaginaires et brillantes? Non, Cécile; non, ma femme : tu es à moi; je reste à toi... A quoi servent les mots? qu'ai-je besoin de te dire ici les pourquoi? Les pourquoi seraient peut-être autant de mensonges. Je reste à toi... ou...

CÉCILE.

Fort bien!... et Stella? (Fernando est hors de lui; il court d'un air égaré.) Qui se trompe? qui étouffe ses plaintes par des consolations froides, passagères, qu'il ne sent ni ne pense? Oui, c'est à vous, hommes, de vous mieux connaître.

ACTE V.

FERNANDO.

N'affecte pas ce calme. — Stella! ah, elle est malheureuse! Elle épuisera ses plaintes loin de moi, loin de toi! Cesse, cesse donc.

CÉCILE.

Je le crois, la solitude fera du bien à son cœur : sa tendresse trouvera de mélancoliques jouissances à nous savoir réunis. Maintenant, elle se fait d'amers reproches. Si je t'abandonne, elle me croira plus malheureuse que je ne le serai, car elle me jugera d'après elle!... elle ne pourrait plus ni vivre tranquille, ni aimer; elle cesserait d'être cette âme angélique, si elle savait que son bonheur est un vol : il vaut mieux pour elle...

FERNANDO.

Laisse-la fuir; laisse-la se retirer dans un cloître.

CÉCILE.

Mais, encore une fois, si telle est ma pensée, pourquoi s'ensevelirait-elle vivante? Qu'a-t-elle fait pour consacrer dans une tombe, au deuil, au désespoir, aux gémissements, ses plus beaux jours, les jours de la moisson de toutes les espérances formées dans le premier âge? Séparée de son univers, séparée de celui qu'elle adore, de celui qui... N'est-il pas vrai, Fernando? tu l'aimes.

FERNANDO.

Que dis-tu? que dis-tu? Es-tu donc un esprit malfaisant sous les traits de ma femme? Où ramènes-tu mon cœur? Pourquoi déchirer encore ce qui est déchiré? Ne suis-je pas assez accablé, assez ravagé? Ah! de grâce, abandonne-moi à mon sort. Et que Dieu veuille avoir pitié de vous!

Il se jette sur un siége.

CÉCILE, s'approche de lui et le prend par la main.

Écoute... Il y avait un comte... (Fernando veut se lever, elle le retient.) Il y avait un comte allemand que le sentiment d'un devoir pieux conduisit loin de sa femme et de son pays vers la Terre Sainte.

FERNANDO.

Ah!

CÉCILE.

C'était un brave homme. Il aimait sa femme : il lui recommanda le soin de sa maison, l'embrassa et partit. Il traversa beaucoup de pays, se battit, et fut fait prisonnier. La fille de son maître eut pitié de son esclavage : elle brisa ses fers, ils s'enfuirent. Elle l'accompagna au milieu de tous les périls de la guerre... le doux écuyer. Couronné par la victoire, il songe au retour. Il revient vers sa noble femme... — Et la jeune fille?... Il sentit tous les droits de l'humanité; il les crut sacrés... Il la prit avec lui. Et voilà sa femme, cette active ménagère, qui accourt au-devant de son époux. Sa fidélité, sa confiance en lui, ses espérances sont récompensées: elle est dans ses bras. Le chevalier s'est orgueilleusement élancé de son cheval sur cette terre qui l'a vu naître : ses valets déposent le butin aux pieds de la femme; elle se prépare à l'arranger dans les armoires, à parer son château, à gratifier ses amis. — Ma chère, ma noble femme, le plus grand trésor n'est pas encore arrivé... Qui vois-je couvert d'un voile s'approcher avec la suite? — La jeune fille descend doucement de cheval. Voici, dit le comte, en la prenant par la main et la présentant à sa femme. Voici, regarde tout cela et regarde-la! Reçois-la de mes mains, et reçois-moi des siennes. Elle a fait tomber les chaînes de mon cou, elle a commandé aux vents, elle m'a sauvé, elle m'a servi, elle a veillé sur moi! Que ne lui dois-je point? La voici... Récompense-la. (Fernando sanglote, appuyé et les bras étendus sur la table.) Cette femme fidèle se jette au cou de la jeune fille, elle s'écrie en versant un torrent de larmes : Prends tout ce que je puis te donner! Prends la moitié de ce qui t'appartient tout entier! Prends-le tout entier, et laisse-le-moi tout entier! Chacune peut le posséder sans l'enlever à l'autre. La femme se jette au cou de son mari... Nous sommes à toi! — Toutes les deux le prennent par la main, se suspendent à lui. Et le grand Dieu du ciel se réjouit de cet amour! et son organe sacré sur la terre le sanctifia par ses bénédictions! et leur bonheur, leur tendresse eurent pour théâtre la même demeure, le même lit, le même tombeau.

ACTE V.

FERNANDO.
Dieu du ciel! quel rayon d'espoir!

Il retombe.

CÉCILE, ouvrant la porte du cabinet et criant.
Elle est là! elle est à nous! Stella!

FERNANDO.
Laissez-moi, laissez-moi!

Il veut partir.

CÉCILE.
Reste, écoute-moi.

FERNANDO.
Nous avons déjà trop parlé. Laissez-moi. Dans ce moment je ne suis pas capable de supporter votre double présence.

Il sort.

CÉCILE, puis LUCIE, puis STELLA.

CÉCILE.
L'infortuné! Il n'a point voulu parler! il a sans cesse opposé le silence aux efforts de ma tendresse! Et elle! Il faut pourtant que je réussisse! (Elle se dirige vers la porte:) Stella, écoute-moi, Stella!

LUCIE.
Ne l'appelle pas! elle repose; sa douleur lui a laissé un instant de répit. Elle souffre beaucoup; j'ai bien peur, ma mère, j'ai bien peur qu'elle ne meure.

CÉCILE.
Que dis-tu?

LUCIE.
Je crains que ce qu'elle a pris ne soit pas de nature à la guérir!

CÉCILE.
Mon espoir serait-il déçu? Puisse-tu te tromper! C'est affreux, c'est affreux!

STELLA paraissant à la porte.
Qui m'appelle? Pourquoi me réveille-t-on? Quelle heure est-il? Il est de bien bonne heure.

LUCIE.

Il n'est pas de bonne heure; le soir vient.

STELLA.

Oui, c'est cela, le soir vient pour moi.

CÉCILE.

C'est ainsi que tu nous trompais!

STELLA.

Qui te trompait? N'était-ce pas toi?

CÉCILE.

Je voulais te conserver, j'espérais!

STELLA.

Je ne puis rester plus longtemps ici.

CÉCILE.

Ah! j'aurais dû te laisser partir, t'enfuir, jusqu'à l'extrémité du monde!

STELLA.

Oui! je suis à l'extrémité!

CÉCILE, à Lucie, qui, pendant ce dialogue, a couru éperdument en tous sens.

Pourquoi hésites-tu? Cours, appelle du secours!

STELLA, retenant Lucie.

Non, reste! (Elle s'appuie sur les deux femmes et fait quelques pas en avant.) J'espérais suivre à votre bras le chemin de la vie : il ne me mène qu'au tombeau.

Elles la conduisent lentement jusqu'à un siége placé sur la droite de la scène.

CÉCILE.

Vite! Lucie! vite! du secours! du secours!

Elle sort.

STELLA, CÉCILE, puis FERNANDO, puis LUCIE.

STELLA.

Je n'ai pas besoin de secours.

CÉCILE.

Est-ce là ce que j'attendais! est-ce là ce que j'espérais!

STELLA.

Tu es bonne, tu as souffert, tu as espéré.

ACTE V.

CÉCILE.

Quel sort affreux !

STELLA.

Profondes sont les blessures du sort, mais guérissables ; celles qu'un cœur fait à un cœur, celles que le cœur se fait à lui-même, celles-là sont incurables, aussi... je meurs.

FERNANDO, entrant.

Lucie exagérait-elle, ou bien la nouvelle est-elle vraie ? Si elle est vraie, Cécile, je maudis ta magnanimité.

CÉCILE.

Ne me reproche pas d'avoir eu du cœur ! Notre honnêteté n'est point responsable des conséquences qu'elle amène. Sauve-la, elle vit encore, elle nous appartient encore.

STELLA, levant les yeux et serrant la main de Fernando.

Sois le bienvenu. Donne-moi la main et toi (s'adressant à Cécile), toi la tienne ! « Tout pour l'amour, » ça été la devise de ma vie. « Tout pour l'amour, » ce sera mon épitaphe ! Dans d'heureux moments nous nous sommes tus et nous nous sommes compris. (Elle cherche à rapprocher les mains des deux époux.) Et maintenant laissez-moi me taire !

Elle s'affaisse sur son bras droit qui est étendu sur la table.

FERNANDO.

Oui, nous nous tairons, Stella !

Il porte lentement sa main gauche vers la table.

CÉCILE, agitée.

Lucie ne vient pas, personne ne vient ! Cette maison est donc un désert ? Allons, Fernando, elle vit encore ! On a vu mainte fois des gens échapper à la tombe ! Fernando ! elle vit encore. Et tout nous abandonne ! Pas un médecin, pas une potion. Il y a cependant quelqu'un au ciel qui nous entend ! (Elle s'agenouille près de Stella.) Exauce-moi, mon Dieu ! exauce-moi. Conserve-la-nous, ne la laisse pas mourir ! (Fernando a pris le pistolet sur la table et sort lentement. — Cécile toujours à genoux, prenant la main gauche de Stella.) Oui, elle vit encore ; sa main, sa chère main est encore chaude ! Je ne t'abandonne pas, je te retiens de toute la force de ma foi et de mon amour ! Oui, une fervente prière a plus de puissance qu'un remède terrestre !

(Elle se lève et se détourne.) Il est parti, désolé, désespéré! Où est-il allé? Pourvu qu'il n'ait pas pris une suprême résolution. Je cours après lui! (En voulant sortir elle se retourne vers Stella.) Et la laisser seule ici! Grand Dieu! Dans ce moment terrible, je suis là entre deux êtres que je ne puis ni séparer ni unir! (On entend un coup de feu dans le lointain.) Dieu!

Elle s'élance dans la direction du bruit.

STELLA, se soulevant péniblement.

Qu'est-ce que c'est? Cécile, pourquoi t'éloignes-tu? approche-toi, ne m'abandonne pas! Oh! angoisses! je vois couler du sang. Est-ce le mien? Non, ce n'est pas mon sang; je ne suis pas blessée, mais mortellement malade... Et cependant c'est mon sang!

LUCIE, accourant.

Au secours! ma mère! au secours! J'ai couru de tous côtés. j'ai envoyé des courriers pour amener le médecin. Mais il nous faut bien d'autres secours! Mon père est mort de sa propre main, il nage dans son sang! (Cécile veut sortir, Lucie la retient.) N'y allez point, ma mère; ce spectacle ne fera qu'augmenter votre désespoir.

STELLA, qui a tout écouté avec attention, saisit la main de Cécile.

Voilà donc ce qui est arrivé! (Elle se dresse en s'appuyant sur Cécile et sur Lucie.) Allons auprès de lui, je me sens plus forte. C'est là que je veux mourir.

CÉCILE.

Tu chancelles, tes genoux ne peuvent te porter; nous n'avons pas la force de te soutenir, car, moi aussi, je suis brisée!

STELLA, retombant sur le fauteuil.

Va donc seule auprès de celui qui t'appartient! Prends son dernier soupir; c'est ton époux. Tu hésites? je t'en prie, je t'en conjure. Ta présence me trouble! Pense qu'il est seul! Va!

Cécile sort rapidement.

LUCIE.

Je ne t'abandonne pas, je reste auprès de toi!

STELLA.

Non, Lucie, si tu veux me faire beaucoup de bien, suis-la

mère. Va! va! laisse-moi. L'amour a replié ses ailes, il ne m'emporte plus vers lui! Tu es jeune et vivante. Le devoir doit agir quand l'amour reste immobile. Va auprès de celui à qui tu appartiens, c'est ton père. Sais-tu ce que cela veut dire? Pars, si tu ne veux accroître ma souffrance.

Lucie s'éloigne lentement.

STELLA, s'affaissant.

Et moi je meurs seule!

FIN DE STELLA.

LES COMPLICES

COMÉDIE EN TROIS ACTES

— EN VERS —

---- 1776 ----

PERSONNAGES

L'HOTE.
SOPHIE, sa fille.
SŒLLER, mari de Sophie.
ALCESTE.
Un Garçon d'auberge.

La scène est dans une auberge.

ACTE PREMIER

LA SALLE DE L'AUBERGE

Dans le fond, une table sur laquelle se trouvent de l'encre, une plume et du papier et, à côté, un fauteuil à oreilles.

SCÈNE 1

SŒLLER, en domino, assis à une petite table, devant une bouteille de vin ; SOPHIE, en face de lui, cousant une plume blanche à un chapeau ; L'HOTE.

L'HÔTE, *entrant.*

Comment ! encore un bal ? Sérieusement, monsieur mon gendre, je suis las de ces folies, et je pensais que vous en resteriez là. En vérité, je ne vous ai pas donné ma fille pour que vous dépensiez si joyeusement mon argent. Je suis un vieillard, et je ne songeais qu'au repos ; il me manquait un adjudant, et je vous ai pris. Un bel adjudant, pour dissiper mon peu de bien ! (Sœller fredonne une chanson.) Oui, chantez, chantez ; j'aurai mon tour. Vous êtes un vaurien, lancé dans toutes les folies, qui joue, qui boit, qui fume, qui court la nuit et dort le jour. Il n'y a pas un prince de l'Empire qui mène meilleure vie. La voilà assise avec ses larges manches, Sa Majesté aventurière.

SŒLLER, buvant.

A votre prospérité, papa !

L'HÔTE.

Oui, jolie prospérité ! J'aimerais mieux la fièvre...

SOPHIE.

Mon père, soyez moins sévère.

SŒLLER, buvant.

Ma petite Sophie, à ta satisfaction !

SOPHIE.

Satisfaction !... Si vous pouviez seulement vivre d'accord !

L'HÔTE.

S'il ne change pas, cela sera difficile. En vérité, voilà longtemps que je suis las de ces éternelles querelles. Mais le diable ne verrait pas de sang-froid la vie qu'il mène tous les jours. C'est un méchant homme, si sec, si ingrat ! Il ne voit pas ce qu'il est, il ne pense plus à ce qu'il était, il ne songe pas au besoin d'où je l'ai tiré, à ses dettes, qu'il m'a bien fallu payer. Ni le remords ni le temps ne corrigent un misérable. Quand on est gueux, c'est pour l'éternité.

SOPHIE.

Il changera, bien sûr.

L'HÔTE.

Pourquoi tarder autant ?

SOPHIE.

C'est encore un effet de la jeunesse.

SŒLLER, buvant.

Oui, Sophie... A nos amours !

L'HÔTE.

Cela entre par une oreille pour sortir par l'autre : jamais il ne m'écoute. Que suis-je donc dans la maison ? Je me suis comporté vingt ans honorablement ; croyez-vous que j'aie gagné mon bien pour vos plaisirs, et que je vous le laisse dissiper à votre fantaisie ? Non, mon ami, cela ne sera pas ; je ne suis point assez sot. Ma réputation se maintient depuis longtemps, elle se maintiendra encore plus longtemps. Le monde entier connaît l'hôte de l'*Ours noir*. Cet ours-là n'est pas si bête, il sait garder sa peau. Maintenant, ma maison va être repeinte; elle portera le nom d'hôtel. Il y pleuvra des cavaliers; l'argent y viendra par torrents. Mais ce n'est pas tout, il faut être actif et ne point s'enivrer comme une brute: à minuit sonnant, au lit, et le lendemain, levé de bonne heure; voilà ce qu'il faut.

SŒLLER.

D'ici là il y a encore loin. Que tout aille seulement son train, et ne devienne pas pire. Vient-il donc tant de monde ici? Les chambres d'en haut sont encore vides.

L'HÔTE.

C'est vrai, mais voyage-t-il donc tant de monde en ce moment? Enfin, cela est comme cela; et puis M. Alceste n'occupe-t-il pas deux chambres et le salon?

SŒLLER.

Oui, oui, c'est bien quelque chose, c'est une bonne pratique; mais il faut soixante minutes pour faire une heure; et puis M. Alceste sait bien pourquoi il est ici.

L'HÔTE.

Comment?

SŒLLER.

Ah! à propos, papa, on m'a dit ce matin qu'il y avait en Allemagne un corps de braves jeunes gens qui se disposent à porter du renfort et de l'argent en Amérique. On dit qu'ils sont en grand nombre, qu'ils ont assez de courage, et que, lorsque viendra le printemps, toute la bande se mettra en route.

L'HÔTE.

Oui, oui, j'en ai entendu plus d'un pérorer auprès d'un verre de vin, dire qu'il donnerait sa peau pour nos chères Provinces-Unies. C'est là qu'on trinque à la liberté! Chacun est brave et hardi; et puis vient le lendemain, et personne ne part.

SŒLLER.

Ah! il y a assez de gaillards dont la tête bout toujours; et lorsqu'une fois l'amour les tient, il faut bien devenir romanesque et même exalté, et se jeter tête baissée au travers des événements.

L'HÔTE.

Si l'envie en prenait seulement à quelqu'un des nôtres qui fût assez aimable pour nous écrire le plus souvent possible de jolies lettres, cela serait un véritable plaisir.

SŒLLER.

C'est loin en diable !

L'HÔTE.

Eh ! qu'importe ! la lettre met son temps. Je vais monter tout de suite dans la petite chambre, voir sur ma carte quelle est à peu près la distance.

Il sort.

SCÈNE II
SOPHIE, SŒLLER.

SŒLLER.

Cela a beau aller mal dans la maison, une gazette arrange tout.

SOPHIE.

Oui, cède-lui sans cesse.

SŒLLER.

Je n'ai pas le sang très-vif, c'est ce qu'il y a d'heureux pour lui. Sans cela, me... chicaner de la sorte !

SOPHIE.

Oh ! de grâce !

SŒLLER.

Non, c'est à perdre patience. Je sais parfaitement qu'il y a un an j'étais un triste hère, criblé de dettes...

SOPHIE.

Mon ami, ne te fâche point.

SŒLLER.

Il me peint si affreux, et cependant Sophie ne m'a pas trouvé tout à fait si horrible.

SOPHIE.

Tes reproches éternels ne me laissent pas une heure de repos.

SŒLLER.

Je ne te reproche rien, je dis cela comme autre chose. Ah! une belle femme réjouit tant notre âme! Vois-tu, on a de la reconnaissance. Sophie, tu es belle! et je ne suis pas de marbre. J'apprécie trop le bonheur d'être ton mari; je t'aime...

SOPHIE.

Et avec cela tu peux me tourmenter!

SŒLLER.

Oh! va, qu'importe? Je puis bien te le dire, Alceste t'a aimée; je sais qu'il a brûlé pour toi, que tu l'as aimé de ton côté, que tu l'as connu longtemps.

SOPHIE.

Ah!

SŒLLER.

Mais non, je ne sais pas, moi, quel mal on peut trouver à cela. Un jeune arbre qu'on plante pousse, c'est son devoir, et quand il porte des fruits, ma foi, les cueille qui est là; il en revient l'année suivante. Oui, Sophie, je te connais trop bien pour y mettre de l'importance. Je trouve seulement cela plaisant.

SOPHIE.

Je ne trouve rien de plaisant à cela. Qu'Alceste m'ait aimée, qu'il ait brûlé pour moi, que je l'aie aimé également, que je l'aie connu longtemps... eh bien! après?

SŒLLER.

Rien! Je ne dis pas qu'il y en ait davantage. Dans les premiers jours, quand la jeune fille n'est pas épanouie, elle aime uniquement par badinage, le cœur lui bat sans qu'elle y comprenne quelque chose : on l'embrasse en jouant aux petits jeux; on gagne du terrain, le baiser devient plus sérieux, on y prend goût davantage, et l'on ne conçoit plus pourquoi la mère gronde. Vertu si l'on aime, innocence si l'on vient à faillir, et si l'expérience vient s'ajouter aux autres qualités, que le mari se réjouisse d'avoir une femme si prudente!

SOPHIE.

Tu ne me connais pas assez.

SŒLLER.

Oh! crois-m'en, pour une jeune fille, un baiser est ce qu'un verre de vin est pour nous. Un premier, puis un second, et puis encore un, jusqu'à ce que nous chancellions. Quand on ne veut pas s'enivrer, il ne faut pas du tout boire. Suffit, tu es à moi maintenant... N'y a-t-il pas trois ans et demi que le sieur Alceste était ton ami et demeurait ici? Combien y a-t-il de temps qu'il est parti?

SOPHIE.

Trois ans, je pense.

SŒLLER.

Au delà. Eh bien! le voilà revenu depuis quinze jours déjà...

SOPHIE.

Mon cher, à quoi tend ce discours?

SŒLLER.

Eh bien! à parler un peu, car entre mari et femme on ne cause déjà pas tant. — Pourquoi diable est-il ici?

SOPHIE.

Eh mais! pour s'amuser.

SŒLLER.

Je crois que tu lui tiens au cœur. S'il t'aimait, eh! l'écouterais-tu bien?

SOPHIE.

L'amour peut beaucoup, mais le devoir peut davantage encore. Tu crois?...

SŒLLER.

Je ne crois rien, et je m'entends très-bien. Un mari est toujours meilleur que tous ces petits messieurs qui fredonnent. Le ton doucereux que prennent ces pastoureaux n'est rien... qu'un ton, et un ton, c'est bien peu satisfaisant.

SOPHIE.

Oui, un ton! Eh bien, va pour le ton!... Mais le tien vaut-il mieux? Ta mauvaise humeur s'accroît sans cesse; tu ne passes pas un instant sans me contrarier. Lorsqu'on veut être aimé, il faut être aimable. Etais-tu bien l'homme fait pour rendre une jeune fille heureuse? As-tu donc reçu le droit de me reprocher sans cesse ce qui, dans le fond, n'est rien ? Toute la maison se gâte, tu ne fais rien, et tu dépenses tout. Tu vis au jour le jour. Te manque-t-il quelque chose, tu fais des dettes ; et si ta femme a besoin de quelque chose, il ne se trouve pas un florin ; tu ne demandes seulement point où elle en pourra trouver. Veux-tu une brave femme, sois un honnête homme ; procure-lui ce qu'il lui faut, aide-la à passer le temps, et, quant au reste, tu pourras dormir tranquille.

SŒLLER.

Eh ! adresse-toi au père.

SOPHIE.

Je serais bien reçue ! Nous avons besoin de tant de choses, et tout va si mal ! Hier, pour la première fois, il m'a fallu le prier de m'accorder quelque chose d'indispensable : « Ah ! s'est-il écrié, toi sans argent ! et Sœller court en traîneau ! » Il ne m'a rien donné, et les oreilles me cornent encore de ses cris. Maintenant, dis-moi un peu où je dois puiser ? car tu n'es pas un homme à t'inquiéter de ta femme.

SŒLLER.

Oh ! attends, chère enfant ; peut-être demain recevrai-je quelque chose d'un bon ami...

SOPHIE.

Les bons amis se pressent quand il s'agit de prendre ; mais un ami qui apporte, je n'en ai pas encore vu. Non, Sœller, vois-tu bien, cela ne peut continuer ainsi.

SŒLLER.

Tu as le nécessaire.

SOPHIE.

Bien, c'est quelque chose. Pourtant, qui n'a jamais été misérable veut un peu plus que cela. On s'accoutume au bonheur et à ses dons. On a le nécessaire, et l'on croit ne posséder rien encore. Le plaisir dont jouit chaque femme, chaque jeune fille, je n'en suis pas jalouse ; mais enfin je ne suis pas blasée : la parure, le bal... Suffit ! je suis femme.

SŒLLER.

Eh bien ! viens avec nous ; ne te le dis-je pas toujours ?

SOPHIE.

Que notre ménage devienne un carnaval, perdons notre temps, que tout soit dissipé en un jour ! je préfère demeurer ici toute seule l'année entière. Si tu ne veux pas épargner, il faut du moins que ta femme épargne. Mon père est déjà bien assez aigri à ton égard ; j'apaise sa colère, et je suis sa seule consolation. Non, monsieur, je ne vous aiderai point à prodiguer mon propre bien. Épargnez d'abord vous-même, vous songerez à moi ensuite.

SŒLLER.

Mon enfant, laisse-moi me divertir encore cette fois, et quand la foire viendra, alors nous nous arrangerons.

UN GARÇON D'AUBERGE, entrant.

Monsieur Sœller !

SŒLLER.

Ah ! qu'y a-t-il ?

LE GARÇON.

Monsieur de Tirinette.

SOPHIE.

Le joueur ?

SŒLLER.

Renvoyez-le. Que le diable l'emporte !

LE GARÇON.

Il dit qu'il faut qu'il vous voie.

SOPHIE.

Que te veut-il donc ?

SŒLLER.

Ah ! c'est qu'il va partir... (Au garçon.) Je viens... (A Sophie.) Il veut prendre congé de moi.

Il sort.

SCÈNE III

SOPHIE, seule.

Celui-ci le poursuit certainement. Il dépense tout, fait des dettes de jeu ; et moi, il faut que je souffre... C'est donc là tout le plaisir et tout le bonheur que je rêvais ! Moi, la femme d'un tel homme ! Tu en es donc arrivée là ! Il est passé le temps où une troupe de jeunes et doux cavaliers étaient à tes pieds, où chacun lisait sa destinée dans tes regards! Je vivais dans l'abondance, comme une déesse, entourée de serviteurs attentifs à mes caprices. Ce fut assez pour remplir mon cœur de vanité, et, hélas! une jeune fille s'en trouve vraiment mal. Est-on un peu jolie, aussitôt on plaît à tout le monde, et tout le jour la louange nous bourdonne aux oreilles. Et quelle jeune fille peut soutenir cette épreuve de feu? Vous pouvez prendre des dehors si honnêtes, qu'on vous croit aisément sur parole, vous autres hommes... Et, tout d'un coup, le diable vous emporte. — Lorsqu'il y a quelque morceau appétissant, tous aussitôt veulent s'en régaler; mais qu'une fille prenne la chose au sérieux, il n'y a plus un homme au logis. Ainsi vont les choses avec ces messieurs dans ce triste temps. Il s'en présente vingt, et il en reste la moitié d'un pour épouser. A la vérité, je ne me suis pas trouvée tout à fait délaissée : à vingt-quatre ans, il n'y a pas à tarder; le Sœller se trouva là... je le pris... C'est un pauvre homme, mais enfin c'est un mari. Me voilà ici maintenant comme enterrée. Je pourrais encore avoir une foule de galants, mais qu'en faire? Sont-ils stupides, c'est à en périr d'ennui; d'un autre côté il est dangereux d'aimer un homme spirituel : son esprit se tourne bientôt contre vous-même. Et sans amour, leurs attentions m'ont toujours été odieuses... Maintenant!... mon pauvre cœur, étais-tu préparé à cela? Alceste est revenu! Ah! quel nouveau chagrin! Oui, autrefois, quand il était auprès de moi, que les jours étaient différents! que je l'aimais!... et encore... je ne sais pas ce que je veux. Je le repousse avec défiance.... Il est songeur, silencieux ; je me crains moi-même, et ma crainte est bien fondée. Ah! s'il savait ce que mon cœur ressent encore pour lui! — Il vient. Je tremble déjà. Mon cœur est si plein! Je ne sais ce que je veux, encore moins ce que je dois.

SCÈNE IV
SOPHIE, ALCESTE

ALCESTE, en toilette, sans chapeau ni épée.

Pardonnez, madame, si j'arrive mal à propos.

SOPHIE.

Vous badinez, monsieur Alceste ; cette chambre est pour tout le monde.

ALCESTE.

Je le sens, maintenant je suis pour vous comme tout le monde.

SOPHIE.

Je ne vois pas comment Alceste pourrait s'en plaindre.

ALCESTE.

Tu ne vois pas, cruelle?... C'est donc là ce qui m'attendait !

SOPHIE.

Permettez, monsieur, il faut que je m'éloigne.

ALCESTE.

Où vas-tu, Sophie, où vas-tu?... Tu détournes ton visage?... tu me refuses ta main?... Sophie, ne me connais-tu pas?... Vois, c'est Alceste qui te supplie de l'entendre.

SOPHIE.

Malheur à moi!... Que mon cœur, mon pauvre cœur est agité !

ALCESTE.

Si tu es encore Sophie, demeure !

SOPHIE.

Je vous en prie, épargnez-moi. Il faut, il faut que je m'éloigne.

ALCESTE.

Cruelle Sophie ! abandonnez-moi donc ! — Dans ce moment, me disais-je, elle est seule ; tu touches au bonheur. Maintenant, espérais-je, elle pourra te dire un mot d'amitié... Oh ! allez, allez ! — Ici, dans cette chambre, Sophie me découvrit pour la première fois la plus douce flamme ; ici, pour la première fois, l'amour nous enlaça ; à cette même place... t'en souvient-il encore?... tu me juras fidélité éternelle.

SOPHIE.

Oh ! épargnez-moi donc !

ALCESTE.

C'était une belle soirée... je ne l'oublierai jamais. Ton regard parla, et moi je m'enhardis : ce fut en tremblant que tu me livras tes lèvres si douces. Mon cœur sent encore trop quel fut mon bonheur. Le tien alors était de me voir, de songer à toi; et maintenant tu me refuses une heure... Tu vois, je te cherche; tu vois, je suis tout troublé... Va donc, cœur faux, jamais tu n'as aimé !

SOPHIE.

Je suis assez tourmentée déjà, veux-tu donc me tourmenter aussi? Sophie ne t'a jamais aimée, Alceste?... Oses-tu le dire? Tu étais mon unique vœu, tu étais mon bien suprême. Pour toi battait mon cœur, mon sang bouillait pour toi! Ce bon cœur, que tu as possédé, ne peut être cruel pour toi, il ne peut t'oublier. Ah! que de fois ces ressouvenirs m'ont assaillie! Alceste!... je t'aime, je t'aime encore comme je t'aimais !

ALCESTE.

Ange! cœur excellent !

Il veut l'embrasser.

SOPHIE.

J'entends venir quelqu'un.

ALCESTE.

Et pas le moindre mot! cela n'est pas supportable. Ainsi se passe chaque jour. Quelle existence odieuse! Je suis depuis quinze jours ici, et je ne t'ai pas encore dit une parole! Je sais que tu m'aimes encore, et il faut que cela augmente ma douleur. Jamais nous ne sommes seuls, jamais nos cœurs ne peuvent se parler; ici, dans cette chambre, on n'a pas un moment de repos : tantôt le père est là, tantôt vient le mari. Je ne puis rester longtemps ici, cela m'est insupportable. Mais, Sophie, à qui veut, tout n'est-il pas possible? Autrefois rien ne te semblait trop difficile; tu servais promptement mes désirs, et la jalousie aux cent yeux était aveugle. Si tu voulais...

SOPHIE.

Quoi ?

ALCESTE.

Si tu voulais penser qu'il ne faut pas réduire Alceste au désespoir! Ma bien-aimée, cherche seulement quelque occasion pour un entretien que ce lieu rend impossible. Oh! écoute : cette nuit, ton mari sort; on croit que je vais moi-même à un repas de carnaval. Mais la porte de derrière est proche de mon escalier : personne ne le verra dans la maison, je reviens, j'ai la clef sur moi... et, si tu le permets...

SOPHIE.

Alceste, je m'étonne...

ALCESTE.

Et moi, je dois te croire quand tu me dis que tu n'es pas un cœur dur, que tu n'es pas une fille trompeuse! Tu rejettes le moyen qui nous reste encore! Ne connais-tu pas Alceste, Sophie, et peux-tu hésiter à venir causer avec lui une petite heure dans la tranquillité de la nuit? C'est convenu, n'est-ce pas, Sophie, je viendrai te voir cette nuit? Cependant, si tu te crois plus en sûreté, viens toi-même me voir.

SOPHIE.

C'est trop.

ALCESTE.

Trop! trop! Oh! bien parlé! malédiction! c'est trop! trop! Ainsi je perds ici mes jours et mes semaines..... Damnation! qui me retient en ces lieux, quand Sophie ne me retient pas?... Je pars demain!

SOPHIE.

Mon bien-aimé, mon cher Alceste!

ALCESTE.

Non, tu connais, tu vois mes souffrances, et tu restes insensible! Je veux te fuir pour toujours.

SCÈNE V
Les Mêmes, L'HÔTE

L'HÔTE.

Voici une lettre. Il faut que ce soit de quelqu'un de haut parage; le cachet est très-large et le papier très-fin. (Alceste ouvre la lettre. — L'hôte, à part.) Je voudrais bien connaître le contenu de cette lettre.

ALCESTE, qui a parcouru la lettre rapidement.

Il me faudra partir demain de bonne heure. Vous me donnerez le compte.

L'HÔTE.

Eh! partir si vite, par un aussi mauvais temps? — Cette lettre est donc d'importance? Peut-on se permettre de demander à Votre Seigneurie...

ALCESTE.

Non.

L'HÔTE, à Sophie.

Demande-lui donc, toi; certes il te le dira.

Il va à la table dans le fond, où il prend ses livres dans un tiroir; il s'assied et écrit le compte.

SOPHIE.

Alceste, est-ce sûr?

ALCESTE.

Le visage aimable!

SOPHIE.

Alceste, je t'en prie, n'abandonne pas Sophie.

ALCESTE.

Eh bien! décide-toi à me voir cette nuit.

SOPHIE, à part.

Que dois-je, que puis-je faire? Non, il ne faut pas, il ne faut pas qu'il parte; il est mon seul espoir. — Tu vois que je ne puis pas... pense que je suis mariée.

ALCESTE.

Le diable emporte le mari! Tu es veuve en ce moment. Non, mets à profit ces instants, peut-être ne les retrouverons-nous jamais. Un mot! à minuit, ma bien-aimée, je serai ici.

SOPHIE.

Mon père est trop proche de ma chambre.

ALCESTE.

Eh bien, alors viens chez moi. Que signifient ces hésitations? Pendant ce temps, l'occasion nous échappe. Tiens, prends la clef.

SOPHIE.

La mienne ouvre.

ALCESTE.

Ainsi, viens donc, chère enfant. Qui t'arrête? Eh bien, veux-tu?

SOPHIE.

Si je veux?...

ALCESTE.

Eh bien?

SOPHIE.

J'irai.

ALCESTE, à l'hôte.

Monsieur l'hôte, je reste.

L'HÔTE, s'avançant sur le devant de la scène.

Ah! ah! (A Sophie.) As-tu appris quelque chose?

SOPHIE.

Il ne veut rien dire.

L'HÔTE.

Rien?

SCÈNE VI
Les Mêmes, SŒLLER

ALCESTE.

Mon chapeau!

SOPHIE.

Le voilà, tenez.

ALCESTE.

Adieu. Il faut que je sorte.

SŒLLER.

Je vous souhaite beaucoup de plaisir.

ALCESTE.

Adieu, charmante femme.

SOPHIE.

Adieu, Alceste.

SŒLLER.

Votre serviteur.

ALCESTE.

Il faut que je remonte encore.

SŒLLER, à part.

Le drôle devient chaque jour plus audacieux.

L'HÔTE, prenant la lumière.

Permettez, monsieur.

ALCESTE, la lui prenant des mains avec civilité.

Monsieur l'hôte, pas un pas de plus.

SOPHIE.

Eh bien! Sœller, tu t'en vas? Si tu m'emmenais, qu'en dis-tu?

SŒLLER.

Ah! ah! l'idée t'en vient.

SOPHIE.

Non, va; c'est un badinage.

SŒLLER.

Non, non, je le sais, tu en brûles d'envie. Quand on voit quelqu'un s'apprêter pour le bal, et qu'il faut s'aller coucher, on sent là quelque chose qui nous pousse... Une autre fois.

SOPHIE.

Oh! oui, je puis bien attendre; seulement, Sœller, sois prudent, abstiens-toi des cartes. (A l'hôte, qui, pendant ce temps) est resté à réfléchir profondément.) Bonne nuit, papa; je vais me coucher.

L'HÔTE.

Bonne nuit, Sophie.

SŒLLER.

Dors bien. (La regardant aller.) Non, elle est vraiment belle! (Il court après elle et l'embrasse encore une fois auprès de la porte.) Dors bien, mon petit mouton. (A l'hôte.) Eh bien! n'allez-vous pas aussi vous mettre au lit?

L'HÔTE.

Quelle diablesse de lettre! Si j'avais du moins cette lettre! (A Sœller.) Allons, une nuit de carnaval, une bonne nuit!

SŒLLER.

Merci. Dormez bien.

L'HÔTE.

Maître Sœller, vous voudrez bien, en sortant, avoir soin de fermer la porte.

Il sort.

SŒLLER.

Oui, ne vous inquiétez de rien.

SCÈNE VII

SŒLLER, seul.

Que faire? ô le maudit jeu! que le coquin n'est-il pendu! La dernière levée n'était pas claire, et pourtant il m'a fallu me taire; il s'escrime aussi bien qu'il ajuste. Je ne sais comment m'en tirer. — Si... Alceste a de l'argent... et ces *monseigneurs* ouvrent et ferment. Il a, de son côté, grande envie de jouir de mon bien. Il tourne autour de ma femme; depuis longtemps cela m'est odieux. Eh bien, je m'invite une fois aussi à sa table. — Mais s'il transpire quelque chose, cela aura des suites fâcheuses... Je suis dans le besoin, et ne puis faire autrement. Le joueur veut son argent, sinon il m'assomme. Courage, Sœller, en avant! toute la maison dort. Et si cela se découvre, je suis bien garanti; car une belle femme a sauvé plus d'un voleur.

Il sort.

ACTE DEUXIÈME

LA CHAMBRE D'ALCESTE

Le théâtre est, de l'avant-scène au fond, partagé en une chambre et une alcôve; d'un côté de la chambre, une table sur laquelle il y a des papiers et une cassette; au fond, une grande porte, et, sur le côté, une petite, en face de l'alcôve.

SCÈNE I

SŒLLER, en domino et masqué, sans souliers, une lanterne sourde à la main; il se présente à la petite porte, éclaire timidement le contour de la chambre, puis s'avance d'un pas plus déterminé, ôte son masque et parle.

On n'est pas absolument forcé d'être brave; on arrive aussi en se glissant avec ruse. L'un vient à vous, armé de pistolets, pour chercher un sac d'argent, peut-être la mort, et dit: « La bourse, là, sans tant de façons! » d'un sang aussi tranquille que s'il disait: « Levez le coude, messieurs! » Un autre rôde sans cesse, pour attraper votre montre; ses mains sont magiques, ses manœuvres comme l'éclair; et si vous y tenez, il vous dit en face: « Je vole, soyez sur vos gardes. » Il vous vole, et vous n'en voyez rien. La nature, il est vrai, m'a fait moins superbe: mon cœur est trop faible, et mes doigts sont trop engourdis; et cependant ne pas être un peu coquin c'est difficile, par le temps qui court. L'argent diminue chaque jour, et chaque jour il en faut davantage. — Te voilà embarqué; tire-toi de là. Ah! toute la maison pense que je suis cette nuit au bal. Mon petit monsieur Alceste... Il est allé rêver... Ma petite femme dort seule... Jamais mon étoile ne me fut plus favorable. (S'approchant de la table.) Approche, ô sanctuaire! ô dieu qui résides dans un coffre, un roi sans toi est un être bien nul! Je vous rends grâce, ô *monseigneur*, vous êtes la consolation du monde; c'est par votre secours que je compte l'atteindre, le grand monseigneur, l'argent! (En cherchant à ouvrir la cassette.) Autrefois, étant assesseur près le tribunal, je me connaissais au métier: là, mon zèle n'a pas non plus duré; l'écriture ne prenait pas; c'était toujours la même chose; un morceau de pain pour perspective, et journellement de l'ennui; cela ne me convenait guère. Un voleur fut arrêté, les fausses clefs furent trouvées; il fut pendu. On sait que la justice pense avant tout à elle: je n'étais qu'un subalterne, je n'eus que la ferraille: je la pris. Une chose ne vous paraît guère utile; vient un moment où l'on se réjouit de la posséder; et maintenant..... (La serrure saute.) Oh! tout cela bien monnayé! oh! c'est un vrai plaisir! (Il met de l'or dans sa poche.) Ma poche déborde d'argent et ma poitrine de joie... si ce n'est de crainte. Écoutons! Malédiction! ô mes membres! ô lâches! pourquoi trembler? Assez... (Il regarde encore dans la cassette et prend encore.) Encore une fois. Bon, maintenant! (Il la ferme et frémit.) Quoi, reviendrait-il déjà? Quelque chose s'agite dans le corridor; pourtant tout va bien en ordre... Le diable fait peut-être des siennes? J'aurais commis une belle sottise... Est-ce

un chat? Non, ce serait un chat bien pesant. Vite! on tourne quelque chose dans la serrure...
Il se jette dans l'alcôve.

SCÈNE II
L'HÔTE, avec un rat de cave, entrant par la porte de côté, SŒLLER.

SŒLLER, à part.

Aïe! le beau-père!

L'HÔTE.

C'est une sotte chose qu'un sang un peu craintif: le cœur vous bat quand on ne fait que demi-mal. De ma vie, du reste, je n'ai été curieux, et, si je ne pensais trouver dans cette lettre quelque chose d'important... et puis avec la gazette, c'est un retard éternel. Ce qu'on apprend de plus neuf a toujours un mois de date. N'est-ce pas chose bien insupportable d'entendre chacun dire : « Oui, je l'ai lu aussi?» — Si j'étais seulement gentilhomme, je serais bientôt ministre, et chaque courrier partirait de chez moi et y arriverait. Je ne la trouve pas, cette lettre. L'a-t-il emportée avec lui? Le diable s'en mêle donc.

SŒLLER, à part.

O bon vieux fou, je le vois bien, le dieu des voleurs et des journaux ne t'aime pas moitié autant que moi.

L'HÔTE.

Je ne la trouve pas. O malheur!..... Mais qu'entends-je? — Ici près, dans le salon...

SŒLLER.

M'a-t-il senti?

L'HÔTE.

Cela craque comme si c'était une mule de femme.

SŒLLER.

Une mule? non, ce n'est pas moi.

L'HÔTE. Il souffle le rat de cave et, comme dans sa précipitation il ne parvient pas à ouvrir la serrure de la petite porte, il le laisse tomber.

Maintenant, voilà la serrure qui m'arrête!
Il pousse la porte et s'en va.

SCÈNE III

SOPHIE, entrant par la porte du fond avec une lumière; SŒLLER.

SŒLLER, dans l'alcôve, à part.

Une femme!... Diable! Enfer! c'est la mienne! — Que signifie cela?

SOPHIE.

Je tremble d'une démarche si folle!

SŒLLER.

C'est elle, aussi vrai que c'est moi! Cela ressemble à un rendez-vous? — Mais supposez que je me montre... Oui? alors le cou me démange déjà.

SOPHIE.

Oui, suivez donc l'amour! Avec des formes flatteuses, il vous entraîne d'abord...

SŒLLER.

J'en deviendrai fou... et je n'ose.

SOPHIE.

Et quand une fois on quitte la route, alors point de feu follet qui vous égare autant que celui-là.

SŒLLER.

Oui, certes! Un marais te serait plus sain que cette chambre.

SOPHIE.

Jusqu'ici, tout allait assez mal sans doute; mais chaque jour cela devient pire. Mon mari va trop loin aussi. Jusqu'ici le chagrin ne me manquait pas; maintenant il en a fait trop; je serais forcée de le haïr.

SŒLLER.

Toi, sorcière!

SOPHIE.

Il a ma main... Mais Alceste possède mon cœur comme autrefois.

SŒLLER.

Ensorceler, composer des poisons, n'est pas aussi détestable.

SOPHIE.

Ce cœur qui brûle entièrement pour lui, qui apprit de lui pour la première fois ce qu'est l'amour...

SŒLLER.

Damnation !

SOPHIE.

Il était indifférent et froid, avant qu'Alceste vînt l'éveiller.

SŒLLER.

Ah ! maris, que n'êtes-vous tous une fois au confessionnal !

SOPHIE.

Comme Alceste m'aimait !

SŒLLER.

Ah ! maintenant, c'est passé !

SOPHIE.

Comme je l'aimais tendrement !

SŒLLER.

Bah ! c'étaient des enfantillages.

SOPHIE.

Destin, tu nous a séparés ; et pour mes péchés il m'a fallu... quelle nécessité !... m'unir à une bête.

SŒLLER.

Moi, une bête !... Oui, certes, une bête, une bête à cornes.

SOPHIE.

Que vois-je ?

SŒLLER.

Quoi, madame ?

SOPHIE.

Le rat de cave de mon père ! comment se trouve-t-il ici ?... Pourtant, non ?... Il me faut m'enfuir, peut-être nous espionne-t-il.

SŒLLER.

O conscience, continue de la poursuivre !

SOPHIE.

Mais je ne conçois pas qu'il ait pu le perdre ici !

ACTE II.

SŒLLER.

Si elle ne craint pas la vue de son père, fais-lui donc voir le diable.

SOPHIE.

Oh! non, toute la maison est plongée dans le plus profond sommeil.

SŒLLER.

Le plaisir est plus fort que la crainte du châtiment.

SOPHIE.

Mon père est couché... Qui sait comme cela est arrivé?!... Enfin, n'importe.

SŒLLER.

O malheur!

SOPHIE.

Alceste n'est donc pas encore venu?

SŒLLER.

Oh! si j'osais...

SOPHIE.

Mon cœur flotte encore dans le doute et l'anxiété; je l'aime, et cependant je le crains.

SŒLLER.

Et moi, je le crains comme le diable, et davantage. Oh! s'il venait, le prince des enfers, je le supplierais : « Emporte-la, dirais-je, et prends tout mon argent. »

SOPHIE.

Tu es trop loyal, mon cœur. Quel est donc ton crime? As-tu promis d'être fidèle et pouvais-tu promettre d'être fidèle à un homme qui n'a pas un cheveu qui vaille quelque chose, absurde, grossier, faux...

SŒLLER.

Je suis tout cela?

SOPHIE.

En vérité, si un tel monstre ne justifie pas toute l'horreur qu'on a pour lui, alors j'admirerai le pays où l'on vénère le diable; car Sœller est un diable!

SŒLLER.

Quoi? un diable! un monstre!... moi? Je ne puis plus y tenir! (Il fait un mouvement pour sortir de sa cachette.)

SCÈNE IV

ALCESTE, habillé, avec le chapeau et l'épée, couvert d'un manteau qu'il dépose en entrant; LES PRÉCÉDENTS.

ALCESTE.

Tu m'attendais déjà?

SOPHIE.

Sophie est venue avant toi.

ALCESTE.

Tu trembles?

SOPHIE.

Les dangers!

ALCESTE.

Non, ma petite femme, non.

SŒLLER.

Tu! toi! voilà des préliminaires!

SOPHIE.

Tu as senti ce que ce cœur a souffert pour toi. Tu le connais tout entier, ce cœur; pardonne-lui cette démarche.

ALCESTE.

Sophie!

SOPHIE.

Pardonne-moi, et je n'éprouverai pas de repentir.

SŒLLER.

Oui, demande-moi un peu si je te le pardonne?

SOPHIE.

Quel dessein m'a conduite jusqu'ici? En vérité, je le sais à peine.

SŒLLER.

Je ne le sais que trop, moi!

SOPHIE.

Il me semble que c'est un rêve.

SŒLLER.

Je voudrais bien rêver, moi!

SOPHIE.

Vois, je t'apporte un cœur tout rempli de chagrin.

ACTE II.

ALCESTE.

Le chagrin s'adoucit par les plaintes.

SOPHIE.

Un cœur sympathique comme le tien, je n'en ai jamais trouvé !

SŒLLER.

Quand ils bâillent ensemble, ils appellent cela sympathie. Admirable !

SOPHIE.

Fallait-il donc te trouver si parfait, pour m'unir à un homme qui est tout l'opposé de toi ! J'ai un cœur qui n'es point mort à la vertu.

ALCESTE.

Je le connais !

SŒLLER.

Oui, oui ; moi aussi !

SOPHIE.

Quelque digne d'amour que tu sois, jamais tu n'aurais arraché de moi une seule parole, si ce pauvre cœur n'était pas fermé à l'espérance. Je vois de jour en jour la ruine de mon ménage. Quelle vie mène mon mari ! comment pouvons-nous subsister ? Je sais qu'il ne m'aime pas, mes larmes ne le touchent pas, et quand mon père tempête, il faut encore que je le réconcilie avec lui. Chaque matin amène un nouveau tourment.

SŒLLER, ému à sa manière.

Non, la pauvre femme est vraiment malheureuse !

SOPHIE.

Mon mari n'a aucune idée de ce qui ressemble à une vie humaine. Que n'ai-je point dit, sur combien de choses ne lui ai-je pas cédé ? Il boit tout le jour, il fait des dettes de tous côtés, joue, se querelle, gronde et rampe ; tout cela sans relâche ! Tout son esprit se réduit à des folies et des extravagances ; ce qu'il prend pour de la prudence n'est que de la grosse ruse. Il ment, calomnie, trompe...

SŒLLER.

Je le vois, elle réunit déjà des matériaux pour mon oraison funèbre.

SOPHIE.

Oh! crois-le! depuis longtemps je serais morte de douleur si je n'avais su...

SŒLLER.

Allons, parle.

SOPHIE.

Qu'Alceste m'aimait encore.

ALCESTE.

Il aime, il gémit comme toi.

SOPHIE.

Cela adoucit ma peine, d'inspirer de la commisération à quelqu'un... à toi. Alceste, par cette main, par cette main si chère, je t'en conjure, conserve-moi toujours ton cœur.

SŒLLER.

Voyez comme elle le cajole!

SOPHIE.

Ce cœur, qui n'a brûlé que pour toi, ne connaît d'autres consolations que celles qui viendront de toi.

ALCESTE.

Je ne sais pour ton cœur aucun remède.

Il prend Sophie dans ses bras et lui donne un baiser.

SŒLLER.

Malheur à moi, pauvre homme! aucun accident ne viendra-t-il donc à mon secours, par pitié? Le cœur! cela devient inquiétant.

SOPHIE.

Mon ami!

SŒLLER.

La voilà qui s'attendrit; j'en ai par-dessus les oreilles, de l'amitié; je voudrais, puisqu'ils ne savent plus que se dire, qu'elle passât son chemin, et me fît grâce des baisers.

ALCESTE.

Ma bien-aimée!

SOPHIE.

Mon ami, encore ce baiser, et puis adieu.

ALCESTE.

Tu t'en vas?

ACTE II.

SOPHIE.

Je m'en vais... car il le faut.

ALCESTE.

Tu m'aimes, et tu t'en vas!

SOPHIE.

Je m'en vais... parce que je t'aime : je perdrais un ami si je restais. C'est dans la nuit surtout qu'on s'oublie dans ses plaintes; on se croit en sûreté, et l'on ne redoute rien. Mais pour mon sexe il y a trop à risquer; trop de dangers suivent la confiance; un cœur amolli par la souffrance ne refuse point, dans un si beau moment, ses lèvres aux baisers de l'amitié. Un ami est un homme...

SŒLLER.

Elle paraît le savoir assez bien.

SOPHIE.

Adieu; et crois que je suis toute à toi.

SŒLLER.

L'orage m'a passé bien près de la tête. (Sophie sort, et Alceste l'accompagne par la porte du milieu, qui reste ouverte; on les voit tous deux arrêtés ensemble dans le fond.) Pour cette fois, ne sois pas mécontent, il n'y a pas beaucoup à réfléchir! le moment est favorable, et vite, décampe!

Il sort de l'alcôve et s'enfuit par la porte de côté.

SCÈNE V

ALCESTE, revenant.

Que veux-tu donc, mon cœur?... C'est étrange; cette femme chérie est restée pour toi ce qu'elle était. La reconnaissance pour ces heures dorées du premier bonheur d'amour n'est pas encore évanouie. Que n'ai-je point pensé! que n'ai-je point senti! cette image n'est pas encore effacée : elle est aussi parfaite que l'amour me la montrait, cette image que mon cœur adorait dans un respect profond. Et que les temps sont autres! que de choses se sont éclaircies! Cependant il lui reste quelque chose de cette sainteté première... Avoue franchement ce qui te pousse ici; voilà le revers! tu recommences à aimer, et cette force de caractère, et ce que tu méditais de loin, la honte que tu lui avais promise, le plan que tu avais combiné... Comme tout a changé ! N'éprouves-tu pas une inquiétude secrète ? Certes, avant que tu la possèdes, elle te possède déjà. Voilà bien le lot des hommes ! Souvent on court, on s'élance, et plus on forme de projets, mieux on est attrapé. — Mais maintenant, au nécessaire ! il faut que je découvre un moyen de lui faire remettre, dès demain matin, quelque argent comptant : au fond, c'est une damnation... Son sort me touche infiniment ; son mari, le misérable ! lui rend la vie pénible. J'ai encore précisément ce qu'il faut. Voyons, oui, cela suffit : je lui serais entièrement étranger que son sort saurait encore m'attendrir; mais je suis trop intimement convaincu que je suis le principal auteur de sa misère... Le destin le voulait ainsi ; je ne pouvais rien empêcher; mais ce que je ne puis changer, je veux du moins l'atténuer. (Il ouvre sa cassette.) Que diable ! Qu'est cela ? Ma cassette presque vide ! A peine le quart de la monnaie d'argent; j'ai l'or sur moi ; j'ai toujours la clef. Ce n'est que depuis l'après-dînée ! Qui donc a pénétré dans cette chambre ? Sophie ?... Oh ! Oui, Sophie ? indigne soupçon, loin de moi ! Mon domestique ? Oh ! il en est bien éloigné, il dort !... Le brave garçon, certes, il n'est pas coupable. Mais, qui donc !... Par Dieu, cela me rend inquiet.

ACTE TROISIÈME

LA SALLE DE L'AUBERGE

SCÈNE I

L'HOTE, seul; il est en robe de chambre et sur un tabouret, devant une table chargée d'une lumière presque consumée, d'un cabaret avec du café, de pipes et de journaux. Après les premiers vers, il se lève et il s'habille durant cette scène et le commencement de la suivante.

Ah ! la maudite lettre m'enlève sommeil et repos ! Assurément il se passe là quelque chose d'extraordinaire. Il me paraît impossible de deviner cette énigme. Lorsqu'on fait quelque chose de mal, on s'effraye aisément : ce n'était pas ma vocation; voilà pourquoi la crainte m'a poursuivi. Et cependant, pour un hôtelier, ce n'est pas convenable de trembler pour une rumeur, des pas ou un craquement, car les revenants et les voleurs se tiennent la main. Il n'y avait personne à la maison, ni Sœller, ni Alceste; ce ne pouvait être le sommelier; les servantes dormaient solidement. Cependant, au petit jour, entre trois et quatre, j'entendis un léger bruit; la porte de Sophie s'ouvrit : c'est peut-être elle-même, cet esprit devant qui j'ai détalé. C'était un pas de femme; Sophie marche précisément ainsi... Mais que faisait-elle là?... On connaît les femmes : elles aiment à visiter, à voir les effets des étrangers, le linge, les habits. Si j'y avais songé, je l'aurais effrayée, et je me serais moqué d'elle. Elle m'aurait aidé à chercher; nous aurions la lettre; voilà une belle occasion de perdue! Damnation! une idée comme cela ne vous arrive jamais à propos, et ce qu'on imagine de bon ne nous vient que lorsqu'il n'est plus temps.

SCÈNE II
L'HÔTE, SOPHIE.

SOPHIE.

Mon père, imaginez...

L'HÔTE.

Vous ne dites pas seulement bonjour.

SOPHIE.

Pardonnez-moi, papa; j'ai la tête pleine de soucis.

L'HÔTE.

Pourquoi?

SOPHIE.

L'argent d'Alceste, qu'il avait reçu dernièrement, a disparu tout à la fois.

L'HÔTE.

Pourquoi a-t-il joué? Ils sont incorrigibles.

SOPHIE.

Mais non, il est volé.

L'HÔTE.

Comment!

SOPHIE.

Et volé dans sa chambre!

L'HÔTE.

Que le diable l'emporte, le voleur! Qui est-il? vite!

SOPHIE.

Qui le peut savoir?

L'HÔTE.

Ici, dans la maison?

SOPHIE.

Oui, sur la table d'Alceste, dans sa cassette.

L'HÔTE.

Et quand?

SOPHIE.

Cette nuit.

L'HÔTE, à part.

Voilà pour mon péché de curiosité! La faute en retombera encore sur moi; on trouvera mon rat de cave.

SOPHIE, à part.

Il est atterré et il parle tout bas... Serait-ce lui le coupable? Il est allé dans la chambre; le rat de cave l'accuse.

L'HÔTE, à part.

Est-ce Sophie elle-même? Au diable! ce serait bien pis. Elle voulait de l'argent hier, elle a été cette nuit dans la chambre. (Haut.) C'est un vilain coup. Prends-y garde, cela nous nuira. La réputation de notre maison, c'est d'être sûre et pas chère.

SOPHIE.

Oui; il ne s'en inquiète guère, et pour nous cela nous nuira. On l'attribuera, après tout, à l'hôtelier.

L'HÔTE.

Je ne le sais que trop : c'est une véritable sottise. Et serait-ce un voleur domestique? soit, qui pourra le découvrir? Cela va nous causer bien du tracas.

SOPHIE.

Cela m'abat absolument.

ACTE III.

L'HÔTE, à part.

Ah! elle devient inquiète. (Haut, d'un air un peu plus mécontent.) Je voudrais qu'il retrouvât son bien, je serais bien content.

SOPHIE, à part.

Il me semble que le repentir le prend. (Haut.) Et s'il le retrouve, alors soit le voleur qui voudra; on ne lui dira rien, et il ne s'en inquiétera pas non plus.

L'HÔTE, à part.

Si elle ne l'a pas, je veux être pendu. (Haut.) Tu es une bonne fille, et ma confiance en toi... Attends un peu.

Il va voir derrière la porte.

SOPHIE, à part.

Grand Dieu! il va me découvrir son fait!

L'HÔTE.

Je te connais, Sophie; tu n'as guère l'habitude de mentir...

SOPHIE.

Je cacherais plutôt quelque chose au monde entier qu'à vous. C'est pourquoi j'espère bien, cette fois, mériter...

L'HÔTE.

Bien! Tu es mon enfant, et ce qui est fait est fait.

SOPHIE.

Le meilleur cœur peut faillir dans les mauvais moments.

L'HÔTE.

Nous ne nous tourmenterons plus du passé. Que tu aies été dans la chambre, il n'y a que moi qui le sache.

SOPHIE, effrayée.

Vous savez?...

L'HÔTE.

J'y étais; tu vins, je t'entendis; je ne savais qui c'était, et e me mis à courir comme si j'avais le diable à mes trousses.

SOPHIE, à part.

Oui, oui, il a l'argent; cela n'est plus douteux.

L'HÔTE.

Ce n'est que maintenant que l'idée m'en vient; je t'ai entendue ce matin.

SOPHIE.

Et ce qui est admirable, c'est que personne ne pense à jeter les yeux sur vous. J'ai trouvé le rat de cave...

L'HÔTE.

Toi?

SOPHIE.

Moi.

L'HÔTE.

Bien, par ma vie! Maintenant, dis, comment ferons-nous pour le lui rendre?

SOPHIE.

Vous direz : « Monsieur Alceste, ayez pitié de ma maison : l'argent est là, je tiens le voleur; vous savez vous-même combien l'occasion séduit; à peine vous l'avait-il enlevé, qu'il se repentait déjà, qu'il s'était fait connaître; il a avoué, et me l'a rendu : le voilà, pardonnez-lui. » Certes, Alceste se contentera de cela.

L'HÔTE.

Pour faufiler de telles choses, tu as un rare talent.

SOPHIE.

Oui, portez-le-lui de la sorte.

L'HÔTE.

Tout de suite, mais il faudrait l'avoir.

SOPHIE.

Vous ne l'avez pas?

L'HÔTE.

Eh non! D'où l'aurais-je donc?

SOPHIE.

D'où?

L'HÔTE.

Et oui, d'où? Me l'as-tu donc donné?

SOPHIE.

Et qui l'a donc?

L'HÔTE.

Qui l'a?

SOPHIE.

Oui, sans doute, si vous ne l'avez pas

ACTE III.

L'HÔTE.

Folies!

SOPHIE.

Où l'avez-vous donc mis?

L'HÔTE.

Je crois que tu divagues. Ne l'as-tu donc pas?

SOPHIE.

Moi?

L'HÔTE.

Oui.

SOPHIE.

Comment me serait-il venu?

L'HÔTE.

Eh!
Il représente par ses gestes l'action de voler.

SOPHIE.

Je ne vous comprends pas.

L'HÔTE.

Quelle effronterie! Maintenant qu'il faut rendre, tu songes à donner le change? Ne l'as-tu pas avoué? Fi de tels tours!

SOPHIE.

Non, voilà qui est trop fort pour moi; accusez-moi maintenant, lorsque vous disiez, il n'y a qu'un moment, que la chose était de votre fait.

L'HÔTE.

De mon fait? vipère! Est-ce là l'amour, le respect que tu me dois? Tu me traites de voleur quand c'est toi qui es la voleuse!

SOPHIE.

Mon père!

L'HÔTE.

N'étais-tu pas cette nuit de bonne heure dans la chambre?

SOPHIE.

Oui.

L'HÔTE.

Et tu me dis cela en face et tu n'aurais pas l'argent?

SOPHIE.

L'un prouve-t-il l'autre?

L'HÔTE.

Oui.

SOPHIE.

N'y étiez-vous pas de bonne heure aussi?

L'HÔTE.

Je t'arrache les cheveux si tu ne veux pas te taire et t'en aller. (Elle sort en pleurant.) Tu pousses trop loin la plaisanterie, vaurienne. — Elle est partie... il n'était que temps; peut-être pense-t-elle s'en tirer avec des mensonges; l'argent est envolé, suffit, c'est elle qui l'a pris.

SCÈNE III
ALCESTE, rêveur, en frac du matin; L'HÔTE.

L'HÔTE, embarrassé et suppliant.

Je suis fort atterré d'apprendre... Je le vois, gracieux seigneur, vous êtes encore tout chagrin. Cependant je vous prie d'être assez bon pour passer tout cela sous silence; je ferai mon devoir. J'espère que la chose s'éclaircira. Si on l'apprend dans la ville, les envieux se réjouiront, et leur méchanceté rejettera toute la faute sur mon compte. Ce ne peut être un étranger; c'est un voleur domestique qui a pris votre argent. Modérez un peu votre colère, cela ne tardera pas à se retrouver. À combien cela se montait-il donc?

ALCESTE.

Une centaine de thalers.

L'HÔTE.

Eh!...

ALCESTE.

Cent thalers, pourtant...

L'HÔTE.

Peste! ce n'est pas une bagatelle.

ALCESTE.

Pourtant je les oublierais et m'en passerais volontiers si je savais par qui, pour qui et comment ils ont été pris.

ACTE III.

L'HÔTE.

Oh! que l'argent se retrouve seulement, et je ne m'inquiéterai pas si c'est Jeannot ou Michel, ni quand ni comment.

ALCESTE, à part.

Mon vieux domestique? Non, il ne peut me piller, et puis dans la chambre était... Non, non, je ne puis le croire.

L'HÔTE.

Vous vous cassez la tête; c'est inutile, suffit, je vous procurerai l'argent, moi.

ALCESTE.

Mon argent?

L'HÔTE.

Je vous en prie, que personne ne sache rien. Nous nous connaissons depuis longtemps, et suffit, je vous procurerai l'argent. Ne soyez donc pas inquiet.

ALCESTE.

Ainsi, vous savez?...

L'HÔTE.

Hem! je ferai bien revenir l'argent

ALCESTE.

Eh! dites-moi donc...

L'HÔTE.

Non.

ALCESTE.

Qui l'a pris, je vous conjure?

L'HÔTE.

Je vous dis que je ne saurais vous le dire.

ALCESTE.

Mais, du moins, ce n'est personne de la maison?

L'HÔTE.

Vos questions ne vous mèneront à rien.

ALCESTE.

Peut-être la jeune servante?

L'HÔTE.

La bonne Jeanne? Non.

ALCESTE.

Le sommelier ne l'aurait pas?

L'HÔTE.

Non, ce ne peut être le sommelier.

ALCESTE.

La cuisinière est adroite...

L'HÔTE.

A bouillir et à rôtir.

ALCESTE.

Le garçon de cuisine, Jeannot?

L'HÔTE.

Vous ne sauriez deviner.

ALCESTE.

Le jardinier pourrait bien...

L'HÔTE.

Non, vous n'y êtes pas.

ALCESTE.

Le fils du jardinier?

L'HÔTE.

Non.

ALCESTE.

Peut-être...

L'HÔTE, à demi-voix.

Le chien de la maison?... Oui.

ALCESTE, à part.

Attends donc, imbécile, je sais le moyen de t'attraper. (Haut.) L'ait donc qui voudra! Cela m'est égal si l'argent m'est rendu.

L'HÔTE, faisant comme s'il s'en allait.

Oui, sans doute.

ALCESTE, comme si une idée lui venait.

Monsieur l'hôte, mon encrier est vide, et cette lettre demande expressément...

L'HÔTE.

Eh quoi! elle n'est venue que d'hier, et dès aujourd'hui répondre! Il faut que ce soit quelque chose d'important...

ALCESTE.

Elle ne saurait souffrir de retard.

ACTE III.

L'HÔTE.

C'est un bien grand plaisir que de correspondre.

ALCESTE.

Pas toujours. On y perd souvent plus de temps que cela ne vaut.

L'HÔTE.

Oh! c'est comme au jeu. Une seule lettre nous console de beaucoup d'autres. Excusez-moi, gracieux seigneur, celle d'hier contient donc beaucoup de choses importantes? Oserais-je...

ALCESTE.

Non, pour le monde entier.

L'HÔTE.

Rien de l'Amérique?

ALCESTE.

Je vous dis que je ne saurais vous le dire.

L'HÔTE.

Frédéric est-il de nouveau malade?

ALCESTE.

Vos questions ne vous mèneront à rien.

L'HÔTE.

De la Hesse? est-cela? les gens émigrent encore?

ALCESTE

Non.

L'HÔTE.

L'Empereur a quelque chose en tête?

ALCESTE.

Oui, cela est possible.

L'HÔTE.

Cela ne va pas bien dans le Nord?

ALCESTE.

Je n'en jurerais pas.

L'HÔTE.

Cela fermente sourdement?

ALCESTE.

Nous verrons bien des choses.

L'HÔTE.

Pas de malheur nulle part?

ALCESTE.

Continuez, vous finirez par y venir.

L'HÔTE.

Peut-être, dans ces derniers froids...

ALCESTE.

Des lièvres gelés?... oui.

L'HÔTE.

Vous me paraissez ne pas compter beaucoup sur votre serviteur.

ALCESTE.

Monsieur, d'ordinaire on ne se fie pas à un méfiant.

L'HÔTE.

Et quelle espèce de confiance exigez-vous de moi?

ALCESTE.

Le voleur, et ma lettre est aussitôt à votre disposition. L'échange que je vous offre est fort honnête. Eh bien, voulez-vous la lettre?

L'HÔTE, confondu et curieux.

Ah! trop de bonté. (A part.) Si ce n'était justement pas cela qu'il exigeât de moi!...

ALCESTE.

Vous voyez bien, un service en vaut un autre, et je ne dirai rien, je vous en donne ma parole d'honneur.

L'HÔTE, à part.

Si la lettre n'était pas si appétissante! mais comment? Si Sophie... Eh bien! elle s'en tirera comme elle pourra! La séduction est trop forte; aucun homme ne pourrait résister. L'eau m'en vient à la bouche, comme un lièvre qu'on excite.

ALCESTE, à part.

Jamais jambon n'agaça davantage le nez d'un lévrier.

L'HÔTE, honteux et hésitant encore.

Vous le voulez, gracieux seigneur, et votre bonté...

ALCESTE, à part.

Il y mord.

ACTE III.

L'HÔTE.

Me force aussi à la confiance. (D'un ton de doute et à demi suppliant.) Promettez-vous que j'aurai aussitôt la lettre?

ALCESTE, lui tendant la lettre.

Dans un clin d'œil.

L'HÔTE, s'approchant doucement d'Alceste et sans quitter la lettre des yeux.

Le voleur...

ALCESTE.

Le voleur?

L'HÔTE.

Qui a emporté l'argent, est...

ALCESTE.

Eh bien?

L'HÔTE.

Est ma...

ALCESTE.

Eh bien?

L'HÔTE, d'un ton décidé et en se jetant en même temps sur la lettre, qu'il arrache de la main d'Alceste.

Ma fille.

ALCESTE, interdit.

Comment?

L'HÔTE. Il vient sur le devant du théâtre, met en pièces l'enveloppe de la lettre en se hâtant de l'ouvrir, et commence à lire:

« Noble Excellence... »

ALCESTE, le prenant par les épaules.

C'était elle?... Non, dites la vérité.

L'HÔTE, impatiemment.

Oui, c'était elle. Oh! il est insupportable! (Il lit.) « Particulièrement... »

ALCESTE, de même.

Non, monsieur l'hôte, Sophie!... cela est impossible.

L'HÔTE, se dégageant et continuant sans lui répondre.

« Révérendissime... »

ALCESTE, de même.

Elle aurait fait cela! J'en perds la parole.

L'HÔTE.

« Seigneur. »

ALCESTE, de même.

Écoutez-moi donc! Comment la chose s'est-elle faite?

L'HÔTE.

Je vous le conterai après.

ALCESTE.

Est-ce sûr?

L'HÔTE.

Sûr.

ALCESTE, en sortant et à lui-même.

Maintenant, je pense, je ne puis manquer mon but.

SCÈNE IV

L'HOTE, seul. — Il lit et parle en même temps.

« Et protecteur!... » — Est-il parti? — « L'extrême bonté qui m'a passé tant de choses me pardonnera, je l'espère, encore cette fois. » — Qu'y a-t-il donc encore à pardonner? — « Je le sais, mon digne seigneur, que vous vous réjouirez avec moi. » — Bien! — « Le ciel m'a aujourd'hui accordé un bonheur que mon cœur reconnaissant a tout d'abord reporté à vous : il a délivré ma chère femme de son sixième fils. » — Je suis mort! — « Il est arrivé ce matin de bonne heure, le gars. » — Maudit marmot, la!... Oh! noyez-le, poignardez-le. — « Et votre bonté m'encourage, moi, pauvre homme... » — Ah! j'étrangle presque! Sur mes vieux jours, devait-il m'arriver une telle chose? ce n'est pas supportable. Attends un peu, cela ne se passera pas sans que je te le rende. Je te rattraperai! Alceste, il faut que tu quittes la maison. Moi, un bon ami, le jouer d'une façon si scandaleuse! Si j'osais le traiter en retour comme il le mérite!... Mais, ma fille!... Oh! cette lettre de bourreau tourne à mal. Et je la trahis pour une affaire de parainage! (Il se prend à la perruque.) Maudite tête de bœuf! Es-tu devenu si vieux! La lettre! l'argent! le tour! J'ai envie de me tuer. Que ferai-je? où aller? Comment me venger? (Il empoigne un bâton et court çà et là sur le théâtre.) Que quelqu'un approche, et je le rosse de manière à lui amollir le cuir. Si je les tenais ceux qui m'ont cherché chicane! comme je vous les corrigerais! Je meure si je ne... Je donnerais je ne sais quoi pour que le garçon me cassât tout à l'heure un verre à patte. Je me dévore moi-même... et il faut que je me venge! (Il tombe à coups de bâton sur un tabouret.) Ah! es-tu poudreux! attends, je veux me soulager sur toi.

SCÈNE V

L'HOTE, qui continue de frapper; SŒLLER entre et s'effraye. Il est en domino, le masque attaché au bras et dans une demi-ivresse.

SŒLLER.

Qu'est-ce? Quoi? est-il fou? Allons, gare à toi! Ce serait un bel emploi que celui de substitut du tabouret! Quel méchant esprit tourmente le bon vieux? Le mieux serait de m'en aller; il ne fait pas bon rester ici.

L'HÔTE, sans voir Sœller.

Je n'en puis plus. Aïe! aïe! Les reins et les bras me font mal. (Il se jette sur la chaise.) Je suis tout en nage.

SŒLLER, à part.

Oui, oui, le mouvement échauffe. (Il se montre à l'hôte.) Monsieur mon père.

L'HÔTE.

Ah! *mosieu* passe la nuit en ripailles! et tandis que je me tourmente à mourir, il court hors de la maison! Ce fou de carnaval porte son argent au bal et au jeu, et il rit, pendant que le diable est au logis et y fait son sabbat!

SŒLLER.

Quelle colère!

L'HÔTE.

Oh! attendez, je ne me tourmenterai pas davantage.

SŒLLER.

Qu'y a-t-il?

L'HÔTE.

Alceste! Sophie! le lui conterai-je aussi, à lui?

26.

SŒLLER.
Non, non.
L'HÔTE.
Que le diable ne vous a-t-il tous emportés! je serais tranquille : et le damné coquin, avec sa lettre encore!

Il sort.

SCÈNE VI

SŒLLER, seul, exprimant son anxiété par des gestes bouffons.

Qu'est-il arrivé? Malheur à toi! peut-être dans quelques moments... Abandonne ton front, défends seulement ton dos; tout est peut-être découvert! Oh! malheur! Pauvre moi, comme je tremble! Je suis sur un brasier. Le docteur Faust n'était pas de moitié si mal, pas de moitié si mal à l'aise n'était Richard III. L'enfer par ici, la potence par là, et le cocuage au milieu! (Il court de côté et d'autre, comme un fou, puis enfin il se remet.) Ah! le bien volé ne fait jamais d'heureux... Va, cœur de lâche! vaurien! Pourquoi t'effrayer ainsi? peut-être les choses ne sont-elles pas si gâtées. Je le saurai bientôt. (Il aperçoit Alceste et s'enfuit.) Oh! malheur! c'est lui, c'est lui; il va me prendre aux cheveux.

SCÈNE VII

ALCESTE, habillé; il a son chapeau et son épée.

Jamais ce cœur n'avait lutté si péniblement. Cette rare créature, en qui l'imagination du tendre Alceste adorait l'image de la vertu, qui lui avait connaître le plus haut degré du plus pur amour, qui était à ses yeux une divinité, une maîtresse, un ami, tout enfin; maintenant si avilie! cela me passe. — Il est vrai que cette exaltation d'idées commençait un peu à décliner. Je veux bien que Sophie ne me soit plus qu'une femme parmi des autres femmes... mais si bas! si bas! cela me pousserait à la rage. Mon cœur rebelle prend toujours sa défense : quelle petitesse! Ne peux-tu donc pas obtenir cela de toi? saisis cette heureuse circonstance, elle vient au-devant de toi. Une femme incomparable, que tu aimes si ardemment, est pressée d'argent : vite, Alceste ; chaque pfennig que tu donneras te rapportera un thaler ; voilà qu'elle en prend elle-même... Allons, bien! qu'elle vienne encore avec sa vertu... Va, raffermis ton cœur, et dis-lui avec sang-froid : « Vous avez peut-être besoin de quelque « peu d'argent comptant? Bon, ne vous en taisez pas. Usez du « mien sans scrupule : ce qui est à moi est à vous... » Elle vient!... Tout à coup cette tranquillité feinte s'est dissipée! tu crois qu'elle a pris ton argent, et tu l'en crois incapable.

SCÈNE VIII
ALCESTE, SOPHIE.

SOPHIE.

Que faites-vous, Alceste? vous semblez m'éviter. La solitude vous offre-t-elle tant d'attraits?

ALCESTE.

Pour cette fois, je ne sais ce qui m'y attirait; et sans beaucoup de raison, on se tient souvent quelque monologue.

SOPHIE.

La perte est grande, il est vrai, et a droit de vous chagriner.

ALCESTE.

Ah! cela ne signifie rien, et je m'en soucie peu. Nous y sommes; qu'est-ce qu'un peu d'argent? qui sait s'il n'est pas tombé en bonnes mains?

SOPHIE.

Oui; votre bonté ne souffre pas que nous en prenions quelque chagrin.

ALCESTE.

Avec un peu de franchise on pouvait éviter tout cela.

SOPHIE.

Comment l'entendez-vous?

ALCESTE, souriant.

Cela?

SOPHIE.

Oui, comment cela s'applique-t-il à cette affaire?

ALCESTE.

Vous me connaissez, Sophie, soyez franche avec moi. L'argent est parti, qu'il demeure où il est. Si je l'avais su plus tôt, j'aurais gardé le silence; mais la chose s'étant passée de la sorte...

SOPHIE, étonnée.

Ainsi vous savez?

ALCESTE, avec tendresse. Il prend sa main et la baise.

Votre père... Oui, je le sais, ma bien-aimée Sophie.

SOPHIE, confondue et confuse.

Et vous pardonnez?...

ALCESTE.

Cette plaisanterie, dont je suis loin de faire un crime.

SOPHIE.

Il me paraît....

ALCESTE.

Permets, Sophie, que nous parlions du fond du cœur. Tu le sais, Alceste brûle toujours pour toi. Le destin t'arracha à mon amour, mais ne nous a point séparés. Ton cœur est toujours à moi, le mien t'appartient toujours; mon argent est le tien aussi bien que s'il t'était cédé par contrat; tu as sur mes biens les mêmes droits que moi; prends ce qui te conviendra, Sophie; aime-moi seulement. (Il l'embrasse; elle se tait.) Ordonne, tu me trouveras sur-le-champ prêt à donner les mains à tout.

SOPHIE, fièrement et en se dégageant de ses bras.

Bien du respect à votre argent, mais je n'en ai que faire. Quel est ce ton? je ne sais si je vous comprends bien. Ah! vous me connaissez peu!

ALCESTE, piqué.

Oh! votre très-humble serviteur ne vous connaît que trop et sait aussi ce qu'il demande; il ne voit pas ce qui peut allumer votre colère. Quand on va aussi loin...

SOPHIE, étonnée.

Aussi loin! comment cela?

ALCESTE.

Madame...

ACTE III.

SOPHIE, avec vivacité.

Que signifie cela, monsieur?

ALCESTE.

Pardonnez à ma honte, je vous aime trop pour dire tout haut une telle chose.

SOPHIE, avec colère.

Alceste !

ALCESTE.

Ayez la bonté de demander au papa. Il sait, à ce qu'il paraît...

SOPHIE, éclatant avec feu.

Quoi? je veux le savoir; quoi? monsieur, je ne plaisante pas.

ALCESTE.

Il dit que vous avez...

SOPHIE, de même.

Eh bien! que j'ai...

ALCESTE.

Eh bien! que vous... que vous avez pris l'argent.

SOPHIE, se détournant en pleurant de rage.

Il ose... O Dieu! fallait-il donc en venir là!

ALCESTE, suppliant.

Sophie !

SOPHIE, toujours se détournant.

Vous n'êtes pas digne...

ALCESTE, de même.

Sophie !

SOPHIE.

Loin de moi !

ALCESTE.

Pardonnez.

SOPHIE.

Loin de moi! non, je ne pardonne pas. Mon père n'a pas craint de m'enlever l'honneur. Et de Sophie, comment, Alceste, vous pouvez le croire? Je ne l'eusse point dit pour tous les biens du monde... mais il faut que tout se sache. — C'est mon père qui a l'argent.

Elle sort précipitamment.

SCÈNE IX
ALCESTE, puis SŒLLER.

ALCESTE.

Nous voilà bien avancés ! c'est une folle conduite. Que le diable éclaircisse tout cela ! Deux personnes, toutes deux bonnes et loyales durant toute leur vie, s'accusent !... je crains pour ma raison ; c'est la première fois que j'entends quelque chose de semblable, et je les connais depuis si longues années !... C'est un cas où l'on ne gagne rien à la réflexion : plus on l'approfondit, plus on déraisonne. Sophie, le vieux, me voleraient ! Si Sœller était accusé, cela serait plus croyable. S'il tombait sur ce gibier de potence l'ombre d'un soupçon ! mais il a été au bal toute sa belle nuit.

SŒLLER, en costume ordinaire, avec une pointe de vin.

Voilà ce diable d'homme qui fait sa méridienne. Si je le tenais à la gorge, comme je la lui serrerais d'importance !

ALCESTE, à part.

Le voilà ; comme si je l'avais commandé... (Haut.) Comment cela va-t-il, monsieur Sœller ?

SŒLLER.

Sottement : la musique me bourdonne encore aux oreilles. (Il se frotte le front.) La tête me fait horriblement souffrir.

ALCESTE.

Vous êtes allé au bal ; y avait-il beaucoup de dames ?

SŒLLER.

Comme à l'ordinaire. La souris court au piége, parce qu'il y a du lard dedans.

ALCESTE.

Cela s'est-il passé gaiement ?

SŒLLER.

Parfaitement.

ALCESTE.

Qu'avez-vous dansé ?

SŒLLER.

Je me suis contenté de regarder... (à part) la danse de ce matin.

ALCESTE.

Monsieur Sœller n'a point dansé! d'où cela vient-il?

SŒLLER.

Je me l'étais cependant bien sérieusement promis.

ALCESTE.

Est-ce que cela n'allait pas?

SŒLLER.

Eh non! la tête me pesait furieusement, et cela ne me mettait pas beaucoup en danse.

ALCESTE.

Eh!

SŒLLER.

Et le pis de cela était que je ne pouvais l'éviter; plus j'écoutais et je voyais, plus l'ouïe et la vue me manquaient.

ALCESTE.

Si mal? J'en suis fâché. Le mal vient très-vite.

SŒLLER.

Oh non! je le sentais depuis le temps que vous êtes avec nous, et longtemps auparavant.

ALCESTE.

Singulier!

SŒLLER.

Et il n'y a pas moyen de s'en débarrasser.

ALCESTE.

Eh! faites-vous frotter la tête avec des serviettes chaudes; peut-être cela vous soulagera-t-il.

SŒLLER, à part.

Je crois qu'il raille, encore! (Haut.) Ouais!... cela ne s'en va pas si aisément.

ALCESTE.

A la fin, pourtant, cela partira; vous méritez cela, et le mal ne fera qu'empirer. N'avoir pas une seule fois emmené votre pauvre femme quand vous alliez au bal! ce n'est pas fort aimable, monsieur Sœller, laisser une jeune femme seule, pendant l'hiver.

SŒLLER.

Ah! elle demeure volontiers au logis et me laisse faire

mes folies; car elle a trouvé le moyen de se réchauffer sans moi.

ALCESTE.

Voilà qui est curieux!

SŒLLER.

Oh oui! quand on aime la friandise, on voit, sans qu'il soit besoin de faire signe, où il y a quelque chose de succulent à prendre.

ALCESTE, piqué.

Quelle allégorie!

SŒLLER.

C'est assez clair, ce que je veux dire. *Exempli gratia:* J'aime bien les vieux vins du père, mais il ne se soucie guère de déboucher les flacons; il ménage son bien, alors je vais boire hors de la maison.

ALCESTE, le voyant venir.

Monsieur, songez!

SŒLLER.

Monsieur l'ami des femmes, elle est maintenant ma femme: que vous importe? Et quand même son mari la prendrait pour autre chose qu'elle n'est...

ALCESTE, retenant sa colère.

Que me parlez-vous de mari?... Mari ou non, je défie l'univers; et si vous osez répéter...

SŒLLER, effrayé et à part.

Oh bien! vous verrez qu'il faudra que je le consulte sur sa vertu. (Haut.) Mon fourneau est mon fourneau; et je me moque du cuisinier étranger!

ALCESTE.

Vous n'êtes pas digne de votre femme, si belle, si vertueuse! tant d'attraits dans l'âme! et qui lui a tant apporté en mariage! Rien ne manque à cet ange.

SŒLLER.

Elle a, je l'ai remarqué, un attrait particulier dans le sang; et la coiffure aussi était un bien paraphernal. J'étais prédestiné à une telle femme, et, sans contredit, déjà couronné dans le ventre de ma mère.

ACTE III.

ALCESTE, éclatant.

Monsieur Sœller !

SŒLLER, hardiment.

Que voulez-vous ?

ALCESTE, se retenant.

Je vous le conseille, tenez-vous tranquille.

SŒLLER.

Je suis curieux de connaître celui qui voudrait me fermer la bouche !

ALCESTE.

Si je vous tenais en tout autre lieu, je vous le montrerais, celui-là.

SŒLLER, à mi-voix.

Il se battrait en vérité pour l'honneur de ma femme.

ALCESTE.

Certainement.

SŒLLER, de même.

Personne ne sait mieux jusqu'où il va.

ALCESTE.

Malédiction !

SŒLLER.

Oh ! monsieur Alceste ! nous savons bien ce qui en est ; un peu de calme, un peu seulement, et nous pourrons nous arranger. On sait bien que, vous et les messieurs de votre parage, vous moissonnez volontiers le champ pour votre compte, et que vous ne laissez au mari que le spicilége.

ALCESTE.

Monsieur, je m'étonne que vous soyez assez osé...

SŒLLER.

Oh ! j'en ai eu aussi trop souvent les yeux gonflés ; et encore journellement il me semble que je flaire des oignons.

ALCESTE, avec une colère contenue.

Comment ! monsieur, vous allez aussi loin ? Eh bien ! que voulez-vous ? Il faudra, je le vois, vous délier la langue.

SŒLLER, avec courage.

Eh ! mon petit monsieur, ce qu'on voit, je pense qu'on peut le savoir.

ALCESTE.

Comment! ce qu'on voit? Comment l'entendez-vous?

SŒLLER.

Comme on l'entend. C'est vu et entendu.

ALCESTE.

Ah!

SŒLLER.

Moins de rage, de grâce.

ALCESTE, de plus en plus furieux.

Qu'avez-vous entendu? qu'avez-vous vu?

SŒLLER, effrayé, voulant s'en aller.

Permettez-moi, monsieur...

ALCESTE, le retenant.

Où voulez-vous aller?

SŒLLER.

De passer à l'écart.

ALCESTE.

Vous ne sortirez pas d'ici.

SŒLLER, à part.

Oh! le diable est à ses trousses!

ALCESTE.

Qu'avez-vous entendu?

SŒLLER.

Moi? rien; on m'a dit seulement...

ALCESTE, le pressant en colère.

Quel est cet *on* [1]?

SŒLLER.

Cet *on*, c'était un homme.

ALCESTE, plus vivement, et marchant sur lui.

Vite!

SŒLLER, mal à l'aise.

Qui a vu de ses yeux... (Rassemblant son courage.) J'appelle les gens!

ALCESTE, le saisissant au collet.

Qui était-ce?

---

[1] Sœller joue sur les mots *man* (on), et *Mann* (homme), et répond : Cet homme c'était un homme.

ACTE III.

SŒLLER, *voulant se sauver.*

Quoi? enfer!

ALCESTE, *le tenant plus ferme.*

Qui? vous me poussez à bout. (Il tire son épée.) Quel est le vaurien, le drôle, le menteur?

SŒLLER, *tombant à genoux.*

Moi.

ALCESTE, *menaçant.*

Qu'avez-vous vu?

SŒLLER, *tremblant.*

Eh mais! on voit toujours cela; le monsieur est un monsieur, et Sophie une femme.

ALCESTE, *de même.*

Et puis?

SŒLLER.

Eh bien! cela va suivant le train du monde. — Comme cela va toujours quand la femme plaît au monsieur, et que le monsieur plaît à la femme.

ALCESTE.

Cela veut dire?

SŒLLER.

Je croyais que vous le sauriez sans avoir besoin de me questionner.

ALCESTE.

Eh bien?

SŒLLER.

On n'a point le cœur de se refuser à cela.

ALCESTE.

A cela? Soyez plus intelligible!

SŒLLER.

Oh! laissez-moi quelque repos.

ALCESTE, *toujours de même.*

De par le diable! comment nommez-vous cela?

SŒLLER.

Eh bien! je nomme cela un rendez-vous.

ALCESTE, *effrayé.*

Vous mentez!

SŒLLER, à part.

Il a peur.

ALCESTE, à part.

Comment a-t-il appris cela?

Il remet son épée dans le fourreau.

SŒLLER, à part.

Courage!

ALCESTE, à part.

Qui peut avoir trahi notre entrevue? (Se remettant.) Qu'entendez-vous par là?

SŒLLER, insolemment.

Oh! nous nous comprenons. La plaisanterie de cette nuit! Je n'étais pas loin de là.

ALCESTE, étonné.

Et où?

SŒLLER.

Dans le cabinet.

ALCESTE.

C'est ainsi que vous étiez au bal?

SŒLLER.

Et vous à la noce? — Allons, paix et point de fureur! deux petits mots : on a beau s'entourer de mystères, remarquez-le bien, messieurs, tout finit par se découvrir.

ALCESTE.

Il en résulterait que vous êtes mon voleur. J'aimerais mieux avoir des corbeaux et des pies que lui dans ma maison. Fi! le détestable personnage!

SŒLLER.

Oui, oui, je suis peut-être détestable; mais vous autres, gros messieurs, vous avez toujours raison. Vous voulez jouir de notre bien à votre fantaisie; vous n'observez aucune loi, et les autres doivent les observer. Convoiter la chair ou l'or, c'est tout un. N'êtes-vous pas tout les premiers dignes de la potence, lorsque vous voulez nous faire pendre?

ALCESTE.

Il a encore l'audace.

SŒLLER.

J'ai droit d'oser. Certes, ce n'est pas drôle de se promener avec des cornes à la tête. En somme, ne prenez pas la chose si rigoureusement. J'ai volé au monsieur son argent; et lui, il m'a volé ma femme.

ALCESTE, avec menace.

Qu'ai-je volé?

SŒLLER.

Rien, monsieur. C'était depuis longtemps votre propriété; longtemps avant que je la regardasse comme la mienne.

ALCESTE.

Dois-je...?

SŒLLER.

Il faut que je me taise encore.

ALCESTE.

Au gibet, le voleur!

SŒLLER.

Ne vous souvenez-vous pas qu'une loi non moins rigoureuse parle aussi de certaines gens?

ALCESTE.

Monsieur Sœller!

SŒLLER, faisant un signe avec la tête.

Oui, on vous apprendra à lécher le pain d'autrui.

ALCESTE.

Vous êtes un praticien, et vous suivez cette mode. Vous serez bientôt pendu, ou pour le moins étrillé.

SŒLLER, montrant son front.

Je suis déjà marqué.

SCENE X

Les Précédents, L'HOTE, SOPHIE.

SOPHIE, dans le fond.

Mon terrible père ne sort pas de son odieuse idée.

L'HÔTE, dans le fond.

La petite fille ne veut pas se laisser toucher.

SOPHIE.

Voilà Alceste.

L'HÔTE, apercevant Alceste.

Ah! ah!

SOPHIE.

Il faut, il faut que tout cela s'éclaircisse.

L'HÔTE, à Alceste.

Monsieur, voilà le voleur.

SOPHIE, de l'autre côté.

Voilà le voleur, monsieur.

ALCESTE, les regardant tous les deux en riant, et leur disant du même
ton qu'eux en leur montrant Sœller.

Voilà le voleur.

SŒLLER, à part.

Allons, ma peau, tiens ferme!

SOPHIE.

Lui?

L'HÔTE.

Lui?

ALCESTE.

Vous n'avez l'argent ni l'un ni l'autre; c'est lui qui l'a.

L'HÔTE.

Enfoncez lui un clou dans la tête, à la roue!

SOPHIE.

Toi!

SŒLLER, à part.

Grêle et tempête!

L'HÔTE.

Je voudrais te...

ALCESTE.

Monsieur, je vous demande de la patience. Sophie était soupçonnée, mais non de la faute qu'elle avait commise. Elle est venue, venue me voir. La démarche était bien téméraire; mais sa vertu pouvait tout oser. (A Sœller.) N'étiez-vous pas présent?

SOPHIE, étonnée.

Nous n'en savions rien, la nuit nous protégeait de son silence; la vertu...

ACTE III.

SŒLLER.

Oui, il y faisait chaud pour moi.

ALCESTE, à l'hôte.

Mais vous?

L'HÔTE.

J'étais aussi monté par curiosité. J'étais si préoccupé de cette maudite lettre!... Mais je n'aurais jamais cru cela de vous, monsieur Alceste. Je n'ai pas encore digéré monsieur votre compère.

ALCESTE.

Excusez cette plaisanterie. Et vous, Sophie, vous me pardonnez aussi sans doute?

SOPHIE.

Alceste!

ALCESTE.

Je ne douterai de ma vie de votre vertu. Pardonnez ma tentative; aussi bonne que vertueuse...

SŒLLER.

Je le crois presque avec lui.

ALCESTE, à Sophie.

Et vous pardonnerez bien aussi à notre Sœller?

SOPHIE, lui donnant la main.

Volontiers.

ALCESTE, à l'hôte.

Allons [1].

L'HÔTE, donnant la main à Sœller.

Tu ne voleras plus!

SŒLLER.

Le temps amène l'avenir.

ALCESTE.

Mais mon argent?

SŒLLER.

Ah! monsieur, c'était par besoin. Mon joueur me tourmentait à mourir, je ne savais quel moyen prendre, j'ai volé et

[1] Ce mot est en français dans l'original; Alceste, homme du monde, emploie souvent des mots francisés.

j'ai payé mes dettes. Voici le reste, j'ignore combien de florins...

ALCESTE.
Ce qui est parti, je te le donne.

SŒLLER.
Pour cette fois, m'en voilà tiré.

ALCESTE.
Mais j'espère que vous serez poli, paisible et honnête homme, et vous ne vous hasarderez plus à recommencer pareil tour.

SŒLLER.
Soit. — Cette fois, nous nous en tirons tous sans monter à la potence.

FIN DES COMPLICES

LE FRÈRE ET LA SOEUR

PIÈCE EN UN ACTE

— EN PROSE —

1776

PERSONNAGES

WILHELM, marchand.
MARIANNE, sa sœur.

FABRICE.
Un Facteur.

LE CABINET DE WILHELM

WILHELM, un Facteur

WILHELM, à son bureau, entouré de papiers et de livres de comptes.

Encore deux nouvelles pratiques cette semaine! Quand on se remue on attrape toujours quelque chose : si peu que ce soit, au bout du compte pourtant cela finit par faire une somme; et qui joue petit jeu, s'il fait un petit gain, en a toujours du plaisir; s'il éprouve une petite perte, il s'en console aisément. Qu'y a-t-il?

UN FACTEUR.

Une lettre chargée; vingt ducats, moitié du port franco.

WILHELM.

Bien! très-bien! Mettez cela sur mon compte avec le reste. (Le facteur sort.) J'évitais tout aujourd'hui de m'avouer que je l'attendais. Me voici donc en état de payer Fabrice sur-le-champ, et je n'abuserai pas plus longtemps de sa bonté. Hier il me dit : « Je viendrai demain chez toi; » et je n'étais pas à mon aise. Je savais qu'il ne me tourmenterait point; mais alors sa présence me tourmente doublement. (Pendant qu'il ouvre sa cassette et compte son argent.) Autrefois, dans le temps que je tenais une maison et faisais un peu plus de dépense, j'aimais les créanciers paisibles encore moins que les autres.

Vis-à-vis d'un homme qui me persécute, qui m'assiége, j'ai pour ressource l'impudence et tout ce qui s'ensuit; mais l'autre, qui se tait, va droit au cœur, et sa demande est d'autant plus pressante qu'il m'en charge moi-même. (Il met l'argent en tas sur la table.) Mon Dieu! combien j'ai de grâces à te rendre de ce que mes affaires sont rétablies et mes dettes payées... (Il soulève un registre.) Ta bénédiction dans les petites choses!... à moi qui, dans les grandes, ai méprisé tes bienfaits! Et... puis-je bien l'exprimer?... Comment m'aiderais-tu, si je ne m'aidais moi-même? Sans cette aimable et douce créature, serais-je sur ce fauteuil et chiffrerais-je ainsi? O Marianne! si tu savais que celui que tu tiens pour ton frère travaille pour toi avec un cœur tout autre et dans de tout autres espérances!... Peut-être... ah!... c'est pourtant bien pénible!... Elle m'aime... oui, comme un frère... Fi! voilà l'incrédulité qui me reprend, et avec elle on n'arrive à rien de bon. Marianne, je serai heureux! tu seras heureuse, Marianne!

Entre Marianne.

MARIANNE, WILHELM.

MARIANNE.

Que veux-tu, frère? Tu m'appelles?

WILHELM.

Moi... non, Marianne.

MARIANNE.

Est-ce donc pour me taquiner que tu me fais venir ici de la cuisine?

WILHELM.

Tu rêves!

MARIANNE.

Parfois, mais pas en ce moment. Je connais trop bien ta voix, Wilhelm!

WILHELM.

Eh bien, que fais-tu là dehors?

MARIANNE.

J'ai plumé une paire de pigeons, parce que Fabrice doit venir souper ce soir.

LE FRÈRE ET LA SŒUR.

WILHELM.

Peut-être.

MARIANNE.

Ils seront prêts aussitôt que tu les voudras. J'espère qu'il m'apprendra sa nouvelle chanson.

WILHELM.

Tu aimes assez à apprendre quelque chose de lui?

MARIANNE.

Il sait de fort jolies chansons. Et, quand tu es à table et que tu penches la tête, alors je commence; car je sais que tu souris quand je commence une chanson qui te plaît.

WILHELM.

L'as-tu deviné?

MARIANNE.

Oui; aussi qui est-ce qui ne vous devinerait pas, vous autres hommes?... Mais si tu n'as rien d'autre à me dire, je m'en retourne; car j'ai bien des choses à faire. Adieu..... Voyons, donne-moi encore un baiser.

WILHELM.

Si les pigeons sont bien rôtis, tu en auras un au dessert.

MARIANNE.

Comme les frères sont grossiers! c'est une malédiction. Si je permettais à Fabrice ou à tout autre jeune homme de me prendre un baiser, ils sauteraient au plafond, et monsieur en refuse un que je veux lui donner... Voilà que je laisse brûler mes pigeons!

Elle sort.

WILHELM.

Ange! cher ange! que je puisse me retenir, ne pas lui sauter au cou, ne pas lui tout découvrir!... Nous regardes-tu donc du haut des cieux, sainte femme qui m'as confié ce trésor?... Oui, ils savent là-haut ce que nous faisons; ils le savent!... Ah! Charlotte, tu ne pouvais trouver à mon amour pour toi une récompense plus noble et plus sainte que de me léguer ta fille en me quittant! Tu m'as donné tout ce dont j'avais besoin, tu m'as rattaché à la vie! Je l'aimais comme ton enfant... et maintenant!... c'est pour moi une bien douce illusion : je crois te revoir, je crois que le sort t'a rajeunie pour moi, et que désormais je puis rester et vivre uni à toi, comme dans ce premier rêve de ma vie, qui ne pouvait, qui ne devait point se réaliser... Quel bonheur ! quel bonheur! tout cela vient de toi, Père céleste !

Entre Fabrice.

WILHELM, FABRICE.

FABRICE.

Bonsoir.

WILHELM.

Mon cher Fabrice, je suis on ne peut plus heureux, tous les biens me tombent ce soir. A demain les affaires ! Tiens, voici tes trois cents thalers; vite, dans ta poche ! tu me rendras un autre jour ma quittance, et jasons ensemble !

FABRICE.

Si tu en as encore besoin...

WILHELM.

Si j'en ai de nouveau besoin, à la bonne heure ! je te remercie toujours ; mais pour le moment remporte-les chez toi. Écoute-moi, le souvenir de Charlotte s'est représenté ce soir à mon esprit plus vivement que jamais.

FABRICE.

Cela t'arrive souvent.

WILHELM.

Si tu l'avais connue ! je t'assure que c'était bien la plus noble créature.

FABRICE.

Elle était veuve quand tu as fais sa connaissance?

WILHELM.

Si pure et si grande ! Je relisais encore hier une de ses lettres... Tu es le seul homme qui les connaisse.

Il court à la cassette.

FABRICE, à part.

Ah ! s'il pouvait m'épargner aujourd'hui ! J'ai déjà entendu cette histoire si souvent ! Ordinairement j'aime à l'entendre, car c'est du fond du cœur qu'il en parle; mais aujourd'hui que j'ai tout autre chose en tête... et justement il me faudrait le maintenir en bonne humeur.

WILHELM.

C'était dans les premiers jours de notre liaison. « Le monde « me redevient cher, écrit-elle ; ce monde, dont je m'étais si « fort détachée, me redevient cher à cause de vous. Mon « cœur me fait des reproches ; je sens que je vous prépare « des tourments ainsi qu'à moi-même. Il y a six mois, j'étais « prête à mourir, et voilà que je ne le suis plus. »

FABRICE.

La belle âme !

WILHELM.

La terre n'en était pas digne. Fabrice, je t'ai déjà souvent dit comment elle fit de moi un autre homme. Je ne saurais dépeindre ma douleur quand je vis mon patrimoine dissipé. Je n'osais pas lui offrir ma main, je ne pouvais apporter aucun soulagement à sa situation. Pour la première fois, je sentis le désir de me créer par mon travail une fortune honnête, et de m'arracher à l'ennui dans lequel se consumaient tristement mes jours l'un après l'autre. Je travaillai... Mais qu'était-ce là ? Je persévérai. Toute une année se passe, une année pénible ; enfin un rayon d'espérance vint luire à mes yeux ; le peu que j'avais s'était sensiblement accru... et elle mourut... Je n'y pus tenir. Non, tu n'as pas l'idée de ce que je souffris. Je ne pouvais plus ni voir le lieu où elle avait vécu, ni quitter le sol où elle reposait. Elle m'écrivit peu de temps avant sa fin...

Il tire une lettre de la cassette.

FABRICE.

Oh ! c'est une admirable lettre ; tu me l'as lue tout dernièrement... Écoute, Wilhelm...

WILHELM.

Je la sais par cœur et la relis sans cesse. Quand je vois son écriture, la feuille où sa main s'est appuyée, il me semble qu'elle est encore là !... Oui, elle est encore là. (On entend crier un enfant.) Marianne ne peut-elle se tenir tranquille ! La voilà encore avec l'enfant du voisin ; elle lui fait passer toutes ses journées ici, et m'importune alors que j'ai le plus besoin de repos. (A la porte.) Marianne, fais taire cet enfant, ou renvoie-le s'il est méchant. Nous avons à parler.

FABRICE.

Tu ne devrais pas t'appesantir si fréquemment sur ces souvenirs.

WILHELM.

Les voici, ces lignes, les dernières! le souffle d'adieu de cet ange mourant. (Il replie la lettre.) Tu as raison, c'est un péché. Il est si rare que nous soyons dignes de sentir deux fois les moments divinement douloureux de notre existence!

FABRICE.

Ton sort me va toujours au cœur. Elle laissa une fille, m'as-tu dit, qui malheureusement ne tarda pas à suivre sa mère. Si elle avait survécu, il te serait resté au moins quelque chose d'elle, tu aurais eu où reposer ta douleur.

WILHELM, se tournant vers lui vivement.

Sa fille? c'était une fleur charmante. Elle me la confia... Oui, le sort a trop fait pour moi!... Fabrice, si je pouvais te dire tout...

FABRICE.

Si ton cœur t'y engage...

WILHELM.

Pourquoi ne le pourrais-je pas?

Entrent Marianne et un petit garçon.

Les Précédents, MARIANNE.

MARIANNE, avec le petit garçon.

Avant de s'en aller il veut te dire le bonsoir, frère. Ne va pas lui faire mauvaise mine, non plus qu'à moi. Tu es toujours à dire que tu voudrais te marier, et que tu aimerais à avoir beaucoup d'enfants; mais on ne les mène pas toujours à la lisière, et on ne peut pas les faire crier toujours à propos.

WILHELM.

Au moins ce seraient mes enfants.

MARIANNE.
Cela peut bien faire une différence.
FABRICE.
Croyez-vous, Marianne?
MARIANNE.
Cela doit rendre trop heureux! (Elle se baisse vers l'enfant et l'embrasse.) J'aime déjà tant Christian! s'il était à moi!... Il épelle fort bien, c'est moi qui le lui ai montré.
WILHELM.
Et tu crois que le tien saurait déjà lire?
MARIANNE.
Sans doute! car, de tout le jour, je ne ferais autre chose que l'habiller et le déshabiller, lui donner des leçons, le faire manger, arranger sa toilette et ainsi de suite.
FABRICE.
Et le mari?
MARIANNE.
Il jouerait avec lui, et je suis sûre qu'il l'aimerait autant que moi... Il faut que Christian s'en retourne chez lui, il vous salue. (Elle le mène à Wilhelm.) Voyons, donne une belle main, une bonne menotte!
FABRICE, à part.
Elle est trop aimable, il faut que je parle.
MARIANNE, menant l'enfant à Fabrice.
A ce monsieur aussi.
WILHELM, à part.
Elle sera à toi! tu... C'en est trop, je ne le mérite pas. (Haut.) Marianne, reconduis cet enfant chez lui, entretiens M. Fabrice jusqu'au souper; je veux courir un moment les rues, j'ai été toute la journée assis. (Marianne sort.) Rien qu'une gorgée d'air sous le ciel étoilé! mon cœur est si plein!.. Je reviens à l'instant.
Il sort.
FABRICE.
Allons, Fabrice, décide-toi! Quand tu rumineras cette affaire encore des années, elle n'en sera pas plus mûre pour cela. Tu l'as résolue; voilà qui est bien, voilà qui est parfait!

Tu es venu au secours de son frère, et elle... elle ne m'aime point... comme je l'aime. Mais aussi elle ne saurait aimer avec passion... Charmante fille!... Elle ne soupçonne assurément pas en moi d'autres sentiments que ceux de l'amitié!... Oui, nous serons heureux, Marianne!... L'occasion vient à souhait!... Je veux me déclarer... et si son cœur ne me dédaigne pas... je suis certain du cœur de son frère.

MARIANNE et FABRICE.

FABRICE.

Avez-vous emmené le petit?

MARIANNE.

Je l'aurais volontiers gardé; mais je n'ose, parce que mon frère ne l'aime pas. Souvent le petit drôle lui arrache, à force de prières, la permission d'être mon camarade de lit.

FABRICE.

Mais ne vous incommode-t-il point?

MARIANNE.

Oh! point du tout. Lui qui est comme un diable tout le jour, quand je viens le trouver au lit, il est plus doux qu'un agneau; câlin comme un chat! et il m'embrasse de toute sa force. Bien souvent je ne puis parvenir à l'endormir.

FABRICE, à demi-voix.

Charmante nature!

MARIANNE.

Aussi m'aime-t-il plus que sa mère.

FABRICE.

Vous êtes sa seconde mère.

Marianne devient pensive.

FABRICE, la regardant un certain temps.

Le nom de mère vous cause-t-il de la tristesse?

MARIANNE.

Pas de la tristesse... je pense seulement.

FABRICE.

A quoi pensez-vous, chère Marianne?

MARIANNE.

Je pense... je ne pense à rien; mais souvent il m'arrive d'être toute je ne sais comment.

FABRICE.

N'auriez-vous jamais souhaité...?

MARIANNE.

Que m'allez-vous demander?

FABRICE.

Fabrice l'oserait-il?

MARIANNE.

Souhaité? jamais, Fabrice; et toutes les fois qu'une telle pensée m'est entrée dans la tête, elle en est sortie bientôt. Quitter mon frère me serait intolérable... impossible, quelque séduisante que fût d'ailleurs la perspective.

FABRICE.

C'est pourtant bien singulier! Si vous habitiez la même ville, à deux pas l'un de l'autre, serait-ce le quitter?

MARIANNE.

Oh! jamais. Qui tiendrait son ménage? qui aurait soin de lui?... une servante?... ou se marier... Non, cela ne se peut pas.

FABRICE.

Ne pourrait-il pas s'établir avec vous? Votre mari ne pourrait-il être son ami? ne pourriez-vous faire à trois un ménage heureux, bien plus heureux que n'est le vôtre? Votre frère n'y trouverait-il pas un soulagement dans ses pénibles occupations?... Ah! quelle vie vous pourriez mener là!

MARIANNE.

Il y faut penser... Oui, quand j'y réfléchis, tout cela est vrai... et ensuite, je reviens à croire que cela ne se pourrait pas.

FABRICE.

Je ne vous comprends point.

MARIANNE.

Tenez, voici comment la journée se passe chez nous. Quand je me réveille, j'écoute si mon frère est déjà levé : rien ne bouge-t-il dans la maison, crac, je saute de mon lit dans la cuisine, où j'allume le feu pour que l'eau bouille avant que la servante se lève, et qu'il trouve son café prêt lorsqu'il ouvre les yeux.

FABRICE.

Petite mère de famille !

MARIANNE.

Puis je m'assieds et tricote des bas pour mon frère, et je me donne un mal !... je les lui essaye dix fois, pour m'assurer si le mollet est assez large, si le pied n'est pas trop court, tant et tant qu'il s'impatiente quelquefois. Ce que j'en fais n'est point pour les bas; c'est pour moi, afin d'avoir affaire à lui en quelque chose, afin de le forcer à me regarder un moment après deux heures d'écriture, et de l'empêcher d'engendrer mélancolie. Car cela lui fait du bien, de me regarder; je le lis dans ses yeux, quoi qu'il puisse faire pour me le cacher. Je ris souvent, à part moi, de ses efforts pour paraître sérieux ou fâché... Il fait bien, autrement je le tourmenterais toute la journée.

FABRICE.

Il est heureux !

MARIANNE.

Non, c'est moi qui le suis. Si je ne l'avais pas, je ne saurais que faire en ce monde. Tout ce que je fais, je le fais pour moi, et il me semble que je fais tout pour lui, parce que, dans ce que je fais pour moi, toujours je pense à lui.

FABRICE.

Et si, tout cela, vous le faisiez pour un mari, qu'il serait heureux ! qu'il serait reconnaissant ! et quel intérieur vous auriez !

MARIANNE.

Je me le représente souvent, et, lorsque je suis assise à tricoter ou à coudre, je peux m'en conter bien long sur la manière dont tout se passerait; mais, sitôt que j'en viens à la réalité, cela ne veut jamais s'arranger.

FABRICE.

Pourquoi ?

MARIANNE.

Où trouverais-je un mari qui fût content quand je lui dirais : « Je vous aimerai de tout mon pouvoir, » et que j'ajouterais ensuite : « Il n'est pas en mon pouvoir de vous aimer plus que mon frère; c'est pour lui que je continuerai de tout faire, comme jusqu'ici. » Ah! vous voyez bien que cela ne se peut pas.

FABRICE.

Mais vous feriez bientôt une part à votre mari, vous reporteriez sur lui l'amour...

MARIANNE.

Voilà la difficulté! Oui, si l'amour se laissait verser d'une main dans l'autre, comme une somme d'argent, ou qu'il changeât de maître tous les trois mois, comme une mauvaise servante. Pour un mari, il faudrait tout ce qui se trouve ici; ce qui ne se trouvera jamais ailleurs.

FABRICE.

Cela vient avec le temps.

MARIANNE.

Je ne sais; lorsqu'il est assis à table, qu'il appuie sa tête sur sa main, baisse les yeux, et demeure pensif... je puis passer des demi-heures à le regarder. Il n'est pas beau, me dis-je souvent à moi-même; et je suis si contente quand je le regarde!... Et j'avoue que, lorsqu'il travaille, je sens fort bien que c'est pour moi : oui, son premier regard me le dit au moment où il relève les yeux; et c'est beaucoup.

FABRICE.

C'est tout, Marianne. Et un mari qui aurait soin de vous...

MARIANNE.

Et puis il y a encore une chose. Vous avez tous vos moments d'humeur; Wilhelm a aussi les siens : de sa part ils ne me fâchent point, et ils me seraient insupportables de la part de tout autre. Il a de très-légères humeurs; mais pourtant je les sens quelquefois. Lorsque, dans de mauvais moments, il repousse un sentiment d'amitié, de tendresse..... cela me fait mal! mais l'impression ne dure qu'une minute;

et, si je le gronde, c'est bien plutôt parce qu'il ne reconnait pas mon amitié que parce que je l'aime moins.

FABRICE.

Mais s'il se trouvait quelqu'un qui passât par-dessus tout cela pour vous offrir sa main?

MARIANNE.

Il ne se trouvera point... Et puis, il s'agirait de savoir si j'en ferais de même.

FABRICE.

Pourquoi pas?

MARIANNE.

Il ne se trouvera point!

FABRICE.

Marianne, il est trouvé!

MARIANNE.

Fabrice!

FABRICE.

Vous le voyez devant vous. Dois-je faire de longs discours? Dois-je épancher dans votre cœur ce que le mien garda si longtemps? Je vous aime, vous le savez de longue date; je vous offre ma main, cela vous étiez loin de le soupçonner. Je ne vis jamais personne qui se doutât moins que toi des sentiments que tu éveilles chez ceux que tu regardes!... Marianne, ce n'est point un amant enflammé ni inconsidéré qui vous parle en ce moment : je vous connais, j'ai fait choix de vous; ma fortune est faite; voulez-vous être à moi?... J'ai eu bien des chances en amour, et plus d'une fois j'ai résolu de finir mes jours dans le célibat. Vous m'avez maintenant... ne me repoussez pas! Vous me connaissez, je fais un avec votre frère; vous ne pouvez rêver de liens plus purs. Ouvrez votre cœur!... Un mot, Marianne!

MARIANNE.

Cher Fabrice... donnez-moi du temps... j'ai de l'affection pour vous.

FABRICE.

Dites que vous m'aimez! Je laisse à votre frère sa place, je serai le frère de votre frère, nous nous réunirons pour le soigner; ma fortune, jointe à la sienne, lui épargnera bien des heures pénibles; il reprendra courage, il sera... Marianne, je ne voudrais pas avoir besoin de vous persuader.

MARIANNE.

Fabrice, je n'ai jamais songé..... Dans quel embarras me mettez-vous!

FABRICE.

Un mot seulement! Puis-je espérer?

MARIANNE.

Parlez-en à mon frère.

FABRICE, à genoux.

Ange! ma bien-aimée!

MARIANNE, après un moment de silence.

Dieu! qu'ai-je dit?

Elle sort.

FABRICE.

Elle est à toi!... Je puis bien permettre à cette chère petite fille le badinage avec son frère; cela s'en ira de soi-même petit à petit quand nous nous connaîtrons mieux, et il n'y perdra rien. Je suis ravi d'aimer encore, et d'être aimé ainsi; c'est une chose dont le goût ne passe jamais... Nous demeurerons ensemble; sans cette idée, j'aurais depuis longtemps réprimé l'économie consciencieuse de ce bon jeune homme; étant son beau-frère, cela ira de soi-même. Autrement, il deviendrait hypocondriaque, avec ses éternels souvenirs, méditations, soucis et mystères. Tout ira bien! il respirera plus librement : la jeune fille aura un mari... ce n'est pas peu; et toi, tu trouves avec honneur une femme... c'est beaucoup!

WILHELM, FABRICE.

FABRICE.

Ta promenade est-elle finie?

WILHELM.

J'ai parcouru le marché, la rue de l'Église, et suis revenu par la Bourse. Cela me fait toujours un singulier effet de me promener le soir dans la ville. Une partie des habi-

tants se repose des travaux de la journée, une partie court
çà et là, et il n'y a plus d'activité en jeu que celle du petit
commerçant. Je me suis plu tout à l'heure à regarder une
vieille marchande de fromage qui, les lunettes sur le nez,
à la lueur d'une mauvaise chandelle, rognait un morceau
après l'autre, jusqu'à ce que l'acheteuse eût son poids.

FABRICE.

Chacun observe à sa manière. Je gagerais qu'il y a beaucoup de gens qui ont passé dans la rue sans regarder la vieille
marchande de fromage et ses lunettes.

WILHELM.

Ce qui coûte de la peine, on le gagne avec plaisir; et je
respecte infiniment le gain en petit, depuis que je sais combien est amer le thaler qu'on gagne sou à sou. (Il reste un
moment absorbé en lui-même.) Dans ma promenade, j'étais mal à
l'aise. Il m'a passé par la tête tant de choses à la fois... et
ce qui occupe le plus profondément mon âme...

Il devient rêveur.

FABRICE, à part.

C'est singulier; sitôt qu'il est là, je n'ose m'avouer que
j'aime Marianne... Il faut pourtant que je lui raconte ce
qui s'est passé. (Haut.) Wilhelm, dis-moi, tu voulais t'en aller
d'ici; tu as peu de place, et ton loyer est cher. As-tu un
autre logement en vue?

WILHELM, distrait.

Non.

FABRICE.

Je songeais que nous pourrions nous arranger ensemble.
J'ai là ma maison paternelle, dont je n'habite que le premier étage, tu pourrais prendre le rez-de-chaussée... Tu ne
te maries pas de sitôt. Tu aurais la cour et un petit magasin
pour tes marchandises; et, toi me payant un très-faible loyer,
nous y trouverions tous les deux notre compte.

WILHELM.

Tu es bien bon. En effet, j'y ai souvent réfléchi quand je
vais chez toi, et que je vois tant de place vide, pendant qu'ici

je ne puis me retourner... Mais il y a autre chose... Il n'y faut pas penser, cela ne se peut.

FABRICE.

Pourquoi pas?

WILHELM.

Si je m'allais marier?

FABRICE.

Il y aurait remède. Puisqu'il y a place pour ta sœur, n'y en aurait-il pas également pour ta femme?

WILHELM, souriant.

Et ma sœur?

FABRICE.

Je la prendrais chez moi. (Wilhelm ne répond rien.) Et même sans cela... Un mot de raison : j'aime Marianne; donne-la-moi pour femme.

WILHELM.

Comment!

FABRICE.

Pourquoi pas? Donnes-y ton consentement. Écoute-moi, frère! j'aime Marianne. Je l'ai pesé longtemps, il n'y a qu'elle, il n'y a que toi, qui puissiez me rendre aussi heureux qu'on puisse l'être ici-bas. Donne-la-moi! Donne-la-moi.

WILHELM, troublé.

Tu ne sais pas ce que tu veux.

FABRICE.

Ah! si, je le sais bien! Dois-je te dire tout ce qui me manque, et ce que j'aurais si elle devient ma femme et si tu deviens mon beau-frère?

WILHELM, sortant de sa rêverie, précipitamment.

Jamais! jamais!

FABRICE.

Qu'as-tu? tu m'affliges... Horreur!... Eh! puisque tôt ou tard il faut que tu aies un beau-frère, pourquoi pas moi, moi que tu connais si bien, moi que tu aimes!... Je croyais au moins...

WILHELM.

Laisse-moi!... Je ne me possède pas.

FABRICE.

Il faut tout dire : mon sort ne dépend plus que de toi. Son cœur a du penchant pour moi, tu dois l'avoir remarqué. Elle t'aime plus encore qu'elle ne m'aime; tant mieux! elle aimera le mari plus que le frère ; j'empiéterai sur tes droits, toi sur les miens, et tout le monde sera content. Je ne vis jamais un nœud se former plus naturellement. (Wilhelm reste muet.) Et ce qui consolidera tout... Mon ami, donne-moi ta parole, ton consentement! Dis que cela te fait plaisir, que cela te rend heureux... J'ai sa parole.

WILHELM.

Sa parole?

FABRICE.

Elle me la jeta en me quittant, dans un regard qui disait plus que si elle fût restée. Son embarras et son amour, son désir et son hésitation, c'était si beau!

WILHELM.

Non! non!

FABRICE.

Je ne te comprends pas. Je sens bien que tu n'as rien contre moi, et tu me repousses! Cesse de t'y opposer! cesse de t'opposer à son bonheur et au mien!... Et je ne puis m'empêcher de croire que tu serais heureux avec nous... Ne refuse pas ta parole à mon désir! ta parole d'ami! (Wilhelm reste muet, en prise à des combats intérieurs.) Je ne te comprends pas...

WILHELM.

Elle?... tu veux l'avoir, elle?

FABRICE.

Qu'est-ce donc?

WILHELM.

Et elle, toi?

FABRICE.

Elle a répondu comme il convient à une jeune fille.

WILHELM.

Va-t'en! va-t'en!... Marianne!... Je le prévoyais! je le sentais!

FABRICE.

Dis-moi seulement...

WILHELM.

Et que dire?... C'était là ce qui pesait sur mon âme, ce soir, comme une nuée d'orage... Quel battement de cœur! quelles palpitations!... Prends-la! prends-la! mon unique... mon tout! (Fabrice le regarde en silence.) Prends-la... et pour que tu saches ce que tu me prends... (Pause. Il se recueille.) Je t'ai parlé de Charlotte, de cet ange qui s'échappa d'entre mes mains, et me laissa son image, une fille... Eh bien! cette fille... je t'ai trompé... elle n'est pas morte; cette fille, c'est Marianne!... Marianne n'est pas ma sœur!

FABRICE.

Je ne m'attendais pas à cela.

WILHELM.

Et j'aurais dû craindre cela de ta part! Pourquoi n'ai-je pas suivi l'impulsion de mon cœur, et ne t'ai-je pas fermé ma maison, comme à tout le monde, dès les premiers jours que je m'établis ici? Toi seul, je te laissai mettre le pied dans ce sanctuaire; et, par ta bonté, ton amitié, par des secours que tu me fournis, par une apparente froideur pour les femmes, tu parvins à m'endormir. Tandis que, moi, je gardais vis-à-vis d'elle les apparences d'un frère, je crus ton sentiment pour elle une véritable amitié fraternelle; et toutes les fois qu'un soupçon me voulut venir, je le chassai comme indigne; je mis sa bonté pour toi sur le compte d'un cœur angélique, qui jette sur le monde entier un regard de tendresse... Et toi!... et elle!

FABRICE.

Je ne puis en écouter davantage, et je n'ai rien non plus à répondre. Ainsi donc, adieu!

Il sort.

WILHELM.

Va, va! tu l'emportes avec toi, tout mon bonheur. Ainsi brisés, anéantis, tous mes plans... les plus proches... d'un seul coup... dans l'abîme!... Et il s'écroule, ce pont qui devait me conduire au milieu des délices du ciel... Jamais! Et par lui, le traître!... c'est ainsi qu'il a abusé de ma franchise, de ma confiance!... O Wilhelm! Wilhelm, tu t'emportes jusqu'à accuser injustement un honnête homme! Qu'a-t-il violé? Tu pèses terriblement sur moi; mais tu es juste, sort vengeur!... Pourquoi restes-tu là?... et toi!... Et dans ce moment même!... Pardonnez-moi!... N'ai-je point souffert pour cela? Pardonnez! il y a longtemps... J'ai infiniment souffert. Je paraissais vous aimer; je croyais vous aimer. Par de lâches condescendances, j'amollis votre cœur et fis votre misère!... Pardonnez, et laissez-moi... Dois-je être ainsi puni?... dois-je perdre Marianne, la dernière de mes espérances, le but de tous mes soins?... Cela ne se peut pas! cela ne se peut pas!

Il reste accablé.

WILHELM, MARIANNE.

MARIANNE s'approchant avec embarras.

Mon frère...

WILHELM.

Ah!

MARIANNE.

Mon cher frère, il faut que tu m'excuses, je te demande pardon de tout ce qui s'est passé. Tu es fâché, je suis sûre! J'ai fait une sottise... j'en suis toute malade.

WILHELM, se remettant.

Qu'as-tu, jeune fille?

MARIANNE.

Je voudrais pouvoir te raconter tout... J'ai la tête si troublée! Fabrice me veut pour femme, et moi...

WILHELM, d'un ton d'amertume.

Dis-le franchement, tu as consenti?

MARIANNE.

Non, pas pour l'empire du monde! jamais je ne l'épouserai, je ne peux pas l'épouser.

WILHELM.

Quel est ce langage?

MARIANNE.

Singulier langage, n'est-ce pas?... Tu es peu gracieux, mon frère; je m'en irais volontiers, et j'attendrais un meilleur moment, si mon cœur ne me forçait pas à te le dire : oui, une fois pour toutes, je ne puis épouser Fabrice.

WILHELM se lève et la prend par la main.

Comment, Marianne?

MARIANNE.

Il était là, et il parlait si longuement, et il me retournait cela de tant de façons, que je finis par me persuader que c'était possible. Il me pressa de répondre, et moi, sans réflexion, je lui dis qu'il n'avait qu'à t'en parler... Il prit cela pour un assentiment, et au même instant je compris que ce n'était pas possible.

WILHELM.

Il m'en a parlé.

MARIANNE.

Je te prie, je te supplie, par tout l'amour que j'ai pour toi, par tout l'amour dont tu m'aimes, rarrange cette affaire, fais-le-lui entendre!

WILHELM, à part.

Grand Dieu!

MARIANNE.

Ne te fâche pas! il ne se fâchera pas non plus. Nous recommencerons notre train de vie, et ne le changerons jamais. Car je ne peux vivre qu'avec toi, avec toi seul je peux vivre... C'était resté jusqu'ici au fond de mon âme; cette circonstance l'en a fait sortir, l'en a fait sortir violemment... Je n'aime que toi!

WILHELM.

Marianne!

MARIANNE.

Cher frère! pendant ce quart d'heure... je ne saurais rendre ce qui s'est passé dans mon cœur... J'ai éprouvé la même sensation que dernièrement, lorsqu'il y eut un incendie sur la place du Marché, et que d'abord la fumée et la vapeur engloutirent tout, jusqu'à ce que, le feu perçant le toit, toute la maison ne fut qu'une flamme... Ne m'abandonne pas, ne me repousse pas, frère !

WILHELM.

Les choses ne peuvent pourtant pas rester toujours en cet état.

MARIANNE.

C'est ce qui me fait frémir !... Je consentirai volontiers à te promettre de ne jamais me marier, à avoir toujours soin de toi, toujours, toujours ainsi... Là-haut demeurent ainsi deux bons vieillards, frère et sœur; souvent je pense en riant : Tout décrépits que vous soyez, vous êtes heureux ; vous vivez ensemble.

WILHELM, se contenant, à part.

Si je résiste à cette épreuve, rien ne m'accablera jamais.

MARIANNE.

Il n'en est pas de même de toi, tu prendras bien une femme avec le temps : et cela me fera toujours mal, quand je l'aimerais aussi .. Non, personne ne t'aime comme moi, personne ne peut t'aimer comme moi ! (Wilhelm essaye de parler.) Tu es toujours si renfermé ! et moi, qui ai toujours sur les lèvres de te dire ce que j'ai dans le cœur, jamais je n'ose. Dieu soit loué de ce que cette occasion m'a délié la langue !

WILHELM.

Assez, Marianne, assez !

MARIANNE.

Tu ne m'en empêcheras pas, laisse-moi tout dire ! et puis je retournerai à la cuisine, et je serai tout le jour assise à mon ouvrage, et je te regarderai de temps en temps, comme pour te dire : Tu le sais. (Wilhelm est au comble de la joie.) Tu sais bien comment, depuis la mort de notre mère, je grandis et fus constamment auprès de toi... eh bien ! j'ai encore plus de plaisir à être auprès de toi que de reconnaissance pour tes soins plus que fraternels. Et peu à peu tu as tellement pris tout mon cœur et toute ma tête, que maintenant j'y trouverais à peine un petit coin pour quelque autre. Je me rappelle que tu riais souvent en me voyant lire des romans. Cela t'arriva entre autres pour *Julie Mandeville* : quand je demandai si son Henri (je crois que c'est son nom) ne te ressemblait point... tu te mis à rire... J'en fus blessée : aussi n'en dis-je plus rien; mais je le pensais sérieusement; car tout ce qu'il y a eu d'hommes aimables et bons, je leur prête tes traits. Je te vois te promener dans de magnifiques jardins, monter à cheval, voyager, te battre en duel...

Elle se détourne pour rire.

WILHELM.

Qu'as-tu?

MARIANNE.

Mais je l'avoue encore, lorsqu'une dame était bien belle et bien bonne et bien aimée... et bien amoureuse... c'était toujours moi-même. Enfin, quand venait le dénoûment, et que, après bien des traverses, ils se mariaient... je suis pourtant une brave, excellente, bavarde petite fille!

WILHELM.

Laisse-moi seul! (Se détournant.) Il faut que j'épuise la coupe de la joie. Soutiens mes forces, Dieu du ciel !

MARIANNE.

Par-dessus tout, ce qui me mettait hors de moi, c'était quand des gens, s'aimant avec passion, finissaient par découvrir entre eux une parenté, une fraternité... *Miss Fanny*, je l'aurais brûlée! j'ai tant pleuré! C'est un sort si affreux!

Elle se détourne et pleure amèrement.

WILHELM, se jetant à son cou.

Marianne! ma Marianne!

MARIANNE.

Wilhelm! non! non, jamais je ne t'abandonne! Tu es à moi! Je te tiens! je ne puis te quitter! (Entre Fabrice.) Ah! Fabrice, vous venez à propos ! mon cœur est ouvert, il est assez fort pour le dire : je ne vous ai rien accordé. Soyez notre ami, mais je ne vous épouserai jamais!

FABRICE, froidement et avec amertume.

Je le pensais bien. Wilhelm! quand tu as mis tout ton poids dans la balance, j'ai dû être trouvé trop léger. Je reviens pour décharger mon cœur, je renonce à toute prétention ; mais je vois que la chose est déjà faite : je me félicite au moins d'en avoir été l'occasion innocente.

WILHELM.

Ne m'outrage pas en ce moment, et ne te prive pas du spectacle d'un sentiment après lequel tu courais inutilement dans le monde ! Regarde-la cette créature... elle est à moi... et elle ne sait rien...

FABRICE, moitié moqueur.

Elle ne sait rien ?

MARIANNE.

Qu'est-ce que je ne sais pas ?

WILHELM.

Ici mentir, Fabrice ?...

FABRICE, frappé.

Elle ne sait rien ?

WILHELM.

Je te le dis.

FABRICE.

Vivez ensemble, vous êtes dignes l'un de l'autre.

MARIANNE.

Qu'est-ce ?

WILHELM, lui jetant ses bras autour du cou.

Tu es à moi, Marianne !

MARIANNE.

Dieu ! qu'est-ce là ?... Oserai-je te rendre ce baiser ?... Quel baiser était-ce là, mon frère ?

WILHELM.

Non pas le baiser de ce frère renfermé, froid... mais celui d'un amant heureux, fidèle, et qui ne cessera jamais de l'être. (A ses pieds.) Marianne, tu n'es pas ma sœur ! Charlotte était ta mère, non la mienne.

MARIANNE.

Toi ! toi !

WILHELM.

Ton amant !... dans un instant ton époux, si tu ne le dédaignes pas.

MARIANNE.

Dis, comment est-ce possible?

FABRICE.

Jouissez de ce que Dieu lui-même ne vous peut donner qu'une fois! Prends, Marianne; et point de questions... Vous aurez tout le temps de vous en expliquer.

MARIANNE, le regardant.

Non, ce n'est pas possible.

WILHELM.

Ma bien-aimée! ma femme!

MARIANNE, à son cou.

Wilhelm, ce n'est pas possible!

FIN DU FRÈRE ET DE LA SŒUR

LE TRIOMPHE DE LA SENSIBILITÉ

FANTAISIE DRAMATIQUE EN SIX ACTES

— EN PROSE ET EN VERS —

———— 1780 ————

PERSONNAGES

ANDRASON, roi fantaisiste.
MANDANDANE, sa femme.
La Même, une seconde fois.
FÉRIA, sa sœur, jeune veuve.
MANA,
SORA,
LATO,   } filles d'honneur de Féria.
MÉLA,
ORONARO, prince.

MERKULO, gentilhomme de la suite d'Oronaro.
ASKALAPHUS, valet de chambre de la reine.
Le Colonel des Gardes du prince.
Gardes.
Maures.
Laquais.

ACTE PREMIER

UNE SALLE RICHEMENT DÉCORÉE.

MANA et SORA se rencontrent.

MANA.

Où vas-tu, Sora?

SORA.

Dans le jardin, Mana.

MANA.

As-tu le temps de te promener? nous attendons le roi d'un moment à l'autre; ne t'éloigne pas du château.

SORA.

Le moyen d'y tenir! je n'ai pas encore pu prendre l'air de la journée.

MANA.

Où est la princesse?

SORA.

Dans son appartement; elle essaye une danse avec la petite Méla, et à chaque minute court à la fenêtre pour voir si son frère arrive.

MANA.

En vérité, depuis que nos grands seigneurs se sont mis en tête d'aller incognito, c'est un vrai tourment; on ne sait plus où on en est. Autrefois ils se faisaient annoncer des mois à l'avance; à leur approche, tout était en mouvement, il pleuvait des courriers, on pouvait se tenir prête et se mettre en mesure; aujourd'hui, avant qu'on s'en doute, ils sont sur vos talons; ne m'a-t-il pas, la dernière fois, surprise en bonnet de nuit?

SORA.

C'est à cause de cela que tu étais ce matin habillée de si bonne heure?

MANA.

Tout cela ne m'amuse guère, et je ne rencontre pas un étranger dans l'escalier sans trembler d'abord; je m'imagine aussitôt que c'est un roi ou un empereur dont la majesté vient s'amuser à nos dépens.

SORA.

Cette fois, le roi fait route à pied; d'autres, allant consulter l'oracle, se font porter en chaise jusqu'au haut de la montagne; lui, il est parti tout seul avec un gros bâton à la main.

MANA.

C'est grand dommage qu'il n'ait point vécu au siècle de Thésée.

Féria entre suivi de Méla.

FÉRIA.

Ne voyez-vous venir personne encore? Pourvu qu'il ne lui arrive point malheur!

SORA.

Soyez tranquille, princesse, les dangers et la tristesse semblent avoir peur de lui.

FÉRIA.

Il ne veut me parler qu'un instant et repartir aussitôt.

LATO, accourant.

Voici le roi qui vient.

FÉRIA.

Bien! très-bien!

LATO.

Je regardais dans la vallée, et je l'ai aperçu au moment où il passait le ruisseau.

FÉRIA.

Allons à sa rencontre.

SORA.

Le voici.

Andrason entre.

FÉRIA.

Soyez le bienvenu, le bienvenu!

TOUTES.

Le bienvenu!

ANDRASON.

Je t'embrasse, ma sœur; je vous salue, mes enfants; votre joie fait mon bonheur, et votre amour me console.

FÉRIA.

Mon frère, as-tu encore besoin de consolation? l'oracle ne t'en a-t-il point donné? Puisses-tu être toujours heureux et content! Depuis avant-hier que tu es parti, nous avons toujours eu les plus belles espérances pour toi et ton entreprise.

MANA.

Votre Majesté!

ANDRASON.

Votre Beauté!

SORA.

Seigneur!

ANDRASON.

Souveraine!

LATO.

Comment faut-il enfin vous appeler?

ANDRASON.

Vous le savez, je n'aime pas les cérémonies.

MANA, à part.

Oui, pour n'en avoir point à faire avec nous.

LATO.

Nous voudrions savoir des nouvelles de l'oracle.

SORA.

L'oracle n'a-t-il rien dit de bon?

MÉLA.

N'avez-vous point aussi consulté l'oracle pour nous?

ANDRASON.

Mes chères amies, l'oracle n'est autre chose qu'un oracle.

LATO.

En vérité!

ANDRASON.

Qu'un tendre cœur qui, plein d'espérance et de pressentiments, vit dans l'attente d'un avenir incertain, prenne des dés et, les secouant, amène coup sur coup; qu'avide d'en tirer un horoscope, il interroge avec soin ses tablettes sibyllines, et se fasse ainsi une matinée de plaisir ou de peine: c'est très-juste, et m'est avis qu'il fait fort bien...

LATO, à part.

D'où tire-t-il ce qu'il dit? Aujourd'hui encore j'ai joué à ce jeu-là!

ANDRASON.

Qu'une aimable enfant se fasse une loterie pour demander au sort quel sera son mari, ou si son amant est fidèle, et que sais-je encore, soit, c'est fort bien fait aussi.

MÉLA.

Il est sorcier, je crois. Nous n'avons pas de passe-temps meilleur quand nous sommes seules.

ANDRASON.

Mais si vous avez quelque souffrance réelle, des maux de dents ou le trouble dans la maison, ne consultez ni les médecins ni les oracles! tout leur savoir est trop court, et l'art est impuissant. Quelques petits remèdes et avant tout la patience, voilà ce qu'ils vous ordonnent.

FÉRIA.

L'oracle a-t-il parlé, et sa réponse, est-il permis de la révéler?

ANDRASON.

Je veux la traduire en quatre langues, et la faire afficher sur tous les grands chemins; personne au monde n'y verra goutte.

FÉRIA.

Qu'est-ce donc?

ANDRASON.

Dès qu'en arrivant on m'eut introduit...

SORA.

Comment avez-vous trouvé le temple?

NANA.

Est-il bien beau?

FÉRIA.

Silence, mesdemoiselles...

ANDRASON.

Lorsque les prêtres me conduisirent à la caverne sacrée...

NANA.

Elle doit être bien obscure et bien noire...

ANDRASON.

Comme tes yeux. — Je m'approchai de l'abîme, et d'une voix claire et distincte : « Mystérieuse sagesse, ai-je dit, devant toi est un homme qui jusqu'ici s'est cru de tous les mortels le plus heureux, car il ne lui manque rien. Tous les biens que les dieux nous peuvent donner ici-bas, ils me les ont accordés; ils ne m'ont même pas refusé le plus précieux de tous les trésors, une excellente femme; mais... ah! faut-il, grands dieux, que toujours des *mais* se mêlent à nos actions de grâces... Cette femme, ce modèle d'amour et de fidélité, depuis peu s'intéresse, pour mon malheur, à un homme qui sans cesse l'obsède, et qui m'est odieux... O toi, intelligence divine, à qui tout est connu, je ne t'en dirai pas davantage; découvre-moi mon sort, je t'en supplie, accorde à ma prière un conseil, ou mieux encore, des secours. » — Voilà, je pense, qui s'appelle parler clairement.

LATO.

Nous avons bien compris...

FÉRIA.

Et la réponse?

ANDRASON.

Qui pourra dire : Je la comprends!

SORA.

J'en suis bien curieuse! nous avons déjà deviné bon nombre d'énigmes!

MÉLA.

Vite, vite!

ANDRASON.

J'attendais, prêtant bien l'oreille; alors une voix partie d'en bas, d'abord faible, et puis plus distincte, puis enfin très-claire, me crie :

Quand par de belles mains l'âme sera ravie à une ombre palpable...

TOUTES.

Oh!

ANDRASON.

De grâce, éclairez-moi : il faut que l'âme soit ravie à une ombre palpable...

LATO.

Par de belles mains.

ANDRASON.

Pour cela, il s'en trouverait. Une ombre palpable... c'est quelque chose de notre poésie moderne qui m'a toujours été incompréhensible.

FÉRIA.

C'est bien fort.

ANDRASON.

Un moment, écoutez, il y a mieux que cela :

Quand par de belles mains l'âme sera ravie à une om-

bre palpable, — *Et que le sac de toile aura rendu ses entrailles...*

TOUTES.

Oh! oh! hi! oh! ah! ah! ah!

ANDRASON.

Voyez!... une ombre de toile et un sac palpable, et des entrailles... par de belles mains!... non! ce qui est trop fort est trop fort... Que peut vouloir signifier un tel oracle?

MANA.

Redites-le, je vous prie.

ANDRASON.

N'est-ce pas, vous aimez bien tout ce qui sonne à l'oreille, dussiez-vous n'y rien comprendre?

Quand par de belles mains l'âme sera ravie à une ombre palpable, — Et que le sac de toile aura rendu ses entrailles...

Eh bien, ma chère, y êtes-vous? maintenant faites attention.

La fiancée cousue sera unie à son amant. — Alors le bonheur et la paix, ô mortel, rentreront dans ta demeure.

SORA.

Non, ce n'est pas possible.

ANDRASON.

Oh oui, pour cette fois, les dieux ont pris bien des licences poétiques.

LATO.

Vous n'en avez point pris note par écrit?

ANDRASON.

Certes! tenez, voilà le rouleau tel que je l'ai reçu d'entre les mains des prêtres.

LATO.

Voyons, en la lisant, peut-être y verrons-nous plus clair!

<small>Andrason tire de sa ceinture un rouleau qu'il déploie; les femmes le prennent tour à tour, lisent, rient, font leurs observations. Ici c'est à l'esprit des actrices de rendre agréable cette scène par leur enjouement. Libre à elles d'improviser en cet endroit selon leurs inspirations. Le but est de bien faire connaître au public la réponse de l'oracle.</small>

FÉRIA.

Voilà un mystère bien étrange! Que t'est-il ensuite arrivé? As-tu trouvé quelque éclaircissement?

ANDRASON.

Des éclaircissements? aucun, mais des espérances. Je sortais de la caverne bien surpris, mais non déconcerté d'une réponse si effrontément obscure, quand j'aperçus le plus âgé des prêtres assis sur un siége d'or. Je me suis approché, et lui glissant dans la main quelques pierreries, je m'écriai : « O dieux immortels, c'est vous qui ouvrez les sources fécondes de la sagesse; nous marchons dans les ténèbres, et vos révélations nous éclairent; mais des conseils, est-ce assez? non, ce qu'il nous faut, c'est votre assistance. Le jeune prince dont je me plains, et qui me rend la vie amère, doit bientôt paraître ici avec un cœur confiant et soumis. Puisse la voix toute-puissante des dieux pénétrer son âme d'un effroi salutaire, et lui commander de ne repasser jamais le seuil de ma porte. Ma reconnaissance sera sans borne. » Le vieillard m'a fait un signe de tête, et ses lèvres ont murmuré quelques mots sous sa barbe blanche. Enfin, je suis reparti, le cœur entre l'espérance et le chagrin, et me voilà.

FÉRIA.

Puisse tout cela finir bien! — Mais excuse-moi, mon frère; avant de nous mettre à table, j'ai quelques affaires à terminer avec mes conseillers, qui depuis longtemps m'attendent; je te laisse avec mes filles, amuse-toi de leurs joyeux entretiens.

ANDRASON.

Je te remercie, ma sœur. Privé de te voir, saurais-je trouver mieux que ces minois charmants?

FÉRIA.

Je reviens bientôt.

Elle sort.

SORA.

Dites-nous, seigneur, que pensez-vous...

ANDRASON.

De la fiancée cousue?

SORA.

Je veux dire, que voulez-vous faire maintenant?

ANDRASON.

Ce que je ferai?... comme si l'oracle n'avait rien dit. Je remporte chez moi mon mal et mes soucis, et vais voir où en est la reine que je crains de trouver dans un état bien étrange.

SORA.

Que fait-elle donc pendant ce temps?

ANDRASON.

Elle se promène au clair de la lune, s'endort au bord des ruisseaux, et fait de longs colloques avec les rossignols. Car depuis que le prince est parti pour faire une tournée dans ses provinces, et venir ici près consulter l'oracle, son âme semble s'être déroulée en un long fil qui s'étend jusqu'à lui. L'un de ses plus grands plaisirs, c'est encore d'exécuter des monodrames.

MANA.

Qu'est-ce que c'est que cela?

ANDRASON.

Si vous saviez le grec, vous auriez compris tout de suite que c'est une espèce de pièce de théâtre jouée par un seul personnage.

LATO.

Avec qui joue-t-il donc?

ANDRASON.

Avec lui-même, cela s'entend.

LATO.

Fi, ce doit être un jeu bien ennuyeux!...

ANDRASON.

Pour le spectateur, surtout. Car, à proprement parler, le personnage n'est pas seul, et pourtant il joue seul. On lui peut adjoindre encore bien des figurants, tel qu'amants, suivantes, naïades, oréades, hamadryades, maris, intendants; mais au résumé, il ne joue que pour lui seul, c'est un monodrame! Voilà encore une de nos inventions toutes modernes, et ne vous avisez pas d'y trouver à redire; elles ont la grande vogue!

SORA.

Et la reine joue cela toute seule, pour elle seule?

ANDRASON.

Oui vraiment! ou bien s'il faut apporter un poignard, présenter la coupe empoisonnée, car le plus souvent il y a du sombre dans ces affaires-là; s'il faut qu'une voix terrible sorte du sein des rochers, ou par le trou de la serrure, le prince, s'il est là, se charge de ces rôles importants, et en son absence, le valet de chambre de la reine, un sot fieffé, mais on n'y regarde pas.

MÉLA.

Nous essayerons aussi ce jeu-là.

ANDRASON.

Y pensez-vous? remerciez Dieu plutôt, que ce mal ne vous ait point encore gagné. Si vous voulez jouer, que ce soit à deux au moins. Depuis le bon temps du paradis, ça est toujours resté la manière la plus usitée et la plus raisonnable; mais écoutez, et sans perdre le temps en d'inutiles bavardages, apprenez, mes belles, que pour retrouver le bonheur, toutes mes espérances se fondent, non sur les dieux seulement, mais sur vous.

SORA.

Sur nous?

ANDRASON.

Oui, sur vous! et j'espère que vous voudrez bien vous y prêter?

MANA.

Où voulez-vous en venir?

ANDRASON.

Le prince allant consulter l'oracle doit passer par ici, et ne manquera pas de vous présenter ses hommages, ainsi que le font les étrangers qui prennent ce chemin. Ma sœur aura l'attention de lui offrir un logement au château, et de recevoir ses gens et ses bagages, tandis que lui se fera porter sur la montagne jusqu'au temple, où chacun, quel qu'il soit, doit arriver seul et sans suite. S'il vient, mes chères amies, tâchez de toucher son cœur. Vous êtes aimables, ... je veux l'honorer comme une déesse, celle qui l'engageant dans ses liens saura me délivrer de lui.

SORA.

Fort bien! Il vous est insupportable, et vous voulez nous le passer; mais si nous allions également le trouver insupportable?

ANDRASON.

Soyez tranquille, cela s'arrangera. Vous autres, pour la plupart, vous aimez dans les hommes ce que les hommes ne peuvent souffrir entre eux. D'ailleurs il n'est pas si mal, et il y a remède encore, je le pense.

MÉLA.

Comment faut-il s'y prendre?

ANDRASON.

Bravo! mon enfant; au moins tu fais preuve de bonne volonté... Je dois d'abord connaître vos dispositions à chacune. Voyons! supposez que je suis le prince : je vais arriver d'un air languissant et triste....., Comment me recevrez-vous?

Elles commencent une danse vive et animée.

ANDRASON.

Ce n'est pas cela, mes enfants, ce n'est pas cela! Croyez-vous que tous les fous dansent la même mesure! Par ces bourrées de paysans espérez-vous séduire mon sublime héros? non, regardez-moi, il faut traiter la chose tout différemment.

Musique douce. — Il imite devant elles les gestes qu'emploient les acteurs pour exprimer les sentiments tendres.

ANDRASON.

Avez-vous bien fait attention? le corps toujours en avant et ployé en deux, les genoux sans cesse fléchissants, comme si vous n'aviez plus de moelle dans les os; puis une main sur le le front, et l'autre sur le cœur, comme s'il allait tomber en pièces. Parfois, vous poussez un profond soupir, etc... surtout n'oubliez pas le mouchoir.

La musique continue et les filles répètent la leçon. Andrason représente le prince. Tantôt il les corrige, tantôt il reprend le rôle du prince; enfin on entend une trompette dans l'éloignement.

ANDRASON.

Ah!

LATO.

Le dîner est servi.

ANDRASON.

La trompette sonne à cheval et à table, ce sont deux beaux appels. Venez, la sensibilité m'a mis à la fin plus en appétit que le voyage.

ACTE DEUXIÈME
UNE SALLE

Fond jaune, et décorée, dans le goût chinois, de diverses figures.

MANA et SORA.

MANA.

Pour le coup, en voilà des paquets! la cour est pleine de coffres, de caisses, de malles et d'énormes emballages.

SORA court à la fenêtre.

Il faudra lui donner toute une aile du palais, rien que pour loger son bagage.

MANA.

C'est pitié que des hommes en voyage traînent après eux un attirail comme des femmes en couche. Et nous, quand nous allons aux eaux pour six semaines, ces messieurs se récrient, qu'avec nos boîtes, nos cartons, nos sacs, nos paquets c'est à n'en pas finir, et cependant ils en font tout autant.

SORA.

Comme pour tant d'autres choses, Mana, qu'ils blâment chez nous.

UN DOMESTIQUE entre.

Le gentilhomme du prince demande si on peut le recevoir.

MANA.

Faites-le entrer. (Le domestique sort.) Regarde, n'y a-t-il rien de dérangé à ma coiffure ?

SORA.

Attends !... Cette boucle..... Le voici.

Merkulo entre.

MERKULO.

Aimables dames, il est peu de moments dans ma vie où je me sois senti aussi heureux qu'aujourd'hui. Nous autres pauvres serviteurs presque toujours mis en avant en de fâcheuses rencontres, quand les bonnes se présentent, il nous faut le plus souvent rester en arrière. Mais cette fois, mon prince m'élève au-desssus de lui-même, puisqu'il daigne me faire prendre les devants pour venir en ce séjour des grâces et des plaisirs.

MANA.

C'est trop de bonté...

SORA.

Vous êtes le bienvenu ! On nous a dit du prince tant de bien, que nous brûlons du désir de le voir.

MERKULO.

Mon prince est heureux déjà d'avoir pu de loin attirer votre attention ; mais si en le voyant vous lui conservez votre faveur, et j'en ai l'espoir, il doit alors se regarder comme le plus heureux des hommes. Pourrai-je, s'il vous plaît, présenter mes hommages à votre princesse, à qui j'ai mille choses aimables à dire de sa part ?

MANA.

Vous ne tarderez pas à lui être présenté. Elle nous a ordonné de mettre à votre disposition cette chambre et tout l'appartement contigu. Veuillez vous en servir comme bon vous semblera.

MERKULO.

Si vous le permettez, je vais faire porter ici et mettre en place tout notre bagage, qui je dois le dire, est assez considérable.

MANA.

Tout comme il vous plaira.

Merkulo se retire en saluant.

SORA.

Restons, je suis trop curieuse de savoir ce qu'ils peuvent apporter.

On entend une marche rapide et le cortége s'avance. Merkulo en tête, ensuite le colonel, les soldats, les gardes du corps, portant des coffres de différentes grandeurs, quatre Maures soutenant un berceau, puis la suite. Ils font le tour du théâtre. Les coffres sont rangés des deux côtés, le berceau dans le fond, et, sous le berceau est placée une grande caisse. Les personnages muets sortent tous; la marche cesse.

SORA.

Qui sont donc ces jeunes militaires si bien faits, et qui est ce seigneur qui nous a saluées?

MERKULO.

C'est le colonel des gardes de Son Altesse. Quant aux autres, ce sont de jeunes gentilshommes pages de mon maître, une compagnie de têtes légères!

MANA.

Nous sommes bien étonnées, vraiment. Vous avez avec vous des décorations. Serait-ce pour jouer la *comédie?* et dans ces coffres est enfermée sans doute la garde-robe du théâtre?

MERKULO.

Excusez-moi, mesdames! je devrais tenir bouche close, et vous supplier le plus honnêtement possible de quitter ce salon, qui, dès ce moment, devient un asile secret; mais le moyen de résister à vos bontés et à vos charmes! C'est à des yeux étrangers et profanes que nous devons cacher les saintes extases de nos sentiments, non pas à des âmes si douces, à qui nous serions heureux de les voir partager.

SORA.

Au nom du ciel, dites-nous, pourquoi ce berceau?

MERKULO.

A cet équipage, mesdemoiselles, vous pouvez en partie reconnaître le caractère de mon aimable prince; de tous les hommes le plus sentimental, le cœur le plus sensible à toutes les beautés de la nature, et pour qui l'éclat et les grandeurs ont moins de prix qu'un tendre commerce avec cette nature.

SORA.

C'est bien là l'homme qu'il nous faut! Et nous aussi nous aimons à nous promener au clair de la lune. Rien n'a pour nous tant de charmes que le chant du rossignol.

MERKULO.

Oui, mais il s'y trouve un inconvénient fort grave, mes charmantes demoiselles. Son Altesse a les nerfs si délicats, si particulièrement sensibles, qu'elle ne saurait trop se mettre en garde contre le grand air et les changements subits de températures. Vous avouerez qu'en pleine campagne on n'est pas maître de choisir toujours le ciel que l'on désire. Les rosées du matin et du soir sont considérées comme fort dangereuses par les médecins, aussi bien que les vapeurs qui, pendant les ardeurs brûlantes de l'été, s'exhalent de la mousse et des sources fraîches. Il est si facile d'attraper un rhume sur la prairie, et c'est justement dans les plus belles nuits de l'été qu'on est plus que jamais obsédé par les mouches et les cousins. Couché sur le gazon, on veut se livrer à ses rêveries, mais bientôt les habits sont couverts de fourmis, et que de fois le plus doux sentiment fut troublé par la chute d'une vilaine araignée! Le prince a fait promettre un prix, par ses académies, à celui qui saura, au profit des âmes sensibles, trouver un remède à ces désagréments. On a déjà couronné plusieurs dissertations, mais la chose n'a pas fait le moindre progrès.

SORA.

Oh! si jamais on inventait un moyen pour préserver des cousins et des araignées, je vous en conjure, publiez-le aussitôt; car souvent c'est au milieu des transports les plus divins qu'un de ces affreux insectes vous vient justement rappeler avec son dard ou ses longues pattes crochues aux sensations de la matière.

MERKULO.

En attendant, mesdames, mon prince, ne voulant interrompre ni retarder ses jouissances, s'est fait, par d'habiles ar-

tistes, créer un monde dans sa chambre. Son palais est décoré
on ne peut plus agréablement : ses chambres semblent des
berceaux, ses salons des forêts, ses cabinets des grottes;
c'est aussi beau, c'est plus beau que dans la nature, si vous
ajoutez toutes les commodités que peuvent fournir les machines
et les *ressorts*.

SORA.

Ce doit être *charmant*.

MERKULO.

Comme Son Altesse est accoutumée à trouver dans chacun
de ses châteaux une nature particulière, nous avons aussi une
nature de voyage que, dans nos tournées, nous emportons
toujours avec nous. L'état de sa maison est augmenté d'une
charge nouvelle, et celui qui l'occupe est un homme très-habile, à qui nous avons donné le titre de *Directeur de la
nature*. Il a toujours avec lui un grand nombre d'artistes;
c'est l'un de ses plus dignes élèves qui a l'intendance de notre
nature de voyage, et que j'aurai l'honneur de vous présenter
en cette qualité. La seule chose qui nous manque, ce sont les
doux zéphyrs. On n'a encore rien essayé en ce genre qui ne
soit imparfait; mais nous espérons bientôt recevoir de France
des procédés pour combler cette lacune.

SORA.

Pardonnez; qu'y a-t-il dans cette caisse? peut-on le savoir?

MERKULO.

Des secrets, ma belle demoiselle, des secrets; mais vous
avez si bien trouvé le secret de pénétrer tous les secrets de
mon cœur, que rien n'y est plus caché pour vous. Nous avons
là les biens les plus précieux des âmes sensibles. Ce coffre
renferme les sources écumantes.

MANA.

Oh!

MERKULO.

Celui-ci contient le chant et les plus doux concerts des oiseaux...

MANA.

Vraiment!...

ACTE II.

MERKULO.

Et là, dans cette grande caisse, est emballé le clair de la lune.

SORA.

Est-il possible! montrez-nous-le donc!

MERKULO.

C'est une chose qui n'est pas en mon pouvoir. Le prince seul sait donner à ces merveilles le mouvement et la vie; lui seul doit les sentir. Je ne pourrais vous en montrer que la partie la plus grossière.

MANA.

Eh bien, il faudra prier le prince de faire jouer une fois devant nous ses machines.

MERKULO.

Au nom du ciel, ne faites pas semblant de rien savoir, et n'allez pas traiter de jeux l'objet de sa passion! Chacun a ses goûts favoris, qu'il prend au sérieux, et souvent plus au sérieux que ses affaires. Cependant je me fais un devoir de travailler autant qu'il est en moi à votre plaisir, et je vous montrerais bien toutes nos raretés quoique sans vie ni mouvement, si la décoration de ce salon s'accordait seulement quelque peu avec la nature ci-incluse.

MANA.

Nous ne serons pas si sévères pour l'illusion.

SORA.

D'ailleurs, il y a de la ressource; n'avons-nous pas des tapisseries chargées de forêts et de paysages?

MERKULO.

Ce sera parfait.

SORA.

Hé! (Un valet entre.) Dites au tapissier de la cour qu'il fasse descendre ici les tapisseries à dessins de forêts.

MERKULO.

Et moi je vais de mon côté ne rien négliger.

Musique. — Merkulo fait un signe, et au moment où la scène se change en forêt, les coffres aussi se changent en bancs de gazon, en rochers, en buissons, etc. Le décorateur aura soin que le tout forme un ensemble agréable, et qui fasse un contraste sensible avec la décoration qui disparaît.

MANA.

Bravo! bravo!

SORA.

Comme c'est beau!

Elles examinent tout avec empressement, tant que dure la musique.

MANA.

La décoration est ravissante.

MERKULO.

Je vous demande bien pardon, ce n'est pas une décoration, c'est ce que nous appelons une *nature artificielle*. Car ce mot de nature, observez bien ceci, doit être mis partout.

SORA.

Charmant! ravissant!

MERKULO.

Il faut encore que je vous enseigne un terme de l'art avec lequel on va loin. Charmant! ravissant! ce sont là des mots qui peuvent également convenir à un tablier de soie ou à un bonnet. Ce n'est pas cela; quand vous apercevez un objet, quel qu'il soit, arrêtez-vous, et, le regardant d'un œil fixe, criez : Ah! quel effet cela produit sur moi! — Personne ne sait au fond ce que vous voulez dire, car le soleil, la lune, un rocher, des ruisseaux, des formes, des visages, le ciel et la terre, tout aussi bien qu'un chiffon de percale brodée, ont chacun leur effet particulier. Mais quel genre d'effet? voilà ce qui est un peu plus difficile à définir; mais tenez-vous au terme général : « Ah! quel effet singulier cela produit sur moi! » Aussitôt toute l'assistance se retourne, regarde et crie avec vous : « Quel effet singulier ! » dès lors tout est fini, il est convenu que l'objet produit un effet singulier.

MANA.

Il paraît que votre prince est grand amateur du théâtre.

MERKULO.

Très-grand amateur. Le théâtre et notre nature ont, il est vrai, de grands rapports. De plus, il est excellent acteur. Si vous pouviez le déterminer à exécuter quelque chose devant vous!

SORA.

Avez-vous une troupe avec vous?

MERKULO.

Non. Mais nous sommes tous des sortes de comédiens, et d'ailleurs le prince est le plus souvent seul en scène quand il se décide à jouer.

SORA.

Ah! nous avons déjà entendu parler de cela.

MERKULO.

Voyez-vous, mesdames, c'est une invention, ou plutôt une résurrection qu'il était réservé à notre siècle de lumière d'opérer; car le monodrame était déjà connu chez les anciens et existait dans les théâtres de Rome. Ainsi nous voyons dans les livres que Néron....

MANA.

Ce méchant empereur?...

MERKULO.

Oui, ce vaurien. Cependant il fut un excellent acteur. Il ne jouait que des monodrames. Car, comme le dit fort bien Suétone... Mais il vaut mieux que vous lisiez cela dans un écrit fort savant que l'un de nos académiciens vient de composer sur ce genre de pièce de théâtre. On l'imprime en ce moment par ordre et aux frais de notre prince. Nous exécutons aussi toutes les nouveautés que la foire de Leipzig voit éclore. Des monodrames à deux personnages, des duodrames à trois, et ainsi de suite...

SORA.

Y chante-t-on aussi?

MERKULO.

On y chante et on y parle. Pourtant ce n'est à proprement dire ni parlé, ni chanté. On n'y trouve ni mélodie, ni chant, et c'est pourquoi on nomme quelquefois cela mélodrame.

SORA.

Que voulez-vous dire?

MERKULO.

Je vous expliquerai cela, mesdames, une autre fois.

SORA.

Eh bien, nous espérons pouvoir nous concilier l'amitié du prince. Nous nous flattons que vous resterez longtemps chez nous : n'est-ce pas, vous resterez longtemps?

MERKULO.

C'est trop d'honneur que vous nous faites! — mais, hélas! dois-je ne voir dans cette aimable invitation qu'un de ces ordinaires compliments de cour avec lesquels on accueille un étranger, seulement pour s'assurer qu'il ne tardera pas à repartir?

MANA.

Attendez! nous avons déjà préparé pour le prince plusieurs scènes de notre façon qui le divertiront, j'espère.

MERKULO.

Mesdemoiselles, je vous souhaite un bon succès. Puissiez-vous toucher son cœur, son tendre cœur, et par vos attraits l'arracher à la mélancolie dans laquelle il dépérit!

SORA.

Ah! nous aussi nous avons de tendres cœurs, et c'est bien là notre affaire.

MANA.

Ne nous apportez-vous pas quelque nouvelle chanson?

MERKULO.

Oui, et nous avons aussi pour habitude, quand nous trouvons un air joli, de le chanter jusqu'à extinction, si bien que personne ne veut plus l'entendre.

MANA.

Quelque chanson à la lune?

MERKULO.

Oh! nous en avons plusieurs. Si vous voulez, je puis vous en dire une.

SORA.

Dites-la, oui, oh!

MERKULO chante.

« Lanterne faite au tour, — Ton éclat fait pâlir celui des étoiles, — Et dans ton tiède lumignon, — Tu portes le doux reflet du soleil... »

SORA.
Oh! fi, il n'y a rien là de sentimental!
MERKULO.
Ma belle enfant, au nom du ciel! mais c'est traduit du grec.
MANA.
Mais cela ne me plaît pas du tout.
MERKULO.
C'est l'air sans doute qui en est la cause... je l'avais toujours pensé. La chanson est certainement parfaite; écoutez.

Il chante sur l'air: Monseigneur, royez nos larmes, et les filles se mettent à chanter avec lui.

DES DOMESTIQUES.
Le prince arrive. On court à sa rencontre.

Merkulo et les filles sortent en chantant.

ACTE TROISIÈME.

FORÊT.

Berceau dans le fond, comme à la fin du deuxième acte. — Musique douce, pendant laquelle les quatre filles introduisent le prince. Merkulo les suit. Par une danse légère, elles témoignent leur empressement à leur hôte, qui, rêveur et soucieux, répond à cet accueil d'un air forcé. — La musique cesse un instant.

MERKULO, à part.
Voilà bien les mœurs homériques, où l'on voit autour des étrangers s'empresser les aimables filles de la maison. Je serais tenté, vraiment, de me mettre au bain, et me faire frotter d'essences.

La symphonie continue. Enfin, après d'inutiles efforts, les quatre filles, piquées de voir leurs peines perdues, sortent brusquement.

LE PRINCE et MERKULO.

LE PRINCE.
Sois bénie, solitude adorée! A quelle misérable contrainte me vois-je réduit depuis mon entrée en ce palais?

MERKULO.

Je dois avouer à Votre Altesse que mainte fois je n'ai pu concevoir comment, assise à une table bien garnie, au milieu de femmes charmantes, elle pouvait s'ennuyer.

LE PRINCE.

Non, ce n'est pas de l'ennui; ce qui me tourmente, ce sont les attentions de ces aimables créatures. Hélas! pourquoi suis-je né pour le supplice du beau sexe! car une seule peut occuper mon cœur, et les autres... ah!...

MERKULO.

Les autres, je les ai plaintes souvent! même je leur ai parfois témoigné ma compassion d'une manière si persuasive, qu'en vérité je puis me vanter d'avoir à quelques-unes prolongé l'existence, quand, par vos cruautés, je les voyais réduites à faire bientôt le trajet du Styx.

LE PRINCE.

Ne m'en parle pas! N'augmente pas mes soucis.

MERKULO.

Je ne dis rien! mais quand on considère votre haute position et vos rares qualités, il est évident qu'un seul de vos regards doit porter dans l'âme d'une belle un trouble incroyable.

LE PRINCE.

Malheureux! tu parles de mon rang! qu'est-il auprès de ce cœur?

MERKULO.

Pardon... rendons son prix à chaque chose. Par exemple, un amour véritable est une perfection; mais un amour véritable avec une bourse bien garnie, y a-t-il rien au-dessus de cela? Il en est de même du rang...

LE PRINCE.

Cesse de parler sans fin et sur de tels sujets!

MERKULO.

Non, ce serait être ingrat que de ne pas le reconnaître; près de vous, mon maître, je suis à l'abri de tout danger. La présence de Votre Altesse, comme la pointe protectrice du paratonnerre, attirant à elle seule toute l'électricité des tendres cœurs, nous défend de leurs coups.

LE PRINCE.

Est-il bientôt onze heures?

MERKULO.

A l'instant, et je me retire pour vous laisser seul vous livrer à vos sentiments vers l'heure solennelle de minuit. C'est une admirable invention de nos jours, qu'à chaque heure, à chaque moment de la journée, on ait attribué des sentiments spéciaux. Sous ce rapport, les anciens étaient de vrais sots! On voyait au grand jour et en plein air les scènes les plus solennelles et les plus terribles se passer dans leurs drames. En dehors de onze heures ou minuit, nous ne faisons rien, et sans tombeaux, sans cimetières, sans longs voiles noirs, impossible chez nous d'exécuter rien qui vaille.

LE PRINCE.

Mes pistolets sont-ils chargés?

MERKULO.

Toujours, comme vous l'avez ordonné; mais, je vous en conjure, au nom du ciel, n'allez pas vous tuer!

LE PRINCE.

Ne crains rien. (Onze heures sonnent.) Onze heures!

MERKULO.

Le son de la cloche en ce château n'est rien moins que solennel; cela sonne comme si l'on frappait un chaudron. Il n'en faudrait pas davantage pour m'arracher aux plus doux transports.

La musique prélude, et joue par intervalles dans la scène suivante.

LE PRINCE.

Tais-toi, profane, et fuis!

MERKULO.

Je me retire!

Merkulo sort.

LE PRINCE, seul.

En vain vous vous efforcez par votre beauté, par vos charmes séduisants, de m'arracher aux pensées que je tiens sans cesse enveloppées dans les bras de mon âme. Allez, filles mortelles! L'immortalité plane au-dessus de mon front. J'en vois descendre de purs esprits qui viennent animer ce séjour, et enivrer mon cœur de félicité.

<small>La musique continue d'un ton solennel. On entend le murmure des cascades, le chant des oiseaux, et la lune paraît.</small>

LE PRINCE.

Flambeau sacré, je t'adore, — ami fidèle et pur des sentiments élevés, — ô toi, qui dans mon âme — dissipe en douce rosée de larmes — les douleurs orageuses de l'amour. — Ah! quelles divines jouissances tu m'apportes — dans le sanctuaire profond de la nuit, — et tu me ramènes, — vers l'asile secret où repose l'amour. — Ah! pardonne! mon cœur, hélas! — n'est pas toujours égal dans ses transports. — Pardonne-lui ce regard languissant jeté sur ta beauté, — pardonne-lui ce regard fugitif.

Se tournant vers le berceau.

Ici, habite mon idole, — dont le cœur tient mon cœur enchaîné! — Il bat, il tremble. — Ah! il appelle en palpitant l'heureux moment où le charme — va le ravir au delà des transports de la réalité. — Oh! cette jouissance, grands dieux, que vous m'avez donnée, — oh! cette jouissance, grands dieux, ne me l'arrachez pas!

<small>Le berceau s'ouvre, on y voit une femme assise; elle doit être, pour la taille et l'habillement, parfaitement semblable à l'actrice qui plus tard représentera Mandandane.</small>

LE PRINCE.

« C'est elle, ô ciel, c'est elle! — Je me sens inondé de joie... Pose ta main sur ce cœur, — ma bien-aimée, ma douce amie! — toi créée uniquement pour moi, — que la sympathie m'a fait seule découvrir, — m'a fait choisir! — Dans cet accord parfait de nos cœurs, — je jouis d'un bonheur que les dieux seuls connaissent.

« Ah! je me sens en frémissant, — nager dans un ciel de délices! — Ah! ma vie s'arrête de joie, — l'haleine s'arrête dans ma poitrine, — Inondez-moi, félicités! — adoucissez ces brûlants transports, — et que sur une vie pleine de charme — se répandent ces doux trésors de joie... »

Pendant la dernière cadence, comme les instruments font durer trop longtemps la ritournelle, le prince s'asseoit sur un banc de gazon et s'endort. La musique, plusieurs fois, lui donne le ton pour qu'il reprenne et achève... mais il ne bouge pas, ce qui met l'orchestre dans l'embarras; enfin, le premier violon se voit obligé de terminer la cadence, et les instruments reprennent; on ferme le berceau, la toile du milieu s'abaisse et représente une antichambre.

FÉRIA et ses quatre filles d'honneur.

FÉRIA.

Il me semble que le prince se repose bien longtemps; mais il ne sera pas dit qu'un homme dans mon palais ait impunément dormi plus tard que l'aurore. Avez-vous vos crécelles et vos tambourins? nous allons lui faire un charivari qui saura bien chasser de ses yeux ce sommeil léthargique, notre rival détesté...

Danse vive entre elles cinq, accompagnée de castagnettes et de cymbales. Par intervalles, Féria danse seule. Le colonel vient prier la princesse de ne pas troubler le repos du prince, tandis que les gardes s'efforcent d'arrêter ses filles d'honneur. Le bruit augmente de plus belle. Enfin, la toile du milieu se lève, et découvre la même décoration qu'au commencement de l'acte. Merkulo entre au même instant.

LE PRINCE s'élance de son banc de gazon, transporté de colère, et chante.

Oui, vous êtes des Furies, des Ménades, — insensibles à l'amour! — insensibles à la douleur! — J'espérais me baigner dans les bras des Grâces, — et vous déchirez mon cœur! — mon cœur, mon cœur! — vous déchirez mon pauvre cœur!

Pendant cet air, Féria, les filles d'honneur, les Gardes se retirent un à un. Il ne reste plus que le Prince et Merkulo.

MERKULO.

Mon prince, calmez vos sens!

LE PRINCE.

Mon ami, quelle mortelle blessure!

MERKULO.

Gracieux seigneur, ce n'était qu'un charivari!

LE PRINCE.

Je veux partir, m'aller perdre à l'instant dans les solitudes de la forêt.

MERKULO.

Mais la princesse, les dames que vont-elles penser?

LE PRINCE.

Ne peuvent-elles aussi penser à qui elles ont affaire? Sans aucun égard pour les transports sublimes et divins de mon âme, venir y porter le trouble et les effroyables cris de l'enfer! Hélas! songes dorés du matin, où êtes-vous? vous ai-je perdus pour jamais!

MERKULO.

Elles ne pensaient point à mal. Avant même le lever du soleil, les jeunes demoiselles s'occupaient à préparer un déjeuner dans le jardin, et nous avons salué l'étoile du matin avec d'excellent vin de Chypre, et des saucisses grillées. On a craint que le déjeuner se refroidît et se gâtât, et nous avons voulu jouir de votre agréable présence avec les premiers rayons du soleil levant!

LE PRINCE.

Oui! c'est avec des grelots et des timbales qu'on jouit du matin! — Je pars. — Adieu!

MERKULO.

Gracieux seigneur!

LE PRINCE.

Tu sais que mes résolutions sont aussi inébranlables que promptes.

MERKULO à part.

Cela n'est que trop vrai!

LE PRINCE.

Je vais trouver l'oracle! Qu'on garde ce sanctuaire avec le plus grand soin, et empêche que, sous aucun prétexte, âme qui vive ne pénètre en cette enceinte!

MERKULO.

Reposez-vous-en sur moi!

LE PRINCE.

Adieu.

il sort.

ACTE QUATRIÈME

PALAIS D'ANDRASON.

Un site sauvage et tout hérissé de rochers énormes. Dans le fond, une caverne.

LE VALET DE CHAMBRE DE LA REINE, représentant Ascalaphus, s'avance, et, après avoir salué, prononce le prologue.

Messieurs et dames, s'il vous plaît, — sachez que c'est ici l'empire de Pluton. — Pour moi, tel que vous me voyez, — je vous le dis d'avance, de peur qu'on ne l'ignore, — je me nomme Ascalaphus, — et je suis en enfer jardinier de la cour.

La charge est ici-bas nouvelle; — l'Élysée jadis était à part, — et à part les farouches demeures; — c'était chose convenue.

Mais voilà qu'un lord, chez nous descendu, — trouve l'enfer pas du tout riant, — et une lady trouva trop beau l'Élysée. — On fit tant que l'étrange mode triompha, — et Pluton même conçut la haute idée — de transformer en un parc son antique domaine.

Aussitôt les Titans en foule, — tous, y compris le vieux Sisyphe, — sans relâche travaillant, creusèrent — maintes vallées, et montagnes avec peine — entassèrent. — Du fond des flots brûlants, — l'Achéron dut donner — ses rochers éternels! — Avec le secours de milliers de bras — on les plaça en quelque coin — exprès pour servir de point de vue.

Mais quel dommage, hélas! — les belles campagnes de l'Élysée; — voilà que sans miséricorde — on vous les retourne cruellement. — A l'ordinaire, c'est un plaisir de voir les pierres — disparaître de son champ; — mais ici! à dix milles à la ronde, — pas une pierre qui ne soit céans, encore en manquons-nous! — La terre en est semée — partout où croissaient l'herbe tendre — et les aimables fleurs; — et pourquoi ? — rien que pour la variété. — De verts bocages, une fraîche prairie — sont aujourd'hui choses usées et mesquines. — Nous voulons voir en notre paradis — figurer ronces et chardons.

Il est vrai que nous arrachons des bocages sacrés — de l'Élysée les plus beaux arbres ; — et puis à notre idée nous les plaçons — en quelque place vide de l'enfer, — autour de la niche de Cerbère, — qui se présente comme une chapelle.

Car, *nota bene*, dans un parc, — tout doit être idéal, — et sous une enveloppe riante, — il faut, sauf votre respect, enfermer le fumier. — Un toit à porcs derrière un temple — et une écurie (vous m'entendez bien) — justement sous le dôme d'un Panthéon. — Il suffit qu'à l'étranger qui s'y promène — chaque objet se présente bien ; — si tout lui semble beau jusqu'à l'hyperbole, — il en proclamera partout la beauté avec les trombones de l'hyperbole ; — quant au maître de la maison, — il sait tout le premier ce que le rideau cache.

Comme je disais donc, nos arbres élyséens — disparaissent comme les songes élyséens — lorsqu'on veut les transplanter. — A tout cela je ne dis mot ; — car dans un parc tout est pour la parade. — Qu'un arbre se dessèche et se meure, — eh bien ! disent-ils, vous le voyez, — combien l'art reste en arrière de la nature. — Eh oui ! malheureusement. — Pour avoir un parc accompli — il ne nous manque presque plus rien ; — nous avons des collines, des vallées, — un échantillon de toutes sortes de verdures, — allées tortueuses, cascades, étangs, — pagodes, cavernes, prairies, rochers et précipices, — du réséda partout, et mille autres senteurs ; — des peupliers, des saules pleureurs, des ruines, — ermites dans les cavernes, bergers sur la prairie, — tours et mosquées avec des cabinets, — des lits de mousse fort incommodes, — des obélisques, des labyrinthes, des arcs de triomphe, des arcades, — huttes de pêcheurs, pavillons pour les bains, — grottes gothico-chinoises, kiosques et tentes, — monuments, temples mauresques — et tombeaux, bien qu'on n'enterre personne ; — tout cela, pour l'ensemble, nous est indispensable

Une chose, la seule qui nous manque encore, — et dont les milords sont si fiers, — c'est un énorme pont — de bois, — avec pont-levis; — aussi là-dessus se portent tous nos soins. — Car véritablement il n'y a pas de parc — sans un pont, et vous en voyez dans toutes les gravures; — d'ailleurs, dans notre siècle tolérant, — on vise de plus en plus à étendre — les communications, comme vous savez. — Et il faut bien suivre son temps; — aujourd'hui l'Érèbe et l'Élysée — vont à leur tour devenir tolérants.

Nous allions avoir un pont, — malheureusement l'Achéron et le Pyriphlégéton — vomissent d'éternelles flammes, — et les habiles gens nous manquent. — Et si l'on ne vient pas à bout du pont, — notre parc ne signifiera plus rien. — La coutume pourtant ne permet ni le fer ni la pierre, — et il faut que le pont soit de bois.

Mais, sans perdre de temps, voici ce qui m'amène. — La belle épouse de Pluton — d'ordinaire en ces lieux se promène, — car elle n'a pas chez elle de grandes distractions. — Elle cherche chez les pauvres morts, — des contrées aussi belles que les plaines de la Sicile; — mais nous ne les avons qu'en poëmes. — Chaque jour elle demande des fruits délicieux, — et nous n'avons rien à lui offrir; — des pêches, des raisins, il faudrait aller les chercher loin ! — Noisettes, glands et fruits sauvages des bruyères, — voilà tout ce qui peut ici venir à bien.

Deux Esprits infernaux apportent dans une caisse un grenadier chargé de fruits.

Aussi ai-je conseillé de construire une serre; — et je couve, par exemple, ce grenadier, — sous un toit couvert de glaces, — à l'aide des feux souterrains. — Plantons-le en terre tel que le voilà. (Il l'arrange tout en parlant.) — Au milieu des rochers, de l'herbe et de la mousse, — afin que notre reine s'imagine — qu'il est ainsi venu entre les pierres. — Ou si peut-être elle découvre la ruse, — qu'elle fasse du moins l'éloge de l'artiste.

Il sort.

La musique prélude, annonçant des sentiments extraordinaires.

MANDANDANE, sous la forme de Proserpine.

Arrête! arrête, infortunée! En vain — tes pas s'égarent en ces affreux déserts! — Sans bornes devant toi s'étendent les champs de la douleur, — toujours ce que tu cherches reste en arrière.

Ni en avant — ni en arrière tes regards ne peuvent s'étendre; — la sombre voûte du Tartare — ferme à tes yeux l'aspect chéri du ciel, — où autrefois — je contemplais d'un œil attendri — l'éclatante demeure de mon aïeul. — Hélas! fille de Jupiter, — en quel abîme es-tu ensevelie!

Chères compagnes, — lorsque fleurissaient encore ces prairies couvertes de fleurs, plantées pour nous, — quand sur les bords limpides de l'Alphée — nous goûtions en riant la fraîcheur de son onde, — et qu'à l'envie nos mains tressaient des couronnes, — songeant en secret au jeune berger — à qui notre cœur les eût voulu offrir; — alors la nuit se passait en causeries, — le temps ne nous semblait jamais trop long — pour répéter d'agréables histoires, — et le soleil — ne s'était pas encore arraché de sa couche d'argent — que déjà, vives et joyeuses, — nous baignions nos pieds roses dans les fraîcheurs du matin.

O jeunes filles! jeunes filles, — aujourd'hui solitaires, — vous errez dispersées au bord de ces ruisseaux, — ramassant les fleurs — qui de mon sein tombèrent, — hélas! quand je vous fus ravie! — Vous m'appelez et vous cherchez mes traces!

Ils m'ont enlevée — les rapides coursiers de l'Orcus; — dans ses bras vigoureux — l'inexorable dieu me tenait embrassée, — l'Amour, hélas! l'Amour fuyait en souriant vers l'Olympe. — Ce n'est donc pas assez pour toi, cruel! — de la terre et des cieux? — Tu veux aux flammes de l'enfer — mêler tes feux!

Ensevelie — dans ces abîmes sans fin, — reine en cet empire! — Reine? — Je ne vois devant moi s'incliner que des ombres!

Sans espoir est leur douleur! — Sans espoir est le bonheur des trépassés! — et je n'y puis rien changer! — Le Destin les a livrés — aux inflexibles juges; — et j'erre au milieu des ombres, — reine, déesse, — esclave moi-même du Destin!

Que ne puis-je aux lèvres de Tantale — porter l'onde fugitive, — le rassasier de fruits délicieux; — infortuné vieillard, — victime d'une ambition abusée! — Que ne puis-je, arrêtant la roue d'Ixion, — faire cesser ses douleurs! — Mais que pouvons-nous, nous autres dieux, — contre les peines éternelles? — Sans espoir ni pour elles ni pour moi, — j'erre au milieu des ombres, et vois — la pénible activité des tristes Danaïdes!... — Vide, toujours vide!... — Jamais une goutte d'eau ne passe sur leurs lèvres, — jamais une goutte ne reste dans leur tonneau. — Hélas! ainsi es-tu mon cœur; — où puiserais-tu quelque consolation, et d'où te viendrait-elle?

Passez en paix, âmes des justes! — Parcourez vos tranquilles retraites, — mes voies ne sont pas les vôtres. — Dans vos danses légères, — dans vos bocages profonds, — dans cet asile où Zéphire seul respire, — on n'entend pas, comme là-haut, le frémissement de la vie; — entre la douleur et la joie — on n'y trouve pas le suprême bonheur!

Est-il peint sur ses sombres sourcils, — dans son regard impénétrable! — Peux-tu l'appeler ton époux? — Et dois-tu le nommer autrement? — Amour, Amour! — Pourquoi as-tu frappé son cœur — un seul moment? — Pourquoi ses regards devaient-ils tomber sur moi? — Puisque tu savais — que ce cœur devait bientôt se refermer pour jamais. — Que n'enlevait-il l'une de mes nymphes — pour la faire asseoir près de lui — sur son trône de misères? — Pourquoi est-ce moi, la fille de Cérès?

O ma mère, ma mère! — comment ta puissance divine t'a-t-elle abandonnée — en laissant enlever ta fille! — Tu la croyais heureuse, — et coulant dans les jeux les jours de sa jeunesse!

Ah! tu es venue sans doute — me demander — s'il ne me manquait rien? — Quelque parure nouvelle, — ou des sandales dorées! — Et tu as trouvé mes compagnes, — ne pouvant s'arracher des prairies — où elles m'ont perdue, — et ne me retrouveront jamais. — Elles s'arrachaient les cheveux — et gémissaient lamentablement, — mes chères compagnes!...

Où est-elle? où? criais-tu. — Quelle route a pris le perfide? — Doit-il impunément profaner la race de Jupiter? — Où est la trace de ses coursiers? — Vite! des flambeaux! — Je veux le poursuivre à travers les ténèbres! — Je ne veux plus de repos qu'après l'avoir trouvé, — je veux n'épargner aucune peine, — aucune démarche, aucune recherche.

Tes dragons vigilants éclairent ta marche, — accoutumés à suivre toutes les routes où tu les guides, — et tu t'égares dans les déserts inhabités!...

Hélas! tu ne viens point ici, jamais ici — dans les profondeurs de la nuit, — inaccessibles aux immortels; — c'est là que, sous le poids des plus cruels dégoûts, — languit ta fille.

Tourne vers l'Olympe, — vers l'Olympe le vol rapide de tes dragons, — vers l'Olympe où demeure Jupiter! — lui seul, il sait, — il sait ce dieu tout-puissant, — où est ta fille!...

Père des dieux et des hommes! — es-tu encore assis sur ton trône d'or, — vers lequel dans mon enfance — tu m'élevais tant de fois en souriant, — me balançant dans tes bras, — à travers l'espace infini des cieux; — et moi, enfant, je tremblais de m'y perdre en tombant; — es-tu encore mon père?...

Je ne suis plus près de toi, — dans l'éternel azur — du ciel sillonné des feux du soleil. — Je suis ici! ici!...

Mène-là ici! — qu'avec elle — je sorte de ce cachot; — que Phœbus me rende — ses doux rayons; — que la lune — au front argenté me sourie encore!

Oui, tu m'entends, — tendre père qui me chéris, — oui, bientôt! — tu me rendras à la lumière; — que délivrée de longs et cruels tourments, — je puisse encore goûter la douceur de ton ciel!

ACTE IV.

Réjouis-toi, triste cœur! — ah! l'espérance, — l'espérance verse — l'aurore sur une nuit d'orage.

Non, ce sol — n'est plus de pierre, n'est plus de mousse! — ces montagnes — n'ont plus ce sombre et terrible aspect! — Ah! voilà une fleur encore que je retrouve, — cette feuille fanée — elle vit encore; — elle attend encore — que je me réjouisse de sa vue!

Étrange! étrange! — je trouve un fruit en ces lieux! — celui que dans nos jardins, sur la terre, — j'aimais tant à cueillir! (Elle cueille la grenade.) — Laisse-toi savourer, — fruit délicieux, — fais-moi oublier — tous mes maux, — que je me croie encore — sur la terre, dans ma jeunesse; — en ces jours de joie vive — au milieu des parfums — de célestes fleurs; — je nage dans les flots — de cette félicité parfaite — dont je goûtai l'extase!

Elle mange quelques grains.

O douceur! ô jouissance!

Mais quoi! l'enfer, — sur ces plaisirs, — sur cette pure joie, — étend son bras d'airain, — et verse des maux amers! — Suis-je coupable — pour un moment de jouissance! — Ah! pourquoi ma première joie en ce séjour — est-elle une source de tourments? — Rochers, vous semblez me regarder d'un œil plus terrible, — m'emprisonner plus étroitement! — Nuages, vous semblez peser plus lourdement sur moi! — Dans les profondeurs de l'abîme, — de sourds orages grondent et s'amassent, — et dans le vaste royaume des Parques, — tout me crie : — Tu es à nous!

LES PARQUES, invisibles.

Tu es à nous! — tel est l'arrêt de ton aïeul, — à jeun, tu serais retournée sur la terre; — tu as mordu la pomme, et tu es à nous! — Reine, reçois nos hommages!

PROSERPINE.

As-tu bien prononcé cet arrêt, mon père? — pourquoi! pourquoi! — Qu'ai-je fait, pour que tu me bannisses? — Pourquoi ne m'appelles-tu pas — près de ton trône resplendissant? — Pourquoi cette pomme? — ah! fruits maudits! — pourquoi sont-ils beaux, — puisqu'ils nous perdent?

32.

LES PARQUES.

Tu es à nous! — Pourquoi t'affliger? — vois, nous te rendons hommage, — notre reine!

PROSERPINE.

Oh! pourquoi le Tartare est-il votre demeure? — oh! pourquoi le Cocyte est-il le fleuve où vous vous baignez! — mes malédictions vous y auraient précipitées... — Il me fût resté des feux — pour vous dévorer!... — moi votre reine! — et je ne puis vous anéantir!

Qu'une éternelle haine soit le lien qui nous unisse! — Eh bien! puisez sans cesse, Danaïdes! — Parques, filez! rugissez, Furies! — subissez votre sort éternellement misérable! — Moi, je vous gouverne, — et par cela seul, je suis déjà plus misérable que vous!

LES PARQUES.

Tu es à nous! — Nous fléchissons devant toi, — tu es à nous, à nous! — grande reine!

PROSERPINE.

Arrière!... loin de moi — votre fidélité et vos hommages! — Que je vous hais!...... — Et toi, dix fois plus haï encore..... — Malheur à moi! je sens déjà — ses embrassements que j'exècre!

LES PARQUES.

Reine, tu es à nous!

PROSERPINE.

Pourquoi t'adresses-tu à moi? — Adresse-toi à l'Averne! — Appelle les supplices des ténèbres du Styx, — ils obéiront au signal de ta voix, — mais non pas mon amour!..... — Que je te hais, — objet d'horreur et mon époux.

A ces mots : *objet d'horreur, et mon époux*, Andrason paraît. Mandandane lui adresse l'apostrophe, et fuit devant lui avec toutes les marques de l'effroi. Stupéfait, il regarde autour de lui et la suit, ne pouvant revenir de sa surprise.

O Pluton, Pluton! — Ah! j'implore de toi le sort des réprouvés!..... — N'appelle pas cela de l'amour! — Que ton bras me précipite — dans les tourments les plus affreux!

LES PARQUES.

Reine, grande reine, tu es à nous, à nous!

ACTE CINQUIÈME

ANTICHAMBRE.

MANA, SORA, LATO, MÉLA.

SORA.

Chères sœurs, coûte que coûte, il nous faut entrer dans la chambre du prince.

MANA.

Mais la garde!

SORA.

La garde ne nous en empêchera pas; ce sont des hommes. Quelques douceurs et du vin, c'est tout ce qu'il faut pour en faire ce que nous voulons.

LATO.

Essayons.

SORA.

J'ai apporté un excellent vin auquel j'ai mêlé une poudre soporifique, car, mes enfants, c'est une affaire très-importante.

MÉLA.

Comment cela!

SORA.

Qui n'est pas curieux, ne sait rien. Pour moi, je grillais de voir comment serait la chambre, quand toutes les belles choses qu'elle renferme seraient en mouvement, et vers minuit, me glissant tout auprès, je regardai par une fente que depuis longtemps j'avais découverte dans les panneaux de la porte.

MANA.

Et qu'as-tu vu?

SORA.

Vous ne le devineriez jamais! Je comprends bien maintenant d'où venait l'insensibilité du prince à notre endroit, et pourquoi il nous regardait tant en pitié!

LATO.

Ah! c'est un bel esprit de la nouvelle espèce. Ils sont tous grossiers...

SORA.

Ce n'est pas tant cela! Il emmène partout avec lui son amante.

MANA.

Impossible!

LATO.

Et comment?

SORA.

Eh bien; si je n'étais pas allé à la découverte?... Dans cette maudite caisse, au fond du berceau mystérieux, c'est là qu'elle se tient. Je m'étonne seulement qu'elle se laisse ainsi traîner partout et qu'elle reste si tranquille!

MANA.

Voilà donc pourquoi l'objet était porté par des mulets!

MÉLA.

Comment est-elle?

SORA.

Je n'ai pu voir qu'un pan de sa robe, comme le prince prenait sa main pour la baiser; mais voilà tout. J'ai entendu quelque bruit, et me suis vite retirée.

LATO.

Oh! voyons.

MANA.

Mais cela n'est guère convenable!

SORA.

Ne fait-il pas nuit? personne n'en saura rien. J'ai déjà le passe-partout. Vous autres, tâchez seulement d'amuser la garde.

Musique. — Les filles jouent entre elles à de petits jeux. Des jeunes gens de la garde arrivent les uns après les autres et les regardent faire; ils appellent leurs camarades, et sont bientôt tous de la partie. Les jeunes filles prennent d'abord un air froid et retenu, puis s'adoucissent, et enfin apportent du vin et des fruits. On ne se fait pas prier longtemps, et la danse et les jeux continuent jusqu'à ce qu'enfin le sommeil gagne les jeunes gens; ils se traînent de droite et de gauche, et à la fin se jettent dans les coulisses, abandonnant la place aux jeunes filles.

SORA.

Nous, sans perdre de temps, vite à la chambre; tirons l'effrontée de son obscurité, et que sa honte fasse éclater notre triomphe.

Elles sortent toutes.

La toile du fond se lève, et le théâtre se change en forêt. — Nuit sans clair de lune. Autour du berceau, tout est triste et silencieux. — Les quatre jeunes filles arrivent avec des flambeaux. Danse et pantomime, où elles expriment la curiosité et le dépit. Elles ouvrent le berceau, éclairent l'intérieur de leurs flambeaux, et reculent aussitôt.

SORA.

Que vois-je? Mandandane!

LATO.

C'est un spectre ou la femme d'Andrason!

MÉLA.

Un déguisement? Qu'est-ce qu'il y a là-dessous?

Elles s'avancent peu à peu.

MANA.

Appelons-la!

LATO.

Hé! jeune dame!

SORA.

Elle ne bouge pas.

MÉLA.

N'allons pas plus loin. Je crains qu'il n'y ait là quelque sorcellerie.

SORA.

Il faut que je la voie de près.

MANA.

Prends garde! si elle se levait...

LATO.

Eh! elle ne te mordra pas.

MÉLA.

Moi, je m'en vais...

SORA, la touche et recule.

Ah!

MANA.

Qu'est-ce?

MÉLA.

Elle est vivante! Serait-ce Mandandane elle-même? ce n'est pas possible.

LATO, tout en s'éloignant davantage.

Il faut pourtant savoir ce que c'est.

MÉLA.

Eh bien, parlez-lui donc!

SORA, qui s'est approchée en tremblant.

Qui que tu sois, étrange inconnue, parle! remue-toi, et explique-nous ta présence mystérieuse.

MANA.

Elle ne bougera pas!

LATO.

Si l'une de nous allait lui enlever son masque.

SORA.

Je vais prendre mon élan... Venez toutes avec moi.

Elles se tiennent toutes par la main, et se tirent à la file jusqu'au berceau.

MÉLA.

Avançons un peu sa chaise, pour voir si c'est lourd ou léger.

Elles tirent la chaise sans peine jusque sur le devant du théâtre, tournent tout autour, et font mille tentatives, jusqu'à ce que le masque tombant, elles poussent toutes un cri.

MANA.

C'est une poupée!

SORA.

Une rivale empaillée!

LATO.

Oh! la belle cervelle!

SORA.

Pour peu que son cœur vaille autant!

MANA.

Elle ne nous aura pas vexées impunément. On vous déshabillera, et vous serez exposée dans le jardin pour faire peur aux oiseaux.

LATO.

De ma vie, je n'ai vu pareille chose!

MÉLA.

Elle a vraiment une belle robe.

MANA.

On jurerait qu'elle appartient à Mandandane.

MÉLA.

Je ne conçois pas ce que le prince peut faire de cette poupée.

Après l'avoir retournée, arrangée de différentes manières, elles finissent par tirer de sa poitrine un gros sac.

SORA.

Qu'y a-t-il dans le sac? voyons! qu'y a-t-il?

MANA.

Je présume au toucher qu'il est rempli de son.

SORA.

Non, il est trop lourd.

LATO.

Il y a dedans quelque chose de dur.

MÉLA.

Ouvrez-le! nous verrons!

ANDRASON paraît.

Eh bien! où êtes-vous donc, enfants? je vous cherche partout.

MANA.

Tu arrives bien à propos, vois!

ANDRASON.

Mais que diable est-ce là? les habits de ma femme! son image!

MANA, lui montrant le sac.

Oui, rembourrée avec du son.

SORA.

Regarde autour de toi; c'est ici la nature au sein de laquelle notre prince passe sa vie, et voilà son amante.

ANDRASON, tout ému.

Grands dieux !

SORA.

Ouvrons toujours le sac.

ANDRASON, sortant d'une profonde rêverie.

Arrêtez !

MANA.

Qu'as-tu, Andrason ?

ANDRASON.

Il me semble qu'une lueur descendue du ciel traverse ces ténèbres.

SORA.

Quelles convulsions te prennent ?

ANDRASON.

Ne voyez-vous rien, mesdemoiselles ? ne saisissez-vous pas ?

MANA.

Oui ! oui ! l'ombre qui nous a tant intriguées ; elle est assez palpable, comme aussi le sac que je tiens.

ANDRASON.

Honore les dieux !

SORA.

Ton sérieux me fait rire.

ANDRASON.

Ne voyez-vous pas accomplie la moitié de l'oracle qui prédit mon bonheur ?

MANA.

Dire que nous n'avons pas deviné cela plus tôt !

ANDRASON.

Quand par de belles mains l'âme sera ravie à une ombre palpable.

SORA.

Rien n'est plus clair !

ANDRASON.

Et que le sac de toile aura rendu ses entrailles !

SORA.

Allons, ouvrez, et voyons avant tout ce qu'il contient.

Elles ouvrent le sac, et le secouent, il en tombe avec du son une pacotille de livres.

ANDRASON.

Attendez, ce doit être de merveilleux ouvrages! — *Senti-mentalités.*

Il ramasse un livre.

MANA.

Oh! donnez-le-moi!

Les autres, pendant ce temps, ont déjà ramassé les livres tombés du sac.

ANDRASON.

Quel livre as-tu? — *Siegward,* histoire de couvents, en trois volumes.

MANA.

Ce doit être charmant! Donnez! je veux le lire. — *Le bon jeune homme.*

LATO.

Il faut que nous fassions connaissance avec lui.

SORA.

Tiens! il y a une gravure.

MÉLA.

C'est très-bien, on peut voir au moins comment il était fait.

LATO.

Il avait vraiment l'air mélancolique, un air bien intéressant.

Il est loisible aux acteurs de critiquer habilement d'autres écrits pareils.

ANDRASON.

Belle compagnie pour garnir un cœur!

MÉLA.

A quel propos ces livres se trouvent-ils là?

ANDRASON.

Mais voyons, est-ce tout? (Il retourne le sac, et il en tombe encore quelques livres et beaucoup de son.) Voilà le bouquet!

SORA.

Oh! laissez-moi voir!

ANDRASON.

La Nouvelle Héloïse. — Et puis : *Les Souffrances du jeune Werther!* — Pauvre Werther!

SORA.

Donnez ; c'est sans doute quelque chose de mélancolique.

ANDRASON.

Que le ciel vous préserve, mes chères enfants, de jeter jamais les yeux sur tout ce fatras ! donnez.

Il remet tous les livres dans le sac, avec le son, et le referme.

MANA.

Ce n'est pas bien de votre part de nous enlever ce plaisir. Nous aurions eu de quoi lire pendant plusieurs de ces nuits, que nous passons sans dormir.

ANDRASON.

C'est pour votre bien, mes belles ! vous ne le croyez pas, mais c'est vraiment pour votre bien. — Allons, au feu tout le sac !

MANA.

Attendez au moins que la princesse l'ait vu.

ANDRASON.

Pas de miséricorde ! (Après une pause.) Mais quel nouveau trait de lumière vient m'éclairer dans la voie obscure de l'espérance ? — J'y suis ! j'y suis ! les dieux ont pitié de moi...

SORA.

Quelle inspiration vous vient tout à coup ?

ANDRASON.

Écoutez-moi ! Nous ne jetterons pas ces livres au feu.

MANA.

J'en suis bien aise.

ANDRASON.

Mais vous ne les aurez pas non plus.

SORA.

Pourquoi ?

ANDRASON.

Écoutez ce que l'oracle ajoutait :

La fiancée cousue sera unie à son amant ; — alors le repos et la paix, ô mortel, rentreront dans ta demeure.

Nul doute qu'il ne s'agisse de cette aimable fiancée ; mais

pour l'unir à son aimable prince, comment ferons-nous? allons, je n'y veux pas même songer; c'est l'affaire des dieux; mais il faut d'abord la rajuster et recoudre la fiancée, voilà qui est clair, et cela nous regarde.

Il remet le sac à sa place avec le secours des jeunes filles. Tout doit se passer avec la plus grande décence. Ils rattachent le masque et remettent la poupée comme elle était d'abord.

SORA.

Je ne comprends rien encore à tout cela, et ce qui me déplaît dans cet oracle, c'est qu'il parle de choses si communes et en termes si bas.

ANDRASON.

Ma chère enfant, les choses communes renferment souvent un haut intérêt, et je t'excuse de ne point saisir le sens caché de l'oracle.

MANA.

Allons, ne sois pas si mystérieux, et explique-nous ce que c'est.

ANDRASON.

N'est-il pas évident, mes chères enfants, que ces livres renferment une espèce de talisman? Ne possèdent-ils pas cette vertu magique qui retient le prince esclave aux pieds d'un ridicule mannequin, pour lequel il a emprunté l'image de la femme d'un honnête homme? Ne sentez-vous pas que si nous brûlions ces livres, le charme serait tout à coup rompu, et qu'il ne lui resterait plus de son amante que le souvenir d'un songe issu de son esprit en délire? C'est un avertissement des dieux, et je les remercie de ce que j'ai su les entendre. O toi, chère et charmante fiancée cousue, puisses-tu posséder le charme irrésistible de tous les songes trompeurs! puissent ton cœur de papier, tes entrailles de toile, avoir la vertu d'attirer notre prince à de grands et tendres sentiments, comme autrefois les signes magiques, les têtes de morts, les cierges bénits, les mandragores avaient la vertu d'attirer les esprits et les trésors! — Ce berceau était sans doute le temple de cette nymphe divine? Venez! qu'il ne lui arrive rien, que tout soit remis en ordre, et ne découvrons à personne ce que nous avons vu ; nous sommes sûrs de l'assistance des dieux pour l'issue de cette affaire.

MANA.

Maintenant que j'y songe, Andrason, je commence à trouver bien extraordinaire que tu sois ici.

ANDRASON.

Et voilà comme la vue du merveilleux réveille le sentiment de tout ce qui paraît l'être.

SORA.

Comment se fait-il que tu sois sitôt de retour ici, au milieu de la nuit?

ANDRASON.

Je vais vous le dire, chères enfants, et vous conter mes peines. En partant d'ici, je retournai directement chez moi, et fis le trajet en assez peu de temps. Le désir de revoir ma maison et ma femme croissait à chaque pas ; déjà je me croyais dans ses bras, et mon ardeur me payait largement de ma longue absence, lorsque, arrivé dans la cour du château, j'entendis tout à coup des mugissements, des cris étouffés, des sons creux et lugubres ; c'était un vacarme à faire croire que la chasse infernale avait fait irruption chez moi. Je monte ; le bruit redouble ; plus je m'approche, plus les voix paraissent intelligibles et rauques. Seulement j'entendais ma femme appeler et crier comme si elle était devenue folle. Effrayé, je cours au salon ; je le trouve obscur comme une caverne, décoré en enfer, et ma femme qui me reçoit avec un transport de rage, me charge d'épouvantables malédictions, me traite de Pluton, d'objet d'horreur, et fuit enfin devant moi, me laissant là comme interdit et pétrifié, incapable de proférer une parole.

MANA.

Mais, au nom du ciel, qu'avait-elle donc?

ANDRASON.

Quand on apporta des lumières, je vis que c'était un monodrame!

MÉLA

C'est donc quelque chose de bien curieux?

ANDRASON.

Maintenant, que je vous apprenne encore une nouvelle ; elle est ici avec moi.

MANA.

Ici avec toi ?

SORA.

Oh ! allons vite la voir, nous qui l'aimons tant !

MANA.

Mais comment se fait-il que vous l'ameniez ici, quand vous savez que le prince doit y revenir ?

ANDRASON.

Vous connaissez, mes belles, toute ma bonté. Quand elle se fut un peu remise de sa fureur poétique et théâtrale, elle redevint plus douce et plus complaisante envers moi. Je lui contai mille choses pour la distraire, parlant beaucoup de vous et de ma sœur : elle dit qu'elle désirait depuis longtemps vous revoir ; moi, je lui persuadai qu'un voyage lui ferait beaucoup de bien, et que les résolutions les plus promptes étant toujours les meilleures, elle ferait bien de monter tout de suite en voiture. Elle a consenti, et c'est après coup que j'ai reconnu ma sottise de la rapprocher du prince avant qu'il soit nécessaire ; mais je me suis consolé comme à l'ordinaire, en pensant qu'il en devait peut-être résulter quelque bien ; et vous voyez que nous ne saurions venir plus à propos.

(Entrent) Mandandane et Féria.

MANA.

Soyez la bienvenue, Mandandane.

MANDANDANE.

Bonjour, mes amies.

FÉRIA.

C'est pour nous un plaisir bien inattendu ! — Mais que faites-vous dans la chambre du prince ?

MANDANDANE.

Est-ce là sa chambre ?

FÉRIA.

Que vois-je ? qu'est cela ?

MANDANDANE.

Oh ciel! mon image, mes habits!

ANDRASON, à part.

Comment cela va-t-il finir?

MANA.

Nous avons trouvé dans le berceau ce mannequin rembourré, que le prince traîne avec lui partout.

SORA.

C'est là la divinité qui reçoit ses hommages.

MANDANDANE.

Non, c'est une calomnie! l'homme dont l'amour nage dans les sensations de l'âme irait s'occuper de fades poupées! Je sais qu'il m'aime : c'est parce qu'il trouve auprès de moi les sentiments et le langage dont son cœur a besoin. Le soupçonner d'une telle puérilité, c'est nous offenser tous les deux.

SORA.

On pourrait dire que votre souvenir lui est si cher, qu'il porte partout votre image avec lui, afin de s'entretenir avec elle comme avec vous-même.

ANDRASON, bas à Sora.

Tairas-tu ta maudite langue?

FÉRIA.

Pour moi, je ne sais qu'en penser.

MANDANDANE.

Non, si sa tendresse a besoin d'une nourriture aussi mensongère et aussi ridicule, son amour n'est pas sans doute moins puéril; alors ce n'est pas moi qu'il aime, c'est un nuage qu'il lui a plu de modeler sur moi.

ANDRASON.

Si tu savais de quoi il est rembourré.

MANDANDANE.

Ce n'est pas vrai!

MANA.

Nous pouvons l'affirmer. D'ailleurs, d'où aurions-nous tiré cette poupée? Tenez, voici l'endroit où elle était.

ANDRASON.

Si tu ne veux pas le croire, il n'y a qu'un moyen; c'est,

ACTE V.

aussitôt que nous verrons venir le prince, de prendre le masque, et de t'aller asseoir toi-même dans le berceau, faisant comme si tu étais rembourrée de son. Tu verras alors si nous disons vrai.

Pendant ce temps les jeunes filles remettent la poupée dans le berceau.

MANDANDANE.

Voilà une proposition bien étrange.....

FÉBIA.

Sortons avant que le jour, ou quelqu'un de ses gens vienne nous surprendre.

Tous sortent, excepté Andrason qui retient Sora.

ANDRASON.

Sora !

SORA.

Seigneur !

ANDRASON.

Me voilà dans le plus grand embarras.

SORA.

Comment ?

ANDRASON.

Le cinquième acte va finir, et c'est justement au moment où nous sommes le plus embrouillés !

SORA.

Eh bien, faites jouer le sixième.

ANDRASON.

Mais c'est aller contre toutes les règles.

SORA.

Ah ! vous êtes Allemand, et sur un théâtre allemand tout peut passer.

ANDRASON.

C'est le public surtout que je plains; personne ne sait encore où on en est.

SORA.

Mon Dieu ! cela arrive souvent.

ANDRASON.

Le public croira peut-être que nous voulons nous moquer de lui.

SORA.

Se tromperait-il beaucoup?

ANDRASON.

Assurément; car, à dire vrai, nous nous jouons nous-mêmes.

SORA.

Je l'ai bien pensé déjà.

ANDRASON.

Bon courage, néanmoins. — O dieux, voyez à trouver le moyen d'accomplir votre oracle, de donner un dénoûment à cette pièce, et de la patience au spectateur! Sans un miracle, je ne sais comment nous ferons pour nous séparer en bon accord.

ACTE SIXIÈME

FORÊT ET BERCEAU.

—

LE PRINCE, étendu sur un banc de gazon, MERKULO.

MERKULO, à part.

La visite à l'oracle n'a pas réussi à mon prince. Auparavant, il était triste, et le voilà tout hors de lui. Si du moins je pouvais faire exhaler sa douleur en paroles! (Au prince.) Seigneur, une si courte absence a-t-elle donc fermé votre cœur à mon égard, au point que vous ne me jugez plus digne d'être e confident de vos douleurs, après avoir été si souvent celui de vos transports?

LE PRINCE.

Je ne comprends pas ce qu'ils disent, et pourtant j'imagine que les dieux ont sur moi de grandes vues. Mon âme est pénétrée de sentiments inconnus.

MERKULO.

Quel est le jugement de l'oracle?

LE PRINCE.

Sa réponse est équivoque, et ce qui m'afflige le plus, elle

ne porte pas l'empreinte de l'intérêt et des égards que devaient inspirer, même aux dieux, et mes prières et l'état de mon âme. — Je leur demandai, d'un cœur ému, quand enfin l'orage cesserait de troubler mes esprits; quand je pourrais étancher cette soif de jouissances qui toujours, comme à un autre Tantale, échappent à mes désirs; et quand, pour prix de tant de maux, je pourrais enfin goûter dans le repos ces ravissantes extases et me livrer à la mélancolie avec un cœur calme et satisfait. — Et quelle réponse ai-je reçue? je craindrais de la rappeler à mon souvenir. Prends et lis.

Il lui donne un rouleau.

MERKULO lit.

Si un acte sérieux ne succède pas à un jeu puéril; — si tu n'aimes ni ne chéris ce que tu n'as pas, quoique tu le possèdes, — si tu ne lui sacrifies pas ce que tu possèdes, quoique tu ne l'aies pas, — ta vie, malheureux, s'écoulera dans un songe éternel.

Voilà un oracle bel esprit! il est fort sur l'antithèse!

Il continue.

Rends à son maître légitime un bien follement ravi, — alors t'appartiendra celui que tu retiens avec tant de tourments et de peines, — ou redoute la colère des dieux tout-puissants! — Redoute le sort de Tantale, ici-bas et par delà la vie!

LE PRINCE.

Insensé! fallait-il aller consulter l'oracle, pour me voir forcé ou d'obéir malgré moi, ou d'appeler sur ma tête la vengeance des dieux!

Merkulo peut à volonté répéter la réponse de l'oracle, faire des observations, etc., jusqu'à ce qu'il croie que le public l'a suffisamment entendue.

MERKULO.

Il me semble qu'en cette occasion vous pourriez toujours alléguer pour excuse votre ignorance; car, pour moi du moins, je ne vois pas comment l'oracle peut prétendre à ce qu'on le comprenne.

LE PRINCE.

Je ne l'entends que trop bien! non pas ses paroles, mais le sens qu'elles cachent. (Se tournant vers le berceau.) C'est toi qu'on veut que j'abandonne! Il faut te sacrifier! comme si c'était en me précipitant dans l'abime que je pourrai jamais conquérir le bonheur et le repos de l'âme!

MERKULO.

L'arrêt de l'oracle peut, en effet, s'interpréter ainsi.

LE PRINCE.

C'est trop de cruauté! Abandonner ce que je possède! — O dieux! c'en est trop!

MERKULO.

Mais ce trésor céleste, — les dieux mêmes l'appellent un jeu puéril!

LE PRINCE.

Et je perds ces joies! — et cette clarté m'est ravie!

MERKULO, à part.

Ah! sur ma parole, cette félicité — n'est pas si digne d'envie!

LE PRINCE.

Les dieux sont jaloux de ces transports, — et les traitent de jeux d'enfant!

MERKULO.

Pour nous satisfaire plus doucement, — il existe maint autre plaisir!

LE PRINCE.

A quelle résolution terrible se livre mon âme agitée? C'est une résolution terrible que celle qui s'agite dans mon âme! et quels sentiments étranges me poussent ou me retiennent et me présentent tour à tour l'exécution comme facile et comme pénible? Laisse-moi seul, et sois prêt au premier signal à réunir en ce lieu tous mes gens et les habitants de ce palais; car le dessein qui m'occupe est un acte mâle et généreux, il ne craint pas la présence des témoins.

MERKULO.

Cher prince! votre état m'inquiète.

ACTE VI.

LE PRINCE.

Fais ton devoir.

MERKULO se retourne en s'en allant.

Encore un mot : Andrason est revenu ici. Voulez-vous qu'il soit au nombre des témoins ?

LE PRINCE.

Ciel ! Andrason !

MERKULO.

Lui-même. Ce matin, en me levant, je l'ai aperçu à la fenêtre avec sa sœur.

LE PRINCE.

Laisse-moi seul ! Tous mes sens se troublent ! Que je respire un moment, pour démêler les pensées confuses qui m'accablent !

Merkulo sort.

LE PRINCE, seul, après un moment de silence.

Soyons ferme et résolu ; car il le faut ! — Tu vas donc renoncer à tout ce qui fait ton bonheur ! Tu vas abandonner ce qu'il plaît aux dieux d'appeler un jeu, sans doute parce que l'humanité entière ne leur semble qu'un jeu puéril ! — T'abandonner ! (Il ouvre le berceau, on y voit Mandandane assise et le visage couvert d'un masque.) Non, je ne puis ; c'est comme si je voulais prendre mon cœur et l'arracher de ma poitrine !... Mais quoi ! (Il succombe et s'éloigne du berceau.) Que se passe-t-il en moi ? C'est étrange !... Les dieux voudraient-ils seconder mon dessein ? En croirai-je mes sens, et puis-je me l'avouer ? Pour la première fois, l'attrait irrésistible qui me poussait vers cette image céleste a perdu de sa force. Il est rompu le charme délicieux de sa présence, qui me ravissait autrefois avec elle dans les sublimes nuages. Est-il possible ? Je sens dans mon cœur se développer et s'affermir cette pensée : Tu peux, tu veux l'abandonner ! Puis-je le croire ? (Il se précipite vers elle.) Ma bien-aimée !... (Il reste court et se retourne brusquement.) Non, je m'abuse ! mon cœur n'est pas là ! Il plane en d'autres régions, aspirant aux félicités passées. Je ne sais quoi me crie que ce n'est plus toi, et qu'une autre a été substituée en ta place ! O dieux, qui êtes si cruels, quelle étrange faveur m'avez-vous accordée en me facilitant ainsi le sacrifice que vos ordres m'imposent?... Oui, adieu!... Ce n'est pas le hasard qui amène ici Andrason! Je lui avais ravi la plus pure moitié de son bien, qu'il la reprenne! Et vous, anges des cieux, cherchez à votre fils soumis, dans les vastes régions de l'univers, un bonheur nouveau et inconnu.

Il appelle Merkulo. — Merkulo entre.

LE PRINCE.

Réunis ici tout le monde, mes gens et ceux du palais. Que ne puis-je assembler toute la terre pour en faire le témoin de cet acte merveilleux!

Merkulo sort. — Le prince ferme le berceau. — Une musique solennelle accompagne le cortége, composé du colonel, des gardes, de toute la suite, et ensuite des filles d'honneur. Tous se rangent des deux côtés dans l'ordre qu'ils doivent occuper pour le ballet final. Andrason et Féria avec Merkulo ferment la marche. — La musique cesse.

LE PRINCE.

Approchez, Andrason, et prêtez-moi un moment d'attention. Jusqu'ici nous n'avons pas été grands amis; mais les dieux aujourd'hui m'ont ouvert les yeux. Je le vois, les torts étaient de mon côté; je t'ai ravi la plus belle moitié de la femme que tu chéris; par l'ordre des immortels, je te la rends. Reprends comme un dépôt sacré ce que j'ai su garder comme un dépôt sacré, et pardonne le passé à ma faiblesse; à mon erreur, à ma jeunesse et à mon amour.

ANDRASON.

Que veut dire cela? — (A part.) Que va-t-il arriver?

LE PRINCE ouvre le berceau et l'on voit Mandandane assise.

Voilà! Reconnais ce mystère; je te la rends.

ANDRASON.

Ma femme! tu as séduit ma femme! tu la traînes partout avec toi, et tu oses encore publiquement m'affronter, en me la rendant à la face de l'univers?

LE PRINCE.

Je ne crains pas le grand jour; que ce soit pour toi un témoignage de la pureté de mes intentions!

ACTE VI

ANDRASON.

Ciel et enfer! je serai vengé. (Il porte la main à son épée, Féria l'arrête; il lui dit, à part.) Laisse-moi; il le faut!

LE PRINCE.

Ne t'emporte pas! mon épée est tranchante aussi. Sois calme, écoute la voix de la raison. Tu ne peux dire : C'est là ma femme; et pourtant c'est ta femme.

ANDRASON.

Je hais les énigmes! — (À part, après une courte pause.) Mais quelle surprise! une nouvelle lumière se répand dans mon âme, et m'explique les dernières paroles de l'oracle. Serait-il possible? Bonté divine, venez à mon secours! — (Haut.) Pardonne, je m'aperçois que je te fais tort. Sans doute, un sortilége ou quelque force inconnue a jeté ici le trouble dans nos sens! Que ferais-je de deux femmes? je reconnais la volonté du ciel, et j'en crois ta parole. Je reprends celle-ci, mais je t'abandonne volontiers en échange celle que je possède en ce moment.

LE PRINCE.

Comment?

ANDRASON.

Qu'on l'apporte ici.

Des esclaves sortent.

LE PRINCE.

Dois-je être heureux encore après tant de maux?

ANDRASON.

Peut-être les dieux feront-ils ici un miracle pour nous satisfaire l'un et l'autre. Regardons-les comme deux sœurs; chacun de nous doit en posséder une, et l'avoir exclusivement à lui seul.

LE PRINCE.

Je me meurs d'espérance...

ANDRASON.

Je te prends pour ma part, épouse toujours chérie!

Les Maures sortent la chaise du berceau et la placent du côté gauche, dans le fond.

MANDANDANE, sur le point de jeter son masque et de s'élancer vers Andrason.

O Andrason !

ANDRASON ne lui permet ni de se lever, ni d'ôter son masque.

Silence, petite poupée ! silence, ma chérie ! le moment décisif s'approche.

Les esclaves apportent le mannequin; le prince se précipite et tombe à ses genoux.

LE PRINCE.

Ciel ! c'est elle ! ciel ! c'est elle ! Je me sens inondé de joie !

On place le mannequin de l'autre côté du théâtre, en face de Mandandane. Il faut ici que la ressemblance fasse encore quelque illusion au spectateur; c'est aussi à quoi l'on a dû viser dans toute la pièce.

ANDRASON.

Viens, et donne-moi ta main. Que toute rivalité cesse entre nous, et je renonce ici solennellement à cette autre Mandandane pour l'unir à jamais avec toi. (Il unit leurs mains.) Sois heureux ! (A part.) avec ta fiancée cousue !

LE PRINCE.

Je ne sais plus où m'emporte l'ivresse de la joie. C'est elle, je le sens à son aspect; c'est celle-ci qui m'a si longtemps retenu captif, qui a fait si longtemps le bonheur de ma vie. Oui, me voilà plongé de nouveau dans le torrent de délices qu'elle verse sur moi. (A Mandandane.) Pardonne et sois heureuse ! (Lui montrant la poupée.) Voilà mon idole ! c'est elle qui sur son cœur tient mon cœur enchaîné.

MANDANDANE, jetant son masque, à Andrason.

Renouvelons notre alliance, — rends-moi ta main ! — Pardonne, si j'ai si follement — méconnu en toi l'époux fidèle.

LE PRINCE, au mannequin.

Tous les biens que les dieux — ont accordés aux hommes — pour embellir la vie, — j'en jouis près de toi.

MERKULO, à part.

Je ne dis pas ce que j'en pense ! — Les murailles ici semblent nous montrer les cornes ! — Le ciel et la terre nous affublent du bonnet d'âne ! — Nous sommes irréparablement perdus !

MANDANDANE à Andrason.

Renouvelons notre alliance, — donne-moi ta main ! — Pardonne, si j'ai si follement — méconnu en toi l'époux fidèle.

LE PRINCE, au mannequin.

Tous les biens que les dieux — ont accordés aux hommes — pour embellir la vie, — j'en jouis près de toi.

ANDRASON.

Si jamais oracle étrange fut accompli à la lettre, c'est bien celui-ci, et tous mes vœux sont remplis, puisque je te trouve dans mes bras. — Allons, sœur, enfants, amis! livrons-nous tous à la joie, jouissons de notre bonheur; méditons en silence sur cet événement merveilleux, et (s'avançant vers les spectateurs) entre cent instructions qu'il nous peut fournir, retenons bien celle-ci : c'est alors surtout qu'un sot se laisse prendre, quand il s'imagine suivre un bon conseil ou obéir aux dieux.

Un grand ballet termine la pièce.

FIN DU TRIOMPHE DE LA SENSIBILITÉ.

JERY ET BÆTELY

COMÉDIE EN UN ACTE

MÊLÉE DE CHANTS

———— 1780 ————

PERSONNAGES

JERY.
BÆTELY.
LE PÈRE DE BÆTELY.
THOMAS.

Contrée montagneuse ; au fond, une hutte sur des rochers desquels jaillit un ruisseau. Une prairie en pente, dont la lisière est plantée d'arbres ; sur le devant, de côté, une table de pierre avec des bancs.

BÆTELY, venant de la prairie avec deux seaux de lait qu'elle porte suspendus à un joug.

« Chante, oiseau, chante ; — fleuris, arbrisseau, fleuris ; — nous sommes de bonnes gens, — qui ne craignons la fatigue — ni soir ni matin. »

La toile est arrosée, les vaches sont traites, j'ai déjeuné, le soleil a passé la montagne, et mon père est encore au lit ; il faut que je le réveille, afin d'avoir quelqu'un avec qui bavarder. Je n'aime pas demeurer oisive, je n'aime pas demeurer seule. (Elle prend sa quenouille et son fuseau.) Il a coutume, lorsqu'il m'entend, de se lever.

LE PÈRE.

Bonjour, Bætely.

BÆTELY.

Père, bonjour.

LE PÈRE.

J'aurais volontiers dormi plus longtemps ; mais tu m'éveilles avec une petite chanson si gaie, que je n'ai pas le courage de te quereller; tu es à la fois pas gentille et gentille.

BÆTELY.

N'est-ce pas, mon père, comme toujours?

LE PÈRE.

Tu aurais dû m'accorder quelque repos. Ne sais-tu donc pas à quelle heure je me suis couché cette nuit?

BÆTELY.

Vous aviez bonne compagnie.

LE PÈRE.

Ce n'a pas été aimable non plus à toi, de t'être échappée de si bonne heure, comme si le beau clair de lune te fatiguait la paupière; le pauvre Jery était cependant là pour toi : il est resté assis jusqu'après minuit sur le banc auprès de moi; il m'a réellement fait de la peine.

BÆTELY.

Vous vous apitoyez si vite, dès qu'il se plaint et qu'il presse, et qu'il répète toujours la même chose; puis, il est tranquille un quart d'heure, il fait mine de s'éloigner, et à la fin, il reste et recommence comme devant; cela me fait un tout autre effet à moi; cela m'ennuie.

LE PÈRE.

Je voudrais bien, cependant, que tu te décidasses à quelque chose.

BÆTELY.

Êtes-vous si pressé de vous débarrasser de moi?

LE PÈRE.

Ce n'est pas cela; je partirais avec toi; nous serions mieux et plus commodément l'un et l'autre.

BÆTELY.

Qui sait! un homme n'est pas toujours commode.

LE PÈRE.

Mieux est mieux. Nous donnerions à ferme ce petit bien de la montagne; et nous, nous descendrions vers la plaine.

BÆTELY.

Nous sommes pourtant si bien habitués ici! notre maison

supporte le vent, la neige et la pluie ; nos Alpes fournissent à nos besoins ; nous avons à manger, à boire toute l'année, et nous vendons assez pour nous donner un joli habit. Nous sommes seuls sur la montagne, et ne sommes obligés de flatter personne : que vous servirait là-bas, dans le bourg, d'avoir une maison plus grande, une chambre mieux lambrissée, plus de bêtes et plus de gens ? cela ne fait que donner plus de travail et de soucis, et l'on ne peut plus manger, boire ni dormir comme auparavant ; pour vous, sans doute, je voudrais vous voir plus à votre aise.

LE PÈRE.

Et moi, je voudrais n'être plus inquiet sur ton sort ; je me fais vieux, et je sens bien que je décline. Mon bras droit devient tous les jours plus roide, et l'épaule où la balle a touché l'os marque davantage les changements de temps : et puis, mon enfant, si je viens à finir, tu ne peux pas vivre seule ; il faudra que tu te maries, et tu ne sais pas quel mari tu auras ; aujourd'hui, voilà un brave garçon qui t'offre sa main, je songe à tout cela dans ma tête ; je m'occupe et rêve à toi :

« Chaque matin, — nouveaux soucis — pour tes jeunes ans. »

BÆTELY.

« Tous les soucis — ne durent qu'un matin ; — laissez-les à demain. »

Qu'a donc dit Jery ?

LE PÈRE.

Qu'importe ? tu n'en tiens aucun compte.

BÆTELY.

Je voulais savoir s'il y avait quelque chose de nouveau là-bas.

LE PÈRE.

Rien de nouveau ; il n'a rien de nouveau à dire, lui, tant que tu laisses son cœur dans son ancien état.

BÆTELY.

Cela me chagrine pour lui. Il pourrait vivre très-heureux ;

il est seul; il a eu de son père de jolis biens; il est jeune et dispos; le voilà qui veut à toute force avoir une femme, et justement moi; il en trouverait dix pour une à ma place. Que vient-il chercher si haut chez nous? pourquoi veut-il justement de moi?

LE PÈRE.

Parce qu'il t'aime.

BÆTELY.

Je ne sais ce qu'il veut, il ne peut que me tourmenter.

LE PÈRE.

Pour moi, il ne me déplairait point.

BÆTELY.

Il ne me déplaît pas non plus. Il est joli, actif, brave : dernièrement, à la foire, il a terrassé cet étranger qui faisait tant le rodomont à la lutte. Il me revient d'ailleurs tout à fait; si seulement ils ne voulaient pas tous épouser tout de suite! quand une fois on les a traités avec amitié, ils ne cessent de vous tourmenter tout le jour.

LE PÈRE.

Ce n'est que depuis un mois qu'il vient aussi souvent.

BÆTELY.

Il ne se passera pas longtemps qu'on ne le revoie ici; car, dès ce matin, je l'ai vu se glisser le long des prés qu'il a là-haut, dans la forêt. De sa vie il n'a si souvent visité ses troupeaux que depuis quelque temps; je voudrais qu'il me laissât en repos. Voilà la toile qui est presque sèche. Que le soleil est déjà haut! Et votre déjeuner?

LE PÈRE.

J'y vais; songe seulement au dîner pour l'heure qu'il faut.

BÆTELY.

C'est plus mon affaire que la vôtre. (Le père sort.) En vérité, le voilà qui vient, je l'avais bien dit; les amants sont aussi ponctuels que le soleil. Il faut que je commence une petite chanson gaie, afin qu'il ne vienne pas encore me réciter son vieux refrain.

Elle se met à faire quelque ouvrage, et chante :

L'eau murmure, — et ne s'arrête pas. — Gaiement — circulent les astres au ciel; — gaiement les nuages — courent sur le ciel; — ainsi l'amour murmure — et passe pour jamais.

JERY, *qui pendant ce temps s'est approché.*

Les eaux murmurent, — les nuages passent; — mais les astres demeurent, — ils errent et reviennent : — il en est ainsi de l'amour — avec les cœurs fidèles; — il s'agite, s'agite, — et ne change pas.

BÆTELY.

Qu'apportez-vous de nouveau, Jery?

JERY.

Du vieux, Bætely.

BÆTELY.

Ici, dans nos montagnes, nous avons assez de vieux. Si vous n'avez rien à nous apporter de neuf, pourquoi venez-vous de si bonne heure?

JERY.

J'ai été là-haut, dans les Alpes, voir où en est la provision de fromage. Là-bas, au lac, il y a un marchand qui en cherche. Je pense que nous ferons affaire.

BÆTELY.

Ainsi vous allez encore rapporter bien de l'argent?

JERY.

Plus qu'il ne m'en faut.

BÆTELY.

J'en suis bien aise pour vous.

JERY.

Et moi j'en serais bien aise, si vous en preniez la moitié, si vous preniez tout; que ce serait beau, si après avoir fait un marché, je revenais à la maison et que je te jetasse les doublons dans ton tablier! « Compte-les, dirais-je alors, et serre tout cela. » A présent, lorsque je rentre au logis, il faut que je mette mon argent dans l'armoire, et je ne sais pas pour qui.

BÆTELY.

Combien y a-t-il encore de temps jusqu'à Pâques?

JERY.
Pas longtemps, si vous me donnez de l'espérance.
BÆTELY.
Dieu m'en préserve! C'était seulement pour dire.
JERY.
Tu seras cause d'un grand malheur. Déjà si souvent tu m'as tourné la tête, au point que je voulais en épouser une autre pour te dépiter; et, si je l'avais, j'en serais las tout de suite, et je verrais toujours, toujours, que ce n'est point Bætely! Je serais à jamais misérable.
BÆTELY.
Il faut que tu prennes une belle fille qui soit riche et bonne; on ne se lasse jamais de celles-là.
JERY.
C'est toi que j'ai désirée, et non pas une plus riche ni une meilleure.

Je t'épargne mes plaintes, — mais je ne puis que dire, — dire toujours : à toi seule — est et sera ma vie; — veux-tu donc ne jamais m'aimer? — Veux-tu toujours m'affliger? — Mais dans mon âme, tu es à moi, — et moi toujours à toi.
BÆTELY.
Tu sais de jolies chansons, Jery, et tu les chantes fort bien; n'est-ce pas, tu m'en apprendras une demi-douzaine? Je suis lasse de mes anciennes. Adieu; il me reste encore beaucoup d'ouvrage à faire ce matin; mon père appelle.
Elle sort.
JERY.
Va, — méprise — la fidélité! — Le repentir — suivra!

Je m'éloigne d'ici, — chassé par ton dédain, — je ne puis plus respirer — en restant dans ces lieux. — Va, — méprise — la fidélité; — le repentir — suivra!
THOMAS, entrant.
Jery?
JERY.
Qui m'appelle?
THOMAS.
Bonjour.

JERY.

Qui êtes-vous?

THOMAS.

Tu ne me connais donc plus?

JERY.

Thomas, est-ce toi?

THOMAS.

Suis-je donc si changé?

JERY.

Oui, vraiment, ta taille s'est bien développée, tu as l'air plus distingué.

THOMAS.

C'est l'effet de la vie militaire. Un soldat a toujours l'air plus distingué qu'un paysan; cela vient de ce qu'il est plus rudement mené.

JERY.

Tu es en permission?

THOMAS.

Non, j'ai mon congé. Quand l'engagement fut expiré : « Adieu, mon capitaine, » fis-je; et je reviens au logis.

JERY.

Mais qu'est-ce que cet habit? pourquoi portes-tu le chapeau galonné et le sabre? Tu as encore tout l'air d'un soldat.

THOMAS.

Ils appellent cela, en France, un uniforme de goût [1], lorsqu'un homme porte de son chef quelque costume un peu bizarre.

JERY.

Est-ce que le métier ne t'a pas plu?

THOMAS.

Très-fort, très-bien, seulement pas longtemps; je ne voudrais pas, pour cinquante doublons, ne pas avoir été soldat; on devient un tout autre gaillard, plus alerte, plus joyeux, plus adroit : on apprend à s'accommoder de tout, et l'on sait comment va le train du monde.

---

[1] Ces mots sont en français dans l'original.

JERY.

Comment es-tu venu par ici? où t'en vas-tu rôder?

THOMAS.

Rester à la maison avec ma mère, cela ne me plaisait guère; j'ai acheté et pris à crédit quarante bœufs d'Appenzell, tous bruns et noirs comme la nuit; je les mène jusqu'à Milan. C'est une bonne affaire, on y gagne quelque chose et l'on se divertit en route; et puis, j'ai mon violon, avec lequel je rends sains les malades et gai le mauvais temps. Mais toi, qu'est-ce que tu as donc, mon vieux Tell, tu n'as pas l'air en train; qu'as-tu?

JERY.

Moi aussi, je serais de grand cœur parti depuis longtemps; j'aurais de grand cœur essayé quelque commerce de ce genre; j'ai toujours de l'argent qui reste là, et je ne me plais plus au logis.

THOMAS.

Hum! hum! tu n'as pas l'air d'un trafiquant; un marchand doit avoir les yeux vifs et éveillés; tu sembles triste et languissant.

JERY.

Ah! Thomas!

THOMAS.

Ne soupire pas, je n'aime pas cela.

JERY.

Je suis amoureux...

THOMAS.

Voilà tout? Oh! je le suis toujours, moi, dans tous les quartiers où j'arrive, pourvu que les filles ne soient pas trop affreuses.

Une fille et un verre de vin — guérissent tous les maux; — qui ne boit pas, qui n'embrasse pas, — autant vaudrait qu'il fût mort.

JERY.

Je le vois, tu es devenu comme les autres; cela ne vous suffit pas d'être joyeux, il faut aussi que vous soyez libertins.

THOMAS.

Tu n'y entends rien, camarade; ton état n'est pas si dangereux. Vous autres, pauvres têtes, lorsque cela vous prend pour la première fois, vous croyez vraiment que le soleil, la lune et les étoiles vont s'abîmer.

Il était un berger paresseux, — un parfait fainéant, — peu soucieux de son troupeau. — Il s'éprit d'une jeune fille; — le pauvre hère abandonné — était sans sommeil et sans joie; — on le voyait errer à l'aventure, — la nuit comptant les étoiles, — se plaignant, gémissant sans relâche. — Voilà qu'un jour il l'épouse : — dès lors tout revient, — soif, appétit, sommeil !

Maintenant, dis-moi, veux-tu te marier ?

JERY.

Je courtise une délicieuse fille.

THOMAS.

A quand la noce ?

JERY.

Nous ne sommes pas encore si avancés.

THOMAS.

Comment ?

JERY.

Elle ne veut pas de moi.

THOMAS.

Elle est bien maladroite.

JERY.

Je suis mon maître, j'ai un joli morceau de terre, une belle maison; je me chargerai de son père, ils seront bien chez moi.

THOMAS.

Et elle ne veut pas de toi? en a-t-elle quelque autre en tête ?

JERY.

Elle n'en veut aucun.

THOMAS.

Aucun ! elle est folle, elle devrait remercier Dieu, et te

prendre des deux mains; qu'est-ce donc que cette mauvaise tête-là?

JERY.

Voilà déjà un an que je la poursuis. Elle demeure dans cette maison avec son père; ils vivent de ce petit bien qui est là auprès. Elle a déjà éconduit tous les jeunes gens; tout le voisinage est mécontent d'elle : l'un, elle lui a fermé la porte en le narguant; l'autre, elle a fait perdre la tête à son fils. La plupart se sont bientôt consolés en prenant d'autres femmes; moi seul, je ne puis la bannir de mon cœur, quelques jolies filles que l'on m'ait offertes.

THOMAS.

Il ne faut pas la prier si longtemps; que veut donc faire une jeune fille ainsi toute seule dans les montagnes? Si son père vient à mourir, que fera-t-elle? Il faudra qu'elle se jette au cou du premier venu.

JERY.

C'est comme cela.

THOMAS.

Tu n'y entends rien, il faut seulement la serrer de près, et même un peu rudement. Est-elle au logis?

JERY.

Oui.

THOMAS.

Je veux être l'agent du mariage. Qu'est-ce que je gagne si je te fais épouser bientôt?

JERY.

Il n'y a rien à faire.

THOMAS.

Qu'est-ce que je gagne?

JERY.

Ce que tu voudras.

THOMAS.

Dix doublons; il faut que j'exige un bon salaire.

JERY.

De tout mon cœur.

THOMAS.

Eh bien, laisse-moi faire.

JERY.

Comment veux-tu t'y prendre?

THOMAS.

Finement.

JERY.

Mais encore?

THOMAS.

Je veux lui demander ce qu'elle ferait si elle rencontrait un loup.

JERY.

Tu plaisantes?

THOMAS.

Et si son père mourait.

JERY.

Ah!

THOMAS.

Et si elle venait à tomber malade.

JERY.

Parle bien, du moins.

THOMAS.

Et quand elle sera vieille.

JERY.

Tu es devenu beau diseur.

THOMAS.

Je veux lui conter des histoires.

JERY.

Très-bien!

THOMAS.

Je veux lui conter qu'on doit remercier Dieu quand on trouve un honnête garçon.

JERY.

A merveille.

THOMAS.

Je veux te faire valoir. Va-t'en seulement.

JERY.

Nouvel espoir, — nouvelle vie, — que me promet Thomas.

THOMAS.

Ami, te donner une femme — n'est pas le plus grand des bienfaits.

Jery sort.

A quoi ne parvient-on pas dans ce monde? c'est une chose que je n'aurais jamais imaginée que, dans mon commerce de bœufs, je gagnerais encore les bénéfices d'un faiseur de mariage. Je veux voir pourtant quelle espèce de dragon est cette fille, et s'il n'y a pas moyen de lui faire entendre un mot de raison. Pour bien faire, j'aurai l'air de ne pas connaître Jery et de ne rien savoir sur son compte; puis tout d'un coup, je la prendrai en flanc avec ma proposition. (Bætely sort de la hutte. A part.) Est-ce elle? Oh! elle est jolie. [(Haut.) Bonjour, ma belle enfant.

BÆTELY.

Grand merci; que souhaitez-vous?

THOMAS.

Un verre de lait ou de vin, jeune fille, serait pour moi un vrai restaurant. Voilà déjà trois heures que je suis à gravir la montagne sans avoir pu rien trouver.

BÆTELY.

De grand cœur; et un morceau de pain et de fromage par-dessus le marché; du vin rouge, du bon vin d'Italie.

THOMAS.

Charmant. Est-ce là votre maison?

BÆTELY.

Oui, je demeure là avec mon père.

THOMAS.

Oh! oh! tout seuls ainsi?

BÆTELY.

Oh! nous sommes nous deux. Attendez, je vais vous chercher à boire; ou entrez plutôt là dedans, que voulez-vous faire dehors? Vous raconterez quelque chose à mon père.

THOMAS.

Non pas, mon enfant, cela ne presse pas.

Il la prend par la main et l'arrête.

BÆTELY, se dégageant.

Eh! que signifie cela?

THOMAS.

Permettez donc que l'on cause un peu avec vous.

Il la suit.

BÆTELY, de même.

Croyez-vous?... Me connaissez-vous déjà?

THOMAS.

Pas si vite, chère enfant, — si belle et si sauvage!

BÆTELY.

Parce que la plupart sont folles, — pensez-vous que toutes le soient?

THOMAS.

Non, je ne te lâche pas; — jeune fille, sois plus complaisante.

BÆTELY.

Votre soif n'est pas bien grande, — continuez votre chemin.

Elle sort.

THOMAS, seul.

J'ai mal commencé. J'aurais dû d'abord gagner sa confiance, me bien établir, manger et boire, puis après faire mes propositions. Thomas, tu es toujours trop vif. Mais aussi, pensais-je qu'elle allait se montrer aussi sauvage? Elle est farouche comme un écureuil! Il faut que j'essaye encore. (Allant vers la cabane.) Encore un mot, jeune fille!

BÆTELY, à la fenêtre.

Passez votre chemin; il n'y a rien ici pour vous.

Elle ferme la fenêtre.

THOMAS.

Grossière petite créature! Si elle en agit ainsi avec ses amants, je m'étonne qu'il lui en reste encore un; le pauvre

Jery s'est bien adressé. Celle-ci aurait besoin d'un mari qui
criât aussi fort qu'elle; l'entêtée, elle se croit donc bien en
sûreté dans ses montagnes ! Si quelqu'un pourtant un jour était
insolent, il faudrait bien qu'elle laissât faire; et j'aurais
presque envie de lui faire passer le goût du célibat. Maintenant si Jery compte sur moi, s'il espère, s'il attend, il va se
moquer de moi, quelque peu risible que la chose soit pour
lui. Par le diable ! il faut qu'elle écoute ce que j'ai à lui dire;
je veux au moins remplir ma commission; renoncer tout
d'abord serait par trop honteux. (Heurtant fortement à la porte de
la cabane.) Maintenant, sans plaisanterie, jeune fille, ouvrez;
soyez assez bonne pour me donner un verre de vin, je payerai
volontiers.

BÆTELY, comme tout à l'heure.

Ce n'est point ici une auberge, détalez; nous ne sommes
pas habitués à ces choses-là dans ce pays-ci; comme les gens
se conduisent avec nous, nous nous conduisons avec eux.
Allez, ne prenez pas tant de peine.

Elle ferme bruyamment la fenêtre.

THOMAS.

Folle, obstinée créature ! je veux te montrer que tu n'es
pas là-haut si en sûreté. La guenon ! nous allons voir qui vous
secourra; et quand une fois elle aura été un peu corrigée, elle
n'aura plus envie de s'exposer ainsi seule. Très-bien; comme
je ne puis lui donner ma leçon de vive voix, je vais la lui
transmettre en un signe bien intelligible. Voilà justement
mon troupeau qui arrive au haut de la montagne; il faut qu'il
fasse sa méridienne sur la prairie. Ah ! ah !... Ils vont lui
arranger joliment ses herbages et lui retourner proprement
son terrain. (Il appelle à la cantonade.) Holà ! ici ! eh ! (Entre un
pâtre.) Ne montez pas davantage la montagne par cette chaleur;
voici une prairie pour la reposée, chassez-y tout le bétail. Eh
bien, qu'as-tu à rester là tout étonné ? Fais ce que je t'ordonne...
Me comprends-tu ?... Dans la prairie que voici... Allons,
point de façon, et que rien ne vous arrête. Il en arrivera ce
qu'il pourra, faites-les paître et reposer. Je connais bien les
gens d'ici, je m'arrangerai avec eux. (Le garçon sort.) Mais si la

chose allait devant le bailli? Eh! qu'est-ce qu'une punition? Je pense que ce traitement réussira; et puis, si rien ne fait, nous serons du moins tous vengés, et Jery, et moi, et tous les amoureux, et tous les amants affligés. (Il monte sur le rocher, au bord de l'eau, et parle à ses gens hors du théâtre.) Poussez donc les bœufs ici, sur le pré; arrachez les planches! Bien! allons tous! Garçons, par ici! ici dedans! Maintenant, bon, amusez-vous, chassez-moi toutes les vaches hors d'ici! quels bonds elles font de ce qu'on les renvoie de leur terrain. Maintenant, moquons-nous de la bégueule.

Il s'assied sur le rocher, prend son violon, et se met à racler et à chanter.

Un quolibet! qui veut l'entendre? — Accourez vite ici. — Un quolibet : — l'auteur est maître Holopherne, — c'est du tout neuf.

LE PÈRE, *sortant précipitamment de la cabane.*

Que vois-je? quelle audace!—De quel droit? qui êtes-vous?

THOMAS.

Dans la Pologne et l'empire romain — les choses ne vont pas autrement.

BÆTELY.

Te crois-tu gentilhomme ici, — que personne ne puisse te châtier?

THOMAS, *de même.*

Une fille d'esprit, d'ordinaire, — prend un mari pour sa défense.

LE PÈRE.

Voyez un peu quelle impudence; — attends, je vais te donner ton affaire.

THOMAS, *de même.*

Songe que pour frapper forte enclume, — il faut un bon marteau.

BÆTELY.

Insolent, allons, décampe; — que t'ai-je fait?

THOMAS, de même.

Pardonnez-moi; — mais vous me prenez — pour un autre.

Il sort.

BÆTELY.

Devons-nous le souffrir?

LE PÈRE.

Sans nous venger?

BÆTELY.

Appelez au secours — tout le voisinage. (Le père sort.) La douleur bondit, — et aussi l'emportement dans mon cœur. — Hélas! je me sens — furieuse dans la colère — et dans la colère si faible!

THOMAS, revenant.

Accordez-moi, ma belle, — un doux regard, — aussitôt mon troupeau — quittera la montagne.

BÆTELY.

Oses-tu bien — te montrer devant moi?

THOMAS.

Belle enfant, ne te fâche pas; — tu es si jolie.

BÆTELY.

Insolent!

THOMAS.

O douce, céleste créature!

BÆTELY.

Ah! j'étouffe, — je me meurs de rage!

Il veut l'embrasser; elle le repousse et se jette dans la porte. Il veut soulever la fenêtre; elle la retient : il fait tomber plusieurs vitres, et, dans son emportement, il brise les autres.

THOMAS, revenant sur le devant de la scène.

Chut! chut! c'était par trop extravagant. Maintenant cela commence à devenir sérieux. Tu aurais dû t'y prendre plus prudemment : un négociateur d'amour ne devrait pas enfoncer les portes. On voit bien que je n'ai jamais fait ce métier que pour moi-même, et, dans ce cas-là, il n'est pas mal d'aller droit son chemin et sans façons. Que faire ? voilà du tapage, il faut voir à m'en tirer avec honneur ; que cela n'ait pas l'air comme si j'avais peur. Allons, opérons hardiment : en avant la musique, et battons doucement en retraite.

<small>Il s'en va du côté de la prairie en jouant du violon.</small>

LE PÈRE.

O ciel ! quelle rage, quelle douleur ! Le scélérat ! Pour la première fois je sens que je n'ai plus de moelle dans les os comme jadis, que mon bras est faible, que mes pieds n'avancent plus. Attends, va... Pas un des voisins ne bouge ; ils m'en veulent tous à cause de ma fille. J'appelle, je parle, je raconte ; aucun n'a envie, pour me plaire, de s'exposer à quelque danger. Oui, ils se moquent presque de moi. (Regardant du côté de la prairie.) Voyez quelle hardiesse ! quelle impudence ! Comme il se promène à son aise en faisant de la musique ! (Regardant du côté de la maison.) La fenêtre brisée, il ne lui reste plus que de commencer le pillage ; n'arrivera-t-il donc pas un voisin ? Je n'aurais vraiment pas cru qu'ils fussent aussi mal disposés à mon égard... Oui, oui, cela est ainsi ; ils restent tous spectateurs, et avec un air de dérision : — Votre fille est passablement décidée, dit l'un ; faites-la batailler avec ce garçon. — N'a-t-elle donc maintenant personne, s'écrie un autre, qu'elle mène par le nez, et qui puisse se faire casser les côtes pour l'amour d'elle ? — Elle n'a que ce qu'elle mérite, dit un troisième ; mon fils, qui, pour l'amour d'elle, a quitté le pays... — Peine perdue... Cela est affreux, cela est horrible ! Oh ! si Jery était dans les environs ; lui seul pourrait nous sauver.

<small>Bætely sort de la hutte. Son père va au-devant d'elle ; elle s'appuie sur lui.</small>

BÆTELY.

Mon père, quoi ? sans appui, sans secours ! et une telle offense ! Je suis toute hors de moi, je ne puis en croire mes sens, et mon cœur ne peut le supporter.

<small>Arrive Jery.</small>

LE PÈRE.

Jery! sois le bienvenu; sois béni!

JERY.

Que se passe-t-il ici? pourquoi vous trouvé-je si accablés?

LE PÈRE.

Un étranger ravage nos prairies, brise nos vitres, met tout sens dessus dessous; est-il fou? est-il ivre? Que sais-je! personne ne peut lui résister, personne... Châtie-le; chasse-le.

JERY.

Restez tranquilles, mes chers amis, je vais le traiter comme il faut, je vous vengerai.

BÆTELY.

O cher et fidèle Jery, que tu me réjouis; sois notre sauveur, brave et unique ami.

JERY.

Tenez-vous à l'écart, renfermez-vous dans la maison; ne vous inquiétez pas, laissez-moi faire : je me charge de votre vengeance, et je le chasserai certainement.

Bætely et son père sortent.

JERY seul, saisissant un bâton.

Rencontrer — l'insolent, — mon cœur en bouillonne; — Quel crime, — l'offenser, elle! — La défendre, elle! — quel bonheur! (Il va vers la prairie.) — Allons, fuyez, — je n'épargne personne.

En sortant il rencontre Thomas.

THOMAS.

Épargne la menace, — ces bœufs sont à moi.

JERY.

Thomas!

THOMAS.

Eh! Jery! — faut-il partir?

JERY.

Thomas! as-tu ton bon sens? — qu'as-tu fait?

THOMAS.

Oui, Jery! c'est moi : — mais écoute.

JERY.

Défends-toi, traître! — ou je t'assomme.

THOMAS.

Crois-moi, j'ai encore — tous mes os et tous mes membres.

JERY.

Défends-toi!

THOMAS.

Je puis le faire.

JERY.

Allons, va-t'en.

THOMAS.

Jery, sois plus prudent; — écoute un mot.

JERY.

Si tu bouges, je te fends — le crâne en deux ; — Amour, Amour, — protége-moi!

Jery pousse Thomas devant lui; ils s'éloignent en se battant. Bætely sort inquiète de la hutte. Les deux combattants reviennent sur le théâtre; ils se sont pris corps à corps et luttent. Thomas a l'avantage sur Jery.

BÆTELY.

Jery, Jery! — écoute, écoute! — Ne voulez-vous pas m'entendre : — au secours, au secours! — Mon père, au secours ! — Laissez, laissez-vous toucher!

Ils luttent en se débattant et en tournant; à la fin Thomas terrasse Jery.

THOMAS, *d'une voix entrecoupée, et en reprenant peu à peu haleine.*

Te voilà donc par terre... La tâche a été rude, doublement rude... tu es un gars vigoureux, et tu es mon ami encore... te voilà à terre maintenant... mais tu n'as rien voulu entendre... Ne sois plus si pressé, c'est une bonne leçon, pauvre Jery! Si cette chute pouvait te guérir de ton amour ! (A Bætely, qui pendant ce temps s'occupe de Jery; celui-ci s'est relevé.) C'est pour toi qu'il souffre, et je m'afflige de lui avoir fait mal. Prends soin de lui; panse-le; guéris-le; il a trouvé son homme; heureux si par la même circonstance il trouvait aussi sa femme ! Je me remets en chemin, je n'ai pas le temps de m'amuser plus longtemps.

<small>JERY, conduit par Bætely, est venu à la table sur le devant et s'est assis.</small>

Laissez-moi, laissez-moi !

BÆTELY.

Moi te laisser, toi qui as si fidèlement pris ma défense !

JERY.

Ah ! je ne puis me remettre encore; je combats pour toi, et je suis vaincu ! Laisse-moi, laisse-moi !

BÆTELY.

Non, Jery, tu m'as vengée; même dans ta défaite, tu es vainqueur. Vois, il fait déménager son bétail, il met fin à tout ce tapage.

JERY.

Il n'est pas châtié; il part, mais il se promène insolemment, il se pavane tout fier de ce qu'il a fait, et ne répare pas le dommage; je meurs de honte.

BÆTELY.

Tu es pourtant le plus fort du canton; et les voisins connaissent bien ta bravoure; cette fois, c'est un accident; tu aura butté contre quelque chose. Calme-toi, console-toi, regarde-moi, dis-moi vrai; es-tu blessé ?

JERY.

J'ai la main droite foulée; mais cela n'est rien, cela sera bientôt remis.

BÆTELY.

Laisse-moi la tendre; cela te fait-il mal ? cela te fait-il souffrir ? encore une fois. Oui, c'est ainsi qu'il faut faire; cela te guérira.

JERY.

Je n'ai pas mérité tes soins.

BÆTELY.

Ce que tu souffres, c'est pour moi, mais moi je n'ai pas mérité un pareil dévouement.

JERY.

N'en parle pas.

BÆTELY.

Non, je ne l'ai pas mérité cela de toi... si modeste... Regarde, ta main est tout enflée; et tu gardes le silence?

JERY.

Laisse, oh! ce n'est rien.

BÆTELY.

Prends ce mouchoir, ou tu vas être couvert de sang.

JERY.

Cela se guérira de soi-même; cela guérit promptement.

BÆTELY.

Non, non, je cours préparer une compresse, le vin chaud est un excellent remède; attends, attends un peu, je reviens dans un instant.

Elle sort.

JERY, seul.

Enfin, enfin, je puis espérer, — et le ciel s'ouvre à mes regards; — tout à coup, — du milieu d'un épais nuage, — perce un rayon éclatant : — Dissipez-vous, nuages! — ciel, deviens plus brillant! — et toi, Amour, finis mes peines!

THOMAS, arrivant par un côté et regardant avant d'entrer.

Écoute, Jery!

JERY.

Quelle voix! Imprudent, oses-tu bien te montrer?

THOMAS.

Silence! silence! Point de colère, point d'emportement; deux mots que j'ai à te dire.

JERY.

Que je guérisse seulement, et tu ressentiras ma vengeance.

THOMAS.

Ne perdons pas le temps à bavarder. Écoute-moi, cela presse.

JERY.

Hors de ma vue; tu me fais horreur!

THOMAS.

Si tu manques cette occasion, elle est à jamais perdue pour toi ; ne méconnais donc pas ton bonheur, le bonheur que je t'ai procuré ; sa rigueur disparaît, elle est reconnaissante, elle sent tout ce qu'elle te doit.

JERY.

Tu prétends me faire la leçon, fou, brutal.

THOMAS.

Blâme, mais écoute. Je lui ai joué un mauvais tour, c'était moitié calcul, moitié accident ; il suffit qu'elle reconnaisse qu'un homme brave est une bonne protection. Assurément elle se convertit... et toi tu ne veux rien entendre ! il a bien fallu me mettre en défense ; c'est bien ta faute si je t'ai couché par terre, si je t'ai blessé.

JERY.

Va-t'en, tu ne me persuaderas pas.

THOMAS.

Vois seulement comme tout tourne bien, comme tout s'arrange. Elle est convertie, elle t'apprécie, elle va t'aimer. Maintenant, ne sois pas négligent, ne t'amuses pas à rêver ; bats le fer pendant qu'il est chaud.

JERY.

Allons, pars, et ne m'importune pas plus longtemps.

THOMAS.

Il faut que je te dise encore une chose : sois satisfait, au moins : tu me dois cela, tu dois toute la vie me remercier du bonheur que je t'ai donné ; pouvais-je mieux faire ta commission ? et si le moyen et la façon ont été un peu bizarres, le but n'en est pas moins atteint ; tu peux te réjouir, dépêche-toi d'en finir ; je reviendrai, vous me pardonnerez, et si vous êtes raisonnables, vous louerez mon tort, vous bénirez même mon extravagance.

JERY.

Je ne sais pas trop ce que je dois penser de toi.

THOMAS.

Crois-tu donc que j'aurais voulu lui faire tort pour rien ?

JERY.

Vraiment, frère, c'était une folle idée; de la part d'un soldat, cela peut passer.

THOMAS.

Le principal est qu'elle devienne ta femme, et alors peu importe comment s'y est pris le négociateur. Voilà le père qui vient : adieu pour un moment.

Il sort.

LE PÈRE, arrivant.

Jery, quelle singulière affaire est cela! Dois-je appeler cela une bonne ou une mauvaise fortune? Bætely n'est plus la même; elle reconnaît ton amour, elle t'estime, elle t'aime, elle pleure de t'avoir rebuté; elle est émue; je ne l'avais jamais vue ainsi.

JERY.

Pouvais-je m'attendre à une telle récompense?

LE PÈRE.

Elle est confondue, elle se tient pensive près de l'âtre : elle songe au passé, à la manière dont elle s'est conduite envers toi; elle songe à ce qu'elle te doit désormais. Va, réjouis-toi, je gage qu'elle prend en ce moment la résolution qui doit nous rendre heureux tous deux.

JERY.

Quoi! je devrais la posséder?

LE PÈRE.

Elle vient, je lui cède la place.

Il sort.

BÆTELY, portant un vase et du linge.

J'ai tardé longtemps, bien longtemps. — Viens, ne tardons pas davantage; — viens, et donne-moi ta main.

JERY, pendant qu'elle le panse.

Mon cœur — reste confondu devant ta bonté. — Ah! que ce lien me soulage!

BÆTELY, qui a fini de le panser.

Souffres-tu encore de ta blessure?

JERY.

Elle est déjà guérie; — depuis que tes doigts l'ont touchée, — elle ne m'a plus fait souffrir.

BÆTELY.

Parle, mais parle sans mystère, — et regarde-moi bien! — Ne me trouves-tu pas odieuse? — Jery, ne m'épargne pas! — Ce fut à moi que tu donnas ton cœur; — c'est moi qu'ici tu défendis si noblement; — et que de fois je t'ai méprisé, — repoussé, blessé! — Ton amour est-il éteint? — Ton cœur est-il changé? — Dis-le-moi, je le souffrirai, — je supporterai mon malheur sans me plaindre, — pourvu que tu sois heureux.

JERY.

Les eaux murmurent, — les nuages passent, — mais les astres demeurent, — errent et reviennent : — il en est ainsi de l'amour — avec les cœurs fidèles : — il s'agite, il s'agite — et ne change pas. (Ils se regardent l'un l'autre; Bætely paraît indécise et émue.) Ange, tu m'appartiens; — cependant redoute un premier mouvement; — il en est encore temps. — On est aisément trompé — par l'élan de la bonté et de la reconnaissance.

BÆTELY.

Non, je ne m'abuse pas; — ton amour, ton dévouement, — rendent mon âme confuse. — Cher ami, je t'appartiens. — Crois, crois à l'élan — de mon amour et de ma reconnaissance!

JERY.

Attends, — crois-moi; — ne te hâte pas : — ton visage charmant — me récompense assez déjà.

BÆTELY, après une pause.

Peux-tu étendre ta main? — Dis-moi, Jery, te fait-elle encore mal?

JERY, soulevant sa main droite.

Non, je puis la remuer.

BÆTELY, en lui tendant la sienne.

Alors, Jery, donne-la-moi.

JERY ET BÆTELY.

JERY.

Faut-il douter encore? — Faut-il me réjouir? — Seras-tu toujours à moi? — Ne le regretteras-tu point? — Ne crains-tu pas le repentir?

BÆTELY.

Crois-moi! crois-moi! — Oui, je suis à toi!

JERY, éclatant.

Pour la vie je suis — à toi, sois à moi!

Ils s'embrassent.

ENSEMBLE.

Amour, Amour, — tu nous as unis : — fais que nos dernières heures — soient aussi douces que la première.

LE PÈRE, survenant.

Ciel! qu'ai-je vu? — Dois-je croire?

JERY.

Dois-je espérer?

BÆTELY.

Le permets-tu, — mon père?

JERY.

Mon père!

LE PÈRE.

Mes enfants!

ENSEMBLE.

O bonheur!

LE PÈRE.

Mes enfants, vous me rendez — ma jeunesse.

BÆTELY et JERY, s'agenouillant.

Bénissez-nous.

LE PÈRE.

Je vous bénis.

ENSEMBLE.

Bonheur et bénédiction.

THOMAS, arrivant.

Et moi, m'est-il permis — de me montrer ici?

BÆTELY.

Quelle audace!

JERY.

Quelle conduite !

LE PÈRE.

Quelle arrogance !

THOMAS.

Écoutez-moi ; — c'est la faute du vin — si j'ai fait tout cela. — Faites venir les anciens du village — pour apprécier le dommage; — je payerai l'amende, — je payerai les frais. — (Bas à Jery.) *Tu sais que pour mon courtage, — tu me dois douze doublons; — le dommage et les frais — ne monteront pas si haut.* — (Haut à Bætely.) Cédez. — (Au père.) Écoutez-moi. — (A Jery.) Parle pour moi.

JERY.

Allons, mes amis, — pardonnons à la folie, — et qu'en ce beau jour — chacun soit heureux. — Allons, pardonnons-lui.

BÆTELY ET LE PÈRE, à Jery et à Thomas.

Tout est pardonné.

TOUS.

O jour d'allégresse !

On entend le son du cor dans le lointain. On voit apparaître de tous les côtés, d'abord isolément, puis en foule, des pâtres qui se groupent sur les rochers.

CHŒUR DES PATRES.

Écoutez les cris ! — Écoutez le tapage ! — Est-ce là-haut? — Est-ce en bas ? — Accourons au secours.

JERY, BÆTELY, LE PÈRE.

Vois-tu l'effet que produit — le mauvais tour — que tu as joué?

THOMAS.

Allons, promptement ! — Puisque tout le monde est là, — commençons !

CHŒUR DES PATRES, s'avançant.

Un bruit de meurtre et de lutte — partait d'ici !

JERY, BÆTELY, LE PÈRE, THOMAS.

Et amour et mariage — se trouvent ici !

CHŒUR DES PATRES, *courant de tous côtés.*

Accourons, — accourons au secours!

JERY, BÆTELY, LE PÈRE, THOMAS.

Voisins et amis, calmez-vous! — Tout est fini.

La foule s'arrête et se range des deux côtés de la scène, aussi près que possible du proscénium.

THOMAS, *s'avançant.*

Qui veut entendre un quolibet? — Vous n'avez qu'à m'écouter : — tous les gens sages sont partis, — il ne reste plus qu'un fou! — Je vous dis cela, braves voisins, mais je ne vous dirai pas tout. (*il prend un enfant par la main et l'amène à côté de lui, sur le devant de la scène.*) Si jamais il se marie, — qu'il n'entre pas chez sa future en enfonçant la porte! (*il continue à parler en prose avec l'enfant, il lui demande comment il s'appelle, etc.*) Oui, écoute bien ce que je te dis, — c'est le noyau de la pièce, — c'est la morale!

THOMAS ET L'ENFANT, *ensemble.*

Si jamais vous vous mariez, — n'entrez pas chez votre future en enfonçant la porte.

Thomas et l'enfant doivent, sans trop faire sentir l'allusion, adresser ces vers aux spectateurs, aussi bien qu'aux acteurs.

LE CHŒUR.

Si jamais vous vous mariez, etc.

THOMAS.

Ils sont unis; — ils se sont pardonné; — ils m'ont pardonné; — je m'en vais.

TOUS.

Paix sur la montagne! — Paix dans la plaine! — Arbres, étendez — vos ombres fraîches — sur la jeune femme, — sur son époux. — Allons! à l'autel! — Qu'un babillage d'enfants — réjouisse les voisins, — réjouisse l'heureux couple. — Allons, pleins d'allégresse, — allons à l'autel!

FIN DE JERY ET BÆTELY

TABLE
DES PIÈCES CONTENUES DANS LE PREMIER VOLUME

Notice.	1
Gœtz de Berlichingen (1773)	4
Clavijo (1774)	149
Stella (1775)	209
Les Complices (1776)	267
Le Frère et la Sœur (1776)	321
Le Triomphe de la Sensibilité (1780)	345
Jery et Bætely (1780)	401
Appendice	428

FIN DE LA TABLE DU PREMIER VOLUME.

Paris. — Imprimerie Vieville et Capiomont, rue des Poitevins, 6.

Catalogue de la BIBLIOTHÈQUE CHARPENTIER.

BIBLIOTHÈQUE FRANÇAISE
Littérature ancienne

		vol.
ABÉLARD et HÉLOÏSE.	Lettres	1
BÉROALDE.	Moyen de parvenir.	1
RABELAIS.	Œuvres	2
L. DES PÉRIERS.	Contes	1
NOEL DU FAIL.	Propos rustiques.	1
SATIRE MÉNIP.	Du Catholicon	1
MONTAIGNE.	Essais	4
PASCAL.	Pensées, Les Prov.	2
CORNEILLE (P. et T.)	Œuvres	3
MOLIÈRE.	Œuvres	3
RACINE (J.)	Théâtre	1
BOILEAU.	Œuvres	1
LA FONTAINE.	Fables	1
—	Contes	1
LA BRUYÈRE	Caractères	1
LESAGE.	Gil Blas	1
BOSSUET.	Discours	1
VOLTAIRE.	S. de Louis XIV.	1
ROUSSEAU (J. J.)	Confessions	1
PRÉVOST.	Manon Lescaut	1
ANDRÉ CHÉNIER.	Poésies	1

II. Mémoires et Correspondances

D'AUBIGNÉ (A.)	Mémoires	1
MONTPENSIER.	Mémoires	1
MOTTEVILLE.	Mémoires	4
M. DE VALOIS.	Mémoires	1
VOITURE.	Œuvres	2
CHAMBRUN (P.)	Les Larmes	1
ORLÉANS (Dss).	Lettres	2
FOUQUET.	Mémoires	2
BUSSY-RABUTIN.	Mémoires	2
—	Correspondance	6
BARBIER.	Journal	8
MAINTENON (Mme)	Lettres, Entretiens.	2
—	Lettres édifiantes.	1
—	Conseils aux filles.	2
—	Corresp. générale.	10
—	Mémoires	5
RETZ (Card. DE).	Mémoires	5
HAMILTON.	Mém. de Grammont	1
D'OBERKIRCH.	Mémoires	2
ÉPINAY (Mme).	Mémoires	3

3. Écrivains contemporains

S. MARTIN.	Mères de famille.	2
BARTHÉLEMY.	Ph. en voyage.	1
GURI, CONSTANT.	Adolphe	1
BR.-SAVARIN.	Physiologie du goût	1
COTTU.	Le Maroc	1
DELÉCLUSE.	Romans	1
—	Les Beaux-Arts	1
DANIEL STERN.	Révolution de 1848.	3
DARGAUD.	Liberté religieuse.	1
DUPONT.	Les Lettres et la lib.	1
FRÉMY.	La Cousine Julie	1
FERRY.	Voyage au Mexique	1
FORGUES.	Beaux Esprits	1
—	Nelson	1
GAUTIER (Th.)	Poésies complètes.	1
—	Poésies nouvelles.	1
—	Mlle de Maupin	1
—	Capitaine Fracasse.	2
—	Nouvelles	1
—	Romans et Contes.	1
—	Voyage en Espagne	1
—	Voyage en Russie.	2
STARD DE NER.	Voyage en Orient.	2
GERUZEZ.	Littérature	1
GIRARD.	Essai sur Thucydide	1
GONCOURT (MM.)	Rosé Mauperin	1
—	G. Lacerteux.	1
JURIEN DE LA G.	Guerres maritimes.	1
KIBAL.	Nuits et p. Blancs.	1
LABOULAYE.	Liberté religieuse.	1
—	Études morales.	1
—	L'État et ses limites	1
—	Paris en Amérique.	1
—	Le Parti libéral	1
—	L'Allemagne	1

LAGARDIE,	Causeries paris.	2
LAMÉ.	Julien l'Apostat.	1
LANFREY.	Histoire des Papes.	1
—	Portraits politiques	1
LAVALLÉE (Th.).	Hist. des Français.	5
—	Géographie.	1
MADELÈNE (De la)	Brigitte	1
MÉNARD.	Poèmes.	1
—	Morale av. les Phil.	1
—	Du Polythéisme	1
MAISTRE (J. DE).	Du Pape	1
MAISTRE (X. DE).	Œuvres	1
MARC-DEBRIT.	Leurs	1
MISTRAL.	Mireio	1
MESNARD.	Hist. de l'Acad. fr.	1
MÉRIMÉE.	Charles IX.	1
—	Colomba.	1
—	Clara Gazul.	1
—	Don Pèdre Ier.	1
MILLEVOYE.	Poésies.	1
MIGNET.	Marie Stuart.	1
—	Antonio Perez.	1
—	Mémoires	1
—	Notices.	1
MÉZIÈRES.	Préd. de Shakspeare	1
—	Shakspeare, sesœuv.	1
—	Succ. de Shakspeare	1
MUSSET (A. DE).	Premières poésies.	1
—	Poésies nouvelles.	1
—	Comédies, Proverb.	1
—	Confes. d'un enfant	1
—	Nouvelles.	1
—	Contes.	1
—	Posthumes.	1
MUSSET (P. DE).	Lui et Elle.	1
—	Extravagants.	1
—	Originaux.	1
—	Femmes de la Rég.	1
—	Mémoires de Gozzi.	1
—	Voyage en Italie.	1
—	Nouvelles Italien.	1
—	Nouvel Aladin.	1
NODIER.	Souv. de la Révol.	1
—	Souv. de jeunesse.	1
—	Contes de la Veillée	1
—	Contes fantastiques	1
—	Romans.	1
—	Nouvelles.	1
POITOU.	Philos. contemp.	1
RIGAULT.	Conversations.	1
SAINTE-BEUVE.	Tableau de la Poésie	1
—	Volupté.	1
—	Poésies.	1
S.-M. GIRARDIN.	Cours de Littérature	5
—	Essais de Littéraire	1
SANDEAU.	Madeleine.	1
—	Mlle de la Seiglière	1
—	Marianna.	1
—	Le Doct. Herbeau.	1
—	Fernand.	1
—	Valcreuse.	1
—	Mlle de Sommerville.	1
SARCEY,	Nouveau Seigneur.	1
SELDEN.	Daniel Vlad.	1
—	Esprit des femmes.	1
SENANCOUR.	Obermann.	1
STAËL (Mme DE).	Corinne.	1
—	De l'Allemagne.	1
—	Delphine.	1
—	De la Littérature.	1
—	Révolution.	1
—	Mémoires.	1
TAXILE DELORD.	Matinées littéraires.	1
TOURGUÉNEF.	Pères et Enfants.	1
VALMORE.	Poésies.	1

Bibliothèque grecque-latine française

TACITE.	Œuvres.	1
J. CÉSAR.	Commentaires.	1
SUÉTONE.	Douze Césars.	1
SALLUSTE.	Œuvres.	1
HORACE.	Œuvres.	1

VIRGILE.	Œuvres	1
TÉRENCE.	Tragédies	1
ARISTOPHANE.	Comédies	1
ARISTOTE.	La Politique	1
DÉMOSTHÈNE.	Chef-d'œuvre	1
EURIPIDE.	Théâtre	2
ESCHYLE.	Tragédies	1
HÉRODOTE.	Histoire	1
HOMÈRE.	Iliade	1
—	Odyssée	1
LONGUS.	Romans grecs	1
PLATON.	Œuvres complètes	10
PLUTARQUE.	Hommes illustres	1
SOPHOCLE.	Théâtre	1
THUCYDIDE.	Histoire	2

Bibliothèque anglaise française

STOWE (Mme B.)	L'Oncle Tom.	1
LINGARD.	Hist. d'Angleterre.	6
MILTON.	Paradis perdu	1
STERNE.	Tristram Shandy.	1
SHAKSPEARE.	Œuvres complètes.	4
GOLDSMITH.	Vic. de Wakefield.	1
TROLLOPE.	Les Bertram.	1
MACAULAY.	Révolution anglaise	2
—	Guillaume III.	4

Biblioth. allemando-française

SCHILLER.	Théâtre	1
—	Guerre de 30 ans.	2
—	Poésies.	1
GŒTHE.	Théâtre	1
—	Faust.	1
—	Poésies.	1
—	Wilhelm Meister.	2
—	Werther.	1
—	Les Affinités.	1
—	Mémoires.	3
—	Conversations.	1
—	Correspondance.	1
KLOPSTOCK.	La Messiade	1
CONTEURS ALL.	Nouv. allemandes.	1
HOFFMANN.	Contes fantastiques	1

Bibliothèque italienne, espagnole et portugaise-française

CALDERON.	Théâtre.	1
LOPE DE VEGA.	Théâtre.	1
CAMOËNS.	Les Lusiades.	1
DANTE ALIGHIERI	Divine Comédie	1
TASSE.	Jérusalem délivrée.	1
MACHIAVEL.	Œuvres politiques.	1
SILVIO PELLICO.	Mes Prisons.	1
MANZONI.	Les Fiancés.	1

Philosophie, Religion, Sciences

DESCARTES.	Œuvres.	1
MALEBRANCHE.	Œuvres.	1
LEIBNITZ.	Œuvres.	1
BACON.	Œuvres.	1
EULER.	Lettres.	1
SPINOSA.	Œuvres.	1
SAISSET.	Essai de philos. rel.	2
—	Philosophie et Rel.	1
EMERSON.	Essais.	1
SAINT AUGUSTIN.	Confessions.	1
—	Cité de Dieu.	1
BOSSUET.	Œuvres philosoph.	1
FÉNELON.	Œuvres philosoph.	1
MAHOMET.	Le Koran.	1
CONFUCIUS.	Les quatre Livres.	1
QUATREFAGES.	Souvenirs.	1
D'HOUDETOT.	Le Chasseur rustiq.	1
—	Petite Vénerie.	1
—	Fem. chasseresses.	1
—	Chasseurs illustres.	1
—	Tir au fusil.	1
—	Dix Épines.	1
—	Braconnage.	1
CABANIS.	Du Physique.	1
BICHAT.	La Vie et la Mort.	1
ZIMMERMANN.	De la Solitude.	1
ROUSSEL.	De la Femme.	1
DESRÉAUX.	Ann. scientifiques.	1

Paris. — Imprimerie P.-A. BOURDIER et Cie, rue des Poitevins, 6.

www.ingramcontent.com/pod-product-compliance
Lightning Source LLC
Chambersburg PA
CBHW070609230426
43670CB00010B/1466